SECOND EDITION

Spanish Composition Through Literature

CÁNDIDO AYLLÓN
UNIVERSITY OF CALIFORNIA, RIVERSIDE

PAUL SMITH
UNIVERSITY OF CALIFORNIA, LOS ANGELES

ANTONIO MORILLO
LOYOLA HIGH SCHOOL, LOS ANGELES

PRENTICE HALL, ENGLEWOOD CLIFFS, NEW JERSEY 07632

▶ ▶ ▶ ▶ ▶ ▶ ▶ ▶ ▶ ▶ ▶ ▶ ▶ ▶ ▶ ▶ ▶ ▶

Library of Congress Cataloging-in-Publication Data

Ayllón, Cándido,
     Spanish composition through literature / Cándido Ayllón, Paul C.
Smith, Antonio Morillo. — 2nd ed.
         p.   cm.
     Spanish and English.
     Includes index.
     ISBN 0-13-824863-X

1. Spanish language—Composition and exercises. I. Smith,
Paul
Clarence. II. Morillo, Antonio, 1932- . II. Title.
PC4420.A9 1992
808'.0461—dc20   91-15219
                                                                CIP

Acquisitions Editor: *Steve Debow*
Editorial/Production Supervision and Interior Design: *José A. Blanco*
Cover Design: *Barbara Singer*
Prepress Buyer: *Herb Klein*
Manufacturing Buyer: *Patrice Fraccio*

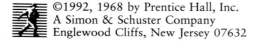 ©1992, 1968 by Prentice Hall, Inc.
A Simon & Schuster Company
Englewood Cliffs, New Jersey 07632

Printed in the United States of America

10 9 8 7 6 5 4

ISBN 0-13-824863-X

Prentice-Hall International (UK) Limited, *London*
Prentice-Hall of Australia Pty. Limited, *Sydney*
Prentice-Hall Canada Inc., *Toronto*
Prentice-Hall Hispanoamericana, S.A., *Mexico*
Prentice-Hall of India Private Limited, *New Delhi*
Prentice-Hall of Japan, Inc., *Tokyo*
Simon & Schuster Asia Pte. Ltd., *Singapore*
Editora Prentice-Hall do Brasil, Ltda., *Rio de Janeiro*

CONTENTS

PREFACE VI
TO THE STUDENT AND TEACHER VIII
ACKNOWLEDGEMENTS XI
TEXT CREDITS XII

CAPÍTULO **1**

La siesta del martes
GABRIEL GARCÍA MÁRQUEZ 2
ENFOQUE: Selecting a Topic 17
Spanish Equivalents of English *to be* (Part I) 18

CAPÍTULO **2**

La otra circunstancia
DOLORES MEDIO 28
ENFOQUE: Developing an Approach 44
Spanish Equivalents of English *to be* (Part II) 45

CAPÍTULO **3**

El túnel
ERNESTO SÁBATO 54
ENFOQUE: Evaluating the First Draft 68
Simple Tenses of the Indicative Mode 69

CAPÍTULO **4**

Viaje a la Alcarria
CAMILO JOSÉ CELA 80
ENFOQUE: Revising the First Draft 96
Compound Tenses of the Indicative Mode (and Related Verbal Forms) 97

iii

CAPÍTULO **5**　　*Nada*
Carmen Laforet　108
ENFOQUE: Narration　125
Other Verbal Forms　126

CAPÍTULO **6**　　*La ciudad y los perros*
Mario Vargas Llosa　140
ENFOQUE: Description　157
The Subjunctive Mood (Part I)　158

CAPÍTULO **7**　　*La rama seca*
Ana María Matute　170
ENFOQUE: Writing a Summary　186
The Subjunctive Mood (Part II)　187

CAPÍTULO **8**　　*Aceite guapo*
Rosario Castellanos　196
ENFOQUE: Making Comparisons and Contrasts　213
The Subjunctive Mood (Part III)　214

CAPÍTULO **9**　　*El muerto-vivo*
Enrique Anderson Imbert　228
ENFOQUE: Writing Critical Reviews　244
Adjectives and Adjective Position　245

CAPÍTULO **10**　　*Las ataduras*
Carmen Martín Gaite　254
ENFOQUE: Writing Personal Experiences　272
Pronouns　273

CAPÍTULO **11**　　*La sombra del ciprés es alargada*
Miguel Delibes　286
Relative Pronouns　302

CAPÍTULO **12**   *La casa de Asterión*
JORGE LUIS BORGES   312
Prepositions (Part I)   328

CAPÍTULO **13**   *Una tarde*
GABRIEL MIRÓ   342
Prepositions (Part II)   359

CAPÍTULO **14**   *El forastero*
LUIS ROMERO   372

VOCABULARIO ESPAÑOL-INGLÉS   391
ENGLISH-SPANISH VOCABULARY   405
INDEX   415

PREFACE

Spanish Composition Through Literature is intended as the core text for courses combining advanced composition and beginning literary analysis. Each chapter features a selection by a modern author and contains explanations and activities for vocabulary development, comprehension, interpretation, style, translation, and free composition. Thirteen of the fourteen chapters also review important grammar topics that pose difficulties for American students. The materials in each chapter are organized to allow for considerable flexibility in how they are assigned and used. The textbook is suitable for use in one- and two-semester courses at a variety of levels.

Experience has convinced us that close analysis of literary texts provides a fruitful approach to Spanish composition. As a basis for such analysis, we have selected literary passages that illustrate a variety of topics, themes, styles and techniques. The explanatory notes and writing activities that accompany them are designed to encourage the student to incorporate materials from the entire chapter into his or her personal writing. The **Enfoque** boxes in the first ten chapters present tips and techniques which reflect the process-oriented approach taken by many professors of English in English-as-a-Second-Language, Freshman Composition, and Creative Writing courses, as well as high-school Advanced Placement and Honors courses.

This second edition of *Spanish Composition Through Literature* has been thoroughly revised based on comments made by users of the first edition. Since the latter first appeared in 1968, there has been a veritable explosion of research and theory in the area of techniques for developing student writing skills. We have taken this into account by adding the **Enfoque** section to the first ten chapters. At the same time, we have retained the solid, fundamental approach to literature and composition that proved effective over the many years during which the first edition was in print.

Highlights of the Second Edition:

- Reading selections have been revised to include a greater number of passages by Spanish-American writers. Most selections retained from the first edition have been expanded in length to provide greater contextual background.

- The number of chapters of the book has been reduced from eighteen to fourteen for better manageability.

- The organization of each chapter has been revised to focus more on the literary text, vocabulary and writing skills, and less on grammar.

- **Enfoque** boxes have been added to highlight important aspects of the process approach to writing.
- Translation exercises have been reduced in number and in many places replaced by contextualized practice activities in Spanish.

We again thank the colleagues who participated in the revision of this book and hope it will receive the same favorable response accorded the first edition.

To the Student and Teacher

Ann Raimes points out in *Techniques in Teaching Writing* (1983) that "there is no one way to teach writing, but many ways" (p. 11). Nonetheless, no matter which approach or methodology one adopts for writing, there are, as Raimes also notes, a number of fundamental aspects with which every foreign- and second-language teacher and student must contend. These include grammar, syntax, word choice, organization, and content. Individual teachers differ in the stress they place on different elements and how they combine and sequence them to develop an approach to writing. This textbook is grounded in these fundamental aspects of writing and provides materials that can help the English-speaking student develop greater writing proficiency in Spanish. It also provides flexibility as to how they may be used. It will be helpful to keep in mind the following four points about the book's content, structure, and use.

I. Literature and Composition

By structuring each chapter around an authentic literary selection by an outstanding modern Spanish or Spanish-American writer, *Spanish Composition Through Literature* provides discourse models of various types that can help generate engaging writing tasks. Careful reading of a literary selection, followed by class discussion of its content, ideas, language, intent, tone, and so on, will uncover many issues of interest to students. Teachers may have a preferred way of explaining these selections. However, two sets of questions are provided, one on content (**Contenido**) and one on style (**Interpretación y estilo**), to help guide students in their own analysis of the literary texts.

As preparation for writing a composition, the first ten chapters contain an optional **Enfoque** section on methods and strategies of writing, including such questions as how to structure, organize, and present content and ideas most effectively. A composition assignment may be to write on one of the six **Temas** indicated at the end of the literary section or on a topic uncovered during class discussion of the literary selection. Whether composition assignments are to be done by a free-writing approach or the process approach (which involves multiple revisions and input from the student's teacher and/or peers) is a choice each teacher will have to make. Advanced students are better able to handle free writing, while less proficient students benefit greatly from process oriented writing. We recommend that some of each kind of writing be done in every class.

II. Lexical Choice

The one feature of writing in a foreign language that most affects intelligibility and prevents understanding is incorrect lexical choice. Because composition classes in Spanish often pay insufficient attention to correctness, precision, and appropriateness in questions of lexical choice, a major portion of each chapter (**Léxico: opciones**) is dedicated to the study and practice of word discrimination in Spanish. Words glossed from the literary selections become the base around which semantic fields are established, making all the words easier to learn and recall. Contextualized examples further help students establish the boundaries of these lexical items. Appropriateness of a word in a composition is often determined not only by its semantic meaning, but by style (formal, informal, neutral, colloquial, popular) and mode (poetic, literary, humorous, etc.). At times, dialectal preference (Spanish or Spanish-American) or denotational vs. connotational (i.e., attitude related) differences between two or more synonyms will determine which word is more appropriate. These distinctions, along with the danger of false cognates, are taken into account in the notes and exercises of **Léxico: opciones** and should help create a sensitivity to words that may be reflected in the student's composition. Whenever a writing assignment is given, it is recommended that new vocabulary items from the text be incorporated into the composition.

III. Grammatical Review and Composition

Although grammatical inaccuracies are less likely to impede comprehension of content or meaning than are choice of words, they nevertheless constitute serious impediments to smooth, effective writing. Some teachers may find that their students need little grammar review. Others will want to assign a majority or all of the grammar chapters. Many teachers who used the first edition have informed us that grammatical review of such major points as Spanish equivalents of *to be*, the subjunctive, imperfect, and preterit, contributed much to student awareness of grammar in their written Spanish. If grammar is to be included in a chapter, however, the composition should be assigned after the grammar review has also been completed. The student should then incorporate a number of its grammatical structures in his or her composition.

IV. Use of a Dictionary

The end vocabulary contains all the words found in the literary selections along with those needed to complete the exercises. Nevertheless, the use of a good bilingual dictionary is strongly recommended. Some teachers may also want to recommend the use of an all-Spanish dictionary. Although conceived for native speakers, such a dictionary can prove invaluable for determining the most appropriate word choice from among a series of words suggested by a bilingual dictionary. Familiarization with the dictionary and attention paid to words in general will further increase a student's ability to make intelligent, educated guesses about the meaning of words, as well as how to use them with greater accuracy and sensitivity in his or her own writing.

V. Teacher's Key

A key containing the answers to the two sets of lexical and grammatical exercises is available to teachers adopting this textbook by writing to Prentice Hall, Englewood Cliffs, New Jersey 07632.

ACKNOWLEDGEMENTS

We express our sincere appreciation to the following friends and colleagues who generously offered help during the revision of this book: Rubén Benítez (*UCLA*) and Ana María Fagundo, Philip O. Gericke, Mercedes Jiménez, William Megenney and Kemy Oyarzún (all at *UCR*). Roberta Johnson, *University of Kansas*, provided much needed help in obtaining permissions, and Fanny Morillo and Manena Sánchez-Blanco Smith gave constant support and encouragement. Francisco Mena-Ayllón deserves special thanks for practical solutions he provided to problems that arose during the revision process, as well as for his moral support.

The observations and suggestions of the following reviewers of the manuscript of this second edition of *Spanish Composition Through Literature* greatly assisted us in making changes and revisions that have improved the book: Concha Alborg, *St. Joseph's University*; Catherine G. Bellver, *University of Nevada—Las Vegas*; Irma Blanco Casey, *Marist College*; Jane E. Connolly, *University of Miami*; Malva E. Filer, *Brooklyn College*; Martha C. Garza, *Oxnard College*; Barbara Dale May, *University of Oregon*; Suzanne H. Peterson, *University of Washington*; Joseph Schraibman, *Washington University, St. Louis*; Ana María Snell, *Johns Hopkins University*; Joseph T. Snow, *University of Georgia*; Roger Turnell, *Plymouth State College*; Catherine Swietlicki, *University of Wisconsin*; Juan C. Vallejo, *Language Dynamics, Sacramento, California*; Ray Verzasconi, *Oregon State University*; and Armando Zárate, *University of Vermont*.

Finally, we would like to thank those persons at Prentice Hall and Hispanex who contributed in various ways to the revision of this second edition of *Spanish Composition Through Literature*: Jan Stephan, Steve Debow, José Blanco, Pedro Urbina-Martin, and Bob Hemmer.

CÁNDIDO AYLLÓN
PAUL SMITH
ANTONIO MORILLO

TEXT CREDITS

"La siesta del martes," by Gabriel García Márquez, reprinted by permission from the author.

La otra circunstancia, by Dolores Medio, reprinted by permission from Ediciones Destino, S.A., Barcelona, Spain.

El túnel, by Ernesto Sábato, reprinted by permission from Emecé Editores, Buenos Aires, Argentina.

Viaje a la Alcarria, by Camilo José Cela, reprinted by permission from the author.

Nada, by Carmen Laforet, reprinted by permission from the author.

La ciudad de los perros, by Mario Vargas Llosa, reprinted by permission from Editorial Seix Barral, Barcelona, Spain.

"La rama seca," by Ana María Matute, reprinted by permission from Ediciones Destino, S.A., Barcelona, Spain.

"Aceite guapo," by Rosario Castellanos, reprinted by permission from Editorial de la Universidad Veracruzana, Xalapa, Veracruz, Mexico.

"El muerto-vivo," by Enrique Anderson Imbert, reprinted by permission from Emecé Editores, Ediciones Corregidor, Buenos Aires, Argentina.

"Las ataduras," by Carmen Martín Gaite, reprinted by permission from Alianza Editorial, Madrid, Spain.

La sombra del ciprés es alargada, by Miguel Delibes, reprinted by permission from Ediciones Destino, S.A., Barcelona, Spain.

"La casa de Asterión," by Jorge Luis Borges, reprinted by permission from Emecé Editores, Buenos Aires, Argentina.

"Una tarde," by Gabriel Miró, reprinted by permission from Taurus Ediciones, Madrid, Spain.

"El forastero," by Luis Romero, reprinted by permission from Ediciones Cid, Madrid, Spain.

La siesta del martes

GABRIEL GARCÍA MÁRQUEZ

▶ **ENFOQUE:** Selecting a Topic

▶ **Spanish Equivalents of English *to be* (Part I)**

La siesta del martes

GABRIEL GARCÍA MÁRQUEZ

El colombiano Gabriel García Márquez (1928-   ) recibió el premio Nobel de literatura en 1982 principalmente por Cien años de soledad *(1967), novela que narra la fundación e historia del mítico pueblo de Macondo. En esta obra, donde alternan realidad y fantasía, historia e invención, se nos cuenta la vida del protagonista José Arcadio Buendía y la de muchos de sus descendientes. Según Donald L. Shaw, la novela está caracterizada por la "soledad, violencia, frustración y sufrimiento, enmascarados, pero no del todo escondidos por las aventuras y las orgías sexuales. Todo termina en la muerte o en la fatalidad..."*

El concepto del "realismo mágico," que define un tipo de narración en el que la realidad descrita incluye elementos de fantasía y de magia, se aplica frecuentemente a las novelas de García Márquez, como Cien años de soledad *y* El otoño del patriarca *(1975). También se usa el término para describir las obras de otros novelistas del denominado "boom" de la novela hispanoamericana contemporánea.*

Aquí examinamos una obra temprana de García Márquez, parte del cuento "La siesta del martes," de la colección Los funerales de la mamá grande *(1962). La caracterización de la madre del ladrón muerto, Carlos Centeno Ayala, revela el gran arte del autor colombiano. La madre, con su firmeza durante la confrontación con el cura y su insistencia en ver la tumba del hijo muerto, representa la digna heroicidad de los humildes ante la desgracia.*

▼

Eran casi las dos. A esa hora, agobiado por el sopor, el pueblo hacía la siesta. Los almacenes, las **oficinas**[1] públicas, la escuela municipal, se cerraban desde las once y no **volvían a abrirse**[2] hasta un poco antes de las cuatro, cuando pasaba el tren de regreso. Sólo permanecían abiertos el hotel frente a la estación, su
5   cantina y su salón de billar, y la oficina del telégrafo a un lado de la plaza. Las casas, en su mayoría construidas sobre el modelo de la compañía bananera, tenían las puertas **cerradas**[3] por dentro y las persianas bajas. En algunas hacía tanto calor que sus habitantes almorzaban en el patio. Otros recostaban un asiento a la sombra de los almendros y hacían la siesta sentados en plena calle.
10   Buscando siempre la protección de los almendros, la mujer y la niña penetraron en el pueblo sin perturbar la siesta. Fueron directamente a la casa cural. La mujer raspó con la uña la red metálica de la puerta, esperó un instante

y volvió a llamar. En el interior zumbaba un ventilador eléctrico. No se oyeron los pasos. Se oyó apenas el leve crujido de una puerta y en seguida una voz
15   cautelosa muy cerca a la red metálica: "¿Quién es?" La mujer trató de ver a través de la red metálica.

—Necesito al padre, dijo.

—Ahora está durmiendo.

—Es urgente, insistió la mujer.

20   Su voz tenía una tenacidad reposada.

La puerta se abrió sin ruido y apareció una mujer madura y regordeta, de cutis muy pálido y cabellos color de hierro. Los ojos parecían demasiado pequeños detrás de los gruesos cristales de los lentes.

—Sigan, dijo, y **acabó de abrir**[4] la puerta.

25   Entraron a una **sala**[5] impregnada de un viejo olor de flores. La mujer de la casa las condujo hasta un escaño de madera y les hizo señas de que se sentaran. La niña lo hizo, pero su madre permaneció de pie, absorta, con la cartera apretada en las dos manos. No se percibía ningún ruido detrás del ventilador eléctrico.

30   La mujer de la casa apareció en la puerta del fondo.

—Dice que vuelvan después de las tres, dijo en voz muy baja. —Se acostó hace cinco minutos.

—El tren se va a las tres y media, dijo la mujer.

Fue una réplica breve y segura, pero la voz seguía siendo apacible, con
35   muchos matices. La mujer de la casa sonrió por primera vez.

—Bueno, dijo.

Cuando la puerta del fondo volvió a cerrarse la mujer se sentó junto a su hija. La **angosta**[6] sala de espera era pobre, ordenada y limpia. Al otro lado de una baranda de madera que dividía la habitación, había una mesa de trabajo,
40   sencilla, con un tapete de **hule**[7] y encima de la mesa una máquina de escribir primitiva junto a un vaso con flores. Detrás estaban los archivos parroquiales. Se notaba que era un despacho arreglado por una mujer soltera.

La puerta del fondo se abrió y esta vez apareció el sacerdote limpiando los lentes con un pañuelo. Sólo cuando se los puso pareció evidente que era hermano
45   de la mujer que había abierto la puerta.

—¿Qué se le ofrece? —preguntó.

—Las llaves del cementerio, dijo la mujer.

La niña estaba sentada con las flores en el regazo y los pies cruzados bajo el escaño. El sacerdote la miró, después miró a la madre y después, a través de
50   la red metálica de la ventana, el cielo brillante y sin nubes.

—Con este calor, dijo. —Han podido esperar a que bajara el sol.

La mujer movió la cabeza en silencio. El sacerdote pasó del otro lado de la baranda, extrajo del armario un cuaderno forrado de hule, un plumero **de palo**[8] y un tintero, y se sentó a la mesa. El pelo que le faltaba en la cabeza le sobraba
55   en las manos.

—¿Qué tumba van a visitar? —preguntó.

—La de Carlos Centeno, dijo la mujer.

El padre siguió sin entender.

60 —Es el ladrón que **mataron**[9] aquí la semana pasada, dijo la mujer en el mismo tono. —Yo soy su madre.

El sacerdote la escrutó. Ella lo miró fijamente, con un dominio reposado, y el padre se **ruborizó**. Bajó la cabeza para escribir. A medida que llenaba la hoja pedía a la mujer los datos de su identidad, y ella respondía sin vacilación, con detalles precisos, como si estuviera leyendo. El padre empezó a sudar. La niña
65 se desabotonó la trabilla del zapato izquierdo, se descalzó el talón y lo apoyó en el contrafuerte. Hizo lo mismo con el derecho.

Todo había empezado el lunes de la semana anterior, a las tres de la madrugada y a pocas **cuadras**[10] de allí. La señora Rebeca, una viuda solitaria que vivía en una casa llena de cachivaches, sintió a través del rumor de la llovizna
70 que alguien trataba de forzar desde afuera la puerta de la calle. Se levantó, buscó a tientas en el **ropero**[11] un revólver arcaico que nadie había disparado desde los tiempos del coronel Aureliano Buendía, y fue a la sala sin encender las luces. Orientándose no tanto por el ruido en la cerradura como por un terror desarrollado en ella por 28 años de soledad, localizó en la imaginación no sólo
75 el sitio donde estaba la puerta sino la altura exacta de la cerradura. **Agarró**[12] el arma con las dos manos, cerró los ojos y apretó el gatillo. Era la primera vez en su vida que disparaba un revólver. Inmediatamente después de la detonación no sintió nada más que el murmullo de la llovizna en el techo de zinc. Después percibió un golpecito metálico en el andén de cemento y una voz muy baja,
80 apacible, pero terriblemente fatigada: "Ay, mi madre." El hombre que **amaneció**[13] muerto frente a la casa, con la nariz despedazada, vestía una franela a rayas de colores, un pantalón **ordinario**[14] con una soga en lugar de cinturón, y estaba descalzo. Nadie lo conocía en el pueblo.

—De manera que se llamaba Carlos Centeno—, murmuró el padre cuando
85 acabó de escribir.

—Centeno Ayala, dijo la mujer. —Era el único varón.

El sacerdote volvió al armario. **Colgadas**[15] de un clavo en el interior de la puerta había dos llaves grandes y oxidadas, como la niña imaginaba y como imaginaba la madre cuando era niña y como debió imaginar el propio sacerdote
90 alguna vez que eran las llaves de San Pedro. Las descolgó, las puso en el cuaderno abierto sobre la baranda y mostró con el índice un lugar en la página escrita, mirando a la mujer.

—Firme aquí.

La mujer garabateó su nombre, sosteniendo la cartera bajo la axila. La niña
95 recogió las flores, se dirigió a la baranda arrastrando los zapatos y observó atentamente a su madre.

El párroco suspiró.

CUESTIONARIO

Contenido

1. ¿Cómo encontraron la mujer y su hija el pueblo al llegar allí?

2. ¿A quién quiere ver la mujer y qué pasa cuando pregunta por esa persona?
3. ¿Cómo consigue al fin ver la mujer a esa persona?
4. Describa el cuarto en que tiene que esperar la mujer.
5. ¿Qué es lo que le pide la mujer al sacerdote? ¿Para qué se lo pide?
6 ¿Quién era Carlos Centeno Ayala y qué le había ocurrido?
7. ¿Qué pasó después de apuntar el cura el nombre de la mujer en un cuaderno?

Interpretación y estilo

1. ¿Cuál es la nota predominante que caracteriza el ambiente del pueblo a la llegada de la mujer?
2. ¿Cómo contrasta este ambiente con la situación personal de la mujer?
3. ¿Por qué cree Ud. que la madre no se sienta hasta que consigue lo que desea?
4. ¿Cómo refuerza el ambiente de la sala-despacho del cura al ambiente general del pueblo?
5. ¿Cómo interpreta Ud. el hecho de que el cura se ruborice cuando la mujer lo mira?
6. Comente Ud. la técnica descriptiva empleada por García Márquez para conseguir la simpatía del lector hacia Carlos Centeno.
7. ¿Hasta qué punto considera Ud. fatalista la actitud de la madre de Carlos Centeno? ¿Por qué?
8. ¿Cómo y con qué detalles caracteriza el autor al sacerdote?

▶ Léxico: opciones ◀

① •

la oficina *office*	**la redacción** *(newspaper) office*
el despacho *office, study*	**el consultorio** *(medical) office*
la dirección *office*	**la consulta** *(doctor's) office*
el bufete *(law) office*	**la clínica dental** *dental office*

Normally, **oficina** is a place where clerical or business activities are conducted by several or more persons. **Despacho** is the private office of a single person at home or away from home. The administrative office of an institution or organization with a director is a **dirección** in Spanish. **Bufete** always refers to a lawyer's office, although larger legal firms also have **oficinas** where secretarial work is done. If a physician has a private office, it's normally a **consulta**, whereas a **consultorio** is a place where several doctors work. A dentist's office is most often a **clínica** (**dental**) in Spanish.

Desde su **despacho**, la profesora ve las montañas.	*From her **office**, the professor can see (sees) the mountains.*
El maestro lo mandó a la **dirección**.	*The teacher sent him to the **principal's office**.*
Isabel ha abierto su **bufete** y se dedica a los asuntos de sus clientes.	*Isabel has opened her **(law) office** and is dedicating herself to her clients' business.*
El periódico tenía su **redacción** en la Plaza de Armas.	*The newspaper had its **office(s)** on the Plaza de Armas.*
Por las mañanas trabaja en el hospital y por las tardes en su **consulta**.	*Mornings he works in the hospital and afternoons in his **office**.*
Mi madre era médica y directora de un **consultorio** de la Seguridad Social.	*My mother was a doctor and director of a Social Security **medical office**.*

2 •

volver a + **infinitive**   *to do something again*
volver   *to return, to go (come) back*
regresar   *to return, to go (come) back*
devolver   *to return (something), to give back; to throw up*

English-speaking students tend to overuse the adverbs **otra vez** and **de nuevo** + **infinitive** to render in Spanish the phrase: *to do something again*. Although the former are correct, Spanish often prefers, as illustrated in the text example, the expression **volver a** + **infinitive**. **Volver** and **regresar** mean the same thing, but **volver** is the more common form in Spain and **regresar** in Spanish-America. **Devolver** means *to return* something to its owner or rightful place. On a colloquial level, it's a synonym of **vomitar**. **Regresar**, an intransitive verb, should not be used as a synonym of **devolver**, although it is sometimes used this way in Mexico and elsewhere.

No **vuelvas a hacerlo**.	*Don't **do it again**.*
Volvió (regresó) a su patria para enterrar a su padre.	***He returned to** his country to bury his father.*
Espérame. **Vuelvo (regreso)** dentro de cinco minutos.	*Wait for me. **I'll return** (with)in five minutes.*

Julio **ha devuelto** todo el dinero.

*Julio **has returned** all the money.*

El chico se puso enfermo y **devolvió** en plena clase.

*The boy became sick and **threw up** right in class.*

---

3 •

cerrar   *to close, to shut; to lock*
el cierre   *closing, shutting*
abrir   *to open*
la abertura   *opening, aperture*

clausurar   *to close, to adjourn*
la clausura   *closing, adjournment*
la apertura   *opening; musical overture*

Cerrar, besides *to close* or *to shut*, also means *to lock*, although in this last sense **con llave** may be added for emphasis. **Clausurar** means *to close* in a figurative or ceremonial sense. **Clausura** is likewise a ceremonial closing or adjournment, whereas **cierre** refers to the physical closing or shutting of something. **Abertura** is a physical opening or hole, while **apertura** means *opening* in a figurative or ceremonial sense.

¿**Cerraste** la puerta?

Did you close (lock) the door?

Hoy **se clausura** el Congreso del partido conservador.

*Today the Convention of the Conservative Party **is closing**.*

Mañana se celebra la **clausura** de la sesión de verano.

*Tomorrow the **closing** of the summer session is being held.*

El ministro de Hacienda ha ordenado el **cierre** de 20 bancos.

*The Secretary of the Treasury has ordered the **closing** of 20 banks.*

Han anunciado la **apertura** de negociaciones para resolver la huelga.

*They have announced the **opening** of negotiations to settle the strike.*

Cerró la **abertura** de la tienda de campaña para que no entrara la lluvia.

*He closed the **opening** of the tent so that the rain wouldn't get in.*

---

4 •

acabar de + **infinitive**   *to finish doing (something); to have (had) just done something*
terminar de + **infinitive**   *to finish doing something*

Both **acabar** and **terminar** when followed by a noun mean *to finish, complete,* or *end* something. Followed by the infinitive, however, they mean *to finish doing something,* as in the text example. But an even more common use of **acabar** is in the present or imperfect indicative followed by **de** + **infinitive** to render English *to have (had) just done* something, as in the final two examples below.

Acabaré (terminaré) el informe la semana próxima.

I'll finish (complete) the report next week.

Cuando **acabó (terminó) de vestirse**, abrió la puerta del patio.

*When **he finished getting dressed**, he opened the patio door.*

Acabo de hablar por teléfono con mi hermano.

I have just spoken to my brother on the phone.

Cuando la llamé, **acababa de llegar**.

*When I called her, **she had just arrived**.*

5 ●

la sala   *living room, parlor*
el cuarto   *room*
el aula (*fem.*)   *classroom*

la habitación   *room*
el salón   *living room; large room, hall*

When speaking of a house or an apartment, **sala** and **salón** both refer to a living room, sitting room or parlor. With regards to other buildings, these words are used, usually with some qualifier, to refer to large rooms where the public gathers, such as **sala de espera**, *waiting room*, or **salón de actos** (**espectáculos**), *auditorium*. **Cuarto** and **habitación** are the most common words for *room* in general. There is no real difference between them, although there may be a slight preference for **cuarto** when *room* is used in a personal or private context. **Habitación** is preferred in hotel language, especially when a room number is designated. It also refers to the rooms of a house assigned a more private use (bedroom, study, playroom) in contrast to those of more general use (living room, dining room, bathroom). **Aula** always refers to a classroom or lecture room.

El piano es el mueble más grande del **salón** (de la **sala**).

*The piano is the largest piece of furniture in the **living room**.*

Cándido está leyendo un libro en su **cuarto**.

*Cándido is reading a book in his **room**.*

Nuestro piso tiene tres **habitacio-nes**, **salón**-comedor, cocina y baño. | Our apartment has three **(bed)-rooms**, a **living room**-dining area, kitchen and a bathroom.

No cabían todos los estudiantes en el **aula**. | There wasn't room for all the students in the **classroom**.

6 •

angosto   *narrow*
estrecho   *narrow*

The synonyms **angosto** and **estrecho** are used everywhere in the Spanish-speaking world. However, **angosto** is the more common word in parts of Spanish America, as is **estrecho** in Spain.

En las montañas de México hay muchos caminos **angostos**. | In the mountains of Mexico there are many **narrow** roads.

El pasillo de la casa era largo y **estre-cho**. | The hallway in the house was long and **narrow**.

7 •

el hule   *rubber; oilcloth*
la goma   *rubber; rubber band*
el caucho   *rubber*

Hule may refer to a glossy, rubberized, or waterproof fabric. It is so used in the literary example where it indicates a table-covering made of oilcloth. In most other cases, **hule** is a synonym of **goma** and **caucho**, and there is no clear distinction among these terms. However, **goma** is sometimes preferred for rubber in its softer, more flexible forms and **caucho** in its harder forms. **Goma** also means *rubber band* and is thus synonymous with **tira elástica**.

Como llovía tanto, los obreros de la carretera llevaban impermeables de **hule**. | As it was raining so hard, the highway workers wore **rubber** raincoats (slickers).

Mis zapatos tienen suelas de **goma**. | My shoes have **rubber** soles.

Los niños jugaban con una pelota de **goma**. | The children were playing with a **rubber** ball.

En el aeropuerto hay una acera móvil de **caucho** para el transporte de los pasajeros.

*In the airport there's a moving sidewalk made of **rubber** for transporting passengers.*

8 ●

de palo   *wooden*
la madera   *wood*

el palo   *pole, stick; a blow with a stick*
la leña   *(fire)wood*

Palo, which indicates a cylindrical piece of wood such as a pole, stick, or mast of a ship, is also used as an adjective (**de palo**) to mean *wooden* when the shape of the item referred to is cylindrical. In the example from the short story, it is so used in conjunction with **plumero**, a Colombian term for *pen*. In most other cases, *wood* is rendered as **madera**, except for firewood, which is referred to as **leña**.

El pirata Long John Silver era conocido por tener una pata **de palo**.

*The pirate Long John Silver was known for his **wooden (peg)** leg.*

Le dieron unos **palos** por ser ladrón.

*They beat him with **a stick** for being a thief.*

El cocinero insistía en usar una cuchara **de palo**.

*The cook insisted on using a **wooden** spoon.*

Añadió más **leña** al fuego en la chimenea.

*He added more **wood** to the fire in the fireplace.*

9 ●

matar   *to kill*
asesinar   *to murder, assassinate; to kill*
rematar   *to finish off*
eliminar   *to wipe out, bump off*
ejecutar   *to execute*

The English word *assassinate* normally means to murder an important or prominent person. The Spanish cognate **asesinar** shares this meaning, but more often is the simple equivalent of the English *to murder*, i.e., *to kill someone intentionally and with malice*. **Eliminar** is more colloquial and implies a criminal rubbing or wiping out of someone. **Ejecutar**, *to execute*, suggests capital punishment after some kind of trial or judgment.

Mató a su amigo en un accidente de caza.	*He killed his friend in a hunting accident.*
Los soldados enemigos **remataban** a los heridos.	*The enemy soldiers finished off the wounded.*
Estaba loca e intentó **asesinar** al presidente en San Francisco.	*She was crazy and tried to kill (assassinate) the president in San Francisco.*
Asesinaron al periodista cuando salía de su coche.	*They murdered (killed) the journalist while he was getting out of his car.*
Lo **ejecutaron** en la silla eléctrica y no en la cámara de gas.	*He was executed in the electric chair and not in the gas chamber.*

10 •

el bloque *block*   **la cuadra** *block (Sp. Am.); stable (Sp.)*
el establo *stable*   **la manzana** *block (Sp.); apple*

In Spanish America, **cuadra** is a block, the rectangular division of a city or town bound by consecutive streets. In Spain, **cuadra** is a horse-stable, as opposed to **establo**, a stable for other animals. In Spain and some of Spanish America, **manzana**, the word for *apple*, is also the word for city block, although **bloque** is sometimes used for a block of houses. **Bloque** is also the word for a large piece of a hard substance such as wood, marble, stone, and so on.

El trabajo de Andrés es mantener limpia la **cuadra**.	*Andrés's job is to keep the stable clean.*
Viven en la próxima **manzana (cuadra)**.	*They live in the next block.*
En invierno, el **establo** está lleno de vacas.	*In the winter the stable (barn) is full of cows.*

11 •

el ropero *clothes closet*
la alacena *cupboard, closet; locker*
el armario *closet*
el guardarropa *checkroom, cloakroom; clothes closet*

Ropero is a clothes closet or a small room for storing clothes. The word is more commonly used in Spanish America than in Spain, where **armario** is the standard word for *closet* in any context. **Alacena** means cupboard or closet set in a wall, most often used for storage of food and cooking utensils. **Guarda-rropa** indicates a public checkroom and less frequently a personal wardrobe.

Abrió el **armario** para sacar un sué-ter.	*He opened the **closet** to take out (get) a sweater.*
Guardamos conservas de frutas en esta **alacena**.	*We keep canned fruit in this **cup-board**.*
Antes de ir a sentarse, dejaron los abrigos en el **guardarropa**.	*Before going to sit down, they left their overcoats in the **checkroom**.*

12 •

coger   *to take*
tomar   *to take*
agarrar   *to take (Sp. Am.); to grasp (Sp.)*

In Spain, **agarrar** means *to grasp*, as with claws or **garras**. It has come to mean *to take* in much of Spanish America, where it is a replacement for **coger**, a common word in Spain, but a taboo word in polite speech for many Spanish-Americans due to its colloquial sexual implications. **Tomar** is used both in Spain and Spanish America as a synonym for both **agarrar** and **coger**.

Yolanda **cogió (agarró)** los papeles que estaban sobre la mesa.	*Yolanda **took** the papers that were on the table.*
El niño **tomó** el dinero que le ofrecía su abuelo.	*The child **took** the money his grand-father offered him.*

13 •

amanecer   *to dawn*
anochecer   *to grow dark*
atardecer   *to draw towards evening; to happen late in the afternoon*

Whereas English uses verbs indicating natural phenomena in the third person only, Spanish employs a number of these verbs in a personal way, as seen in the literary sample. There are no exact English translation equivalents for these verbs, but when used personally they convey the general idea of arriving or being in a particular place or condition at approximately the same time that the natural phenomenon occurs. Context sometimes requires that another verb be supplied or added to the English translation of these expressions to complete their meaning. As is typical of many words in Spanish, the infinitives above, when preceded by the masculine definite article, are also the nouns for these phenomena.

El reo **amaneció** ahorcado en su celda.	*At dawn, the prisoner was found hanged in his cell.*
Amanecimos pobres, nos tocó la lotería y **anochecimos** muy ricos.	*We got up poor, won the lottery and we went to bed very rich.*
Estaba lloviendo cuando **atardecimos** en Málaga.	*It was raining when we arrived in Málaga in the late afternoon.*
El frescor del **anochecer** penetraba en el cuarto.	*The coolness of evening (nightfall) came into the room.*
Beatriz murió al **amanecer** del tercer día.	*Beatriz died at dawn on the third day.*

14 ●

ordinario *ordinary, common*
común *common*
corriente *common*

Ordinario can mean *ordinary* in the sense of plain, common, or unexceptional. It can also be used in reference to something coarse or vulgar. In the example taken from García Márquez it is used in the latter sense. To avoid confusion when referring to people, **común** or **corriente** may be employed.

Es un día **ordinario** como los demás.	*It's an ordinary day like the others.*
Siempre habla con la boca llena; es muy **ordinario**.	*He always talks with his mouth full; he's a very vulgar person.*
En esta época del año la gripe es una enfermedad **corriente (común)**.	*At this time of year, the flu is a common illness.*
Es un estudiante tan **corriente** que pasa desapercibido.	*He's such an ordinary student that he goes about unnoticed.*

15 •

ahorcar *to hang*　　　　　　　　**tender** *to hang*
pender *to hang*　　　　　　　　**colgar** *to hang (coll. to flunk or fail*
　　　　　　　　　　　　　　　　　　　　　　someone)

The most common Spanish equivalent for the English *to hang* is **colgar**.
Ahorcar is *to hang by the neck in order to execute or kill someone*. Colloquially, **colgar** is sometimes used for **ahorcar**. **Tender**, literally *to spread or
stretch something out*, means *to hang* as in to hang clothes in order for them to
dry. **Pender** is used intransitively to mean *to hang* when something is
suspended and hangs freely from a higher position.

¿Dónde vamos a **colgar** el nuevo
cuadro?

*Where are we going **to hang** the
new painting (picture)?*

Al oír mi voz, **colgó** el teléfono.

*On hearing my voice, **he hung up**
the phone.*

Colgaron a Mario en francés.

*They **flunked** Mario in French
(class).*

Decidieron **ahorcar** al mensajero de
las malas noticias.

*They decided **to hang** the messen-
ger who brought the bad news.*

Yo prefiero **tender** la ropa al sol para
secarla.

*I prefer **to hang** the clothes in the
sun to dry them.*

La lámpara que **pendía** del techo
osciló mucho durante el terremoto.

*The light that **was hanging** from the
ceiling swayed a great deal during
the earthquake.*

PRACTICA ━━━━━━━━━━━━━━━━━━━━━━━━━━━━━━━━━━━

A. *Para cada una de las frases siguientes, elija Ud. la palabra que complete el
sentido. Haga también cualquier cambio necesario en la palabra elegida para
que la frase quede gramaticalmente correcta.*

1. El cardiólogo reconoció en su _____ al enfermo (**bufete, consultorio,
dirección**).

2. La abogada tiene su _____ en el centro (**clínica, bufete, consulta**).

3. Los estudiantes _____ los libros a la biblioteca al final del curso
(**devolver, volver, regresar**).

4. _____ de Buenos Aires esta mañana después de unas vacaciones inolvidables (**devolvimos, regresamos, terminamos**).

5. Ayer se celebró _____ del año escolar (**el cierre, la clausura, la abertura**).

6. En los últimos años, hemos visto _____ de muchas grandes empresas (**la clausura, el cierre, la abertura**).

7. He comprado dos butacas para _____ de la casa (**el salón, la habitación, el aula**).

8. En nuestra universidad faltan _____ para los estudiantes (**aulas, cuartos, habitaciones**).

9. El puerto de la montaña era tan _____ que sólo podía pasar un coche a la vez (**común, angosto, corriente**).

10. Los pescadores de bacalao suelen llevar chaquetas y pantalones de _____ (**goma, hule, caucho**).

11. Todos los muebles de la cocina son de _____ (**madera, leña, palo**).

12. El torero _____ al toro moribundo (**ejecutar, rematar, eliminar**).

13. Si no hubieran _____ a los presidentes Lincoln y Kennedy, la historia norteamericana habría sido diferente (**rematar, ejecutar, asesinar**).

14. Desde mi casa hasta la Plaza de San Juan, hay tres _____ (**bloques, establos, cuadras**).

15. Antes de pasar a las butacas del teatro, dejamos las gabardinas en el _____ (**armario, ropero, guardarropa**).

16. Ella tenía más de veinte pares de zapatos en _____ (**el guardarropa, el ropero, la alacena**).

17. Durante el saldo espectacular de J.C. Penney en junio, mi padre y yo _____ todas las camisas posibles (**tomar, agarrar, pender**).

18. Durante los meses de lluvia, el resfriado es una enfermedad _____ (**ordinario, estrecho, corriente**).

19. Durante el vuelo de Iberia desde Los Angeles hasta España, nosotros _____ en Nueva York y _____ en Madrid (**amanecer, rematar, anochecer**).

20. Si fuera un médico _____, no tendría tantos pacientes (**ordinario, corriente, estrecho**).

21. No sabíamos si _____ las cortinas de pared a pared o solamente delante de la ventana (**colgar, tender, pender**).

22. En Madrid, cuando hace buen tiempo, se suele _____ la ropa en el patio para secarla (**tender, ahorcar, pender**).

23. El autor _____ publicar su primera novela (**acabar de, terminar de, volver a**).

24. Los pasajeros de este vuelo van a _____ en Barcelona a las seis horas, antes de cenar (**atardecer, amanecer, anochecer**).

25. La cadena comercial anuncia la _____ de un nuevo supermercado (**abertura, apertura, clausura**).

26. Después _____ del Senado, los senadores regresaron a sus respectivos estados (**de la clausura, del cierre, de la apertura**).

27. Mi primo se _____ en un accidente de automóvil en la autopista (**rematar, matar, ejecutar**).

28. Aquel día encontramos al periodista en _____ de *The New York Times* (**la consulta, la redacción, el bufete**).

29. Esta chimenea no usa gas, sino _____ (**palo, madera, leña**).

30. Como estaba lloviendo mucho, el campesino metió las vacas en _____ (**la cuadra, el establo, la alacena**).

B. *Traduzca al español las siguientes frases empleando el vocabulario estudiado en este capítulo.*

1. The doctor's office is near city hall.

2. In June, students return all books to the library.

3. His wife asked again [do not use **otra vez** or **de nuevo**] what had happened.

4. The opening of the will was a very important event.

5. Every morning she gets up at dawn [do not use **levantarse**] with a bad [use **fuerte**] headache.

6. Carlos waited until dawn before getting up.

7. What he just said bothers me very much.

8. **My godson has just opened his new law office in Madrid.**

9. The famous writer returned to his native country to live.

10. I attended the closing of the Democratic Convention in Los Angeles.

11. They decided not to buy the house since it had more rooms than they needed.

12. My daughter spends many hours in her room doing her homework.

13. The narrow road went through [use **atravesar**] the thick forest.

14. Since the store didn't have slippers with leather soles, I bought a pair with rubber soles.

15. There wasn't enough firewood to heat the cabin.

16. In the 18th century, people were executed in some countries for stealing bread.

17. The number of people [use **personas**] murdered in large cities is alarming.
18. From the hotel to the restaurant, we had to walk twelve blocks.
19. They hanged the murderer at dusk.
20. They decided to hang the painting above the chimney.

► ENFOQUE ◄ Selecting a Topic

For any writer, an essay topic is the most important first step. When you finally decide on a topic, you should ask yourself if your knowledge of it is sufficient to present a clearly written essay for your readers. This does not imply that you must be experts on your chosen topic, but that you must feel confident in your knowledge of it. Your chosen subject should interest you. Otherwise, how can you expect to interest your reader? Your essay will fall short, then, when either your knowledge or interest in the subject is lacking.

Writing in one's native language is difficult enough; writing in a foreign one is even more difficult. When you find yourself in this situation, you should choose a topic that you can manage and organize easily. Immediately following, there are a number of topics from which you may choose. Keep in mind, however, that these topics are only a point of departure. If you find the chosen topic too limiting, then by all means find a new approach or technique with which to handle it. If after careful consideration the prospective topic still does not seem to develop, it may be better to abandon it for another. Above all, you should have confidence in your ability as a writer. Nevertheless, do not hesitate to ask for help and guidance from others—even the best writers seek help from other sources.

► TIPS ◄

1. Select a topic.
2. Know the topic.
3. Are you interested in your prospective topic?
4. How can you organize it?
5. Is your topic too limiting? Is it too broad?
6. Ask yourself if you need help?
7. Get to work!

TEMAS A ESCOGER

Temas relacionados con la selección literaria

1. Describa Ud., desde la perspectiva de la mujer, la llegada al pueblo y su encuentro con el sacerdote. Incluya no sólo lo que ella ve, sino lo que pueda sentir durante su estadía en el pueblo.
2. Imagínese que Ud. es la niña y relate sus impresiones al acompañar a su madre y presenciar el encuentro con el cura.
3. Escriba este episodio desde el punto de vista del cura, desde la llegada de la madre de Carlos Centeno a la casa rectoral hasta el momento en que sale esta mujer al cementerio.

Temas sugeridos por la selección literaria

1. Describa Ud. —en forma de diálogo o de ensayo— alguna confrontación o discusión que haya tenido con otra persona.
2. Describa alguna situación en la que Ud. haya sido afectado(a) por el ambiente físico-moral.
3. Relate Ud. un caso (verdadero o imaginado) de gran resignación ante una vida trágica o llena de desgracias.

|R|E|P|A|S|O| gramatical

■ Spanish Equivalents of English *to be* (Part I)

Basic Statement

The two common Spanish equivalents of the English *to be* are **ser** and **estar**. **Ser** establishes or contributes to establishing identity. **Estar** indicates location as well as state or condition. When used to express state, estar normally indicates a change from some other state or at least the possibility of such change. **Ser**, however, indicates an essential or inherent characteristic. Two sentences which differ only in their use of **ser** and **estar** can both be grammatically correct in Spanish, and may sometimes be rendered by the same English equivalent. Nevertheless, they mean different things since **estar** indicates something that befalls the subject and **ser** what is viewed as a necessary part of it. As shown by the examples below, noun forms of these verbs also reflect this distinction.

Un **ser** humano es una cosa maravillosa.   *A human **being** is a marvelous thing.*

El **estado** del enfermo ha mejorado.   *The **condition (state)** of the patient has improved.*

The Referent with "ser" and "estar"

To equate the subject with a predicate noun or with a pronoun, **ser** is the verb used. In other words, a noun or pronoun can follow **ser**, but not **estar**. However, when the predicate is an adjective or a past participle, one must decide if the quality conveyed by the adjective or participle is perceived as a basic characteristic or as a state or condition. With **ser**, the adjective has something of the quality of a noun. **Ser** functions as an equal sign showing the subject to be one of a class of persons or things.

El marinero **es** un (hombre) borracho.   *The sailor **is** a drunk(ard).*

Carlos **es** (un muchacho) sucio.   *Carlos **is** (a) dirty (boy).*

La tierra aquí **es** (tierra) dura.   *The ground here **is** hard (ground).*

If **ser** in the previous examples is replaced by **estar**, the sentences no longer make a general, essential identification of the subject. Instead of establishing a permanent relationship between the subject and the attribute conveyed by the adjective, **estar** places the subject in the concrete world of experience or of the physical senses. **Estar** thus indicates the *state* of the subject, rather than its *essence*. It thus functions somewhat as an adverb primarily modifying the verb (i.e., the subject's state), only referring to the subject in a secondary manner.

El marinero **está** borracho.   *The sailor **is** drunk.*

Carlos **está** sucio.   *Carlos **is** dirty.*

La tierra aquí **está** dura.   *The earth here **is** hard.*

In the previous set of examples, **estar** + **adjective** does not refer to what the speaker feels to be the basic nature of the sailor, Carlos, nor the ground in question. Instead, it indicates a condition at a given time, a condition or state which may be of a short, long, or indeterminate duration. Unlike **ser**, **estar** does not unreservedly equate the subject and an attribute. With **estar**, we know nothing about the subject's fundamental traits or characteristics. The sailor, for example, may be an alcoholic, an occasional drinker, or a young man who has sampled intoxicants for the first time. Carlos may be an immaculate person, one of average neatness or a slovenly individual. (In this last instance the use of **estar** may indicate someone's reaction to his state or the fact that he is dirtier than usual). Similarly, **estar** may be used to indicate that the soil (which may be of a basically soft, average or hard composition) is harder than normal, perhaps from lack of rain. It may also indicate an implied comparison with some other soil the speaker has in mind.

In short, **estar** refers to the subject's state at a given time but provides little or no information about its fundamental nature. **Ser** suggests no such temporal limitation and couples the attribute indicated by the adjective to the subject itself. In Spanish, the speaker uses **estar** with an adjective when (s)he feels there has been some perceptible change in the subject or when (s)he feels the state of the subject is likely to change. **Ser** indicates that the quality is viewed as a basic, defining characteristic not normally subject to change.

Subjectivity with "estar"

Estar often indicates a personal reaction, expressing what is perceived directly through the senses. It is frequently rendered by the English *to seem, look, taste, act and feel*, as well as by *to be*. **Estar** thus contains something of the subjective reaction as opposed to the more objective, impersonal **ser**.

Estas naranjas **son** muy dulces.	*These oranges **are** (a) very sweet (variety).*
Estas naranjas **están** muy dulces.	*These oranges **are** (taste) very sweet.*

Since **estar** indicates personal reaction, an adjective with **estar** does not reveal what by objective standards may be considered an essential attribute of the subject. Instead, **estar** reflects a person's response to a change or to a noteworthy circumstance. **Ser** refers to what may be considered a necessary part of the subject when measured by relatively objective standards. **Estar** more often indicates the subjective reaction of the perceiver than the objective state of what (s)he perceives.

Tu abuela **está** muy joven.	*Your grandmother **looks (acts, is)** very young.*

The preceding sentence with **ser** would refer to age in actual years. **Estar**, however, conveys a personal impression of the grandmother's behavior or appearance compared to what the speaker considers normal for people of the grandmother's age group.

—¡Mario, qué alto **estás**!	*Mario, how tall **you are**!*
—Sí, mañana cumplo cinco años.	*I know; I'll be five tomorrow.*
Mario **es** muy alto para su edad.	*Mario **is** very tall for his age.*

In the first example above, **estar** may reflect the speaker's reaction either to Mario's increased height since the previous time (s)he saw him or the fact Mario is (seems) tall compared to other children of his age. The example with **ser** is a more objective way of indicating that Mario is tall for a boy of five.

Point of View and Implied Contrast

It is not always easy to decide whether a given attribute is best viewed as a defining characteristic or as a state, which by its very nature is subject to change. It may nonetheless help to recall that Spanish prefers **estar** with adjectives when contrast is suggested to any degree. The contrast may be between the present and the previous states of the subject or between the subject and another members of her/his class. When a feeling of such contrast is absent, and when there is no desire to convey a personal or emotional overtone, Spanish prefers **ser**.

El cielo de Arizona **es** (un cielo) azul.	*The Arizona sky **is** (a) blue (sky).*
El cielo de Arizona **está** siempre azul.	*The Arizona sky **is** always blue.*

Few persons would bother making the first statement above. A native of Tucson residing in San Francisco, however, might very well utter the second sentence for the affective power of **estar** or to emphasize the contrast between the weather of the two cities. There is little difference in meaning, however, since the objective defining characteristic in the first sentence is subjectively viewed as a permanent state in the second. But it is clear that the connotative force of the adjective is lacking in the more trite sentence with **ser**. Examine the following sentences to see why **ser** or **estar** is used.

¡Qué verde **está** la pradera después de la lluvia!	*How green the meadow **is** after the rain.*
Raimundo **estaba** más gordo y calvo que el año pasado.	*Raimundo **was** fatter and balder than last year.*
El lago Tahoe **es** el lago más profundo de California, pero después de las lluvias **está** aún más profundo.	*Lake Tahoe **is** the deepest lake in California, but after the rain, **it's** even deeper.*

Since in normal social communication, the differences, contrasts, and changes in persons and things interest us much more than their well-known characteristic features, **estar** is more frequently encountered than **ser** in pairs like the following.

Veo que Luisa **es** muy trabajadora.	*I see that Luisa **is** a very hard-working person.*
Veo que Luisa **está** muy trabajadora hoy.	*I see that Luisa **is** very hard-working today.*
Rafael **está** casado.	*Rafael **is** married (neither divorced nor a bachelor).*
Rafael **es** (un hombre) casado.	*Rafael **is** (a) married (man).*
La película **está** doblada.	*The film **is** dubbed (not in the original).*
La película **es** (una película) doblada.	*The film **is** (a) dubbed (film).*
El cuarto **era** oscuro y decidí pintarlo de blanco.	*The room **was** (a) dark (room) and I decided to paint it white.*
El cuarto **estaba** oscuro y decidí encender la luz.	*The room **was** dark and I decided to turn on the light.*

There are, then, often two possibilities with adjectives. With **ser** we indicate that we view the subject as a member of a particular class or group, whereas with **estar** we offer a personal comment on the subject without relating it to that class or group. Thus we would normally refer to a friend's sudden loss of weight by saying:

Juan **está** muy delgado.	*Juan **is** very thin.*

A year later we may continue to use **estar**, thereby still comparing Juan's present and previous states. We may, however, cease to regard his thinness as a resultant state of some action or occurrence and consider it instead to be a basic identifying characteristic. The use of **ser** would indicate that we now see Juan as one of the class of thin people.

Juan **es** muy delgado.	*Juan **is** (a) very thin (person).*

It was mentioned earlier that **estar** is also used to indicate location in Spanish. Remember that all instances of indicating location, whether temporary or permanent, are rendered with **estar**, and not **ser**.

Mi abuelo **está** en el hotel.	*My grandfather **is** in the hotel.*
El museo **está** en Londres.	*The museum **is** in London.*

Finally, an often helpful device for deciding whether to use **ser** or **estar** with a particular adjective is to see if the expression *in a _____ state* (with the adjective in question inserted in the blank space) can replace the adjective without a change in meaning. If it can, then **estar** is the verb to use. If the substitution is not possible, use **ser**.

Estoy satisfecho.   *I am satisfied.* (in a satisfied state)

Estábamos listos.   *We were ready (prepared).* (in a ready, prepared state)

Tu coche **es** barato.   *Your car is cheap.* (One can't say *in a cheap state*)

Sus vecinos **eran** chinos.   *His neighbors were Chinese.* (One can't substitute *in a Chinese state*)

PRACTICA ━━

A. *Complete las siguientes frases con la forma correcta de* **ser** *o* **estar**. *En algunas frases es posible usar el verbo correctamente en más de un tiempo verbal. En aquellas frases donde se puede usar tanto* **ser** *como* **estar**, *explique la diferencia.*

1. Mañana el riesgo de lluvia _____ limitado a Oregón y Washington.

2. El Japón _____ el país más próspero de Asia.

3. Carmen no quería ver a nadie; deseaba _____ sola.

4. _____ tan débil que no puedo continuar trabajando.

5. Recientemente los tomates han _____ muy baratos.

6. En general, el peligro de que haya incendios forestales _____ muy alto en septiembre.

7. Ayer, María _____ más alegre que otros días.

8. Normalmente sus nietos _____ muy buenos, pero ayer _____ inaguantables.

9. Nuestra compañía _____ al borde de la bancarrota.

10. Juan no _____ más trabajador que tú, pero su sueldo _____ mucho más alto.

11. En el bosque había una ermita que _____ en ruinas.

12. No podemos venderle a Ud. este coche porque ya _____ vendido.

13. Arturo _____ muy pedante pero hoy ha _____ más pedante que nunca.

14. En aquella ciudad los días _____ tan fríos como las noches.

15. ¿Por qué no me dijiste antes que _____ casado?

16. _____ impaciente por respirar otra vez los aires de mi ciudad natal.

17. Este mueble antiguo _____ la herencia que me dejó mi abuelo.

18. Encontramos que la puerta de madera _____ podrida por la lluvia.

19. Al cuarto día el paciente _____ fuera de peligro.

20. El Museo del Prado _____ próximo al Jardín Botánico.

21. Martín _____ desnudo, pero cuando llamaron a la puerta, se puso la bata.

22. Cuando se casó Isabel, yo _____ de las últimas personas en llegar a la iglesia.

23. Tú _____ asqueroso con ese traje tan sucio.

24. Carmen _____ una simple empleada, pero desde el año pasado _____ encargada de toda la tienda.

25. Cuando llegué a la casa, mi novio ya _____ afeitado y peinado.

26. Las ruinas de Machu Pichu _____ en el interior del Perú.

27. Las sábanas _____ muy blancas porque las dejó al sol mucho tiempo.

28. El Colegio Nacional de México _____ una institución de alto prestigio.

29. Después de dos semanas en la playa, el turista noruego _____ muy moreno.

30. María no _____ atenta cuando la profesora explicaba el problema.

B. *Traduzca al español las siguientes frases, usando la forma correcta de* **ser** *o* **estar** *en cada frase. En algunas frases son correctos los dos verbos; explique la diferencia entre ellas.*

1. In what state were his affairs when he died?

2. The lawn is wet with the night dew.

3. The lake was very deep.

4. I am sure you will be better tomorrow.

5. He is one of those persons who do not know how to be by themselves even a moment.

6. Our bedroom was very dark.

7. How beautiful the sea is tonight.

8. At that time I was very far from knowing the truth.

9. The Mississippi is the longest river in [use **de**] the United States.
10. The fruit is rotten.
11. Milk is good for children.
12. This homemade ice cream is delicious.
13. The climate of Las Vegas is very dry.
14. In spite of his age, he still looks young.
15. Don't touch the door because the paint is still wet.

La otra circunstancia
DOLORES MEDIO

▶ **E N F O Q U E:** **Developing an Approach**

▶ **Spanish Equivalents of English *to be* (Part II)**

La otra circunstancia

DOLORES MEDIO

Dolores Medio nació en Oviedo, España, en 1920. Durante varios años fue maestra normal en Nava, cerca de Oviedo. En 1945 ganó un concurso con la novela corta Nina. *Luego se trasladó a Madrid como colaboradora del semanario* Domingo *y más tarde ingresó en la Escuela de Periodismo de esta ciudad.*

En 1952 ganó el premio Nadal por su novela Nosotros, los Rivero, *que trata la vida vulgar provinciana. Esta novela tuvo un gran éxito comercial pero no crítico. En 1956 se publicó su novela* Funcionario Público *y en 1959,* El pez sigue flotando. *Con estas dos novelas, Dolores Medio se estableció como una narradora excepcional. Según el crítico español Eugenio G. De Nora, "Su modo de contar, sin necesidad de recurrir a inútiles complicaciones técnicas o arabescos formales, se ha rejuvenecido adquiriendo, frente a la fluidez morosa de su primer libro, una frescura, rapidez y eficacia expresiva verdaderamente aptas para reflejar el mundo contemporáneo..." El tema de* Funcionario Público *es la impotencia de un empleado modesto y el de* El pez sigue flotando, *la triste y monótona vida de un grupo de vecinos.*

En 1972 apareció La otra circunstancia, *novela de la cual hemos escogido la selección siguiente. En ésta, la interacción entre Marcelo Prats y la cliente revela el conocimiento que tiene Dolores Medio de la psicología humana.*

▼

Marcelo Prats rasga el sobre, con el cuidado, con la meticulosidad con que hace todas las cosas. **Saca**[1] la carta del sobre y la deja sobre la mesa, mientras se pone sus **gafas**[2] de vista cansada. Sonríe con amargura.

(—Los años... Uno empieza a perder la vista... Que si el hígado, que si el
5   reuma, que si la vista... Un cascajo, eso eres, Marcelo Prats, un cascajo. Uno empieza ya a convertirse en un carcamal.)

Respira fuerte y vuelve a tomar la carta.

(—Vamos a ver qué es esto... Nada bueno, desde luego... Una **factura**[3] un...)

Empieza a leer con calma, casi deletreando las palabras. Le gusta leer así,
10   aunque sabe que las primeras frases de una carta siempre son de protocolo.

(—Muy señor mío: Como administrador de la casa en la que usted tiene **arrendado**[4] el piso bajo, ocupado por su comercio... Ta, ta, ta... Lo que yo decía. Algún pretexto para sacarnos dinero. Vamos a ver qué le sucede hoy al casero... Lo de las escaleras, como si lo viera... A ver si tiene uno la culpa de que... A
15   ver... Muy señor mío: Como administrador de la casa en que usted tiene

arrendado el piso bajo, ocupado por su comercio, tengo el deber de comunicarle que...)

De pronto, Marcelo Prats **se detiene.**[5] Tras un momento de **vacilación,**[6] vuelve a empezar la carta. Cree que no ha comprendido bien. Seguramente es
20 eso: no ha comprendido.

(—como administrador de la casa en la que usted...)

Una mujer entra en el comercio y se acerca al mostrador.

—Buenos días.

Marcelo deja la carta sobre la mesilla y se apresura a ponerse a **disposición**
25 de la posible **compradora.**

—Buenos días, señora. Usted me dirá...

La mujer se acerca al escaparate y señalando con el dedo, a través del cristal, dice a Marcelo:

—Mire usted, aquel **género**[7] gris.

30 —¿El de la derecha?

—Sí, bueno... A la derecha, creo... Me gustaría verlo en la mano, a ver si es lo que yo quiero, porque una, hasta que no ve las cosas, así, en la mano...

Marcelo Prats busca en la estantería una **pieza**[8] de tela como el corte de vestido que la mujer le ha señalado en el escaparate. Coloca la pieza sobre el
35 mostrador.

—Aquí tiene usted, señora. Vamos a ver...

La mujer vacila.

—No, creo que no es éste... Otro gris más oscuro... Mire usted, el que está pegado al cristal... Ese que dice noventa pesetas metro.

40 —Ah, ya, ya. Usted quiere el más oscuro... Vamos a ver si es éste... Ajájá... Marcelo extiende sobre el mostrador otra pieza de tela.

La mujer cae sobre ella, acariciándola, estrujándola entre los dedos. Parece muy feliz posesionándose de la tela.

—Es ésta, es ésta... Me gusta... Es para un **vestido,**[9] ¿sabe? Un vestido
45 sencillo, para todo. No sé cuántos metros necesitaré.

Marcelo Prats observa a la mujer, pequeña y flaca, sin nada por delante ni por detrás. Como una cerilla. Vestida de gris oscuro, pues, eso, un fósforo con la cabeza quemada.

—Si lo hace usted sin manga, creo yo que con dos metros y medio tiene
50 suficiente. Ahora se lleva la falda corta.

La mujer se escandaliza, o **finge**[10] escandalizarse:

—Uy, falda corta... Nada de falda corta, ni manga corta. Una ya no está para **lucir**[11] los brazos ni las piernas.

Marcelo Prats repite, un poco mecánicamente, algo que ha dicho ya
55 centenares de veces, millares de veces a sus clientes:

—Bueno, bueno, señorita, que no vale hacerse vieja. Usted es todavía una muchacha joven y estaría muy bien con una falda así... como ahora se llevan... Y la manga... Si es un vestido de tarde, bueno, que le sirva para ir al cine o al teatro, o a una fiesta, sin mangas es lo más indicado.

60 Marcelo Prats sabe, por largos años de experiencia, que esta economía, que en un principio pudiera parecer un despiste de comerciante, puesto que él mismo

regatea la cantidad de género que va a vender, suele darle como resultado que la cliente se decide a comprar, agradeciendo la amabilidad del comerciante. Y, además, eso de dos o tres metros, nada. Como el vestido es de manga corta, hay que añadirle una chaquetita, aunque el género sea de verano.

65

—Uy, que una quiere **hacerse la vieja**[12]... Una qué más quisiera que ser una chica y poder vestirse como las chicas, pero los años ya están encima, y una, ¡a ver!, tiene ya que vestirse.

—Nada, nada, lo dicho, usted es de las que **se empeñan en**[13] parecer viejas, y nada de eso... Tiene usted una figura fina, muy... muy bien, vamos, y puede usted vestirse como quiera... Hágame usted caso. Un vestido de moda es lo que necesita.

70

La mujer toca la tela, vuelve a estrujarla a ver si se arruga. Después, la extiende y la acaricia con las dos manos.

75

—Me gusta el género. Parece bueno.

—Calidad superior. No nos interesa trabajar con géneros malos. Ya ve usted. Aquí tengo otros más baratos, pero no se los aconsejo. Un buen vestido, es un buen vestido, y siempre va usted bien a todas partes. Cuando una va bien vestida...

80

—Si una apenas sale de casa... Cuando no hay más remedio, ¿sabe usted? ...A la iglesia o a merendar con alguna amiga.

—O con algún amigo...

—Quite usted allá, ¡qué bromista!... Con algún amigo... Pues sí que está el horno para bollos... Con algún amigo... Una, ya no piensa en eso... ¡A ver!... Los años pasan y sin darse cuenta una, pues eso, que ya no hay de qué darlas.

85

Marcelo da unos golpecitos sobre el brazo de su cliente.

—No diga usted eso. Aún tiene por delante mucha juventud. También presumir de vieja es coquetería. Supongo que a usted le agrada que le digan...

—Uy, qué hombre este... Si una está para sopitas y buen vino... ¿Sabe usted lo que decía mi hermana, que en gloria esté, cuando le decía yo que debía ir a la **peluquería?**[14] Pues, eso, a buenas horas mangas verdes ...Uy, qué hombre éste... Que yo me ponga la falda corta y un vestido sin mangas... Pues, a ver, cómo va a ir una a la iglesia con los brazos desnudos.

90

Marcelo Prats conoce el oficio y conoce a la clientela.

95

—No, claro, a la iglesia, no. Las cosas, como son. Pero si va usted a merendar a una cafetería... O va usted al cine... Un vestido sin manga, con un collar, una flor, un detalle blanco. Pues eso... va usted vestida. Para ir a la iglesia, se pone usted una chaqueta... Una chaqueta cualquiera... Puede usted hacerla del mismo género. Siempre es más elegante. Y ya tiene usted el completo.

100

—Sí, claro... Mirándolo así, tiene usted razón.

—Con las dos prendas está usted vestida y puede hacer muchas combinaciones. Una mujer bien vestida...

La mujer piensa unos segundos.

—Bueno, pero eso me resulta ya más caro de lo que calculaba. Yo había pensado...

105

—Desde luego, más caro. Eso es verdad... Un poco más caro... Entonces, ponemos sólo los tres metros, para vestido de manga larga.

Marcelo Prats busca su vara de medir telas y empieza a desenrollar la pieza sobre el mostrador...

110 La mujer coloca sus manos sobre la tela.

—Aguarde,[15] a ver, a ver... Para una chaqueta, ¿cuánto género necesitaría?

CUESTIONARIO

Contenido

1. ¿Qué sabemos de la persona de Marcelo Prats?
2. ¿Cómo reacciona Marcelo Prats al empezar a leer la carta? ¿Por qué no termina de leerla?
3. ¿Para qué ha entrado la cliente en la tienda?
4. ¿Cómo halaga Marcelo a la cliente?
5. ¿Cómo es la cliente?
6. ¿Qué clase de vestido le sugiere Marcelo?
7. ¿Qué género quiere venderle Marcelo?
8. ¿Con qué fin maneja Marcelo a la cliente?

Interpretación y estilo

1. ¿Cómo logra Dolores Medio comunicarnos el estado de ánimo del tendero al comenzar esta selección?
2. ¿Qué técnica narrativa emplea la autora para hacernos conocer lo que Marcelo piensa y siente?
3. Comente el uso del diálogo por Dolores Medio.
4. ¿Qué piensa Ud. que significa la imagen del "fósforo con la cabeza quemada" en la línea 47?
5. ¿Qué resortes psicológicos emplea Marcelo con la clienta?
6. Comente Ud. las dos siguientes expresiones idiomáticas: a) "estar el horno para bollos" y b) "a buenas horas, mangas verdes."
7. ¿Cómo caracterizaría Ud. el vocabulario y el lenguaje usado en este trozo literario? ¿Por qué así?

► Léxico: opciones ◄

1 •

sacar   *to take out; to obtain*   **arrancar**   *to pull out (up); to root out*
meter   *to put, insert*   **quitar**   *to remove, take away (off)*

Sacar implies the normal removal of something from within something else. It is the antonym of **meter**, *to put or place* something inside something else.

Arrancar means the same as **sacar**, but stresses the force or violence needed to remove it. In colloquial usage, **sacar** is a common substitute for **conseguir** or **obtener**, *to get or obtain* tickets for travel or admission to an event. **Quitar** means *to remove* in the sense of taking something away from someone (including oneself) or from something to which it is attached.

Sacó del bolsillo un puñado de caramelos.	*He took a handful of candy out of his pocket.*
El dentista le **sacó (arrancó)** dos muelas.	*The dentist took (pulled) out two of his teeth.*
Mete el pavo en el horno y **sácalo** después de tres horas.	*Put the turkey in the oven and take it out after three hours.*
El zar mandó que **arrancaran** la lengua a los conspiradores.	*The czar ordered that they pull (cut) out the conspirators' tongues.*
En la tintorería lograron **quitar** la mancha de mi traje.	*At the dry cleaner's they managed to remove the stain from my suit.*
¡Mamá! Carlos me **ha quitado** la bici.	*Mama! Carlos took my bike away from me.*
Se quitó los zapatos antes de entrar en casa.	*He took off (removed) his shoes before entering the house.*

2 •

las gafas *glasses (Spain)*   **los lentes** *glasses (Sp. America)*
los anteojos *glasses*   **la lente** *lens*
los espejuelos *glasses*   **la lente de contacto** *contact lens*
las lentillas *contact lenses*

In Spain, **gafas** means *eyeglasses*. **Anteojos**, a somewhat archaic synonym of **gafas**, is still found in literary Spanish. In Spanish America, **lentes** (*m. pl.*) is the most common word for glasses, although there exist regional preferences for other terms such as for **espejuelos** in the Spanish-speaking Caribbean. Note that **la lente**, a feminine word, is the base for such words as **lentillas** and **lentes de contacto**, *contact lenses*, both of which are feminine in gender.

Siempre se me caen las **gafas** de las narices.	*My glasses are always slipping down my nose.*

Se levantó, limpió los **lentes** y se los puso.	*He stood up, cleaned his **glasses**, and put them on.*
Esta cámara tiene una magnífica **lente**.	*This camera has a magnificent **lens**.*
Ahora las **lentes de contacto (lentillas)** son más fáciles de llevar.	*Now **contact lenses** are easier to wear.*
Fue a la óptica a encargar **espejuelos** nuevos.	*He went to the optician to order new **glasses**.*

3 •

la factura   *invoice, bill*   **la cuenta**   *bill, check*
la nota   *check; note*

Factura corresponds to English *invoice*, an itemized list of charges for goods or services. It is sometimes synonymous with **cuenta**, a bill which may or may not itemize charges. **Cuenta** is also the word for the *check* in a restaurant. Sometimes a *bill* in English may be a **factura** in Spanish because it is itemized. Finally, although **cuenta** is always correct to indicate *check* in a bar or restaurant, **nota** is becoming the preferred word in this context in Spain.

El último paquete de libros no incluye la **factura**.	*The last package of books doesn't include a **bill (invoice)**.*
En la **factura** del teléfono, no aparecen las conferencias a España.	*On the telephone **bill**, the (long-distance) calls to Spain don't appear.*
Todavía no he pagado la **cuenta** del fontanero.	*I still haven't paid the plumber's **bill**.*
Dile al camarero que traiga la **cuenta (nota)**.	*Tell the waiter to bring the **check (bill)**.*

4 •

arrendar   *to lease, rent*   **el inquilino**   *renter, tenant*
alquilar   *to rent*   **rentar**   *to produce income*
el casero   *landlord; owner*   **la renta**   *income; rent*
el dueño   *owner*   **el alquiler**   *rent*
el propietario   *owner*

Arrendar implies a contract and usually a longer period of time than **alquilar**. It is most often used for business property or land, as opposed to **alquilar**, which is normally used for rental of a dwelling or residence. The basic meaning of **rentar** is *to produce income*, i.e., **renta**, although in some Spanish-American areas it has become a synonym of **alquilar**, *to rent*. The same is true of the noun **renta**, which has become a synonym of the noun **alquiler**. The words **propietario** and **dueño** are synonyms, but the first word is more formal or elevated in tone than the second word.

Han arrendado 300 hectáreas para plantar más maíz.	*They have **leased (rented)** 300 hectares to plant more corn.*
En julio, **alquilamos** una casita en la playa.	*In July **we rented** a cottage on the beach.*
El **casero** va a desahuciar a los **inquilinos** si no pagan el **alquiler** atrasado.	*The **landlord** is going to evict the tenants if they don't pay the back rent.*
Sus inversiones le producen una **renta** muy considerable.	*His investments produce a very large income for him.*

5 •

detener(se)	*to stop*	**dejar de** + **infinitive**	*to stop + gerund*
parar(se)	*to stop*	**cesar de** + **infinitive**	*to stop + gerund*

Detener means *to stop or halt* someone else's motion or to cause something to stop moving. When a person stops him or herself, **detener** is used in the reflexive. Unlike **detener**, its more common synonym **parar** may omit the reflexive pronoun to indicate a halting of a person's own motion. Both **parar** and **detener** may be used as reflexives to indicate the cessation of motion of something that moves by itself or has moving parts. **Parar** alone should be used for *to stop over* or *to stop* on reaching one's destination. **Dejar de** and the more literary **cesar de** are used mostly to indicate the cessation of some kind of activity or motion.

Nos **detuvieron** en la frontera pero pronto nos dejaron pasar.	*They stopped us at the border but soon let us pass.*
Se detuvo un momento y aspiró el aire que venía del mar.	*He stopped for a moment and inhaled the air coming from the ocean.*

Paró cuando me oyó llamarle.	**He stopped** when he heard me call him.
Tuvieron que **parar** la pelea en el tercer asalto.	They had **to stop** the fight in the third round.
Por el accidente, el tráfico **se paró** en la autopista.	On account of the accident, the traffic **stopped** on the freeway.
El reloj de la cocina **se paró** a las cuatro y media.	The kitchen clock **stopped** at 4:30.
Esta noche vamos a **parar** en ese motel.	Tonight we are going **to stop** at that motel.
Si acaricias al perro, **dejará de** ladrar.	If you pet the dog, he'll **stop** barking.
Al amanecer, **dejó (cesó) de** llover.	**It stopped** raining at dawn.

6 •

la vacilación   *hesitation*
vacilar + **en** + **infinitive**   *to hesitate + infinitive*
dudar + **en** + **infinitive**   *to hesitate + infinitive*
hesitar   *to hesitate*

To hesitate, i.e., to be slow in acting on or deciding to do something, is either **vacilar** or **dudar** in Spanish. Both verbs are followed by **en** + **infinitive** when followed by another verb. Although they are synonyms, **vacilar** sometimes stresses more the temporal aspect of the hesitation and **dudar** the uncertainty associated with it. **Hesitar** is a Gallicism found in written Spanish, but should be avoided as an equivalent of *to hesitate*.

El capitán Gamboa **vaciló** antes de abrir la puerta.	Captain Gamboa **hesitated** before opening the door.
No **vaciles en** comprar el coche.	Don't **hesitate (i.e., don't wait too long)** to buy the car.
No **dudes en** comprar el coche.	Don't **hesitate (i.e., don't be reluctant to buy or have doubts about buying)** to buy the car.

7 •

el género   *material, cloth, goods*
la tela   *cloth, fabric*
el tejido   *fabric, textile, cloth*
el paño   *cloth*

The word **género** has several meanings, including commercial goods and material, out of which something else is made. Of the Spanish words for *cloth*, **tela** is the most common and covers the broadest variety of natural and synthetic materials. **Tejido**, from **tejer** *to weave* stresses the woven nature of the fabric, a heavier material appropriate for suits or tailored clothing. **Paño** often refers to a heavier, plain type of cloth, most often made of wool. In this meaning it may be a close synonym of **tejido**. However, **paño** is also used to indicate a dust cloth, a kitchen towel, and so on.

La **tela** de esta blusa es muy fina.	The **cloth** in this blouse is very thin (fine).
Llevaba una chaqueta hecha de buen **tejido** irlandés.	He was wearing a jacket made of good Irish **fabric (cloth)**.
Necesito otro **paño** para limpiar el polvo de la mesa.	I need another **cloth** to dust the table.
Dame un **paño** limpio para secar los vasos.	Give me a clean **(dish) towel** to dry the glasses with.

8 •

la pieza   *piece; part*
el pedazo   *piece*
el fragmento   *fragment, piece*

el trozo   *piece, bit; excerpt, selection*
trocear   *to cut up into pieces*

In the selection by Dolores Medio, **pieza** refers to the large piece or bolt of cloth from which a smaller piece may be cut. In other contexts, **pieza** also refers to pieces of certain board games and to mechanical or moving parts. It also means a *piece of music* or a *theatrical work*. **Pedazo** is used for the rough pieces into which something can be broken, either deliberately or accidentally. **Trozo** is a synonym of pedazo; however, it often indicates more evenly broken or cut pieces of both tangible and intangible things. **Trozo**, not **pedazo** translates as *piece of literature* or *literary selection*. **Trocear** (i.e., **cortar en trozos**) means *to cut or chop* something into smaller pieces. **Fragmento**, meaning *fragment* in English, may replace both **pedazo** and **trozo**.

La orquesta tocó otra **pieza** de Chopin.	*The orchestra played another **piece** by Chopin.*
Se cayó la pecera y se rompió en muchos **pedazos**.	*The fish bowl fell and broke into many **pieces**.*
El pastor rompió el pan en varios **pedazos**.	*The shepherd broke the bread into several **pieces**.*
Córteme otro **trozo** de carne, por favor.	*Cut me another **piece** of meat, please.*
Estamos analizando un **fragmento** de una novela de Dolores Medio.	*We are analyzing a **selection** from a novel by Dolores Medio.*

9 •

el vestido *dress*		**vestir** *to wear*	
el traje *suit*		**llevar** *to wear*	
la ropa *clothes, clothing*		**usar** *to wear, to use*	
la prenda *article of clothing*			

Vestido, although from the verb **vestir**, *to dress* always refers to an article of women's clothing: a dress. When **vestido** is modified to indicate a dress for some special occasion, it is often translated as *gown* in English (**vestido de noche**, *evening gown*; **vestido de boda**, *wedding gown*). **Traje** may refer to either a man's or woman's suit. **Ropa** means clothes in general. **Prenda** may refer to a single article of clothing; however, in everyday spoken language, it refers to an undergarment. Although **vestir**, **llevar**, and **usar** may all translate as *to wear*, **llevar** (or **llevar puesto**) is the most commonly used of the three. **Vestir** is more formal, and the less frequent **usar** is used at the colloquial level. Finally, only **vestir** may be used both transitively and intransitively, as illustrated in the final two examples below.

Los **vestidos** de Dior son caros.	***Dresses** designed by Dior are expensive.*
Me he comprado un **traje** para el Domingo de Pascua.	*I bought myself a **suit** for Easter Sunday.*
Se me olvidaron varias **prendas** de vestir en el hotel.	*I forgot (left) several **articles** of clothing in the hotel.*

El profesor siempre **llevaba** el mismo sombrero.

*The professor always **wore** the same hat.*

El novio **vestía** un traje oscuro.

*The bridegroom **was wearing** a dark suit.*

El actor siempre **viste** con gusto.

*The actor always **dresses** with (good) taste.*

Vístete rápidamente que se nos hace tarde.

***Dress (Get dressed)** quickly, for it's getting late.*

10 •

fingir   *to pretend, feign*
pretender   *to claim; to try to*
aparentar   *to pretend, feign, seem (appear) to be*

disimular   *to feign; to mask*
simular   *to pretend, feign, simulate*

Fingir implies a deliberate attempt to deceive. **Aparentar** shares that meaning, but more often simply means *to appear different* from what one really is. **Disimular** implies a cunning or artful attempt to deceive someone regarding one's intentions. **Simular** is a less common synonym of **fingir**. Note that **pretender** is not synonymous with English *to pretend*. Instead, when followed by a clause, **pretender** means *to claim* and when followed by another verb, *to try to*.

Fingió no reconocer a su ex novio.

***She pretended** not to recognize her former boyfriend.*

Pablo **aparentaba (fingía)** saber más de lo que sabía.

*Pablo **pretended** to know more than he (really) did.*

El senador **aparentaba** tener menos años de los que tenía.

*The senator **appeared** to be younger than he (really) was.*

María despreciaba a Vicente pero siempre lo **disimulaba**.

*María despised Vicente but she always **pretended not to**.*

El **pretende** que la idea es suya.

*He **claims** (that) the idea is his own.*

Hasta **pretendo** no pensar en mis problemas.

*I even **try** not to think about my problems.*

11 ●

enseñar   *to show; to teach*
lucir   *to shine; to show (off), exhibit*
mostrar   *to show, exhibit*

Lucir, as an intransitive verb, means *to shine, glow*, or *give off light*. Used reflexively, it can translate as *to show off*. Used transitively, as in the literary passage, **lucir** means *to show, use*, or *wear* something to good advantage. Although the primary meaning of **enseñar** is *to teach*, it is also a common synonym of **mostrar**, *to show*.

Las bombillas **lucían** débilmente por el bajo voltaje.	*The light bulbs glowed dimly because of the low voltage.*
El teniente **lucía** un uniforme azul oscuro.	*The lieutenant **wore** a dark blue uniform.*
Al niño le gustaba **lucirse** con su nueva bicicleta.	*The child liked **to show off** on his new bike.*
En Granada te **enseñaremos** la Alhambra y luego te **mostraremos** la catedral.	*In Granada **we'll show** you the Alhambra and later **we'll show** you the cathedral.*

12 ●

hacerse la vieja   *to pretend to be (act like) an old woman*
hacerse el sueco   *to pretend not to understand, play dumb*
hacerse el sordo   *to pretend to be deaf or not to hear*

Hacerse combines with the definite article + adjective, as in the common expressions listed above, to indicate that someone is pretending to be what he or she isn't, or is behaving in such a way as to give that impression.

Pepe, **no te hagas el tonto**.	*Pepe, **don't act (play) dumb**.*
En el campo de batalla, el soldado **se hizo el muerto** para sobrevivir.	*On the battlefield, the soldier **played (acted, pretended to be)** dead in order to survive.*

13 •

empeñarse en *to insist on or upon*
insistir en *to insist on or upon*

The above verbs are synonymous, but **empeñarse** denotes a greater degree of resoluteness or persistence than **insistir**.

El padre **se empeñaba** en que su hija fuese médico como él.	*The father **insisted** that his daughter become a doctor like him.*
El niño **insistió (se empeñó)** tanto que al fin le compramos el juguete.	*The child **insisted** so much that we finally bought him the toy.*
Nuestro profesor **insiste en** que sólo hablemos español en clase.	*Our professor **insists** that we speak only Spanish in class.*

14 •

la peluquería *barber shop, beauty shop*
el (la) peluquero(a) *barber, hairdresser*
la barbería *barber shop*
el barbero *barber*

Although **peluquería** and **barbería** are synonymous in Spain, **barbería** has to a large degree fallen into disuse. **Peluquería** is now the standard word for both men's and women's haircutting establishments. To a lesser degree, the same thing has been happening with the words **peluquero** and **barbero**, although **barbero** is still often used to indicate a men's barber. Historically, **peluquero** was the person who made or took care of **pelucas**, *wigs*. In Spanish America, however, **barbería** and **barbero** continue to be the standard terms for *barber shop* and *barber*, as they once were in Spain.

Mi mujer y yo vamos al mismo **peluquero**.	*My wife and I go to the same **barber** (hair stylist).*
En Acapulco, siempre iba a la **barbería** de la esquina.	*In Acapulco, I always went to the **barber shop** on the corner.*

15 •

aguardar *to wait*
esperar *to wait; to expect; to hope*

Aguardar is a common synonym of **esperar** in its meaning of *to wait (for)*.
Aguardar is most often used when the period of waiting is not very long.
Esperar is the more common verb for *to wait*, but it also has other meanings,
to expect and *to hope*, that are not shared by **aguardar**.

Los aviones no **aguardan** a nadie.	*Planes don't **wait** for anyone.*
El pueblo español **esperó** la democracia durante cuarenta años.	*The Spanish people **waited** forty years for democracy.*
Esperamos que te mejores pronto.	*We **hope** you get better soon.*
Me gustaría saber qué **esperar** cuando se unifique nuestro país.	*I would like to know what **to expect** when our country is united.*

PRACTICA

A. *Para cada una de las frases siguientes, elija Ud. la palabra que complete el sentido. Haga también cualquier cambio necesario en la palabra elegida para que la frase quede gramaticalmente correcta.*

1. Antes de escribir la carta a máquina, Andrés _____ el papel necesario del cajón (**arrancar, sacar, alquilar**).

2. Después de estornudar, Miguel _____ el pañuelo en el bolsillo (**arrancar, sacar, meter**).

3. Cuando recibí la primera _____ de la compañía telefónica, me asusté (**cuenta, factura, nota**).

4. La _____ del almacén no incluye lo que compramos la semana pasada (**factura, nota, cuenta**).

5. Después de tomarse un café, cada uno de los tres amigos quería pagar la (**nota, cuenta, factura**).

6. Las empresas multinacionales están comprando o _____ oficinas en el centro de Madrid (**arrendar, alquilar, rentar**)

7. Durante el mes de agosto, nosotros siempre _____ un chalet en la montaña (**rentar, alquilar, arrendar**).

8. Mis primos han firmado un contrato para _____ el local por diez años (**alquilar, rentar, arrendar**).

9. En el Museo del Prado, mucho público _____ ante el cuadro de "Las Meninas" de Velázquez (**detenerse, parar, hacer escala**).

10. Si coges al niño en brazos, él _____ llorar en seguida (**dejar de, detenerse, quitar**).

11. Como a su padre le dolía la cabeza, José tuvo que _____ tocar los tambores (**detenerse, cesar de, quitar**).

✗ 12. Siempre _____ antes de comprar ropa nueva (**parar, hesitar, vacilar**).

13. Los senadores _____ durante una semana antes de aprobar la nueva ley (**dudar, hesitar, vacilar**).

14. Las últimas camisas de verano que compré tenían _____ muy suave (**el género, la tela, la pieza**).

15. Después de limpiar el polvo de los muebles, sacudí _____ en el patio (**el tejido, la tela, el paño**).

16. El concierto de música de cámara de anoche fue dedicado totalmente a _____ de Vivaldi (**pedazos, trozos, piezas**).

17. En esta clase vamos a analizar vario(a)s _____ de *Cien años de soledad* (**piezas, fragmentos, pedazos**).

18. El niño tenía tanta hambre que se comió vario(a)s _____ de pan antes de la comida (**fragmentos, pedazos, piezas**).

19. Estaba tan rico el asado que pedí otro(a) _____ (**fragmento, trozo, pieza**).

20. Miguel se ha comprado _____ de lino para asistir a la boda (**un traje, una prenda, un vestido**).

21. Siempre me han dicho que _____ más años de los que tengo (**aparentar, fingir, disimular**).

22. Cuando le pedí que me devolviera el dinero, Carlos se hizo el _____ (**bueno, sordo, viejo**).

23. Para obtener una subida de sueldo, yo _____ que me gustaban los chistes de mi jefe (**pretender, fingir, disimular**).

24. Para los bailes típicos de Sevilla, la bailarina _____ un vestido regional (**lucir, enseñar, mostrar**).

25. Durante la Pascua Florida, a muchos niños les gusta _____ trajes nuevos (**aparentar, sacar, llevar**).

26. Cuando me visitan en Madrid mis amigos californianos, les _____ los monumentos de la ciudad (**llevar, lucir, enseñar**).

27. Quedamos en frente del teatro, donde tuve que _____ casi una hora (**empeñarle, aguardarle, enseñarle**).

28. A mis estudiantes les gustaría saber qué _____ al terminar la carrera (**aguardar, esperar, sacar**).

29. Ellos _____ tanto que al fin fuimos a verlos en Chile (**empeñarse, hacer escala, pararse**).

30. El óptico quería persuadirme que comprara _____ pero yo insistí en seguir llevando mis gafas bifocales (**espejuelos, lentillas, anteojos**).

B. *Traduzca al español las siguientes frases empleando el vocabulario estudiado en este capítulo.*

1. The judge put the thief in jail for [use **por**] five years.

2. Before pulling up the plant, we first had to soak the ground.

3. I had to buy a new lens for my camera.

4. Whenever we go out to dinner, we divide the check among us.

5. The cost of living went up and the landlord raised the rent.

6. The owner of the radio station is an insurance company.

7. Do you know the owner of the barber shop?

8. The taxi stopped in front of the house.

9. They wanted to stop at the café, but it was already closed.

10. Towards the end of our trip, we stopped in Soria.

11. The policeman hesitated before arresting the suspect.

12. My wife likes to sew and buys her material in this store.

13. The butcher always cuts up the chicken for the paella.

14. Since my heart attack [use **infarto**], I never eat more than one small piece of meat.

15. The group played one of the pieces by Mozart that I like most.

16. On the first day of class, everyone wore new clothes.

17. Carmen appears [do not use **aparecer**] to be younger than her sister.

18. Juan José pretended not to recognize María Luisa at the party.

19. Juanita insisted on marrying Antonio in spite of her parents' opposition.

20. To go to my barber shop in Madrid, all I have to do is cross the street.

▶ ENFOQUE ◀ Developing an Approach

After choosing an interesting topic, you should develop an approach and employ a variety of techniques to successfully complete your essay. Carefully consider the strengths and weaknesses of the ideas you might have for it. Remember: these ideas should be presented in such a way as to interest your readers.

There are no fixed rules to develop an approach to writing. No one has ever found the ideal method (other than through hard work) to develop a topic. Indeed, experienced writers tell us that developing an approach to writing often becomes a goal in itself. Frequently, and much to the writer's surprise, the writing process takes on a life of its own and goes in previously unexpected directions. It is imperative that you, as a writer, learn to look at your work objectively from the outside, as if your work had been written by someone else. Only then can you begin to determine its strengths and weaknesses.

Inspiration. Whether it comes to you from staring at empty space or by free association of thoughts with the environment that surrounds you, inspiration is a technique you should work to develop. Keeping your goal in mind, let your thoughts flow freely and you will encounter many new and interesting ideas.

Recommendations. Write down all the ideas that come to you while thinking about your topic. Consider these ideas from different perspectives and, again, write down whatever occurs to you. We strongly suggest that you write all these ideas in Spanish. Even if you have only jotted down single words or short sentences, you will find them invaluable as cues for writing your essay.

Do not worry at first about a definite order for the words, opinions, or ideas you are writing down; remember: this step—brainstorming—is mandatory if you want to create a successful essay. Again, do not analyze too much whatever you are writing down during this first step; even if you do not believe a word, opinion, or idea is pertinent, do write it down. You can always discard it later. You can be pleasantly surprised by finding out how much material previously considered "unnecessary," becomes invaluable when it comes time to develop the topic or theme.

After you have written two or three pages of source material, do something else for a while. Take a rest from your topic; when you return to it, you may find it easier to organize all the gathered material.

Remember: writing is an art. It should be practiced with love and diligence.

▶ TIPS ◀

Develop an approach that will:
1. find the strengths and weaknesses of your ideas.
2. allow your thoughts to flow freely.
3. help you write down anything and everything—that is, brainstorm.
4. give you the flexibility to look at your work objectively from the outside.
5. allow you to take a break every so often.

TEMAS A ESCOGER

Temas relacionados con la selección literaria

1. Haga Ud. un resumen de lo que ocurre en esta selección.
2. Analice Ud. el personaje de Marcelo Prats en lo físico y en lo psicológico.
3. Escriba Ud. un ensayo sobre el personaje femenino de esta selección.

Temas sugeridos por la selección literaria

1. Escriba Ud. un diálogo entre un(a) vendedor(a) ambicioso(a) de ropa y un(a) cliente indeciso(a).
2. Describa Ud. una situación personal desagradable ocurrida en una tienda o un almacén.
3. Escriba Ud. un ensayo sobre las características necesarias para ser un(a) buen(a) vendedor(a).

|R|E|P|A|S|O| gramatical

■ Spanish Equivalents of English *to be* (Part II)

Literal and Figurative Use of Certain Adjectives with "ser" and "estar"

In the previous chapter we noted that an adjective used with **ser** categorizes its subject as a member of a given class. With **estar**, an adjective offers a personal observation (often reflecting a change or unusual circumstance) on the subject. This is one reason why an adjective's primary or more literal meaning is conveyed with **ser** and its more figurative meaning with **estar**. In the case of a limited number of adjectives (the most common of which are listed below), the meaning of the adjective often changes according to the verb with which it is used.

ADJECTIVE	SER	ESTAR
	(essential or defining) characteristic	(state or resulting) condition
aburrido	*boring*	*bored*
atento	*courteous*	*attentive*
bueno	*good*	*good tasting, tasty*
ciego	*blind* (sightless, physically blind)	*blind* (figuratively, momentarily)

ADJECTIVE	SER	ESTAR
cojo	crippled (in legs), to limp (perm. cond.)	lame (with reference to legs)
consciente	aware	conscious (not asleep or knocked out)
despierto	sharp, alert	awake (not sleeping)
distraído	absentminded	distracted
interesado	self-seeking	interested
libre	free (not constrained)	free (unoccupied)
listo	clever	ready, prepared
loco	crazy, insane (mentally ill)	crazy (acting or seeming)
nuevo	new (brand new, never used before)	new (like new in appearance or condition)
orgulloso	haughty, proud (negative connotation)	proud (of some accomplishment or person)
pálido	pale, clear	pale (from illness or fright)
rico	rich (possessing abundance of something)	rich (figuratively), delicious (said of food)
seguro	safe	sure, certain
sordo	deaf (loss of hearing)	deaf (figuratively, momentarily)
vivo	sharp, alert, energetic	alive (living as opposed to dead)

Este capítulo del libro **es** muy aburrido.

*This chapter of the book **is** very
boring.*

María **estaba aburrida** y decidió
ir al cine.

*Maria **was bored** and decided to
go to the movies.*

Joaquín **es ciego** y necesita un
perro que le ayude.

*Joaquín **is blind** and needs a
guide dog to help him.*

Yo **estaba ciego** pero ella me
abrió los ojos.

*I **was blind** but she opened my
eyes for me.*

Juan no sabía si **estaba** dormido o
despierto.

*Juan didn't know if **he was** asleep
or **awake**.*

Ese profesor **es** terriblemente **dis-
traído**.

*That professor **is** terribly **absent-
minded**.*

El título de la película **es** "Las mariposas **son libres**."

*The title of the film **is** "Butterflies
are free."*

¿**Está libre** esta mesa?

*Is this table **free (unoccupied)**?*

He dormido toda la tarde y **estoy**
(como) **nuevo**.

*I've slept all afternoon and **I'm like
new (a new person)**.*

Nos han tocado diez mil dólares en
la lotería. ¡**Estamos ricos**!

*We have won ten thousand dollars
in the lottery. **We're rich!***

Las calles de nuestra ciudad ya no
son seguras.

*The streets of our city **are** no longer **safe**.*

Other Uses of "ser" to Render the English *to be*

Certain Formulaic Expressions of Accompaniment. **Ser**, rather than **estar**,
is used in a small number of set expressions, such as the following:

Dios **sea** contigo.

*God **be** with you.*

Seré con Ud. en seguida.

*I'll **be** with you right away.* (said in
traditional business establishments)

Nonetheless, the above utterance would more commonly be expressed as:

Estaré con Ud. en seguida.

To Signal Events. We mentioned earlier that location, whether permanent or temporary, is indicated in Spanish with **estar**. Some statements, however, tell where an event or activity takes place rather than where something is located or found. When such is the case, **ser** (not **estar**) renders English *to be*. In this context, **ser** is often equivalent in meaning to such expressions as **tener lugar**, *to take place*, **celebrarse**, *to be held*, **ocurrir**, **darse**, and so on.

El concierto **será** en el teatro esta noche.

*The concert **will be (given, held)** in the theater tonight.*

Aquí **es** donde vivió nuestro presidente.

*Here **is** where our president lived.*

La clase **es** en el aula 25.

*The class **is** (given, held) in room 25.*

La clase **está** en el aula 25.

*The class **is** in room 25.* (indicates the present location of students who make up the class)

La conferencia **es** aquí.

*The lecture **is (being given)** here.*

¿Dónde **está** mi conferencia?

*Where **is** my lecture?* (locates a physical object, a copy of lecture)

To Tell Time and Indicate Dates.

¿Qué hora **era** cuándo llegaste?

*What time **was** it when you arrived?*

La batalla de Bailén **fue** en el año 1808.

*The battle of Bailén **was** in the year 1808.*

"Tener" as an Equivalent of the English *to be*

Tener + noun is the standard way in Spanish to render English *to be* in a number of common expressions that refer mostly to people. In some cases, **estar** or **ser + an adjective** (such as **cuidadoso, miedoso, talentoso**) may also translate the same idea as **tener + noun**. However, these are little used outside of written Spanish.

Tenga Ud. cuidado.

Be careful. (standard)

Sea Ud. cuidadoso.

Be careful. (more formal)

Mariana **no tenía miedo** a nadie ni a nada.	*Mariana **wasn't afraid** of anyone or anything.*
El joven **tiene talento** pero es perezoso.	*The young man **is talented** but is lazy.*
Al terminar de correr, **teníamos hambre**.	*When we finished running, **we were hungry**.*
Yo **tenía** mucho **frío** cuando estábamos en el jardín.	***I was** very **cold** when we were in the garden.*

To express the condition or state of a part of the human body or an article of clothing, spoken Spanish normally uses **tener** + **definite article** + **noun** + **adjective**, as in the sentences below. This usage of **tener** is usually translated with the verb *to be* in English.

El mendigo **tiene el estómago vacío**.	*The beggar's **stomach is empty**.*
El **tiene las manos frías** y está tiritando.	***His hands are cold** and he's shivering.*
Lazarillo **tenía los zapatos rotos**.	*Lazarillo's **shoes were all worn out**.*

The above expressions with **tener** enable the speaker to associate a particular condition more closely with its subject than do the following written, more literary equivalents with **estar**.

Sus manos **estaban** frías.	*His hands **were** cold.* (almost as if the hands were a possession or object detached from the person)
Los zapatos de Lazarillo **estaban** rotos.	*Lazarillo's shoes **were** all worn out.* (sees shoes as separate from Lazarillo; he's not necessarily wearing them)

Notice, too, that **tener frío** means *to be cold* in English when it indicates how a person feels. However, if we touch someone, we express our reaction to his or her body temperature with **estar**.

El soldado **estaba** rígido, frío y tocarlo nos dio miedo.	*The soldier **was** stiff and cold, and it frightened us to touch him.*

"Hacer" and "haber" as Equivalents of the English *to be*

The Spanish equivalent of *to be* in weather expressions is **hacer** or **haber** in the third-person singular. Some weather phenomena may be expressed with both verbs; for others, however, only one verb may be used. **Haber** often emphasizes the visual perception of a weather phenomenon or its effects. **Hacer** is the more commonly used verb. Both **hacer** and **haber** may be used with expressions concerning sun or wind; **haber** alone is used to refer to the moon. To indicate temperature or weather in broad, general terms, **hacer** is normally used.

¿No te das cuenta de que esta noche **hay luna**?	*Don't you realize that tonight **the moon is out (shining)**.*
Hoy **hace (hay) sol**.	*It is sunny (**the sun is shining, out**) today.*
Hacía (había) mucho viento en Chicago.	*It **was very windy** in Chicago.*
Hace treinta grados esta tarde.	*It's **(the temperature is) thirty degrees** this afternoon.*
Aquí siempre **hace buen tiempo** en verano.	*Here **the weather is** always **good** in the summer.*

"Quedar" and "quedarse" as Equivalents of the English *to be*

Another common equivalent of English *to be* is **quedar(se)**. **Estar** and **quedar(se)** both indicate a resultant state, but **quedar(se)** goes one step further than **estar**. It shows the state or condition as the direct result or consequence of a previous action. Although **quedar(se)** in this usage is especially common with the preterit and the future, it is also used with other tenses.

Me quedé atónito cuando nos lo contó.	*I **was** astonished (astounded) when he told us.*
Si usa nuestro detergente, su ropa **quedará** más blanca.	*If you use our detergent, your clothes **will be** whiter.*
Este restaurante, antes de media hora, **quedará** vacío.	*This restaurant, before half an hour is up, **will be empty**.*

PRACTICA

A. *Complete las siguientes frases con la forma correcta de* **ser, estar, hacer, haber, tener o quedar(se).** *En algunas frases, hay más de un verbo correcto para el equivalente español de* to be. *En varias frases, también es posible usar más de un tiempo verbal.*

1. Después de las fiebres, Luisito _____ débil.

2. Mi abuelo _____ ya muy viejo y _____ próximo a la muerte.

3. Todos los esclavos soñaban con _____ libres algún día.

4. _____ pálido, Carlos. Vete a la enfermería.

5. Anoche, Juana _____ las piernas cansadas por haber corrido tanto.

6. Han operado a la hija tantas veces que la madre _____ medio loca.

7. Aquel profesor tiene que _____ siempre el primero en hablar.

8. Tienen tres niños y compraron el Volvo porque _____ más seguro que otros coches.

9. Como el sol tardaba en salir, _____ frío en la playa y muchos bañistas volvieron a casa.

10. Por el incendio, la casa de la abuela de Eréndida _____ reducida a cenizas.

11. _____ tanto calor que me quité la camisa y los zapatos en seguida.

12. Nosotros _____ asombrados al saber la noticia de su muerte.

13. Es un hombre de negocios que tiene fama de _____ duro y seco.

14. Aunque gravemente herido, el soldado _____ todavía consciente.

15. Beethoven _____ sordo, pero la sordera no le impidió componer música maravillosa.

16. Tu hija _____ muy despierta. Nunca tengo que explicarle las cosas dos veces.

17. Por su caída en enero, María _____ todavía un poco coja.

18. _____ tanto viento que las ramas del árbol rozaban el tejado de la casa.

19. Tengo tanto pelo como a los veinte años, salvo que ahora _____ blanco como la nieve.

20. Los frutos cítricos _____ (son) muy ricos en vitaminas.

21. Juan _____ los guantes muy sucios por la grasa del automóvil.

22. María _____ distraída cuando le hicimos la pregunta.

23. La noche _____ oscura porque no _____ luna.

24. _____ muy ronca esta mañana, Carmen. ¿Por qué?

25. Toda la familia _____ muy impaciente por saber su decisión.

26. La arena de la playa de Santa Mónica tiene fama de _____ muy fina y blanca.

27. No sabemos cómo _____ la situación en China en este momento.

28. ¡Qué rico _____ el postre que nos preparó tu madre el domingo!

29. Mi amiga sólo llevaba sandalias y _____ los pies fríos toda la tarde.

30. Siguió lloviendo y al fin la carretera _____ intransitable.

B. *Traduzca al español las siguientes frases usando los equivalentes de* to be *estudiados en este capítulo. En algunas frases hay más de una respuesta correcta.*

1. He is a good person, but he is very boring.

2. It was hot and the window was wide open.

3. Is your wrist broken? No, but my hand is swollen.

4. There is where we had the accident.

5. It was not cold yesterday, but the air was very humid.

6. He was a little lame after the accident.

7. Are you deaf? How many times do I have to tell you?

8. Will the dance be in this wing of the building?

9. He knew it was windy because he saw the branches moving.

10. Where was the last meeting of the Security Council?

11. She's not blind; she sees what we are doing.

12. They won't be free until this afternoon.

13. "The grass is soft and smells good," said the little girl.

14. The danger of forest fire is high in August and low in December.

15. Dampness is very bad for arthritic people [use **los artríticos**].

CAPITULO 3

El túnel

Ernesto Sábato

▶ **ENFOQUE:** Evaluating the First
    Draft

▶ **Simple Tenses of the Indicative Mode**

▶ ▶ ▶ ▶ ▶ ▶ ▶ ▶ ▶ ▶ ▶ ▶ ▶ ▶ ▶ ▶ ▶ ▶

El túnel

ERNESTO SÁBATO

Doctorado en física en 1937, el argentino Ernesto Sábato (1911-   ), abandona su profesión de científico para dedicarse a la literatura. Se hace conocer primero como ensayista (Uno y el universo, 1945) y luego como novelista. Autor hasta hoy de sólo tres novelas, El túnel *(1948),* Sobre héroes y tumbas *(1961) y* Abaddón, el exterminador *(1974), goza, sin embargo, de fama internacional.*

El túnel ha sido muy aclamado por la crítica europea y americana. En esta novela, el pintor Juan Pablo Castel, en prisión por haber asesinado a su amante María Iribarne, nos narra en primera persona la historia del crimen. Al matar a María, Castel acaba con la única esperanza que le quedaba de salir del túnel oscuro y solitario de su existencia, y de reconciliarse con la vida. La narración de Castel es una visión paranoica del estado humano. El pintor es un esquizofrénico, cuyas palabras van descubriendo su torturado proceso mental y su angustia ante el misterio que María, sus acciones y sus motivos, representaban para él. El túnel es, además de la vida de un neurótico destinado a matar, una meditación sobre el aislamiento del hombre moderno, su soledad y su incapacidad de comunicarse con otros. El pasaje que sigue pertenece al comienzo de la novela.

▼

I

Bastará decir que soy Juan Pablo Castel, el pintor que mató a María Iribarne; supongo que el proceso está en el recuerdo de todos y que no se necesitan mayores <u>explicaciones</u> sobre mi persona.

5   Aunque ni el diablo sabe qué es lo que ha de **recordar**[1] la **gente**,[2] ni por qué. En realidad, siempre he pensado que no hay memoria colectiva, lo que quizá sea una forma de defensa de la especie humana. La frase "todo tiempo pasado fue mejor" no indica que antes sucedieran menos cosas malas, sino que —felizmente— la gente las echa en olvido. Desde luego, semejante frase no tiene validez universal; yo, por ejemplo, me caracterizo por recordar <u>preferentemente</u> los

10   hechos malos y, así, casi podría decir que "todo tiempo pasado fue peor," si no fuera porque el presente me parece tan horrible como el pasado; recuerdo tantas calamidades, tantos **rostros**[3] <u>cínicos</u> y crueles, tantas malas **acciones**,[4] que la memoria es para mí como la temerosa luz que alumbra un sórdido museo de la vergüenza. ¡Cuántas veces he quedado aplastado durante horas, en un rincón

15 oscuro del **taller,**[5] después de leer una noticia en la sección policial! Pero la verdad es que no siempre lo más vergonzoso de la raza humana aparece allí; hasta cierto punto, los criminales son gente más limpia, más inofensiva; esta afirmación no la hago porque yo mismo haya matado a un ser humano; es una honesta y profunda convicción. ¿Un individuo es pernicioso? Pues se lo liquida

20 y se acabó. Eso es lo que yo llamo una "buena acción." Piensen cuánto peor es para la sociedad que ese individuo siga destilando su veneno y que en vez de eliminarlo se quiera contrarrestar su acción recurriendo a anónimos, maledicencia y otras bajezas semejantes. En lo que a mí se refiere, debo confesar que ahora lamento no haber **aprovechado**[6] mejor el tiempo de mi libertad, liquidando a seis

25 o siete tipos que conozco.

Que el mundo es horrible, es una verdad que no necesita demostración. Bastaría un hecho para probarlo, en todo caso: en un campo de concentración un ex pianista se quejó de hambre y entonces lo obligaron a comerse una rata, "pero viva."

30 No es de eso, sin embargo, de lo que quiero hablar ahora; ya diré más adelante, si hay ocasión, algo más sobre este asunto de la rata.

II

Como decía, me llamo Juan Pablo Castel. Podrán preguntarse qué me mueve a escribir la historia de mi **crimen**[7] (no sé si ya dije que voy a relatar mi crimen)

35 y, sobre todo, a buscar un **editor.**[8] Conozco bastante bien el alma humana para prever que pensarán en la vanidad. Piensen lo que quieran: me importa un bledo; hace rato que me importan un bledo la opinión y la justicia de los hombres. Supongan, pues, que publico esta historia por vanidad. A fin de cuentas estoy hecho de carne, huesos, pelo y uñas como cualquier otro hombre y me parecería

40 muy injusto que **exigiesen**[9] de mí, precisamente de mí, **cualidades**[10] especiales; uno se cree a veces un superhombre, hasta que advierte que también es mezquino, sucio y pérfido. De la vanidad no digo nada: creo que nadie está desprovisto de este notable motor del Progreso Humano. Me hacen reír esos señores que salen con la modestia de Einstein o gente por el estilo; respuesta: "es

45 fácil ser modesto cuando se es célebre"; quiero decir "parecer modesto." Aun cuando se imagina que no existe en absoluto, se la descubre en su forma más sutil: la vanidad de la modestia. ¡Cuántas veces **tropezamos**[11] con esa clase de individuos! Hasta un hombre, real o simbólico, como Cristo, pronunció palabras sugeridas por la vanidad o al menos por la soberbia. La vanidad se encuentra en

50 los lugares más inesperados: al lado de la bondad, de la abnegación, de la generosidad. Cuando yo era chico y me desesperaba ante la idea de que mi madre debía morirse un día (con los años se llega a saber que la muerte no sólo es soportable, sino hasta reconfortante), no imaginaba que mi madre pudiese tener defectos. Ahora que no existe, debo decir que fue tan buena como puede

55 llegar a serlo un ser humano. Pero recuerdo, es sus últimos años, cuando yo era un hombre, cómo al comienzo me dolía descubrir debajo de sus mejores acciones un sutilísimo ingrediente de vanidad o de orgullo. Algo mucho más demostrativo me sucedió a mí mismo cuando la **operaron**[12] de cáncer. Para llegar a tiempo

tuve que viajar dos días enteros sin dormir. Cuando llegué al lado de su **cama**,[13]
60 su rostro de cadáver logró sonreírme levemente, con ternura, y murmuró unas
palabras para **compadecerme**[14] (¡ella se compadecía de mi cansancio!). Y yo
sentí[15] dentro de mí, oscuramente, el vanidoso orgullo de haber acudido tan
pronto. Confieso este secreto para que vean hasta qué punto no me creo mejor
que los demás.

CUESTIONARIO

Contenido

1. ¿A qué se dedicaba Juan Pablo Castel y por qué cree que es conocido de todos?
2. ¿Por qué está de acuerdo Juan Pablo Castel con el significado del verso "todo tiempo pasado fue mejor" del poeta medieval Jorge Manrique?
3. ¿Qué es lo que llama el narrador "una buena acción"?
4. ¿Qué lamenta no haber hecho el protagonista cuando estaba todavía libre?
5. Según Juan Pablo Castel, ¿qué se pensará de su decisión de relatar su crimen?
6. ¿Qué opina el protagonista de la modestia?
7. ¿Por qué fue él a ver a su madre?
8. ¿Cómo reaccionó su madre al verlo desde su lecho en el hospital?

Interpretación y estilo

1. ¿Cuál es el tono que predomina en esta selección?
2. ¿Cómo consigue el narrador integrar su pasado en el presente?
3. ¿Desde qué perspectiva se percibe la realidad del protagonista?
4. ¿Cree Ud. que el mundo es tan "horrible" como dice el protagonista?
5. ¿Por qué cree el narrador que para una persona célebre es fácil ser modesto?
6. ¿Cómo explicaría Ud. la compasión de la madre enferma por su hijo Juan Pablo?
7. ¿Por qué cree Ud. que el narrador dice que la verdad se encuentra en los lugares inesperados?

▶ Léxico: opciones ◀

1 •

acordar *to agree*
acordarse de *to remember*

recordar *to remember, recall; to remind*
rememorar *to recall, evoke*

Recordar and **acordarse de** are synonyms in their basic meaning of *to remember*. But only **recordar** also means *to remind (of)*. Both verbs may be followed by a noun object or a subordinate clause, but only **acordarse de** may be followed by an infinitive. Notice that **acordar** without the reflexive means *to agree*, not *to remember*. Finally, **rememorar** is a literary word that suggests a nostalgic recalling or evoking of things past.

Recuerdo el (Me acuerdo del) verano que pasamos en Málaga.	*I remember the summer we spent in Malaga.*
Recuérdale a Isabel que mañana es mi cumpleaños.	*Remind Isabel that tomorrow is my birthday.*
Esa chica me **recuerda** a su madre.	*That girl reminds me of her mother.*
No **me acuerdo de** nombres ni fechas.	*I don't (can't) remember names or dates.*
Acordaron trabajar juntos.	*They agreed to work together.*
En su novela, Gabriel Miró **rememoraba** el campo de Alicante.	*In his novel, Gabriel Miró evoked the countryside of Alicante.*

2 •

la gente *people*	**el pueblo** *people*
el público *people, public*	**se + verb in 3rd. sg**. *people + verb*

Gente refers to *people* as an undifferentiated mass and is sometimes used disparagingly. **Pueblo** identifies *people* in the sense of their national or ethnic unity. **Público** is frequently used in a commercial context to avoid the negative connotations of **gente**. **Se + verb (3rd. sg.)** may be the equivalent of English *people* when used in the indefinite sense of *one* or *they*.

Durante el Carnaval, mucha **gente** se paseó por las calles.	*During Mardi Gras, many **people** strolled through the streets.*
En 1776, se alzó el **pueblo** de las colonias norteamericanas contra Inglaterra.	*In 1776, the **people** of the North American colonies rose up against England.*
A las diez de la mañana las tiendas ya estaban llenas de **público**.	*At ten in the morning the stores were already full of **people**.*

En Irún **se habla** español y euskera.   *In Irun **people speak** Spanish and Basque.*

3 •

el rostro   *face*
tener mucha cara   *to be shameless*
la cara   *face*
tener la cara dura   *to be shameless*
la faz   *face, appearance*
el caradura   *shameless or insolent person*
tener buena (mala) cara   *to look well (not to look well)*

Cara is the standard term to refer to the face of human beings and most animals. **Rostro**, used only for people, is more common in written than in spoken Spanish. It is often, but not always, used in conjunction with some feeling or emotion. **Faz** is used in literary Spanish as a synonym of **cara** and **rostro**. It also means *face* in the context of the change in the general appearance of something like the earth, an organization or institution, and so on. The idiomatic expressions with **cara** listed above are frequently used in Spanish, an indication of the less inhibited nature of social relationships in Hispanic countries compared to most English-speaking ones.

En su **rostro**, veíamos el temor a la muerte.   *We saw the fear of death in his **face**.*

Me corté la **cara** al afeitarme.   *I cut my **face** while shaving.*

La contaminación está cambiando la **faz** de la tierra.   *Pollution is changing the **face** of the earth.*

—El enfermo **tiene buena cara** hoy —dijo el médico.   *"The patient **looks well** today," the doctor said.*

Ese senador **tiene la cara** muy dura (es un **caradura**).   *That senator **is shameless (has no shame)**.*

4 •

la acción   *act, deed, action*
el acto   *act, action*
el acta (*fem.*)   *minutes, record of proceeding*
el acta de nacimiento (matrimonio) *birth (wedding) certificate*

Acción means *act* in the sense of any kind of activity that is carried out. It is often the equivalent of *deed*. **Acto** may be a synonym of **acción** when a moral judgment or qualification is suggested. It is also *act* when used in a theatrical, ceremonial, or public context. **Acto** is not to be confused with **acta**, which always implies some kind of document or written record.

Enseñar al que no sabe es una noble **acción**.	To teach someone who is ignorant is a noble **act (deed)**.
Las palabras de Luis son buenas pero sus **actos** no.	Luis's words are good but his **deeds (acts)** aren't.
La inauguración de un presidente es siempre un **acto** público de gran importancia.	The inauguration of a president is always an important public **act (event)**.
Los novios firmaron el **acta** de matrimonio.	The newlyweds signed the marriage **certificate**.

5 ●

el taller   *(artist's) studio; shop*
la tienda   *store, shop*
ir de tiendas   *to go shopping*

In the Sábato selection, **taller** refers to an artist's studio, for the protagonist is a painter. **Taller** most often refers to *shop* in the sense of a workplace where manual labor is performed or something is made or repaired. *Shop*, in the English sense of small store, is **tienda**. In this meaning, **tienda** is normally modified to indicate the kind of shop or store referred to. In Spanish, of course, many types of stores are expressed with a specific word, such as **librería**, rather than by **tienda** or **tienda** + **modifier**.

Tengo que llevar el auto al **taller**.	I have to take the car to the **(auto) shop**.
El carpintero nos reparó las sillas en su **taller**.	The carpenter repaired our chairs in his **(wood) shop**.
Rosario ha abierto una estupenda **tienda de regalos** en la Calle Serrano.	Rosario has opened a great **gift shop** on Serrano Street.

Ha ido a la **tienda** a comprar comida.   *He went to the **(grocery) store** to buy food.*

Lo busqué en la **librería** pero no lo encontré.   *I looked for it in the **bookstore** but I didn't find it.*

6 ●

decidir   *to decide*
aprovecharse de   *to take advantage of*
decidirse a   *to decide to, resolve to*
aprovechar   *to make (good) use of, profit from, take advantage of*

Certain Spanish verbs are used with the reflexive pronoun and a preposition to suggest a greater degree of personal involvement in an action. For instance, **aprovecharse de** (as opposed to **aprovechar**) has negative connotations, suggesting selfish or exploitative behavior. The use of **decidirse a** rather than **decidir** implies an initial hesitation and then a greater determination to carry out a particular decision.

Rodrigo, tienes que **aprovechar** mejor tu tiempo.   *Rodrigo, you have **to make** better **use of** your time.*

El general **se aprovechó del** caos político para asumir el poder.   *The general **took advantage of** the political chaos to assume power.*

Decidí ir a la fiesta con mi novia.   *I **decided** to go to the party with my girlfriend.*

Después de pensarlo bien, **se decidió a** estudiar informática.   *After thinking it over carefully, **he decided (resolved)** to study computer science.*

7 ●

el crimen   *crime, murder*
el atraco   *holdup, robbery*
el robo   *robbery, theft, burglary*
el ladrón   *thief, robber, burglar*
asaltar   *to mug*
hurtar   *to steal, swipe, filch*

el delito   *crime*
atracar   *to hold up, rob*
robar   *to rob, steal, burglarize*
el asalto   *mugging*
el hurto   *theft, thievery*

Crimen in Spanish most often refers to *murder*, although it may also be used to indicate crime in general. English *crime* in most other instances is expressed by **delito** in Spanish. **Atraco (atracar)** always implies an armed robbery or holdup. **Robo (robar)** is the most common expression to denote taking property from another person or place. Its meanings include *burglary* and *burglarize*. **Asalto (asaltar)** translates the English *mugging* (*to mug*), but in Spanish it always implies the use of some kind of weapon. **Hurto** and **hurtar** are synonyms of **robo** and **robar** but are preferred when stealth is implied and the objects taken are of relatively little value.

El **crimen** de la calle de Fuencarral fue muy famoso en España.	The **murder (crime)** on Fuencarral Street drew lots of attention in Spain.
Ese gobierno no distingue entre un **delito** común y uno político.	That government doesn't differentiate between a common **crime** and a political one.
En Los Angeles hay más **atracos** a los bancos que en cualquier otra ciudad.	There are more bank **robberies (holdups)** in Los Angeles than in any other city.
El **robo** es un **delito** castigado por la ley.	Stealing (robbery, theft, burglary) is a **crime** punished by the law.
Nos **robaron** en la casa mientras estábamos de tiendas.	**They burglarized** our home while we were (out) shopping.
Los chicos **hurtaban (robaban)** fruta en la frutería.	The boys used to **steal** fruit from the fruit store (stand).

8 •

el editor   *publisher, editor*
editar   *to publish*
la editorial   *publishing house, publisher*
el editorial   *editorial (in newspaper, journal, radio, TV)*
la edición   *edition, printing*
publicar   *to publicize, make known; to publish*

Editor is translatable as both *publisher* and *editor* in English. Spanish **edición** means both *edition* and *printing*, and context serves to indicate which meaning is intended. Note that in English, each edition of a work represents some kind of revision of the previous edition. In Spanish, however, unless qualified by **revisada, aumentada, renovada, corregida**, and so on, the word **edición**

means merely a reprinting of an existing edition. The primary meaning of **publicar** is *to make something public knowledge*, but it is also sometimes used as a synonym of the more common **editar**, *to publish*.

Acaban de **editar (publicar)** mi último libro de poemas.	*They have just **published** my most recent book of poetry.*
Muchas grandes **editoriales** tienen sus oficinas en Nueva York.	*Many large **publishers (publishing houses)** have their offices in New York.*
El periódico tiene un **editorial** hoy sobre la crisis económica.	*The newspaper has an **editorial** today on the economic crisis.*
La primera **edición** del Quijote vale millones de dólares.	*The first **edition** of the Quijote is worth millions of dollars.*
Es la sexta **edición** de la novela en un año.	*It's the sixth **printing** of the novel in a year.*

9 •

exigir *to demand*	**demandar** *to sue; to demand*
exigente *demanding*	**reclamar** *to demand; to claim*

Exigir is the most common Spanish equivalent of *to demand*. **Demandar**, in addition to its legal meaning of *to sue*, also means *to demand* in the sense of asking firmly and persistently for something. **Reclamar**, a more common verb than **demandar**, is *to demand* what a person considers to be his or her own by right.

Exijo que tú trabajes más.	*I **demand** that you work more.*
Antonio es el profesor más **exigente** del departamento.	*Antonio is the most **demanding** professor in the department.*
El paciente **demandó** al hospital por tres millones de dólares.	*The patient **sued** the hospital for three million dollars.*
Ramón **reclamó** justicia ante el tribunal.	*Ramon **demanded** justice before the court.*

10 •

la cualidad   *quality, trait*
la calidad   *quality*
la característica   *characteristic, quality*

Cualidad, which is a synonym of **característica**, refers to the intrinsic characteristics of something or someone. **Calidad**, which most often is used to refer to things, carries an implicit judgment about the relative superiority or inferiority of that which is under consideration.

La **cualidad (característica)** que me desagrada en él es su terquedad.	*The **quality (trait)** that I dislike in him is his stubbornness.*
La lana de tu traje es de muy buena **calidad**.	*The wool in your suit is of very good **quality**.*

11 •

tropezar con   *to bump (run) into, stumble across, trip over*
topar con   *run into (across)*
encontrarse con   *to meet; to run into (across)*

Tropezar implies stumbling into or tripping over something with one's feet. It also suggests at least a momentary loss of balance. Figuratively, it can also indicate a chance encounter with someone, and in this context is a synonym of the less commonly used verb **topar**. Both verbs are most often used with **con**, although other prepositions are sometimes used. **Encontrarse con** is the standard expression to indicate both a chance meeting or encounter and a planned meeting or rendezvous.

En la oscuridad, **tropecé con** una silla.	*I **bumped into (stumbled over)** a chair in the dark.*
No quería salir por miedo de **tropezar con** Juana en la calle.	*He didn't want to go out for fear of **bumping (running)** into Juana in the street.*
Ayer **topé con** Cándido en el aeropuerto.	*Yesterday **I ran into** Cándido at the airport.*
Sin esperarlo, **me encontré** con un viejo amigo en el restaurante.	*Without expecting to, **I ran across** an old friend in the restaurant.*

Mañana **nos encontraremos** en la
biblioteca universitaria.

We'll meet tomorrow in the university library.

12 ●

operar   *to operate*
intervenir   *to operate, intervene (surgically)*
la operación (intervención)   *operation*

Operar, like **intervenir**, has a number of different meanings. They are synonymous, however, when used to refer to a surgical operation.

Ayer **operaron** del corazón a mi tío.

*Yesterday **they operated** on my uncle's heart.*

El cirujano que lo **intervino (operó)**
salió satisfecho de la **operación (intervención)**.

*The surgeon who **operated** on him was satisfied with the **operation**.*

13 ●

la cama   *bed*
el lecho   *bed*

Cama is the word used to refer to a piece of furniture. **Lecho** is a more learned or figurative word for **cama**, often used to refer to the bed of a seriously ill person or to the nuptial bed.

Necesito un reposo absoluto en la
cama.

*I need complete rest in **bed**.*

En su **lecho**, el enfermo dictó el testamento.

*From his **bed**, the sick man dictated his will.*

14 ●

compadecer   *to pity, feel sorry for*
tener lástima   *to feel sorry for, to pity*
simpatizar   *to hit it off well with, get along well with*

Compadecer (literally *to suffer with*) and **tener lástima** are synonyms in Spanish. **Simpatizar**, however, is a false cognate of English *to sympathize*, for it means instead *to hit it off well with someone* in the sense of finding that person **simpático**.

Compadezco a estos refugiados de guerra.	*I feel sorry for these war refugees.*
Todos debemos **compadecer a (tener lástima de)** los sin hogar.	*We should all feel sorry for the homeless.*
Carmen y Mercedes **simpatizaron** en seguida.	*Carmen and Mercedes hit it off well (liked each other) right away.*

15 •

sentir   *to feel; to regret, be sorry; to hear*
sentirse   *to feel*

Sentir requires an object and therefore is followed either by a clause introduced by **que** or by a noun. **Sentir**, in addition to meaning *to feel*, also means *to regret, be sorry*, and *to hear*, in the sense of perceiving less clearly distinguishable sounds, noises, vibrations, and so on. **Sentirse**, however, is always followed by an adjective or word used with adjectival force.

Nuestros estudiantes **sienten** que están progresando en español.	*Our students feel they are making progress in Spanish.*
¿**Sentiste** el terremoto anoche?	*Did you feel the earthquake last night?*
Siento mucho que tu perro haya muerto.	*I regret very much (I am very sorry) that your dog died.*
Sentíamos las voces de los vecinos pero no entendíamos lo que decían.	*We heard the neighbors' voices, but we didn't understand what they were saying.*
Mi tía **no se sentía** bien ayer.	*My aunt didn't feel well yesterday.*
Ya no **me siento** amigo de Carlos.	*I no longer feel myself (to be) Carlos' friend.*

PRACTICA ━━

A. *Para cada una de las frases siguientes, elija Ud. la palabra que complete el sentido. Haga también cualquier cambio necesario en la palabra elegida para que la frase quede gramaticalmente correcta.*

1. ¿_____ tus primeras vacaciones en la playa (**acordar, recordar, rememorar**)?

2. Mañana, _____me que tengo que devolverte los discos que me prestaste (**rememorar, recordar, acordarse de**).

3. Alejandro no _____ su niñez en Valencia (**rememorar, acordar, acordarse de**).

4. Pablo Neruda, en *Veinte poemas de amor*, _____ sus primeros amores (**acordar, recordar, rememorar**).

5. Los dos presidentes _____ firmar un tratado para reducir las armas nucleares (**recordar, acordar, rememorar**).

6. En el mes de agosto, hay mucho(a) _____ en las playas de la costa (**gente, pueblo, público**).

7. El (la) _____ norteamericano(a) se compone de todas las razas del mundo (**pueblo, público, gente**).

8. Se lavó _____ antes de desayunar (**la cara, la faz, el rostro**).

9. Ayudar a los menesterosos es un(a) buen(a) _____ (**acto, acta, acción**).

10. La apertura de los Juegos Olímpicos es siempre un(a) _____ espectacular (**acto, acta, acción**).

11. El gran pintor Velázquez tenía su _____ en Madrid (**tienda, taller, editorial**).

12. K-Mart es una cadena muy grande de _____ (**despachos, tiendas, talleres**).

13. El estudiante _____ el verano pasado para ganar dinero para sus gastos escolares (**reclamar, aprovechar, aprovecharse de**).

14. Después de agotar todas las alternativas, _____ operarme del corazón (**rememorar, decidir, decidirse a**).

15. En muchas casas de Madrid, los propietarios han instalado puertas blindadas para evitar el _____ (**atraco, robo, asalto**).

16. Muchas personas creen que la guerra es un _____ contra la humanidad (**asalto, delito, atraco**).

17. El _____ a la anciana ocurrió en pleno día (**asalto, delito, atraco**).

18. En algunos países es un _____ quemar la bandera nacional (**crimen, delito, asalto**).

19. _____ Prentice Hall tiene su oficina central en New Jersey (**El editorial, La editorial, El taller**).

20. Lo primero que leo del diario son _____ (**las editoriales, los editoriales, las ediciones**).

21. El cliente _____ que le reparen el automóvil en seguida (**exigir, demandar, reclamar**).

22. Los ciudadanos _____ más patrullas de policía por las noches (**demandar, reclamar, intervenir**).

23. Mis padres _____ que yo vuelva a casa antes de medianoche (**demandar, exigir, reclamar**).

24. Una de las buenas _____ de Tomás es su generosidad (**calidades, cualidades, acciones**).

25. A las tres de la mañana, Paco _____ con la mesilla del teléfono en el pasillo de su casa (**encontrarse, topar, tropezar**).

26. Cuando yo era estudiante, _____ con mis compañeros en un café del Paseo de la Reforma (**topar, tropezar, encontrarse**).

27. Nosotros _____ a (con) Jaime por la muerte de su perro (**simpatizar, sentir, compadecer**).

28. Llevo varias semanas que no _____ bien (**sentirse, sentir, compadecer**).

29. José Luis _____ un gran interés por la pintura moderna (**sentir, sentirse, simpatizar**).

30. María Elena está muy preocupada porque la tienen que _____ del riñón (**aprovechar, operar, reclamar**).

B. *Traduzca al español las siguientes frases empleando el vocabulario estudiado en este capítulo.*

1. Vincent didn't remember to lock the door.

2. In these poems, Antonio Machado (recalls) the first love of his life, Leonor.

3. The Spanish people celebrate the 12th of October as "El día de la Hispanidad."

4. Nowadays, people say that pollution is changing the world's climate.

5. There was an expression of deep sadness on General San Martín's face.

6. "You're shameless," [use a noun] said María to her ex-boyfriend.

7. Enrique's deeds prove that at least he is not a bad person.

8. Antonio couldn't find his birth certificate.

9. The mechanic had in his shop all the tools necessary to repair the truck.
   camión

10. Joaquín would never take advantage of his friends.

12. Ricardo was never condemned for his crimes.

13. Two masked men held up the bank on my block last week.

14. Everyone believed that the butler was responsible for the murder [do not use **asesinato**].

15. After the movies, we were mugged [use active voice] on the way home.

16. The child's thievery caused his expulsion from school.

17. The publisher of the local newspaper wrote this morning's editorial on the election.

18. Juan Miguel demanded the money that his brother Mario owed him.

19. The occasion seems to demand a radical solution.

20. After they operated on Eduardo, he had to stay in bed for a month.

▶ ENFOQUE ◀ Evaluating the First Draft

Experience has proven that a first draft is rarely the definitive version of an essay. It is sometimes unavoidable, therefore, to write more than one draft. Ideas and style often become clearer during this revision process.

Often, writers mention an "instinctive sensibility" which guides them through the revision of their work. It is possible to develop such sensibility, but you should recognize that when writing in a foreign language it is much more difficult to do so. Furthermore, it takes years of practice to develop such instinctive familiarity with writing. You should evaluate your first draft, then, employing other helpful techniques.

To aid you in formulating some useful principles for revising a draft, consider the following questions:

1. Is the topic meaningful and interesting enough to develop a strong essay?
2. Is the thesis appropriate for the goal of the essay?
3. Besides the professor, who else might be interested in this essay? (You must always keep these "readers" in mind while preparing your drafts.)
4. Is my first draft well organized?
5. Are my paragraphs well constructed?
6. Do I have an introductory paragraph? Is it interesting enough?
7. Do I have a concluding paragraph? Could I, in any way, improve it?
8. Do I have enough material, examples, and reasons to support my ideas?
9. Have I employed all possible resources?
10. Have I carefully revised the language—grammar, vocabulary, tone—so that it enhances the style of the essay?

TEMAS A ESCOGER

Temas relacionados con la selección literaria

1. Describa Ud. el estado emotivo de Juan Pablo Castel.
2. Escriba Ud. un ensayo sobre "la vanidad de la modestia."
3. Escriba Ud. sobre la relación entre el protagonista y su madre.

Temas sugeridos por la selección literaria

1. Escriba Ud. un ensayo sobre el énfasis que la sociedad pone en los crímenes y los procesos judiciales.
2. Comente Ud. lo que la sociedad debería hacer con los "individuos perniciosos."
3. Explique Ud. cuál es su propia perspectiva sobre la vida.

|R|E|P|A|S|O| gramatical

■ Simple Tenses of the Indicative Mode

Basic Statement

In contrast to compound tenses, simple tenses are formed by a single word composed of a stem (which indicates meaning) + an ending (which indicates person, number, tense, and mode). The indicative is one of two common modes or moods in Spanish. It is (in contrast to the subjunctive) the mode used to indicate that an action is viewed by the speaker as an objective fact. In this chapter we review the five *simple* (or one-word) tenses of the *indicative* mode in Spanish: Present, Imperfect, Preterite, Future, Conditional.

Present

The simple present in Spanish is approximately equivalent in meaning to the simple present in English. It is most often used to indicate events that occur in a habitual or timeless present, but which are not actually in progress right now.

María **habla** inglés.   *Maria **speaks** English.*

Nonetheless, the simple present in Spanish is sometimes also equivalent in meaning to the two other forms of the English present.

1) María **habla** inglés ahora.   *Maria **is speaking** (**speaks**) English now.*

2)   María **habla** inglés muy bien.   *Maria **does speak (speaks)** English, very well.*

Far more often, however, the two preceding forms of the English present are not expressed by the Spanish simple present. Instead, the progressive or continuous form of the present in Spanish (**estar** + **gerund**) is used to indicate that an action is *in progress* at the moment the utterance is being made. Sometimes, verbs of motion (**ir**, **venir**, **andar**) replace **estar** in this progressive construction.

María **está hablando** inglés ahora.   *María **is speaking** English now.*

No puedo salir porque **está llovien-**   *I can't go out because **it's raining**
do a cántaros.   *cats and dogs.*

La senadora **va saludando** a toda la   *The senator **is (goes about) greet-**
gente que está en la calle.   *ing** everyone who is in the street.*

To indicate the emphasis conveyed by the words *do* or *does* used with the English simple present, or conveyed in English by raising the voice, Spanish places the particle **sí** before the simple present.

La materia no desaparece pero **sí**   *Matter doesn't disappear, but it **does**
cambia de forma.   *change** its form.*

Aquellas chicas **sí** que **son** simpáti-   *Those girls **are** very nice.*
cas.

Although there may not be in every case a significant difference in meaning between the simple present and its progressive equivalent in Spanish, it is still best not to identify certain progressive forms in English with progressive forms in Spanish, especially when the action is not in progress at the present time.

Los hermanos **trabajan** en una fábri-   *The brothers **are working (work)** in
ca de zapatos.   *a shoe factory.*

Creo que el autor **escribe** una nueva   *I believe the author **is writing** a new
novela.   *novel.*

Viven ahora en Lisboa.   *They are **living (live)** in Lisbon now.*

Imperfect and Preterit

English has one simple past form, whereas Spanish has two: the imperfect and the preterit. Even though common terminology refers to the imperfect and preterit as tenses, the difference between them is really one of aspect rather than of tense. Past events can be looked at as having a beginning, a middle, and an end, which may be considered in linguistic terms as their initiative, imperfective, and terminative aspects, respectively. Aspect, then, is that verbal characteristic that shows an action as imperfective (i.e., going on or still incomplete) in the past or as perfective (i.e., complete or finished) in the past. In Spanish, the imperfect forms of a verb indicate imperfective aspect, and the preterit forms indicate perfective aspect.

In English, the simple past is marked only for time; it does not show aspect. For instance, the English utterance in the simple past *he studied* is ambiguous with regard to the feature of aspect. It could be the equivalent of either **estudió** or **estudiaba**. Correct translation into Spanish of *he studied* would require, therefore, a decision about which aspect was implied by the English verb. This would in turn require an examination of the context in which the verb was used. For instance, contrast the two sentences below to see why the first would require **estudió** and the second **estudiaba** in Spanish.

He studied the lesson yesterday.

He studied the lesson whenever he had the chance.

Clearly, in the first example above the action is seen as completed within a given past time, while in the second it is shown as repetitive or ongoing in the past. In short, because the English simple past is invariable in form, it cannot signal aspect. In Spanish, however, the speaker makes a choice as to aspect every time he or she chooses the imperfect or preterit.

It is true, however, that imperfective aspect is expressed in certain English forms such as the progressive *he was studying* and *he used to study*, which would be translated by the Spanish imperfect.

The Spanish imperfect is used, then, to describe a state or an action not completed in the past within a given fixed or determinate period of time. The imperfect is used for events that are viewed as incomplete at the time of the utterance. The preterit, in contrast, is used when an action in the past has been initiated or, more commonly, completed or accomplished within a given fixed or determinate period of time.

The imperfect shows the continuity of an action going on during a certain period of time in the past. It does not indicate that the action began or ended during that time, either because its beginning or ending, or both, are outside the temporal framework of the utterance or because the speaker has no desire to indicate or emphasize the aspect of completion. The imperfect is therefore the past aspect that enables us to relive an event by transferring us to the past to witness it as if it were taking place before our eyes. It is as if the past were impinging on the present. The preterit, in contrast, views a past situation (or even a series of past events) as a completed, unified whole that is part of a historical past. It shows an action or state as it began or ended, or both, within a given time frame. Obviously, in many cases it is not the nature of a past situation itself that determines whether the verb will be in the imperfect or preterit, but the way the speaker chooses to view it.

It may be helpful to draw an analogy to a film one has seen and is retelling to someone else. To narrate events that advanced the plot, activities that were completed within the film itself, one would use the preterit. Scenery, music, unresolved actions, background states, and so on, would all be described in the imperfect. It may be helpful to examine the following English sentence with its simple, one-word past tense verb which bears, of course, no indication of aspect. We can, however, imagine for it two contexts that would imply an imperfective and a perfective aspect, respectively.

La película **era** muy buena.

La película **fue** muy buena.

The picture (film) ***was*** *very good.*

The Spanish example with **era** implies a state of indefinite duration in the past and indicates that the film was of an inherently high quality. With **fue**, however, we indicate that a personal judgment on or reaction to the film was made at a specific time in the past.

La lección **era** difícil de explicar.

La lección **fue** difícil de explicar.

The lesson ***was*** *difficult to explain.*

In the examples immediately above, **era** suggests that the lesson, because of its nature, was always hard to explain. With **fue**, perfective aspect, there is reference to a specific moment in the past when someone experienced difficulty in actually attempting to explain the lesson.

Se levantaba todos los días a las seis.

Se levantó todos los días a las seis.

She got up *every morning at six o'clock.*

A context of repeated action in an unspecified past period would make *se levantaba* the Spanish equivalent of *got up* as expressed above. Indeed, we can even rephrase the English as *she used to get up*, a clear indication of imperfective aspect. But it is also possible to view these repeated occurrences as constituting one single, unified, completed action or experience in the past, perhaps when the subject was on vacation, travelling, or at summer camp. In this case, the preterit **se levantó** would be appropriate.

Two sentences that are identical in Spanish, except for the use of the imperfect and preterit, are often rendered differently in English in order to do justice to their difference in aspect.

Un guardaespaldas **acompañaba** al millonario.	*A bodyguard **(always) accompanied** **(went around with)** the millionaire.*
Un guardaespaldas **acompañó** al millonario.	*A bodyguard **accompanied** the millionaire (on this one occasion).*

We have seen, then, that the imperfect indicates continuity and process, whereas the preterit shows the beginning, end, or completion of an action or state. A small number of Spanish verbs acquire different meanings (which are also reflected in their English equivalents) according to the aspect used. The same Spanish verb must sometimes be rendered by different English verbs when used in the imperfect and preterit. In reviewing the following forms, remember that the Spanish imperfect shows a state or process already in force, whereas the preterit indicates something that happened and achieved completion during the past.

INFINITIVE	IMPERFECT	PRETERIT
conocer (yo)	*I knew, was acquainted with*	*I met* (for the first time), *made the acquaintance of*
haber (third person singular only)	*there was, there were* (there existed)	*there was, there were* (there befell, there took place)
poder (yo)	*I could, was able to* (I was in a position to)	*I was able to* (I managed to)
no poder (yo)	*I was not able to, could not* (was not in a position to)	*I could not, wasn't able to* (although I tried)
querer (yo)	*I wanted to, desired to*	*I tried to, I started to*
no querer (yo)	*I didn't want to*	*I refused to* (wouldn't)

saber (yo)	*I knew* (was aware that, had knowledge that)	*I found out* (learned, heard, realized)
tener (yo)	*I had* (possessed)	*I had* (received, got)
tener que (yo)	*I had to* (but did not necessarily do it)	*I had to* (and did do it)

Cuando **conoció** al jefe, ella ya **sabía** la verdad.	*When **she met** the boss, she already **knew** the truth.*
Cuando yo era niño, **había** dos robles delante de la casa.	*When I was a boy, **there were** two oak trees in front of the house.*
¡Qué espantosa tormenta **hubo** aquella noche!	*What a terrible storm **there was** that night.*
Aquí tienes un libro sobre la guerra; es el mejor que **pude** encontrar.	*Here's a book about the war; it's the best one **I could find (I found)**.*
Por la niebla, no **podía** ver la casa.	*Because of the fog, **I was unable** to see the house.*
Quise abrir la puerta pero estaba cerrada con llave.	***I tried (attempted)** to open the door but it was locked.*
Juan **tenía** el coche de su hermano cuando **tuvo** el accidente.	*Juan **had** his bother's car when **he had** the accident.*
Ayer, **tuve** una tarjeta postal de María.	*Yesterday **I got (had, received)** a post card from Maria.*
Al mudarse a Los Angeles, **tuvo** que cambiar de universidad.	*When he moved to Los Angeles, **he had** to change universities.*

Future

The straight future tense (formed by the *infinitive + personal endings*) is not the most common way of expressing a future action or state in spoken Spanish. Indeed, the future tense is used less than such standard English equivalents as *he will* or *he'll + verb*. One reason for this less frequent use of the straight future is its replacement by the periphrastic **ir** + **a** + **infinitive** to convey a future action or state. This construction enables the speaker to psychologically bring the future action or state closer to the present.

Voy a escribirle una carta.	*I 'm going to write him a letter.*
Vas a ser muy feliz en Buenos Aires.	*You are going to be very happy in Buenos Aires.*

Another reason for the diminished use of the future is its replacement by the simple present. Indeed, the Spanish present indicative often replaces the future in informal language to refer to events that are in the immediate or near future. This substitution of present for future is almost always accompanied by some adverb or other expression of time.

Lo **hago** en seguida.	*I'll do it immediately.*
¿Le **sirvo** el café ya?	*Shall I serve you coffee now?*
Te **llamo** esta noche.	*I'll call you tonight.*

Despite the frequency with which the present substitutes for the future in sentences such as **Te llamo esta noche**, there is no absolute difference between that utterance and **Te llamaré esta noche**. However, the example with **llamo** implies a greater degree of certainty that the call will take place than does the one with **llamaré**. Note that for predictions, however, the simple present cannot substitute for the future, as in the following examples.

La economía **mejorará** pronto.	*The economy will improve soon.*
Creo que **tendrás** éxito con el negocio.	*I believe you will be successful with the business.*

Remember, too, that the future in Spanish is also employed by a speaker to indicate conjecture or probability. This suppositional future is more common in Spain than in Spanish America. Brevity is one reason why this future of probability is used more than a number of semantically equivalent expressions.

¿Quién **será** aquella mujer tan alta?	*Who can that tall woman possibly be?* (I wonder who that tall woman is)
Luisa ha comprado un Mercedes. **Tendrá (probablemente tiene, debe de tener)** mucho dinero.	*Luisa has bought a Mercedes. She must have (probably has) a lot of money.*

Note that the simple present of **querer** + **infinitive** (not the future tense) renders English *will you* + *verb* in expressions of willingness to do something.

¿**Quieres ayudarle** con la tarea?   *Will you help him with his home-work?*

¿Quién **quiere abrir** la ventana?   Who **will open** the window?

Conditional

The denomination *conditional* is, of course, most appropriate for this tense in its use in sentences that express a condition, i.e., an indication that one event is dependent on another, such as *I would go, if I had money*. In Chapter 8, where we review conditionality and the subjunctive mood, we focus on the primary use of the conditional in Spanish. However, the conditional has other uses not associated with conditional sentences.

English *would* + *verb* and infrequently *should* + *verb* are equivalent to the Spanish conditional. However, the imperfect and not the conditional is used for *would* when the reference is to a past habitual action, as in the second example below.

Le dije que **iría**.   *I told him **I would go**.*

Siempre que Carlos la **veía**, la **saludaba**.   *Whenever Carlos **would see (saw)** her, he **would greet (greeted)** her.*

The conditional in Spanish also indicates probability, conjecture, or supposition in the past. This use parallels that of the future of probability, in the present, and it, too, is preferred to certain semantically equivalent constructions because of its brevity.

Aquel día **andaríamos** diez kilómetros.   *That day **we probably (must have) walked** ten kilometers.*

Serían las cinco cuando llegué.

Probablemente eran las cinco cuando llegué.   *It was probably (must have been) five o'clock when I arrived.*

Debían (de) ser las cinco cuando llegué.

PRACTICA

A. *Complete las siguientes frases con la forma correcta del verbo en uno de los tiempos simples del indicativo. En algunos casos, es posible usar más de un tiempo. A veces una forma progresiva es preferible al tiempo simple.*

1. Joaquín _____ las lágrimas mientras _____ el cadáver de su amigo (**secarse; mirar**).

2. Después, Elena _____ en el maravilloso conservatorio de Viena (**ingresar**).

3. Mis amigos me dicen que yo _____ rápidamente (**envejecer**).

4. Algún día, Hispanoamérica también _____ un Mercado Común (**tener**).

5. Yo _____ un pequeño accidente y me torcí el pie derecho (**tener**).

6. Julián _____ estudiar derecho, la carrera que su padre había hecho pero nunca _____ (**querer; ejercer**).

7. Hoy _____ el primer aniversario de su boda (**cumplirse**).

8. El año pasado, en febrero, Carlos y su esposa _____ (**divorciarse**).

9. ¿Qué personaje histórico te _____ conocer si eso fuera posible (**gustar**)?

10. Nuestra economía _____ más este año que el año pasado (**crecer**).

11. Yo _____ amigo de un anciano que _____ en la casa de la esquina (**hacerse; vivir**).

12. Yo nunca _____ mis días de estudiante en la UNAM [Universidad Nacional Autónoma de México] (**olvidar**).

13. A partir del próximo julio, _____ prohibido lavar con manguera los coches (**estar**).

14. Iremos a la plaza porque (todos los sábados) _____ en un mercado para los turistas (**convertirse**).

15. Julio César _____ más batallas que Marco Antonio (**ganar**).

16. Varias personas _____ porque _____ mucho calor (**desmayarse; hacer**).

17. Ayer tu hermano _____ demasiado vino (**beber**).

18. Su nuevo coche _____ menos gasolina que el antiguo (**consumir**).

19. Mientras el profesor _____ la lección, un estudiante _____ en el aula (**explicar; entrar**).

20. El lunes que viene yo no _____ ir a la clase contigo (**poder**).

21. La apertura de la nueva biblioteca _____ dentro de un mes (**tener lugar**).

22. Yo _____ en Valparaíso hace veinte años, la primera vez. Hace seis meses _____ de nuevo (**estar; regresar**).

23. No estoy seguro, pero _____ las tres de la mañana cuando llegamos
    (ser).   *past.*

24. Carlos _____ terminar la carrera pronto y _____ cursos de verano
    (**querer; tomar**).

25. En estos tiempos _____ muchas mujeres que _____ trabajar fuera
    de casa (**haber; preferir**).

26. Carlos no puede ayudarte ahora porque él _____ el césped (**cortar**).

27. Recuerdo lo mucho que Ramón _____ (aquella tarde) (**enfadarse**).

28. Si tuviera Ud. mucho dinero, ¿a dónde _____ ir de vacaciones (**querer**)?

29. Desde el avión, vimos lo que _____ de la ciudad después del terremoto
    (**quedar**).

30. Los jóvenes de ahora _____ locos por los coches deportivos (**volverse**).

B. *Traduzca al español las siguientes frases. Emplee en cada frase uno de los
   tiempos verbales estudiados es este capítulo. En algunas de las frases hay
   más de una forma verbal correcta.*

1. Did you know that he is thinking about getting married?

2. During the Spanish Civil War, there was an important battle near the Jarama
   River.

3. Did you know Consuelo before?

4. The old man no longer comes to see us; he must be very sick.

5. It was probably midnight when they found the car.

6. We explained to her that it would be necessary to send more letters of
   recommendation.

7. Although he promised to clean [use **lavar**] the windows, now he will not do
   it.

8. John doesn't earn much money, but he does know how to spend it.

9. The husband washed the car while his wife prepared lunch.

10. What shall I do now? Everything is lost.

11. Will you be quiet?

12. The neighbors gave a party last night and I couldn't sleep.

13. I didn't understand what you meant.

14. My younger son would like to play for the Boston Celtics in [use **dentro de**]
    fifteen years.

15. I will study a lot and do everything possible to [use **por**] enter that
    university.

CAPITULO 4

Viaje a la Alcarria
CAMILO JOSÉ CELA

▶ **ENFOQUE: Revising the First Draft**

▶ **Compound Tenses of the Indicative Mode (and Related Verbal Forms)**

▶ ▶ ▶ ▶ ▶ ▶ ▶ ▶ ▶ ▶ ▶ ▶ ▶ ▶ ▶ ▶ ▶

Viaje a la Alcarria

Camilo José Cela

*El español Camilo José Cela (1916-   ), ganador del Premio Nobel en 1989,
figura entre los grandes escritores de la literatura española contemporánea. Es,
sin duda, el más conocido entre los autores de la posguerra.*

Sus novelas La familia de Pascual Duarte *(1942) y* La colmena *(1951), con
las que estableció el llamado "estilo tremendista" (en el que se acentúa lo
grosero, brutal o repelente, pero donde también se encuentran notas de ternura
y de lirismo), han sido llevadas al cine y gozan de popularidad internacional.*

En la selección que sigue, tomada de Viaje a la Alcarria *(1952), Cela, para
hacer más objetiva la narración, relata en tercera persona sus viajes a pie en
pleno verano por la Alcarria, región en la provincia española de Guadalajara. En
este fragmento del libro de viajes más popular de Cela, la acción tiene lugar
cuando el narrador se encuentra con un adolescente en el camino. Podemos
observar la fina ironía en la conversación entre el "niño redicho" y el viajero
(Cela), y al mismo tiempo presencian una escena que, si no estuviera escrita con
un tono de ternura, podría inspirar cierta repugnancia cuando Cela "le alarga la
mano" al niño para despedirse.*

—¿Me permite usted que le acompañe unos hectómetros?

Y el viajero, que siente una admiración sin límites por los niños redichos, le
había respondido:

—Bien; te permito que me acompañes unos hectómetros.

5   Ya en la carretera, el viajero se para en un regato, a lavarse un poco. El agua
está **fresca,**[1] muy limpia.

—Es un agua muy cristalina, ¿verdad?

—Sí, hijo; **la mar de**[2] cristalina.

El viajero descuelga la mochila y se desnuda de medio cuerpo.

10   El niño se sienta en una piedra a mirarle.

—No es usted muy **velludo.**[3]

—Pues, no... Más bien, no.

El viajero se pone en cuclillas y empieza por refrescarse las manos.

—¿Va usted muy lejos?

15   —Psche...; regular. Dame el jabón.

—El niño **destapa**[4] la jabonera y se le acerca. Es un niño muy obsequioso.

—¡Pues, anda, que, como vaya usted muy lejos, con este calor!...

—A veces hace más. Dame la toalla.

El niño le da la toalla.

20 —¿Es usted de Madrid?

El viajero, mientras se seca, decide pasar a la ofensiva.

—No, no soy de Madrid. ¿Cómo te llamas?

—Armando, para servirle. Armando Mondéjar López.

—¿Cuántos años tienes?

25 —Trece.

—¿Qué estudias?

—Perito.

—¿Perito... qué?

—Pues, perito... perito.

30 —¿Qué es tu padre?

—Está en la Diputación.

—¿Cómo se llama?

—Pío.

—¿Cuántos hermanos tienes?

35 —Somos cinco: cuatro niños y una niña. Yo soy el mayor.

—¿Sois todos rubios?

—Sí, señor. Todos tenemos el **pelo**[5] rojo; mi papá también lo tiene.

En la voz del niño hay como una vaga cadencia de tristeza. El viajero no hubiera querido preguntar tanto. Piensa un instante, mientras guarda la toalla y 40 el jabón y saca de la mochila los tomates, el **pan**[6] y una **lata**[7] de "foie gras," que se ha pasado de rosca preguntando.

—¿Comemos un poco?

—Bueno; como usted guste.

El viajero trata de hacerse amable, y el niño, poco a poco, vuelve a la alegría 45 de antes de decir: "Sí, todos tenemos el pelo rojo; mi papá también lo tiene." El viajero le cuenta al niño que no va a Zaragoza, que va a darse una vueltecita por la Alcarria; le cuenta también de dónde es, cómo se llama, cuántos hermanos tiene. Cuando le habla de un primo suyo, **bizco**,[8] que vive en Málaga y que se llama Jenaro, el niño va ya muerto de risa. Después le cuenta cosas de la guerra, 50 y el niño escucha atento, emocionado, con los ojos muy abiertos.

—¿La han dado algún tiro?

El viajero y el niño se han hecho muy amigos y, hablando, hablando, llegan hasta el camino de Iriépal. El niño **se despide**.[9]

—Tengo que volver; mi mamá quiere que esté en casa a la hora de 55 **merendar**.[10] Además, no le gusta que venga hasta aquí; siempre me lo tiene dicho.

El viajero le alarga la mano, y el niño la rehuye.

—Es que la tengo sucia, ¿sabe usted?

—¡Anda, no seas tonto! ¿Qué más da?

60 El niño mira para el suelo.

—**Es que me ando hurgando siempre con el dedo en la nariz.**

—¿Y eso qué importa? Ya te he visto. Yo también me hurgo, algunas veces, con el dedo en la nariz. Da mucho gusto, ¿verdad?

—Sí, señor; mucho gusto.

65 El viajero echa a andar y el niño se queda mirándole, al **borde**[11] de la carretera. Desde muy lejos, el viajero se vuelve. El niño le dice adiós con la mano. **A pleno sol**,[12] el pelo le brilla como si fuera de fuego. El niño tiene un pelo hermoso, luminoso, lleno de encanto. El cree lo contrario.

> Armando Mondéjar López
> 70 es un niño preguntón;
> tiene el pelo colorado
> del color del pimentón.
>
> (La naranja ya está seca,
> amarillo está el limón.
> 75 La sandía está llorando,
> está riendo el melón.)
>
> Armando Mondéjar López
> se queda parado al sol;
> su pelambrera rebrilla
> 80 como arde su corazón,
>
> y en su mirada se enciende,
> poco a poco la ilusión.
> Tiene el pelo colorado
> del color del pimentón.

85 Poco más adelante, el viajero se sienta a comer en una vaguada, al pie de un **olivar**.[13] Bebe después un trago de vino, desdobla su manta y se tumba a dormir la siesta bajo un árbol. Por la carretera pasa, de vez en cuando, alguna bicicleta o algún coche oficial. A lo lejos, sentado a la sombra de un olivo, un pastor canta. Las ovejas están apiñadas, inmóviles, muertas de calor. Echado sobre la 90 manta, el viajero ve de cerca la vida de los insectos, que corren veloces de un lado para otro y se detienen de golpe, mientras mueven acompasadamente sus largos cuernos, delgaditos como un pelo. El campo está verde, bien cuidado, y las florecitas **silvestres**[14] —las rojas amapolas, las margaritas blancas, los cardos de flor azul, los dorados botones del botón de oro— **crecen**[15] a los bordes de la 95 carretera, fuera de los sembrados.

Pasan unas muchachas que se adornan el amplio sombrero de paja con ramitos de aciana; llevan unas batas de cretona y andan sueltas, ligeras, graciosas como corzas. El viajero las ve marchar y cierra los ojos. El viajero prefiere dormir bajo el recuerdo de una última sensación agradable: una cigüeña que 100 vuela, un niño que se chapuza en el restaño de un arroyo, una abeja libando la flor del espino, una mujer joven que camina, al nacer del verano, con los brazos al aire y el pelo suelto sobre los hombros.

El viajero, de nuevo sobre la carretera, recién descansado, piensa en las cosas
en las que no pensó en muchos años, y nota como si una corriente de aire le
105 diese ligereza al corazón.

CUESTIONARIO

Contenido

1. Describa Ud. al niño con el que se encuentra el viajero.
2. ¿Cómo es el viajero?
3. ¿Cómo se siente el viajero por haber hecho tantas preguntas al niño?
4. ¿Por qué no se atreve el niño a dar la mano al viajero?
5. ¿Qué hace el viajero después de despedirse del niño?
6. Describa Ud. el lugar donde se sienta el viajero.
7. ¿Cómo son las muchachas que ve pasar el viajero?

Interpretación y estilo

1. ¿Qué técnicas narrativas emplea Cela en este fragmento literario?
2. ¿Desde qué perspectivas presenciamos las experiencias del viajero?
3. Explique Ud. por qué el narrador considera "redicho" al niño.
4. ¿Por qué cree Ud. que el niño tiene una "vaga cadencia de tristeza" en la voz
   al contestar al viajero?
5. ¿Cómo se manifiesta la ironía de Cela en el diálogo entre el viajero y el
   niño?
6. Explique Ud. algunos de los momentos líricos de esta selección literaria.
7. Comente Ud. el significado del último párrafo.

► Léxico: opciones ◄

1 •

natural   *natural; fresh*
fresco   *cool, coolish, chilled; fresh*
el agua dulce   *fresh water*

The adjective **fresco** has several meanings, including that of a temperature that
is cool but not excessively cold. With regard to beverages, **fresco** may connote,
in addition to temperature, the quality of being refreshing. With reference to food,
however, **fresco** conveys the idea of *fresh*, i.e., that which has been recently
made, picked or, caught as opposed to that which is canned or frozen. **Natural**
is a synonym of **fresco** in this last meaning when speaking of fruits and

vegetables. Like English *fresh*, **fresco** can also indicate *impudent, disrespectful, sassy*. Note, too, that *fresh* as opposed to *salt* water (**agua salada**) is **agua dulce** in Spanish.

Acabo de pescar estas truchas; están muy **frescas**.	*I've just caught these trout; they are very **fresh**.*
Pablo siempre hace la sopa con verduras **frescas (naturales)** porque no se fía de la comida enlatada.	*Pablo always makes soup with **fresh** vegetables because he doesn't trust canned food.*
Cuando hace mucho calor, me gusta tomar una gaseosa bien **fresca**.	*When it's very hot, I like to have a nice **cool (refreshing)** soft drink.*
Por su buena ventilación, esta casa es muy **fresca** en verano.	*On account of its good ventilation, this house is very **cool** in summer.*
El salmón nace en **agua dulce** pero se desarrolla en agua salada.	*Salmon are born in **fresh water** but develop in salt water.*

2 •

el mar *sea, ocean*	**la mar de** *a great deal of, lots of; very*
la mar *sea*	**un mar de** *a great deal of, lots of*
el océano *ocean, sea*	

Both **la mar de** and **un mar de**, when followed by a noun, phrase, or adjective (such as in the text example), mean *a great deal* of something and are colloquial substitutes for forms of **mucho** or **muy**. In the Cela example, **la mar de cristalina** may be expressed as *very clear* in English. Seafaring people usually refer to the sea as **la mar**. This feminine form is also employed in poetic or artistic usage. **El mar**, however, is the standard form and must be used when a specific body of water is named or understood: **el mar Amarillo**, **el mar Caribe**, and so on. Note that **océano**, *ocean*, is used in Spanish only to refer to a specifically named ocean. In other instances, what would be *ocean* in English is rendered by Spanish **mar**.

Tengo **la mar (un mar) de** proyectos para este verano.	*I have **a great many** projects for this summer.*
Hoy vendrá **la mar de** gente a bañarse en el río.	*Today **lots of** people will come to swim in the river.*

Tienen una casita al lado del **mar** Mediterráneo.

*They have a little house next to the Mediterranean **Sea**.*

El mar cubre tres cuartas partes del planeta Tierra.

***The ocean (sea)** covers three fourths of the planet Earth.*

3 •

velludo *hairy*
narigudo *large-nosed*
concienzudo *conscientious*

peludo *hairy (with reference to the head)*
sesudo *brainy*

The adjective ending -**udo** combines with certain noun stems to indicate an abundant or excessive degree of some trait or quality. Adjectives ending in -**udo** often (but not always) have a negative connotation.

Sancho Panza es el **panzudo** más famoso de la literatura española.

*Sancho Panza is the most famous **big-bellied (paunchy)** man in Spanish literature.*

El caballo de Don Quijote, Rocinante, era un caballo **huesudo**.

*Don Quijote's horse, Rocinante, was **a bag of bones**.*

4 •

deshacer *to undo, unmake*
destapar *to remove the lid from, to uncover*
desobedecer *to disobey*
desatar *to untie*

The prefix **des**- functions to invert or negate the meaning of many verbs in Spanish. **Des**- is often rendered in English by the prefix *un*- or *dis*-, as seen in the following examples.

¿Quién va a **deshacer** las maletas?

*Who is going **to unpack** the bags (suitcases)?*

La chica apareció y en seguida **desapareció**.

*The girl appeared and then **disappeared**.*

5 •

el pelo *hair*   **rubio** *blond*
el cabello *hair*   **pelirrojo** *redhead*
el vello *hair*   **castaño** *brown*
las canas *gray or white hair*   **calvo** *bald*
tomar(le) el pelo a alguien *to*
    pull someone's leg, tease

El pelo indicates *hair* in most contexts, human or animal. **Cabello** (sometimes
used in the plural with singular meaning) is in most Spanish-speaking areas a bit
more elevated in tone and normally refers to hair on the head. **Cabello** is often
used in literary Spanish and for advertising purposes. Note that **vello** is the word
for most body hair.

Carlos tiene el **pelo** rizado pero su   *Carlos has curly **hair** but his bro-*
hermano lo tiene liso.   *ther's hair is straight.*

La muchacha tenía largos **cabellos**   *The teenager (girl) had long, **auburn***
castaños.   ***hair**.*

El **vello rubio** de los brazos le brilla-   *The **blond hair** on his arms shone in*
ba al sol.   *the sun.*

Aunque Carlos era joven, ya tenía   *Although Carlos was young, he al-*
algunas **canas**.   *ready had some **gray hair** (a few*
                                               ***gray hairs**).*

No me gusta que **me tomes** tanto **el**   *I don't like that **you tease me** so*
pelo.   *much.*

6 •

el pan *bread, loaf of bread*   **la lechuga** *lettuce, head of lettuce*
el mueble *piece of furniture*   **el rayo** *bolt of lightning*

Although Spanish has an equivalent for the English counter-word for *loaf*,
hogaza, this word is uncommon in the spoken language. Instead, **pan** conveys
in Spanish the idea of both *bread* and *loaf of bread*. Similarly, numerous Spanish
words like those listed above lack a separate equivalent for the English counter-
word.

Compré dos **panes** de centeno en la   *I bought two **loaves** of rye bread in*
panadería.   *the bakery.*

Esta receta requiere medio kilo de carne y dos **coles** enteras.

*This recipe requires half a kilo of meat and two whole **heads of cabbage**.*

Esta silla es un **mueble** muy antiguo.

*This chair is a very old **piece of furniture**.*

7 •

el bote *can*	**la lata** *can; annoyance, bother*
el tarro *jar*	**el envase** *package, container*

The main difference between **lata** and **bote** is the shape. A **lata** normally indicates a can that is flat, low in height, or rectangular in shape. A **bote** is a can that is round or cylindrical in shape, or one that is taller than it is wide. Note the colloquial meaning of **lata** as *annoyance*.

Para la ensalada, abrimos una **lata** de atún.

*For the salad, we opened a **can** of tuna fish.*

Es una **lata** tener que pagar tantos impuestos.

*It's a **pain in the neck** to have to pay so many taxes.*

Vete a la tienda y compra un **bote** de zumo de tomate y un **tarro** de mostaza.

*Go to the store and buy a **can** of tomato juice and a **jar** of mustard.*

8 •

bizco *cross-eyed*	**ciego** *blind*
miope *nearsighted*	**tuerto** *one-eyed*
présbita *farsighted*	**daltónico** *colorblind*

The adjective **miope** is common for *nearsighted* (persons who see well nearby objects but not distant ones). However, the adjective **présbita**, meaning *farsighted*, is not commonly used. It is normally replaced in spoken Spanish by the expression **tener la vista cansada**. Note, too, that *colorblind* in Spanish is **daltónico**, an adjective derived from Dalton, the name of the English physician who scientifically described the condition of color blindness.

El Mr. Magoo de los dibujos animados es extremadamente **miope**.

*Mr. Magoo of the cartoons is extremely **nearsighted**.*

Después de tantos años de estudio, Joaquín acabó con **la vista cansada**.

*After so many years of studying, Joaquín ended up **farsighted**.*

Le es difícil conducir porque es **daltónico**.

*It's difficult for him to drive because he's **colorblind**.*

9 ●

despedirse (de)   *to say goodbye (farewell) to; to take leave of*
despedir a   *to send (see) someone off; to fire*
la despedida   *goodbye, farewell, send-off*

Despedirse (de) is the more common equivalent of **decir adiós**. **Despedir**, without the pronoun **se**, means both *to see someone off* and *to fire or dismiss* someone. In the second meaning, it is synonymous with the more popular **echar**.

No olvides **despedirte de** tu abuela antes de salir.

*Don't forget **to say goodbye to** your grandmother before you leave.*

Fuimos al aeropuerto a **despedir a** su hermano.

*We went to the airport **to see** his brother **off**.*

Lo **despidieron (echaron)** porque no trabajaba bien.

***They fired (dismissed)** him because his work wasn't satisfactory.*

Cuando se jubiló Ricardo, le dimos una gran fiesta de **despedida**.

*When Ricardo retired, we gave him a big **farewell** party.*

10 ●

la merienda   *snack*
comer   *to eat*
el almuerzo   *lunch*
cenar   *to have supper, dinner*
el desayuno   *breakfast*

merendar   *to have a snack, to snack*
la comida   *meal, main meal; food*
almorzar   *to lunch, to have (a light) lunch*
la cena   *supper, dinner*
desayunar(se)   *to have breakfast, to breakfast*

Merienda is a snack normally taken in the afternoon to stay the appetite until supper, which in Spain is served at an hour that is quite late by American standards. In Spain, **la comida**, the main meal of the day, is served from approximately 2 PM onward. **Almuerzo** in Spain refers to a much lighter meal, a lunch served at an earlier hour. It may replace **la comida**, especially in rural areas or among industrial workers who do not return home to eat. In some Spanish-American countries, however, **almuerzo** is the standard word for the main, mid-day meal. Although **desayunar** was originally used as a reflexive verb, nowadays, by analogy with **cenar** and **almorzar**, it is used without the reflexive pronoun in most Spanish-speaking countries. Note, too, that **tomar**, used with the name of a specific meal, often replaces the verb that means to eat that same meal. Finally, the verbs **desayunar**, **almorzar**, and **cenar** can be used transitively to indicate specifically what one is eating at a particular meal.

Los campesinos **almorzaban (tomaban el almuerzo)** a las 11:00 y volvían a casa a las 5:00.	*The farm workers **ate lunch** at 11:00 and returned home at 5:00.*
En España, la **cena** suele ser más ligera que la **comida**.	*In Spain, **dinner** is lighter than the main (afternoon) **meal**.*
Mañana vendrán a **desayunar (tomar el desayuno)** con nosotros.	*Tomorrow they will come **to eat (have) breakfast** with us.*
Vamos a **desayunar** huevos fritos, tostadas con mermelada y café con leche.	*We are going **to eat (have) for breakfast** fried eggs, toast with jam, and café au lait.*

11 •

el borde   edge, border, rim, brim
la frontera   border, frontier
el límite   limit, edge
la linde   limit, boundary
lindar   to border, adjoin (especially common for real estate)
limitar   to limit; to border (common in geographic designations)

El borde in Spanish most often refers to the edge of physical things. **Frontera** indicates the line that separates two countries, i.e., an international border. **Límite** has a broader range of meaning, for it may refer to that which separates what is material or immaterial from similar things in its class. **La linde** (more common in the feminine form than in its masculine equivalent) is very common when referring to property lines and boundaries.

Lléname la taza hasta el **borde**.	*Fill my cup up to the **brim**.*
Gloria estaba sentada en el **borde** de la piscina.	*Gloria was sitting on the **edge** of the pool.*

Era imposible cruzar la **frontera** en invierno.	*It was impossible to cross the **border** in winter.*
He llegado al **límite** de mi paciencia.	*I've reached the **limit (come to the end)** of my patience.*
Nos paseamos hasta el **límite** de la ciudad.	*We walked to the **edge** of the city (to the city **limits**).*
Su propiedad **lindaba** con la nuestra.	*His (Her) property **adjoined** ours.*
Suiza **limita** con cinco países.	*Switzerland **borders** on five countries.*

12 •

a pleno sol   *in the full sun*
a la sombra   *in the shade*
pleno   *full*
lleno   *full*
en pleno + **noun**   *in the heart (middle) of + noun*

Because the Spanish preposition **en** can indicate physical presence in or on the designated place, **al sol** and **a la sombra** render *in the sun* and *in the shade*, respectively. **Pleno** and **lleno** both mean *full*; however, **lleno** is the more common word and refers to *full* in a material or physical sense. **Pleno** means *full* in the sense of complete or total. It is used with a noun to convey what in English is expressed by the idea of *in the middle, midst, heart or center of*, *at the height of*, or *in broad + noun*.

En las corridas de toros, los asientos **a la sombra** son los más caros.	*At bullfights, the seats **in the shade** are the most expensive.*
Me dio **plenos** poderes para firmar el contrato.	*He (She) gave me **full** power to sign the contract.*
El vaso está **lleno** hasta los bordes.	*The glass is **full** up to its brim.*

El tranvía va **lleno**; tendremos que esperar otro.	*The streetcar is **full**; we'll have to wait for another one.*
Nuestra hija nació **en plena guerra**.	*Our daughter was born **right in the middle of the war**.*

13 •

el olivar   *olive grove*
el manzanar   *apple orchard*
el olivo   *olive tree*
el manzano   *apple tree*
la oliva   *olive*
la manzana   *apple*
la aceituna   *olive*

Spanish regularly forms the words for a particular kind of orchard or grove, the corresponding tree, and its fruit through the use of a stem and the endings **-ar** (**-al**), **-o**, and **-a**, respectively. **Huerto**, *orchard* and **árbol**, *tree* are seldom used for these functions. There are a few exceptions to this **-ar**, **-o**, and **-a** pattern. For instance, *pear* is **pera** but *pear tree* is **peral** and *pear orchard* is **peraleda**. Also, when the base word for the fruit does not end in **-a**, the noun for the tree often bears a different ending: **limón, limonero, limonar**. Finally, there are two words for *olive*; **oliva** is now used almost exclusively in the expression **aceite de oliva**. But it has been replaced in almost every other context by the word **aceituna**, which is related to the basic word for *oil*, **aceite**, in Spanish. However, the words for olive tree and olive grove are formed on the base of **oliva**.

Los árboles más típicos de España son el **naranjo** y el **olivo**.	*The most typical trees of Spain are the **orange tree** and the **olive tree**.*
Este **melocotonero** da muchos **melocotones**.	*This **peach tree** produces (yields) many **peaches**.*
En California y en la Florida hay extensos **naranjales**.	*In California and Florida there are extensive **orange groves**.*

14 ●

silvestre   *wild*
salvaje   *wild (not domesticated); savage, uncivilized*
fiero   *fierce, ferocious, wild*
la fiera   *wild animal (beast)*

Silvestre, said of plants, means *uncultivated* or *growing in a natural state*. It may also be applied to animals that live in a wild state but are of no danger to humans. **Salvaje** is used for animals, people, and land. Notice the special meaning of **la fiera**, which is used for animals that, in a wild state, are dangerous to humans.

En los Póconos comíamos moras **silvestres**.	*In the Poconos, we used to eat **wild** blackberries.*
El bosque está lleno de animales **salvajes**.	*The forest is full of **wild** animals.*
En el alto Amazonas hay todavía mucha tierra **salvaje**.	*In the upper Amazon basin, there is still lots of **wild** land.*
La isla estaba habitada por **salvajes** cazadores de cabezas.	*The island was inhabited by wild **headhunters**.*
Las **fieras** del circo estaban en grandes jaulas.	*The **wild animals** at the circus were in large cages.*

15 ●

crecer   *to grow*
cultivar   *to grow, to raise*
criar   *to bring up, raise (animals); to rear or raise (children)*

The intransitive verb **crecer** indicates the natural increase in size of plants, animals, or people. **Cultivar** is a transitive verb that means *to grow* or *to raise plants*. **Criar**, also transitive, is used for both animals and people.

En este clima **crecen** muy bien los cactos.	*In this climate cactuses **grow** very well.*
Juan **cultiva** rosas en su jardín.	*Juan **grows** roses in his garden.*

Emilio **cría** gallinas (cerdos) en la granja.	*Emilio **is raising** chickens (hogs) on his farm.*
Cuando los niños quedaron huérfanos, los abuelos los **criaron**.	*When the children became (were left) orphans, their grandparents **raised (reared)** them.*

PRACTICA

A. *Para cada una de las frases siguientes, elija Ud. la palabra que complete el sentido. Haga también cualquier cambio necesario en la palabra elegida para que la frase quede gramaticalmente correcta.*

1. El pescado que comimos ayer estaba muy _____ (**natural, salvaje, fresco**).

2. Para una persona, es siempre más fácil flotar en agua _____ (**fresca, dulce, salada**).

3. En el verano, la gente toma más bebidas _____ que en el invierno (**calientes, frescas, naturales**).

4. El año próximo, tomaremos las vacaciones en una playa de _____ Caribe (**la mar, el mar, el océano**).

5. Son hermanos pero no lo parecen porque Juan es chato y Andrés es _____ (**peludo, narigudo, cabezudo**).

6. Eduardo es un estudiante muy aplicado, y tal vez el más _____ de la clase (**orejudo, velludo, concienzudo**).

7. Marilyn Monroe llegó a ser una superestrella del cine con el cabello _____ (**pelirrojo, rubio, castaño**).

8. Ayer compré patatas, huevos y un _____ de mayonesa para hacer ensaladilla rusa (**bote, envase, tarro**).

9. Para el aperitivo, compraron _____ de mejillones en escabeche (**un bote, una lata, un tarro**).

10. Ahora la leche fresca se vende normalmente en _____ cuadrados plastificados (**botes, envases, tarros**).

11. A las diez de la noche o más tarde, Eduardo suele servir _____ en su casa en Madrid (**la cena, el almuerzo, la comida**).

12. Cuando trabajábamos los veranos en la granja de la familia, _____ a las 10:45 de la mañana (**cenábamos, almorzábamos, desayunábamos**).

13. De niño, me gustaba _____ por la tarde pan con mermelada y leche (**almorzar, merendar, cenar**).

14. El explorador, por un flechazo en el ojo derecho, quedó _____ (**daltónico, miope, tuerto**).

15. Al terminar el invierno en Minnesota, los lagos se _____ (**deshacer, deshelar, destapar**).

16. El camión está lleno de comida congelada y lo tenemos que _____ en seguida (**descongelar, descargar, destapar**).

17. No se considera de buen gusto llenar las tazas y los vasos hasta _____ (**el límite, el borde, la linde**).

18. El Río Grande es parte _____ entre los Estados Unidos y México (**del límite, de la linde, de la frontera**).

19. Esa valla indica _____ entre nuestra propiedad y el rancho del vecino (**el borde, la linde, la frontera**).

20. España _____ al oeste con Portugal y al norte con Francia (**bordear, limitar, lindar**).

21. En _____ invierno, Napoleón tuvo que retirarse de Rusia (**fresco, pleno, lleno**).

22. Durante las horas punta, el metro de Madrid va siempre _____ (**en pleno, pleno, lleno**).

23. Puede ser peligroso comer hongos y setas _____ (**silvestres, salvajes, naturales**).

24. Desafortunadamente, algunas fieras _____ van quedando totalmente eliminadas por el hombre (**salvajes, silvestres, naturales**).

25. En mi jardín, yo _____ geranios, gladiolos, rosas y claveles (**cultivar, criar, crecer**).

26. A los niños, se les puede inculcar el sentido de responsabilidad dejándoles _____ un gatito o un perrito (**crecer, cultivar, criar**).

27. Para robar fruta, el muchacho trepó a _____ (**la manzana, el manzano, el manzanar**).

28. Nos gusta preparar la ensalada con un buen aceite español de _____ (**aceituna, oliva, olivo**).

29. Su hija necesita gafas porque es _____ (**tuerta, daltónica, miope**).

30. Tendremos que cortar _____ al lado del garage porque ha crecido demasiado (**la pera, el peral, la peraleda**).

B. *Traduzca al español las siguientes frases empleando el vocabulario estudiado en este capítulo.*

1. Bolivia borders Argentina, Chile, Peru, Paraguay and Brazil, but it has no outlet to the sea.

2. In the Spring, wild flowers bloom in the desert.

3. They already have many pieces of furniture purchased for the new house.

4. Many professors have gray hair or are bald before they are forty.

5. Antonio grew up amid [use **en**] the hunger and misery of the Spanish Civil War.

6. The olive groves of the Spanish province of Jaén stretch for many kilometers.

7. He untied the mules and we set out on the road to Sigüenza.

8. With all that noise, he must have awakened in the middle of the night.

9. The students bought a head of lettuce, two cans of sardines and a loaf of bread for lunch.

10. We like to observe the wild animals and birds that come to feed [use **comer**] in our garden.

11. Their oldest son was always pulling someone's leg.

12. He was farsighted [do not use **présbita**] and never read without his glasses.

13. We shall have all the rooms painted by noon.

14. After a snack, we took leave of our friends.

15. In the heart of winter, the days are very short.

16. After the cat had raised her kittens, we gave them away [use **regalar**].

17. Pedrito, untie your shoes before taking them off.

18. I am so forgetful that I always have to pack and unpack my suitcase several times.

19. His lack of credit with the bank is causing him lots of [do not use **muchos**] problems.

20. To go from Lisbon to New York, one must cross the ocean.

► ENFOQUE ◄ Revising the First Draft

To effectively revise a first draft, evaluate it carefully and decide what changes are necessary. Examine these changes both individually and in the context of your draft. Revise your work until you are honestly satisfied with its final form.

In the final version of an essay, the changes made on previous drafts should not be obvious (i.e., avoid the *patched* look in your final version). Revising an essay means *seeing it again*. You can be more successful with your essay when you re-write a draft by introducing the necessary changes to improve it.

To successfully revise your draft, develop an objective attitude towards your work. As stated in the previous **Enfoque**, we recommend that before you revise your written work, take a breather. When you return to your writing you may have a new outlook on it. Another strategy is to read aloud what you have written. On hearing your words, you may gain a new perspective, not only with regards to the essay's content but to its organization as well. Still another useful technique is to read your paragraph's content in the reverse order in which you wrote them by starting with your conclusion and ending with the introductory paragraph.

While revising your work, focus your attention on the direction you want your ideas to take. Leave final corrections of grammatical aspects of writing—syntax, orthography, punctuation—for your last revision.

► TIPS ◄

1. **Adding.** See if any new words, phrases, and/or paragraphs will enhance the essay's meaning and organization.
2. **Pruning.** Eliminate anything that is unnecessary to your topic or anything which may be redundant.
3. **Substituting.** Substitute words, phrases, and/or paragraphs with more effective ones if necessary.
4. **Changes.** Change the organization of sentences and/or paragraph sequence if the order of your ideas does not evolve logically.

TEMAS A ESCOGER

Temas relacionados con la selección literaria

1. Vuelva a escribir el diálogo entre el niño y el viajero pero con Ud. como viajero-protagonista.
2. Desde el punto de vista del niño, cuente a su familia el encuentro con el viajero.
3. Recree Ud. el campo visto por el viajero en esta parte de sus andanzas por la Alcarria.

Temas sugeridos por la selección literaria

1. Recree Ud. una conversación que Ud. haya tenido con un niño.
2. Describa Ud. el campo o el desierto en primavera o verano.
3. Haga Ud. algunas observaciones sobre la vida de algún insecto.

|R|E|P|A|S|O| gramatical

■ Compound Tenses of the Indicative Mode (and Related Verbal Forms)

Basic Statement

Parallel to the five *simple* or one-word tenses of the indicative mode (reviewed in Chapter 3), Spanish has five *compound* or two-word tenses. These are normally made up of the auxiliary or helping verb **haber**, *to have* (in one of the five simple tenses) + **the past participle**, which in most cases ends in -**ado** or -**ido**. In these compound tenses (also known as the "perfect tenses" in English), the auxiliary verb is always **haber** and the participle is invariable in its ending: -**o**. A small number of common -**er** and -**ir** verbs do have irregular participles, since they do not end in -**ido**. These include:

abrir abierto		**morir** muerto	
decir dicho		**poner** puesto	
(d)escribir (d)escrito		**romper** roto	
(des)cubrir (des)cubierto		**ver** visto	
hacer hecho		**volver** vuelto	

There is also a small group of Spanish verbs with two past participles. The regular participle, which ends in -**ado** or -**ido**, combines with **haber** to form the compound tenses; the other, irregular participle, is used as an adjective only. Some of the verbs with two participles include:

bendecir *to bless*	**bendecido**	**bendito**
maldecir *to curse*	**maldecido**	**maldito**

confundir *to con-fuse*	**confundido**	**confuso**
despertar *to awaken*	**despertado**	**despierto**
imprimir *to print*	**imprimido**	**impreso**
soltar *to loosen*	**soltado**	**suelto**

El obispo **ha bendecido** la nueva iglesia.

*The bishop **has blessed** the new church.*

El niño me **ha soltado** el perro y ahora anda **suelto** por la calle.

*The boy **has unleashed** my dog and now he's running **loose** through the streets.*

The formation of these compound tenses, then, is **haber** (conjugated in one of the five simple tenses) + **participle**.

FORMATION	ENGLISH NAME OF COMPOUND TENSE
1. Present of **haber** + Participle	*Present Perfect*
2. Imperfect of **haber** + Participle	*Pluperfect*
3. Preterit of **haber** + Participle	*Preterit Perfect*
4. Future of **haber** + Participle	*Future Perfect*
5. Conditional of **haber** + Participle	*Conditional Perfect*

The above Spanish forms with their English equivalents are:

1. **He hablado**.	*I have spoken.*
2. **Habías comido**.	*You had eaten.*
3. **Hubo llegado**.	*He (she) had arrived.*
4. **Habrán descrito**.	*They will have described.*

5. **Habría muerto**.   *He (she) would have died.*

We will now review in turn each of the five compound tenses, as well as other verbal forms that English-speaking students sometimes associate or confuse with these compound tenses.

Present Perfect

When English uses *have (has) + participle*, Spanish almost always uses the present perfect.

Han instalado más parquímetros en Madrid.	*They have installed more parking meters in Madrid.*
El mes de julio **ha sido** sumamente caluroso en Sevilla.	*The month of July has been exceedingly hot in Seville.*
No **han llamado** todavía.	*They haven't called yet.*

Often, however, the Spanish present perfect is used where the proper equivalent in English is the simple past, i.e., what would normally be the preterit in Spanish. This is true when an event has occurred in the recent past, or when any past event is viewed as relevant to the present or still having an effect at the present moment.

No sé quién **ha roto** este espejo.	*I don't know who broke this mirror.*
¿Me **has oído**?	*Did you hear me?*
He visto a tu hermano esta mañana.	*I saw (have seen) your brother this morning.*
¿**Has contestado** la carta de Enrique?	*Did you answer (have you answered) Enrique's letter?*
Mi amigo **ha muerto** el verano pasado.	*My friend died last summer.*

As shown in the examples above, especially in sentences such as the last two, Spanish-American usage (as opposed to that of Spain, and especially of Madrid) prefers the simple preterit (**contestaste, se murió**) to the present perfect.

¿**Te ha gustado** la película esta tarde? (Spain)	*Did you like the film this afternoon?*

¿**Te gustó** la película esta tarde?   *Did you like the film this afternoon?*
(Spanish America)

Other Present Constructions Instead of the Present Perfect

The Spanish and English present perfects normally indicate an action that was completed in the recent past or a past event that still impinges on the present moment. In both cases, they indicate perfective or terminative aspect, i.e., that an action or event has been completed. Other constructions in English, that involve a specific time unit and *have (has) + participle* are often confused by English-speaking students with the present perfect in Spanish. Nonetheless, these constructions indicate an action that began in the past but has not yet terminated.

We have worked for two hours.

We have been working for two hours.

The perfective aspect of the first example above implies that the two hours is viewed as a period of time that ended in the recent past. The second example gives no indication that the period of work has ended; indeed, the work is still going on at the present moment. For the first English example, the Spanish present perfect would be used. For the second, a construction with a present tense (either a simple or progressive form) is used in Spanish.

There are several patterns into which such constructions with a simple or progressive present, rather than a present perfect, can fall. They are appropriate whenever the English expression includes an indication of time + *have (has)* + the participle *been* + gerund (i.e., the verbal form ending in *-ing*).

A. **hace** + time unit + **que** + present (simple or progressive form)

Hace + **media hora** + **que espe-**   *I have been waiting for half an*
ro (estoy esperando).   *hour.*

B. present (simple or progressive form) + **desde hace** + time unit

Espero (estoy esperando) +   *I have been waiting for half an*
desde hace + media hora.   *hour.*

C. present (simple or progressive form) + **desde** + date

Espero (estoy esperando) +   *I have been waiting since yester-*
desde + **ayer (lunes)**.   *day (Monday).*

D. **llevar** (in simple present) + time unit + gerund

Llevo + **media hora** + **esperando**.	*I have been waiting for half an hour.*

A common variant of the pattern in example D. above omits the gerund and replaces it with an adverbial expression. In these cases, the verb **llevar** is used figuratively to mean *to be*.

llevar (simple present) + time unit + adverb

Llevo + **tres meses** + **aquí**.	*I have been here for three months.*

Although sentences of the type patterned in example A. above, which express an action or state beginning in the past and continuing into the present, require the present tense when affirmative, when negative they can take either the present or the present perfect after **no**.

Hace tres años que trabajo con Carlos.	*I have been working with Carlos for three years.*
Hace tres años que no trabajo (he trabajado) con Carlos.	*I haven't been working (haven't worked) with Carlos for three years.*

Pluperfect

In most cases, the pluperfect is used in Spanish as in English. As its name (more than "perfect" or "complete") suggests, the pluperfect shows that a past event or state preceded another event or state, and is felt to have some relevance to it.

Cuando llegué, ya **habían salido**.	*When I arrived, **they had** already **gone out**.*
Juan le **había dicho** que no podríamos ir.	*Juan **had told** him that we couldn't go.*

The imperfect is also used in four constructions related to the pluperfect in the same way the present is related to the present perfect, as we have seen in the section on the present perfect above. These constructions show that an action or state was still in progress or continuing at a given moment in the past.

A. **hacía** + time unit + **que** + imperfect

Hacía + **media hora** + **que** +   *I had been waiting for half an hour.*
esperaba.

B. imperfect + **desde hacía** + time unit

Esperaba + **desde hacía** + **me-**   *I had been waiting for half an hour.*
dia hora.

C. imperfect + **desde** + date

Esperaba + **desde** + **mayo**   *I had been waiting since May 1985.*
1985.

D. **llevar** (in the imperfect) + time unit + gerund

La poeta llevaba + **un mes** +   *The poet had been working on her*
trabajando en su poema.   *poem for a month.*

A common variant of the pattern in example D. above is the omission of the gerund and its replacement by an adverbial expression. In these cases, the verb **llevar** is used figuratively to mean *to be.*

Llevábamos + **dos años** + **en**   *We had been (living) in Buenos*
Buenos Aires cuando estalló   *Aires for two years when the war*
la guerra.   *broke out.*

Preterit Perfect

The preterit perfect (also called the anterior preterit) is used to indicate that one past event immediately followed another event. It is used after a limited number of conjunctions which include **apenas** (*hardly*), **después que**, **cuando**, **en cuanto** (as soon as), **luego que** (*after*), and **una vez que** (*once*). Except after the conjunction **apenas**, the preterit perfect is used almost exclusively in literature, being replaced in spoken Spanish by the preterit.

Apenas **hubo salido** Ana, cuando   *Hardly **had** Ana **left** when it began*
empezó a llover.   *to rain.*

Una vez que **hubo pagado** la   *Once **he (she) had paid** the bill,*
cuenta, volvieron a casa.   *they returned home.*

Future Perfect and Conditional Perfect

These tenses are used in Spanish in the same way as in English. The conditional perfect is especially common in contrary-to-fact sentences (see: Subjunctive, p. 223). Like the future and conditional of probability, the future perfect and conditional perfect can also be used to express conjecture and probability, as in the examples that follow.

Andrés **habrá salido** ya.	*Andrés **has probably (must have) gone** already.*
¡Cómo **se habría reído** de él la gente!	*How people **must have laughed** at him.*

Some Final Observations on the Compound Tenses

Sometimes, when the activities indicated by two compound tenses are of the same order or are conceptually related, **haber** is omitted with the second participle. This results in a sentence with two participles dependent on a single auxiliary verb.

Por la mañana, **había cortado** el césped y **regado** el jardín.	*In the morning **he had cut** the grass and **watered** the garden.*

The rule that **haber** + **participle** in any compound tense may not be separated by an adverb or any other word, is sometimes violated in written or literary style. However, students of Spanish should not imitate this variant usage, but always treat **haber** + **participle** as an inviolate unit.

Tal vez **habrá llegado** ya.	*Perhaps **he has** already **arrived**.* (normal usage)
Habrá tal vez **llegado** ya.	*Perhaps **he has** already **arrived**.* (variant usage)

Finally, **tener**, the standard word for *to have* or *to possess*, is sometimes also used as an auxiliary of the participle. Instead of indicating the completion of an action, however, **tener** indicates the state of completion resulting from a past action. The participle is thus used as an adjective and agrees with the word modified, unlike the true perfect tense with **haber**, in which the participle is invariable in its -**o** ending. Contrast the following pairs of sentences to observe this difference.

He lavado las ventanas.	*I have **washed** the windows.*

Ya **tengo** las ventanas **lavadas**.	*I already **have** the windows **washed**.*
¿**Has terminado** tus informes, Juan?	*Did you finish your reports, Juan?*
¿**Tienes terminados** tus informes, Juan?	*Do you have your reports finished, Juan?*

PRACTICA

A. *En cada una de las siguientes frases, use el verbo indicado entre paréntesis en 1) el tiempo compuesto correcto u 2) otra construcción verbal estudiada en este capítulo.*

1. Mariano _____ a una edad en la que tenía la salud completamente perdida (**llegar**).

2. Pablo _____ desde hace 25 años en la misma escuela secundaria (**enseñar**).

3. De no haber sido arquitecta, Elena _____ médica (**ser**).

4. El novelista Gabriel García Márquez _____ muchos años viviendo en México cuando le dieron el premio Nobel (**llevar**).

5. Apenas _____ de la cárcel cuando atracó otro banco (**salir**).

6. Cuando llegamos a casa de los abuelos, ya tenían _____ la comida (**preparar**).

7. ¿A qué hora te _____ esta mañana (**despertar**)?

8. Antes de firmar el acuerdo, el Presidente ya _____ el apoyo del Congreso (**conseguir**).

9. Esteban no _____ noticias de Víctor desde hacía varios meses (**tener**).

10. En la última década nosotros _____ muchos cambios políticos en el mundo (**presenciar**).

11. Andrés ha _____ el perro esta mañana y todavía está _____ (**soltar**).

12. José _____ los billetes antes de llegar nosotros (**comprar**).

13. Hace muchos años que ellos _____ una casa buena y barata (**buscar**).

14. Cuando el profesor le hizo la pregunta, Carmen ya tenía _____ la respuesta (**pensar**).

15. _____ los libros que pediste la semana pasada (**llegar**).

16. _____ seis meses viviendo en este pueblo y nos gusta mucho (**llevar**).

17. Pregúntale a tu hermano si ya ha _____ y _____ las camisas (**lavar; planchar**).
18. Tengo acento andaluz porque _____ veinte años que _____ en Málaga (**hacer; vivir**).
19. Aunque el estudiante _____ mucho, le suspendieron en química (**estudiar**).
20. **Una vez que _____ por la Facultad de Derecho, el abogado abrió un bufete (graduarse).**
21. No sé quién me _____ este regalo (**mandar**).
22. El chaval _____ los zapatos rotos de tanto andar (**llevar**).
23. Hace diez años que no _____ a mi sobrino (**ver**).
24. El coronel _____ en este país desde enero (**estar**).
25. Julio y Estrella _____ diez años de novios cuando se casaron (**llevar**).
26. Ayer _____ mucho en Valencia y hoy no podemos conducir por las calles (**llover**).
27. Cuando el enfermo llamó al médico, éste ya _____ (**irse**).
28. Hacía mucho tiempo que yo no _____ el Museo del Prado (**visitar**).
29. Mi familia fundó este pueblo y _____ dos siglos aquí (**llevar**).
30. La casa editorial todavía no _____ mi última novela (**imprimir**).

B. *Traduzca al español las siguientes frases, usando en cada frase una forma verbal estudiada en este capítulo.*

1. This book has been out of print for a long time.
2. The teacher had been preparing the lesson for two hours when the phone rang.
3. Emilia is a good friend of mine, but I haven't seen her for a long time.
4. Hardly had he learned to ski, when he broke his leg.
5. He has not come around here [use **por aquí**] for a long time [use **hacer**].
6. I had to do it or he would have failed me in French.
7. Although Jorge Luis Borges had become [use **quedarse**] blind, he continued writing.
8. I already have ten exams read and corrected.
9. Don't invite Rosario, for she has probably seen the movie already [do not translate *probably* as a separate word].
10. She would have preferred to buy a smaller car.

11. The carpenter will have repaired and painted the doors by [use **para**] tomorrow.

12. We have been [use **llevar**] in this depressing town for five years and we can't stand it any more.

13. We have been going to Mexico for many years.

14. As soon as the bride arrived, the wedding took place.

15. Guillermo has been studying English since 1985.

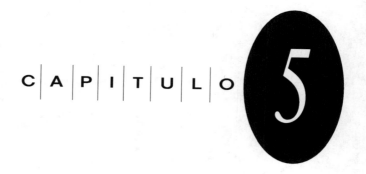

CAPITULO 5

Nada
CARMEN LAFORET

▶ **ENFOQUE:** Narration

▶ **Other Verbal Forms**

▶▶▶▶▶▶▶▶▶▶▶▶▶▶▶▶▶▶

Nada

CARMEN LAFORET

*Carmen Laforet (1921-   ) nace en Barcelona, pero pasa su juventud en las Islas
Canarias. Al terminar la guerra civil española (1936-1939), regresa a su
Barcelona natal. Tiene sólo veintitrés años al publicarse su primera novela,* Nada
*(1945), con la que gana el premio Nadal y en la que revela la fluidez narrativa
que caracteriza toda su obra. Es autora de sólo cuatro novelas, tres de las cuales
tienen protagonistas femeninas, que en gran parte parecen ser autobiográficas.
Según el crítico Gonzalo Sobejano, el tema único de Carmen Laforet puede
enunciarse así: "un alma capaz de comprensión y de entusiasmo, lucha por
salvarse y por salvar a otros de la confusión del vivir, pero el resultado de
aquella lucha viene a ser, por regla general, el desencanto." Su estilo es realista,
a veces de gran crudeza, pero siempre templado por una gran ternura emotiva
aunque sin hacer concesiones a la situación o a los personajes.*

Andrea, la protagonista de Nada, *llega a Barcelona para estudiar en la
universidad. Se aloja con unos parientes y tiene que luchar para no dejarse vencer
por la atmósfera hostil y anormal en la que vive. Encuentra momentos de alivio
entre los amigos universitarios y al fin logra su independencia apartándose de su
triste y neurótica familia. El fragmento de la novela que reproducimos a
continuación, revela su creciente resistencia a Angustias, su tía frustrada y
amargada, en contraste con el descanso que Andrea encuentra entre sus
compañeros en la universidad.*

No sé a qué fueron (debidas) aquellas fiebres, que pasaron como una <u>ventolera</u>
<u>dolorosa</u>, removiendo los **rincones**[1] de mi espíritu, pero barriendo también sus
nubes negras. El caso es que desaparecieron antes de que nadie hubiera pensado
en llamar al médico y que al cesar me dejaron una extraña y débil sensación de
5 bienestar. El primer día que pude levantarme tuve la impresión de que al tirar la
manta hacia los pies quitaba también de mí aquel **ambiente**[2] opresivo que me
anulaba desde mi llegada a la casa.

Angustias, examinando mis zapatos, cuyo **cuero**[3] arrugado como una cara
delataba[4] su vejez, señaló las **suelas**[5] rotas que rezumaban humedad y dijo que
10 yo había cogido un enfriamiento por llevar los pies mojados.

—Además, hija mía, cuando se es pobre y se tiene que vivir **a costa de**[6] la
caridad de los parientes, es necesario cuidar más las prendas personales. Tienes

que andar menos y pisar con más cuidado... No me mires así, porque te
advierto[7] que sé perfectamente lo que haces cuando estoy en mi oficina. Sé que
te vas a la calle y vuelves antes de que yo llegue, para que no pueda **pillarte**.[8] ¿Se
puede saber adónde vas?

—Pues a ningún sitio concreto. Me gusta ver las calles. Ver la ciudad...

—Pero te gusta ir sola, hija mía, como si fueras un golfo. Expuesta a las
impertinencias de los hombres, ¿es que eres una criada, acaso...? A tu edad, a
mí no me dejaban ir sola ni a la puerta de la calle. Te advierto que **comprendo**[9]
que es necesario que vayas y vengas de la Universidad..., pero de eso a andar por
ahí **suelta**[10] como un perro vagabundo... Cuando estés sola en el mundo haz lo
que quieras. Pero ahora tienes una familia, un hogar y un nombre. Ya sabía yo
que tu prima del pueblo no podía haberte inculcado buenos hábitos. Tu padre
era un hombre extraño... No es que tu prima no sea una excelente persona, pero
le falta refinamiento. A pesar de todo, espero que no irías a corretear por las
calles del pueblo.

—No.

—Pues aquí mucho menos. ¿Me has oído?

Yo no insistí, ¿qué podía decirle?

De pronto se volvió, espeluznada, cuando ya se iba.

—Espero que no habrás bajado hacia el puerto por las Ramblas.

—¿Por qué no?

—Hija mía, hay algunas calles en las que si una señorita se metiera alguna
vez perdería para siempre su reputación. Me refiero al **barrio chino.**[11] Tú no
sabes dónde comienza.

—Sí, sé perfectamente. En el barrio chino no he entrado... pero ¿qué hay allí?

Angustias me miró furiosa.

—Perdidas, ladrones y el brillo del demonio, eso hay.

(Y yo, en aquel momento, me imaginé el barrio chino iluminado por una
chispa de gran belleza.)

El momento de mi lucha con mi tía Angustias **se acercaba**[12] cada vez más,
como una **tempestad**[13] inevitable. A la primera conversación que tuve con ella
supe que nunca íbamos a entendernos. Luego, la sorpresa y la tristeza de mis
primeras impresiones habían dado una gran ventaja a mi tía. "Pero —pensé yo,
excitada después de esta conversación— este período se acaba." Me vi entrar en
una vida nueva, en la que dispondría libremente de mis horas y sonreía a
Angustias con sorna.

Cuando volví a reanudar las clases de la Universidad me pareció fermentar
interiormente de impresiones acumuladas. Por primera vez en mi vida me
encontré siendo expansiva y anudando amistades. Sin mucho esfuerzo **conseguí**[14]
relacionarme con un grupo de muchachas y muchachos compañeros de clase. La
verdad es que me llevaba a ellos un afán indefinible que ahora puedo concretar
como un instinto de defensa: sólo aquellos seres de mi misma generación podían
respaldarme[15] y ampararme contra el mundo un poco fantasmal de las personas
maduras. Y verdaderamente, que yo en aquel tiempo necesitaba este apoyo.

Comprendí en seguida que con los muchachos era imposible el tono
misterioso y reticente de las confidencias, al que las chicas suelen ser aficionadas,

el encanto de desmenuzar el alma, el roce de la sensibilidad almacenada durante
60 años... En mis relaciones con la pandilla de la Universidad me encontré hundida
en un cúmulo de discusiones sobre problemas generales en los que no había
soñado antes siquiera y me sentía descentrada y contenta al mismo tiempo.

Pons, el más joven de mi grupo, me dijo un día: —Antes, ¿cómo podías vivir,
siempre huyendo de hablar con la gente? Te advierto que nos resultabas
65 bastante cómica. Ena se reía de ti con mucha gracia. Decía que eras ridícula:
¿qué te pasaba?

Me encogí de hombros un poco dolida, porque de toda la juventud que yo
conocía Ena era mi preferida.

Aun en los tiempos en que no pensaba ser su amiga, yo le tenía simpatía a
70 aquella muchacha y estaba segura de ser correspondida. Ella se había acercado
algunas veces para hablarme cortésmente con cualquier pretexto. El primer día
de curso me había preguntado que si yo era parienta de un violinista célebre.
Recuerdo que la pregunta me pareció absurda y me hizo reír.

No era yo solamente quien sentía preferencia por Ena. Ella constituía algo
75 así como un centro atractivo en nuestras conversaciones, que presidía muchas
veces. Su malicia y su inteligencia eran proverbiales. Yo estoy segura de que si
alguna vez me había tomado como blanco de sus burlas, realmente debería haber
sido yo el hazmerreír de todo nuestro curso.

CUESTIONARIO

Contenido

1. ¿Qué efectos tuvieron las fiebres sobre Andrea?
2. ¿Por qué insiste Angustias en que Andrea cuide más las prendas personales?
3. ¿Por qué le disgusta a Angustias que Andrea ande sola por las calles?
4. ¿En qué pensaba Andrea al sonreír con sorna a Angustias?
5. ¿Por qué se sentía Andrea atraída a sus compañeros de clase?
6. ¿Por qué cree Andrea que con los muchachos es imposible el tono confidencial?
7. ¿Cómo es Ena, la amiga preferida de Andrea?

Interpretación y estilo

1. Explique Ud. la metáfora "barriendo también sus nubes negras" en la primera frase del fragmento.
2. ¿Desde el punto de vista de quién se narra este episodio y qué efecto produce?
3. ¿Qué recursos literarios emplea Laforet para crear la tensión dramática entre Angustias y Andrea?
4. ¿Cómo nos revela la autora el mal genio de Angustias?
5. ¿Por qué cree Ud. que se imagina Andrea el barrio chino iluminado por una "chispa de belleza"?

6. ¿Qué diferentes actitudes sociales se perciben en este fragmento literario?
7. Comente Ud. algunas características del estilo de Laforet en la selección tales como el lenguaje, imágenes, estructura de frases, uso del tiempo y caracterización.

▶ Léxico: opciones ◀

1 •

el rincón	*corner*	**el ángulo**	*angle, corner*
la esquina	*corner*	**la comisura**	*corner*

Rincón normally renders English *corner* when referring to an inside corner or angle, or a remote or out-of-the-way place. **Esquina** refers to an external or outside corner of something, such as a box or table. **Esquina** also indicates *street corner*. **Angulo** is largely a mathematical or literary term meaning *angle* or any kind of *corner*, internal or external. Finally, **comisura** refers to the corner of the lips or mouth. In written Spanish it may also refer to the corner of the eye, which in standard speech, however, is **rabillo del ojo**.

Vamos a poner esa silla en ese **rincón**.

Let's put that chair in that **corner**.

Están pasando las vacaciones en un pintoresco **rincón** de Irlanda.

They are spending their vacation in a picturesque **corner** of Ireland.

Para doblar las sábanas, hay que cogerlas por las **esquinas**.

To fold sheets, you have to hold them by the **corners**.

Nos veremos en Correos en la **esquina** de la Calle de Alcalá y el Paseo del Prado.

We'll meet in the post office at the **corner** of the Calle de Alcalá and the Paseo del Prado.

El arpa estaba en un **ángulo** oscuro del salón.

The harp was in a dark **corner** of the hall.

Siempre tenía un cigarrillo en la **comisura** de los labios (la boca).

He always had a cigarette in the **corner** of his mouth.

El maestro nos observaba con el **rabillo del ojo**.

The teacher was watching us out of the **corner of his eye**.

2 •

el ambiente   *environment, atmosphere*
la atmósfera   *atmosphere*
el medio ambiente   *environment*

Ambiente in Spanish refers to the air around us as well as all the things and conditions that surround us. However, **atmósfera** translates English *atmosphere* when it refers to the gasses around any star or planet. When English *atmosphere* is used to refer to the surroundings of a place or the general feeling or spirit it creates, **ambiente** is its Spanish equivalent. **Medio ambiente** is used when the context implies a total environment, whether it is physical, social, political, or any combination of these.

El ruido de la discoteca creó un **ambiente** muy desagradable.	*The noise of the discotheque created a very unpleasant **atmosphere**.*
El humo de los cigarrillos hacía irrespirable el **ambiente** del bar.	*Cigarette smoke made the **air (atmosphere)** of the bar unbreathable.*
No sabemos cómo es la **atmósfera** del planeta Plutón.	*We don't know what the **atmosphere** of the planet Pluto is like.*
Los problemas del **medio ambiente** dificultan la vida en Los Angeles.	*Problems of the **environment** make life difficult in Los Angeles.*
La contaminación del **medio ambiente** es ahora un problema mundial.	*The contamination of the **environment** is now a world problem.*

3 •

el cuero   *leather; hide*
la tez   *complexion*
el cutis   *skin*

la piel   *skin; leather; fur*
estar en cueros   *to be stark naked*
salvar el pellejo   *to save one's own hide (skin)*

Cuero is standard for leather or hide. When leather refers to a soft or supple material, it is usually rendered by piel: **guantes de piel**, *leather gloves*. **Piel** is also the basic word for the skin of a person, animal, vegetable, fruit, etc. **Tez** is *complexion*, and it refers to the skin's natural color, appearance, and texture. **Cutis** is used almost exclusively for the skin of the human face, although technically it refers to the epidermis that covers the human body. **Estar en cueros**, in contrast with **estar desnudo**, *to be nude, undressed*, is strongly colloquial and somewhat pejorative in tone. In the final expression above, **pellejo** is a synonym of **piel**, and replaces it on a more colloquial or familiar level of speech.

Las botas de los vaqueros se hacen de **cuero** grueso.	*Cowboy boots are made of thick* **leather**.
Para su cumpleaños, Carmen le regaló una cartera de **piel** de cerdo.	*For his birthday, Carmen made him a gift of a pig-**skin** wallet.*
Muchas mujeres están boicoteando los abrigos de **pieles**.	*Many women are boycotting* **fur** *coats.*
La **piel** de muchas frutas es rica en vitaminas y fibra.	*The* **skin** *of many kinds of fruit is rich in vitamins and fiber.*
La palidez de su **tez** delataba la reciente enfermedad de Elisa.	*The paleness of her* **skin (complexion)** *revealed Elisa's recent illness.*
A pesar de sus años, la actriz tenía el **cutis** de una joven.	*In spite of her years, the actress had the* **skin** *of a young woman.*
Afortunadamente, en este país hay pocas playas donde se puede **estar en cueros**.	*Fortunately, in this country there are few beaches where people can* **go around stark naked**.
En el momento de mayor peligro, Mario sólo pensaba en salvar la **piel (el pellejo)**.	*At the moment of greatest danger, Mario only thought about saving his own* **skin (hide)**.

4 •

delatar   *to reveal, give away, to inform on*
denunciar   *to denounce, to report (a crime)*
traicionar   *to betray*
revelar   *to reveal, give away*

When used with physical things, as in Laforet's text, **delatar** indicates mainly a natural revealing of some circumstance or situation. **Delatar**, however, has another common meaning, which is *to betray* a person by purposely revealing his or her secrets, crimes, behavior, and so on to a third party. **Denunciar** is sometimes translated as *to denounce* in English. Most often, however, it corresponds to the English *to report* a crime or a violation of some ordinance to the proper authority. **Traicionar**, equivalent to the English *to betray*, indicates an act of disloyalty, treachery, or unfaithfulness to a person, institution, or nation. **Revelar**, as opposed to the verbs listed above, is a more neutral word and a standard term for *to reveal, uncover, or show something.*

El aire inquieto del contrabandista le **delató** al aduanero.

*The smuggler's restless manner **gave** him **away** to the custom's inspector.*

El soplón **delató** a sus compañeros a la policía.

*The stool-pigeon **informed on** his pals to the police.*

El inquilino **denunció** al propietario por no mantener el edificio en buenas condiciones higiénicas.

*The tenant **reported** the landlord for not keeping the building in proper sanitary condition.*

5 •

la suela *sole*
la planta *sole*

el lenguado *sole*
el alma (*fem.*) *soul*

The English homonyms *sole* have three different translation equivalents in Spanish, according to whether the referent is a shoe (**suela**), the foot (**planta**), or a fish (**lenguado**). The homophone *soul* is **el alma** (*pl.* **las almas**) in Spanish.

El mendigo tenía agujeros en las **suelas** de los zapatos.

*The beggar had holes in the **soles** of his shoes.*

Me duelen las **plantas de los pies** de tanto andar.

*The **soles of my feet** hurt from walking so much.*

Compra un kilo de **lenguado** fresco.

*Buy a kilo of fresh **sole**.*

Rezaron por el **alma** de los difuntos.

*They prayed for the **souls** of the deceased.*

6 •

a costa de *at the expense of*
a toda costa *at any cost*
el coste *cost*
el costo *cost*

la costa *cost*
las costas *costs, expenses*
el coste de la vida *the cost of living*
costear *to pay for, to pay the cost of*

Las costas, used in the plural, implies the costs, in monetary or other terms, of some event, such as an accident or trial. **El coste** and **el costo** are synonyms, but **coste** is the more common word. It is roughly equivalent to **precio**, *price*. **Costo** is sometimes preferred to **coste** when larger amounts of money are involved. Note that **costear** is not followed by a preposition in Spanish, but directly by a noun.

Las costas de mi accidente las paga el seguro.	*The **cost (expenses)** of my accident are being paid by the insurance policy.*
El coste de la vida sube constantemente.	*The **cost of living** is going up constantly.*
El **costo** de la presa hidroeléctrica sobrepasa los 500 millones de dólares.	*The **cost** of the hydroelectric dam exceeds 500 million dollars.*
El **coste (costo, precio)** del piso es más de lo que habíamos esperado.	*The **cost** of the apartment is more than we had expected.*
Sus padres le ayudaron a **costear** su educación.	*His parents helped him **to pay the costs of** his education.*

7 •

advertir *to warn, notify, alert*	**avisar** *to inform, let know, notify*
aconsejar *to advise*	**asesorar** *to advise*
el consejero *adviser*	**el asesor** *adviser*

Advertir means *to call a person's attention* to something he or she should know or realize. Note that **avisar** does not mean *to advise* but *to inform or notify* in Spanish; it is a synonym of **informar**. **Aconsejar** is the standard word for *to advise* or *to give advice*. **Asesorar** is a synonym of **aconsejar**, but suggests expertise in legal, economic, or political matters.

Le **advertí** que era peligroso conducir borracho.	*I **warned** him it was dangerous to drive (while) drunk.*
Hay que **avisar (informar)** del robo a la policía.	*We must **inform** the police of the robbery.*
Mis padres siempre me **aconsejaron** bien.	*My parents always **gave** me good **advice.***

Marta reside en Washington, donde es **asesora** económica del Presidente.	*Marta lives in Washington where she is the President's economic **adviser**.*

8 •

pillar	*to catch*	**agarrar**	*to catch; to grasp, to grab*
coger	*to catch*	**atrapar**	*to catch, trap*
asir	*to catch, to grasp*		

The above verbs all possess areas of meaning that enable them to render certain instances of English *to catch*. **Pillar**, for example, often indicates the unexpected catching of someone who is doing what he or she should not be doing. **Coger**, which means *to catch* in many contexts, is a taboo word in parts of Spanish America, where **agarrar** and **tomar**, *to take*, often replace it. **Agarrar** in Spain means *to grasp* or *to grab*, often with force. **Atrapar** also means *to catch*, especially after a pursuit or as a result of cunning or entrapment, physical, or figurative. **Asir** means *to catch* or *to grasp* something that has a handle, such as a pot, an umbrella, or a weapon.

Pilló al niño en una mentira.	***He caught** the child in a lie.*
¿Dónde **se coge** el tren para Guadalajara?	*Where **does one catch** the train for Guadalajara?*
Cogieron (pillaron, agarraron) a los muchachos robando fruta.	***They caught** the boys stealing fruit.*
La policía nunca pudo **atrapar** a Jack el Destripador.	*The police were never able **to catch** Jack the Ripper.*
El granjero **atrapó** el zorro que le había estado matando las gallinas.	*The farmer **caught (trapped)** the fox that had been killing his chickens.*
El poeta **asió** una pluma y se puso a escribir.	*The poet **grasped** a pen and started to write.*

9 •

comprender	*to understand, comprehend; to comprise*
entender	*to understand*

In most cases it is not possible to distinguish clearly between the above verbs. **Entender**, however, is much more common than **comprender** in both spoken and written Spanish. **Entender** alone means *to understand* in the sense of being intelligible with regard to the means of communication. **Comprender** may sometimes suggest a deeper or more complete understanding of something. But in most other cases no attempt is made to differentiate between the two verbs. Note, too, the separate meaning of comprender, *to comprise*, includes *embrace*.

No es cosa de no **entender** su español, es que no lo **comprendo** a él.	*It's not a question of not **understanding** his Spanish; it's that **I** don't **understand** him.*
Los adolescentes no **entienden (comprenden)** por qué la vida se ha complicado tanto.	*Adolescents don't **understand** why life has become so complicated.*
Actualmente el Mercado Común **comprende** 12 países.	*At the present time the Common Market **comprises** 12 countries.*

10 •

suelto   *loose, free (not confined)*
soltar   *to let loose, let go of; to free*
apretado   *tight*
flojo   *loose, slack (not tight); lazy*
aflojar   *to loosen, slacken*
apretar   *to tighten*

The verb **soltar** has two participles: **soltado**, used with **haber** to form compound tenses, and **suelto**, used as an adjective. The English *loose* is **suelto** when referring to something that is not constricted by being bound, tied down, or confined. **Flojo** normally renders English *loose* in the sense of not tense or tight. In some Spanish-American countries, **flojo** also renders English *lazy*. **Apretado**, *tight*, is the opposite of both **suelto** and **flojo**. It conveys the idea of overcrowding or overfilling a particular space, or of excessively closing or tightening physical things or objects.

Han soltado las cobayas del laboratorio.	*They **have let loose** (freed) the guinea pigs in the laboratory.*
Los cables del teléfono han quedado **flojos** por la tormenta.	*The telephone wires are **loose** on account of the storm.*

La ropa **suelta** está muy de moda ahora.

Loose-fitting clothes are very much in style now.

A ciertas horas el metro va muy **a-pretado**.

At certain hours (times) the subway is tightly (jam) packed.

Apreté demasiado los tornillos y ahora tengo que **aflojarlos**.

I tightened the screws too much and now I must loosen them.

⑪ ●

el barrio chino *the red-light district; Chinatown*
el barrio *district, quarter, neighborhood, section (of a city)*
el distrito *district*
la zona *zone, district*
el suburbio *suburb; outlying slum*
las afueras *outskirts, suburbs*

In Barcelona and in some other port cities, **barrio chino** designates a seamy area of town characterized by cheap bars, prostitution, etc. It is akin to the tenderloin area in some American cities. In certain cities (mostly outside the Spanish-speaking world) that have a concentrated Chinese population living in a single neighborhood, **barrio chino** refers to that area. **Barrio** refers to any of the specific areas or neighborhoods defined along ethnic, socioeconomic, or similar lines. **Zona** is a synonym of **barrio** sometimes used to designate commercial, industrial, or residential use. **Distrito** shares an area of meaning with **zona** but reflects established administrative or governmental divisions. **Suburbio** has traditionally designated the outlying slum area of cities. In more recent times, however, at least in some Spanish-speaking countries, the term has come to designate newer middle-class or upper-class residential areas. Probably the safest interpretation in Spanish of the English term *suburbs*, is **afueras** rather than **suburbios**.

En San Francisco siempre visitamos el **barrio chino**.

In San Francisco we always visit Chinatown.

Los Angeles tiene un **barrio** coreano grande.

Los Angeles has a large Korean neighborhood.

Vivimos en el mismo **distrito** postal.

We live in the same postal district.

Han comprado una casa en una nueva **zona** (un nuevo **barrio**) residencial.

The have bought a home in a new residential district.

La **zona** portuaria de Los Angeles está en San Pedro.	*The port **area** of Los Angeles is in San Pedro.*
Las condiciones de las viviendas en los **suburbios** son muy desagradables.	*Housing conditions in the **slum areas** are very unpleasant.*
Ahora viven en las **afueras** de la capital.	*Now they live in the **suburbs** (outskirts) of the capital.*

⑫ •

acercarse(se)   *to bring near; to approach*
aproximar(se)   *to bring near; to approach, to draw near*
arrimar(se)   *to bring close(r); to draw up to*
alejar(se)   *to move away*

Acercar, its synonyms **aproximar** and **arrimar**, and its antonym **alejar**, are used reflexively to indicate that a subject is moving toward or away from something or someone. **Arrimar** suggests a closer degree of proximity (or even physical contact) than **acercar** and **aproximar**. All four verbs are also used non-reflexively to indicate that someone is moving something (or someone) toward or away from a particular place.

Se acercaban (aproximaban) a Vera Cruz, capital del estado de Jalapa.	***They were approaching** Vera Cruz, capital of the state of Jalapa.*
¿Quieres **acercar (aproximar)** la lámpara un poco más?	*Will you please **move** the lamp a little **closer**?*
El niño **se arrimó** a su madre buscando protección.	*The child **snuggled up** to his mother seeking protection.*
Arrimé la escalera a la pared.	*I **put** the ladder against the wall.*
El tren ya había comenzado a **alejarse** cuando llegamos.	*The train had already begun **to pull away** when we arrived.*
Ella me **alejó** por completo de su vida.	*She **put** me completely **out** of her life.*

13

la tempestad *storm*	**la tormenta** *storm*
el temporal *storm*	**el aguacero** *shower, storm*
la lluvia *rain*	**el chubasco** *squall, shower, storm*
la llovizna *drizzle*	**el chaparrón** *shower, downpour*

Tempestad indicates a rainstorm accompanied by strong winds, thunder, and lightning. In the selection from *Nada*, **tempestad** is used figuratively. In most cases, **tormenta** is a close synonym of **tempestad**, but it may also indicate a storm without rain. **Temporal** is longer in duration and may last several days; it is at times similar to a storm front. **Aguacero**, **chubasco**, and **chaparrón** all indicate sudden, brief, and heavy rainstorms. **Chubasco**, however, is most often associated with storms at sea and is characterized by very strong winds.

Desde el balcón, veíamos la **tormenta** que se acercaba.	*From the balcony we could see the **storm** that was approaching.*
Ese año un **temporal** arrasó grandes zonas de Inglaterra, Francia y Holanda.	*That year a **storm** devastated large areas of England, France, and Holland.*
El **aguacero** destruyó la cosecha de uvas.	*The **rainstorm** destroyed the grape harvest.*
Tuvimos que cambiarnos de ropa porque un **chaparrón** nos sorprendió en el parque.	*We had to change our clothes because a **storm (downpour)** surprised us in the park.*

14

conseguir *to get, obtain; to succeed in + gerund*
lograr *to get, obtain, achieve; succeed in + gerund*
alcanzar *to reach, overtake, obtain; to manage to + infinitive*
obtener *to obtain, to get*

Conseguir and **obtener** both indicate a person's obtaining or successfully doing what he or she desires. **Alcanzar** stresses the arrival at some physical destination and, figuratively, indicates reaching other types of goals through effort. Both **conseguir** and **lograr** are followed directly by the infinitive when they mean *to succeed in doing something*, but **alcanzar**, when followed by the infinitive, also requires the preposition **a**. Finally, **obtener** is followed by a direct object (never by an infinitive) and implies to obtain by effort.

Hemos conseguido el dinero para comprar la casa.

We have gotten (obtained) the money to buy the house.

Logró sacar el dinero antes que quebrara el banco.

He (She) succeeded in taking his (her) money before the bank failed.

Nuestro equipo **ha logrado** el campeonato este año.

Our team won (achieved) the championship this year.

No **alcanzó a** comprender por qué lo habían despedido.

He never managed to understand (grasp) why they had fired him.

Lo **alcanzamos** cuando estaba a punto de entrar en su casa.

We caught up with him when he was about to enter his house.

Alfredo por fin **alcanzó** el puesto que deseaba.

Alfredo finally got (obtained) the position he wanted.

Gabriela Mistral **obtuvo** el premio Nobel de literatura en 1945.

Gabriela Mistral got the Nobel Prize in Literature in 1945.

15 •

respaldar   *to back; to endorse*
apoyar   *to support, to back; to lean*
amparar   *to shelter, to protect*
proteger   *to protect*
ayudar   *to help*
socorrer   *to help, to aid*
auxiliar   *to help, to aid, to assist*

Respaldar is *to protect or help* someone by offering a personal guarantee of support; it is a synonym of **proteger**. It can also mean *to endorse* in a political sense. **Apoyar** is to help someone by backing or standing behind him or her; it also means *to lean*. In the sense of helping someone, **apoyar** implies a lesser degree of personal commitment than **respaldar**. **Amparar** implies protection in the form of physical or spiritual shelter for someone in need or in danger. **Socorrer**, suggests urgency or immediate aid to someone in danger or need. **Auxiliar** is a general term with a meaning broad enough to encompass all the preceding terms. The noun forms corresponding to these verbs are: **respaldo**, **apoyo**, **amparo**, **protección**, **ayuda**, **socorro**, and **auxilio**. They reflect the same semantic distinctions as the corresponding verbs.

Para empezar el negocio, mi tío me **respaldó** con el dinero necesario.	*My uncle **backed** me **(up)** with enough money to start the business.*
En la guerra, el presidente no contaba con el **apoyo** del pueblo.	*During the war, the president didn't have the **support (backing)** of the people.*
Durante la tormenta, los monjes **ampararon** al peregrino.	*The monks **sheltered** the pilgrim during the storm.*
Debemos **socorrer** en seguida a las víctimas del terremoto.	*We must immediately **help** the victims of the earthquake.*
Después del incendio, la Cruz Roja **auxilió** a los sin casa.	*After the fire, the Red Cross **helped (assisted)** the homeless.*
El muchacho fue a la ciudad a buscar **ayuda (auxilio)**.	*The young man went to the city to get **help (assistance)**.*

PRACTICA

A. *Para cada una de las frases siguientes, elija Ud. la palabra que complete el sentido. Haga también cualquier cambio necesario en la palabra elegida para que la frase quede gramaticalmente correcta.*

1. Planchado el mantel, Tomás lo dobló cogiéndolo por _____ (**los rincones, las esquinas, las comisuras**).

2. El mejor lugar para esta mesilla es _____ del dormitorio (**el rincón, la esquina, el ángulo**).

3. Durante el verano, la contaminación del aire crea _____ irrespirable en Los Angeles (**un ambiente, un medio ambiente, una atmósfera**).

4. Mi hermana siempre come _____ de las manzanas y de las peras (**la piel, el pellejo, el cuero**).

5. El cómplice del asesino lo _____ al detective (**delatar, denunciar, traicionar**).

6. Me pican las _____ de los pies (**plantas, comisuras, suelas**).

7. _____ de los daños y perjuicios del último terremoto no se puede(n) calcular todavía (**Las costas, El precio, El costo**).

8. Su mujer le había _____ que no comiese tanto anoche (**advertido, avisado, asesorado**).

9. El hijo llamó por teléfono al número 911 para _____ que su padre había sufrido un ataque al corazón (**aconsejar, avisar, advertir**).

10. ¿Dónde se _____ el autobús para Valencia (**coger, pillar, atrapar**).

11. Los Estados Unidos _____ cincuenta estados (**comprenden, entienden, costean**).

12. Debido al fuego en la cárcel, tuvieron que _____ a los prisioneros (**aflojar, soltar, apretar**).

13. Chamberí es un _____ típico de Madrid (**barrio, distrito, suburbio**).

14. Habiendo estudiado muchos años, Isabel pudo por fin _____ el título de psiquiatra (**alcanzar, lograr, obtener**).

15. Nuestro partido no _____ la propuesta para cambiar la ley (**apoyar, amparar, auxiliar**).

16. El visón es uno de los animales más apreciados por su _____ (**cuero, piel, pellejo**).

17. Humphrey Bogart casi siempre tenía un cigarrillo en _____ de la boca (**el ángulo, la esquina, la comisura**).

18. Ayer, antes de salir del cuarto, Alejandro _____ los libros que estaban sobre la mesa (**coger, atrapar, pillar**).

19. Mis padres me _____ que el tren estaba a punto de salir (**asesorar, aconsejar, avisar**).

20. En la antigua ciudad imperial de Toledo hay un _____ judío de gran valor artístico (**distrito, barrio, suburbio**).

21. El perro respiraba con dificultad y tuvimos que _____ el collar (**apretarle, aflojarle, soltarle**).

22. Durante el aguacero, _____ al edificio para resguardarnos de la lluvia (**arrimarse, acercarse, aproximarse**).

23. En la granja de mis tíos se _____ patos y conejos (**cultivar, criar, crecer**).

24. Sir Edward Hillary fue el primero en _____ la cima del monte Everest (**lograr, alcanzar, conseguir**).

25. Los mexicanos _____ muchos tipos de maíz (**crecen, crían, cultivan**).

26. Las huellas en la tierra húmeda _____ el paso del ciervo (**denunciar, traicionar, delatar**).

27. La Armada Invencible fue destruida por _____ en la costa del norte de Irlanda (**un chubasco, un aguacero, una tempestad**).

28. Miguel es políglota porque se _____ en Suiza (**cultivar, criar, crecer**).

29. En los países de clima húmedo y templado, es más fácil mantener el _____ suave (**pellejo, cutis, cuero**).

30. Mi mujer se niega a comprar zapatos hechos con _____ de cocodrilo (**piel, cuero, tez**).

B. *Traduzca al español las siguientes frases empleando el vocabulario estudiado en este capítulo.*

1. The shoemaker put rubber soles on [use **a**] my old shoes.

2. Without the support of the army, the rebellion would have failed.

3. Brian would do anything to save his skin.

4. The employee informed on his boss for not having paid all his taxes.

5. Horse saddles are normally made with thick leather.

6. Every year the cost of living goes up and everything costs more.

7. The guard caught the thief opening the safe.

8. Help came when we needed it the most.

9. They never caught the wolf that had been attacking the sheep.

10. This storm will last at least three days.

11. The fishermen sought shelter in the port because a storm was approaching the coast.

12. The handle became so hot that he let go of the frying pan.

13. When they found the shipwrecked man, he was stark naked.

14. The meeting being finished, Antonio decided to loosen his tie.

15. On speaking, the general's words betrayed his anger.

16. He paid the cost [use one word] of the orphan's education in a good school.

17. The spraying with insecticide of the city has stirred up a storm of protest.

18. Her work as a movie star has taken her to the most remote corners of the world.

19. The burning of great forests is changing the environment of our planet.

20. I don't understand why they live in that neighborhood.

▶ ENFOQUE ◀ Narration

A narrative technique is employed when the writer wants to tell what is happening or has happened. With it, events are usually presented in a chronological sequence. The writer tries to present everything in such a way that any reader may see, hear, and/or experience the event. While writing a narrative, the writer employs memory as a resource; however, this memory is used selectively. When you choose a narrative technique, remember to select only those details which will convey to your readers exactly what you want them to see, hear, and experience.

If your narrative is limited to a short chronological expanse (i.e., the time frame of sequence of events is compressed), you may be forced to condense everything, employing generalizations. You may only be able to mention events rather than show—through a few carefully chosen details—what makes them noteworthy. Remember that a narrative is truly successful only if it grasps the reader's attention and holds it throughout. The following questions may be useful when you write a narrative essay.

1. Are you accurately recreating the scene or experience for your readers? Are you including enough details and descriptions so that the readers may see, hear, and experience everything in your narration? Is the meaning of your narration clear? What impression(s) are you trying to form in your readers?

2. What techniques have you employed to develop the narration? Which words, sentences, and/or paragraphs stand out? Is your narrative tone consistent throughout?

3. Are your descriptions precise? Is there anything you can eliminate from your narrative without taking away from its impact? Is there anything you might add to strengthen it?

Remember that as you ask yourself these questions, you should keep an objective eye on your work. Look at it as if someone else has written it.

TEMAS A ESCOGER

Temas relacionados con la selección literaria

1. Suponga que Ud. es Angustias y discuta con una amiga íntima la presencia de Andrea en casa.
2. Escriba Ud. un diálogo en el que Andrea revela a Ena su situación familiar.

3. Caracterice Ud. a Andrea desde el punto de vista del grupo estudiantil al que acaba integrándose.

Temas sugeridos por la selección literaria

1. Analice Ud. la falta de comprensión entre personas de diferentes generaciones.
2. Escriba Ud. sobre la reputación de una familia.
3. Escriba Ud. un diálogo dramático entre un hijo y uno de sus padres o parientes.

|R|E|P|A|S|O| gramatical

■ Other Verbal Forms

The Infinitive

The infinitive sometimes functions as a noun. As such, it may be 1) the subject of a clause, 2) the object of a verb, or 3) the object of a preposition. Although any infinitive may be used as a noun, several common Spanish nouns are in fact infinitives preceded by an article.

el amanecer   *the dawn*
un deber   *a duty*
el parecer   *the opinion*
un poder   *a power*

A. In initial position, the infinitive used as a noun subject normally takes an article and is rendered in English by the gerund, a verb form with an *-ing* ending. When the article is omitted in initial position in Spanish, the construction corresponds more closely to the infinitive in English.

El viajar por el interior del país es peligroso.	***Travelling*** *through the interior of the country is dangerous.*
El tener que callarlo me parece injusto.	***Having*** *to be quiet about it seems unjust to me.*
Viajar por el interior del país es peligroso.	***To travel*** *throughout the interior of the country is dangerous.*
Tener que callarlo me parece injusto.	***To have*** *to be quiet about it seems unjust to me.*

The two previous sentences without the article in front of the infinitive, would more commonly be expressed in Spanish with the following word order.

Es peligroso viajar por el interior del país.	*It's dangerous to travel throughout the interior of the country.*
Me parece injusto tener que callarlo.	*It seems unjust to me to have to be quiet about it.*

B.   An infinitive dependent on another verb may be thought of as the object of that verb, even though both obviously share the same subject. This is true even if the infinitive itself is followed by another infinitive. Among the higher-frequency verbs that govern infinitives in this way when there is no change of subject are: **poder**, **saber**, **querer**, and **pedir**. A number of other verbs, because of their meaning, cannot indicate a change of subject and are always followed by the infinitive. These include: **acabar de**, **empezar a**, **atreverse a**, **aparentar**, and **ofrecer**.

No queríamos **salir**.	*We didn't want **to go out**.*
Carlos pidió **hablar** con su jefe.	*Carlos asked **to speak** with his boss.*
No puedes **evitar enfrentar** ese problema tarde o temprano.	*You can't **avoid facing** that problem sooner or later.*
El esperaba **ver aparecer** a María de un momento a otro.	*He expected **to see** Maria **appear** at any moment.*
El ofreció **acompañarme** hasta la estación.	*He offered **to accompany** me to the station.*

C.   The infinitive is the verbal form that follows a preposition in Spanish. In this construction the infinitive is sometimes rendered in English by the infinitive and sometimes by the gerund *-ing*.

Para tener éxito, hay que trabajar.	***In order to be** successful, one must work.*
Juan se empeñaba **en hablar** con el paciente.	*Juan insisted **on talking** with the patient.*
Al terminar, él se sentó.	***Upon finishing**, he sat down.*
Francisco pasó delante de nosotros **sin vernos**.	*Francisco walked in front of us **without seeing us**.*

D. **Sin** + **infinitive**, in addition to its standard meaning of *without* + *gerund* (illustrated in the example immediately above), has another common use. It is used to modify a preceding noun or pronoun to indicate that something is in an incomplete or unfinished state. It is rendered in English by *un-* + *participle*.

Mi marido dejó los platos **sin fregar**.	*My husband left the dishes **unwashed**.*
En esta ciudad muchas calles están todavía **sin pavimentar**.	*In this city many streets are still **unpaved**.*

E. ***Por*** + ***Infinitive*** *versus* ***Gerund***. One of the most common errors English-speaking students make in Spanish is to misuse the construction **por** + **infinitive**. The preposition **por** has, of course, many meanings. But the meaning that is indicated when **por** is followed by the infinitive is always *because*, *on account of*, or *due to*. But **por** followed by the infinitive never means *by* + *gerund*. To express English *by* + *gerund*, a construction indicating the means by which something is done, Spanish uses the gerund without any preposition whatsoever.

Por correr (haber corrido) tanto, José llegó muy cansado.	***Because*** *José **ran (had run)** so much, he arrived very tired.*
Corriendo hasta la esquina, Luisa logró coger el autobús.	***By running*** *to the corner, Luisa managed to catch the bus.*
Por decir la verdad, Elena perdió el empleo.	***Because she told*** *the truth, Elena lost her job.*
El diputado se suicidó **tirándose** por la ventana.	*The congressman committed suicide **by jumping (throwing himself)** out the window.*

The Past Participle

General Statement. The past participle *participates* in the qualities of both verb and adjective. With the auxiliary **haber**, it functions as a verb (always retaining the masculine singular -**o** ending) to form compound tenses. But when used with any verb other than **haber**, the participle is adjectival and, like any adjective, must agree in gender and number with the word it modifies.

Pilar **ha pintado** treinta acuarelas para la exposición.	*Pilar **has painted** thirty watercolors for the exhibit.*

Veinte cuadros **fueron pintados** por Pilar.	*Twenty pictures **were painted** by Pilar.*
Nos hemos cansado mucho esta tarde.	*We have gotten very **tired** this afternoon.*
Estábamos muy **cansados** esta tarde.	*We were very **tired** this afternoon.*
El lanzador **había ganado** veinte partidos.	*The pitcher **had won** twenty games.*
Veinte partidos **habían sido ganados** por el lanzador.	*Twenty games **had been won** by the pitcher.*

In the example immediately above, **haber** is not the auxiliary verb of the participle **ganados**, but an auxiliary of the main verb **ser**, on which the participle depends. **Ganados** thus agrees with **partidos** in gender and number instead of ending in -**o**. The forms of the past participle and the formation of compound tenses were reviewed in Chapter 4. Here, let us point out that there are several participial forms (recognized by their -**ado** and **-ido** endings) that are used exclusively as adjectives and do not combine with **haber** to form compound tenses. These include:

controvertido *controversial*
descarado *shameless*

Absolute Constructions

The past participle may be used adjectivally without a verb in an *absolute* participle phrase that is syntactically independent of the main clause. This construction is in large part a literary one, and it is used to indicate an action or state previous in time to the time of the main clause. Its rendering in English varies, as may be seen in the following examples.

Concluida su tarea, Juan se sentó a mirar la televisión.	*His homework **finished** (**having finished** his homework), Juan sat down to watch television.*
Hechos los preparativos, partieron para Roma.	*Preparations **having been made** (**when** the preparations **were made**), they departed for Rome.*
Después de **echada** la carta, recordé que no la había firmado.	*After the letter **had been mailed**, I remembered that I hadn't signed it.*

The Gerund

The Spanish gerund ends in -**ando** or -**iendo**, and has both simple and compound forms. The simple form indicates time corresponding closely to that of the verb, whether past or present. The compound form (with **haber** in the gerund) always refers to time previous to that of the main verb and is used exclusively to refer to past events.

Viajando por México, vimos muchos pueblos pintorescos.	*While **(when) travelling** in Mexico, we saw many picturesque towns.* (contemporaneous events)
Habiendo dimitido el primer ministro, se disolvió su gabinete.	*After the prime minister **resigned** (the prime minister **having resigned**), his cabinet was dissolved.* (resignation preceded dissolution of cabinet)

In Spanish, the gerund can modify verbs but not nouns. Thus a verbal modifier ending in *-ing* in English may correspond to the Spanish gerund. The *-ing* modifier referring to a noun in English, however, should not be rendered with the gerund in Spanish.

Major Uses of the Gerund

A. *As an adverb that directly modifies another verb*:

El año pasó **volando**.	*The year flew by (passed **flying**).*
Carlos entró **corriendo**.	*Carlos ran in (came in **running**).*
Cruzamos **nadando** el río.	*We swam across (crossed by **swimming**) the river.*

B. *To indicate the means or method by which something is done or achieved*. (This usage has already been referred to under Infinitive, p. 126). In these constructions, the Spanish gerund is rendered by the English gerund *-ing* with the preposition *by* either expressed or understood.

Estudiando más, podrás aprobar inglés.	*By **studying** more, you'll be able to pass English.*
El obispo empezó la jornada **asistiendo a** una misa.	*The bishop began the day **(by) attending** a mass.*

Guillermina se hizo rica **comprando** y **vendiendo** oro.	*Guillermina became rich **(by) buying** and **selling** gold.*

C. *With **ser** and **estar**, to relate a state of the subject to an action expressed in the main clause.* In this construction, the gerund is rendered in English by *when* or *while* + finite verb.

Estando yo en Europa, estalló la guerra.	*While (when) I was in Europe, war broke out.*

Se conocieron **siendo** Carlos estudiante en Ohio.	*They met **while** Carlos **was** a student in Ohio.*

D. *As a replacement for a relative clause that functions as an adjective after verbs of perception (**mirar**, **ver**, **observar**, **oír**, **sentir**) and verbs of representation (**pintar**, **describir**, **representar**, **imaginarse**, **mostrar**, **enseñar**).* Such verbs convey the impression of something going on or in progress, which is the very essence of the gerund.

Mirábamos a dos niños **que jugaban** en la playa.	*We watched two children **who were playing** on the beach.*

Mirábamos a dos niños **jugando** en la playa.	*We watched two children **playing** on the beach.*

The second example with the gerund presents an action with greater immediacy. The construction with **jugando** may itself be replaced by an infinitive construction, as shown below, which represents a loss of immediacy in conveying a sense of an action in progress.

Mirábamos **jugar** a dos niños en la playa.	*We watched two children **play** on the beach.*

Since the gerund never loses its aspect of verbal continuity, it may not be used in Spanish as an adjective to modify a contiguous noun directly. (In English, the gerund always takes the place of a noun. It is the English present participle [see next section] that modifies a noun.) An adjective or some other circumlocution must often be used in Spanish to render an English present participle.

un lechero madrugador   *an early-rising milkman*
un pueblo pescador   *a fishing village*
unas palabras lisonjeras   *some flattering words*
una máquina para barrer las calles   *a street-sweeping machine*
un estudiante de habla francesa   *a French-speaking student*

The Present Participle

Adjectives ending in -**ante** or -**(i)ente** are present participles in Spanish. Unlike the past participle, which may function as both verb and adjective, the present participle is only an adjective, for it is not used to form compound tenses. Often times, when the Spanish present participle corresponds to an English adjective ending in -*ing*, English-speaking students mistakingly render it with the Spanish gerund. Finally, unlike -**ado** and -**ido** , the suffixes -**ante** and -**(i)ente** may not be appended at will to any verb, but are found only in forms sanctioned by actual use. Listed below are several present participles used as adjectives.

ausente	*absent*	**conveniente**	*proper*
corriente	*running*	**creciente**	*growing*
chispeante	*sparkling*	**durmiente**	*sleeping*
interesante	*interesting*	**obediente**	*obedient*
pendiente	*hanging; dependent*	**sonriente**	*smiling*
sorprendente	*surprising*	**tocante**	*concerning*

Su mirada era totalmente **carente** de expresión **interrogante**.

*His glance was completely **lacking** in any **questioning** expression.*

Es una situación muy **preocupante**.

*It's a very **troubling** situation.*

Many present participles that were originally adjectives have also become nouns through their use with the definite article. The endings -**ante** and -**(i)ente** are, of course, not marked for gender and it is the use of **el** or **la** that indicates the gender of the referent.

el (la) asistente	*assistant*	**el (la) creyente**	*believer*
el (la) dependiente	*clerk*	**el (la) estudiante**	*student*
el (la) pariente	*relative*	**el (la) presidente**	*president*
el (la) sirviente	*servant*		

A few of the above words also include in modern Spanish a purely feminine form marked for gender by the -**a** ending. However, acceptance or rejection of these newer forms varies considerably throughout the Spanish-speaking world.

la asistenta
la presidenta

la parienta
la sirvienta

Reflexive Verbs

A. A verb is used reflexively in Spanish to show that the subject performs an action on itself (i.e., it does something to or for itself). In order to constitute a truly reflexive construction in Spanish, 1) the subject must be animate (i.e., a person or an animal) and 2) the verb must be transitive (capable of taking a direct or indirect object). The verb must, of course, also be accompanied by a reflexive pronoun: **me**, **te**, **se**, **nos**, **os**, **se**. In the first sentence of each of the following pairs of examples, the action reflects directly on the subject as a whole, and in the second sentence of each pair it reflects back on a specific part of the subject.

Me corté esta mañana.	*I cut myself this morning.*
Me corté la mano esta mañana.	*I cut my hand this morning.*
Víctor **se rascaba** porque lo había picado un mosquito.	*Victor was scratching himself because a mosquito had bitten him.*
Víctor **se rascaba el brazo** porque lo había picado un mosquito.	*Victor was scratching his arm because a mosquito had bitten him.*
Carlos **se lastimó** al caerse de la escalera.	*Carlos hurt himself when he fell from the ladder.*
Carlos **se lastimó la pierna** al caerse de la escalera.	*Carlos hurt his leg when he fell from the ladder.*

Notice, too, how the English equivalent of the second Spanish example in each of the above pairs uses the possessive adjective rather than a reflexive construction. This leads many English-speaking students to mistakenly use the possessive adjective instead of the reflexive pronoun in these structures, an error that should be guarded against.

B. There are many transitive verbs in English which, unlike the transitive verbs in the Spanish examples in section A. above, regularly omit the reflexive pronoun even though a reflexive meaning is clearly intended. Unlike English, Spanish never omits the reflexive pronoun in these constructions.

No me afeité esta mañana.	*I didn't shave this morning.*
¿Dónde **se escondieron** los niños?	*Where did the children hide?*
La niña no quiere **lavarse**.	*The little girl doesn't want to wash (herself).*

No puedo **concentrarme** con tanto ruido.

*I can't **concentrate** with so much noise.*

Nos hemos helado esperando el autobús en la esquina.

We froze while waiting for the bus on the corner.

C. The pronouns **me**, **te**, **se**, **nos**, **os**, **se** may also be used non-reflexively with transitive verbs that have inanimate subjects.

Se rompió la lámpara del comedor.

*The dining-room lamp **broke**.*

Se abrieron las puertas.

*The doors **opened**.*

Se ha parado el motor del nuevo coche.

*The motor of the new car **has stopped**.*

Obviously, the inanimate objects **lámpara**, **puertas**, and **motor**, did not perform an action on themselves. Indeed, the above constructions with the reflexive pronouns suggest, at least linguistically, the accidental nature of the occurrence, i.e., that the person concerned with or affected by the specified action was not directly responsible for its happening.

D. The pronouns **me**, **te**, **se**, **nos**, **os**, **se** are also used with a small number of intransitive verbs in a non-reflexive way to show that an action is of great concern to the subject, and to express the completeness or totality of an action.

Yo sé lo que **me hago**.

*I know what **I'm doing**.*

El tío de Carlos **se ha muerto**.

*Carlos's uncle **has died**.*

Los niños **se comieron** el helado.

*The children **ate (up)** the ice cream.*

Se fumaron todos los cigarrillos.

They smoked all the cigarettes.

The Passive Voice

The passive voice permits the same episode or action to be viewed from a different perspective or frame of reference than the active voice. Indeed, the passive voice, which always requires a transitive verb, changes the subject (normally the performer of an action) into the object of an action. In Spanish, the true passive is rendered with **ser** + **past participle**, with an agent either expressed or implied. The essence of the passive voice is that it stresses the action itself as it affects what in English is normally the subject. When, however, we refer to the state resulting from an action rather than the action itself, **estar**,

quedar, or some other verb is used rather than the passive with **ser**. This is clear in the two sets of contrasting examples below:

Esta ventana **fue rota** ayer.	*This window **was broken** yesterday.*
Esta ventana **estaba rota** ayer.	*This window **was (already) broken** yesterday.*
El castillo **fue destruido** durante la guerra.	*The castle **was destroyed** during the war.*
El castillo **estaba destruido** cuando lo vi.	*The castle **was (already) destroyed** when I saw it.*

The Agent in the Passive Voice

Whenever the agent is expressed in a sentence with the verb in the passive voice, it is introduced by the proposition **por**. (**De** may replace **por** when the passive verb stresses a mental or emotional attitude—**temer**, **odiar**, **aborrecer**, **amar**, etc. Even in this context, however, **por** is used more often than **de**.)

El cuadro fue pintado **por** Andrés.	*The picture was painted **by** Andrés.*
Fernando VII fue odiado **de (por)** muchos españoles.	*Fernando VII was hated **by** many Spaniards.* (**por** suggests a more intense hatred)

Deletion of Agent with Reflexive Construction

A device commonly used in Spanish to remove any external agent from an action is to replace the passive voice with a reflexive substitute. This construction is very frequent in Spanish and is preferred over the true passive when there is no need to indicate an agent. But both the true passive and the reflexive substitute are rendered in English by the passive voice, which is one reason English-speaking students tend to overuse the passive voice in Spanish.

Se lavó la ropa ayer.	*The clothes **were washed** yesterday.* (not **fue lavada**)
Yo creo que **se solucionarán** sus problemas.	*I believe your problems **will be resolved**.*
Los funerales del presidente **se celebraron** ayer.	*The President's funeral **was held** yesterday.*

Reflexive Verbs with Causative Meaning

Certain verbal expressions with reflexive pronouns, such as **cortarse el pelo**, **operarse**, **retratarse**, **hacerse una fotografía**, clearly cannot have a true reflexive meaning. They are used instead with the causative meaning of *to have something done for or to oneself.*

Mañana tengo que **cortarme el pelo**.	*Tomorrow I must have **my hair cut**.*
Yo **me hago** dos trajes al año.	***I have** two suits **made (for myself)** each year.*
Luis fue a Boston a **operarse** de unas cataratas.	*Luis went to Boston **to have** his cataracts **operated on**.*

PRACTICA

A. *Para cada una de las siguientes frases, elija Ud. la forma verbal que la complete correctamente.*

1. El presidente de *El Tiempo* quedó herido _____ una bomba cerca del hotel (**estallando, estallada, al estallar**).

2. _____ tanto con poca luz hace daño a los ojos (**Leída, Leyendo, El leer**).

3. El niño _____ tres veces al día (**lava, se lava, está lavando**).

4. Elena no ha conseguido nada con _____ un préstamo al banco (**pidiendo, pedir, pedido**).

5. Una vez _____ los pantalones, me los puse (**planchando, planchado, planchados**).

6. No pude evitar _____ con Leandro (**hablando, hablar, hablado**).

7. La gripe que tengo _____ con este nuevo medicamento (**se cura, está curada, cura**).

8. La situación económica _____ al terminar la guerra (**normalizada, se normaliza, normalizándose**).

9. Nosotros _____ en la piscina del club (**estamos bañados, somos bañados, nos bañamos**).

10. Su hija _____ ayer por una serpiente venenosa (**se mordió, está mordida, fue mordida**).

11. Raquel es una persona que tiene prisa por _____ emociones nuevas (**viviendo, vividas, vivir**).

12. Pablo mandó _____ la casa vieja (**pintando, pintada, pintar**).

13. _____ yo conductor de autobús tuve un accidente en la autopista de Madrid (**Siendo, Haber sido, Ser**).

14. Mi hermano cruzó _____ el parque para llegar al colegio a tiempo (**corriente, corriendo, corrido**).

15. Su hija ha _____ por quemar la bandera (**sido detenida, sido detenido, estado deteniéndose**).

16. Un niño de seis días _____ cerca del hospital universitario (**se abandonó, se estuvo abandonado, fue abandonado**).

17. Voy a _____ porque necesito un pasaporte nuevo (**estar fotografiado, fotografiarme, hacer fotografías**).

18. Gerardo se levantó tarde y fue a la oficina sin _____ (**afeitado, afeitando, afeitarse**).

19. El castillo de Jadraque _____ cuando lo vimos (**se destruyó, estaba destruido, estaba destruyendo**).

20. Por _____ callado, Anastasio sufrió las consecuencias (**habiéndose, haberse, habido**).

21. El _____ niño atrajo la atención del político (**sonriendo, sonriente, sonreído**). *adj.*

22. Después de varios años de continuas peleas, Donaldo y Rebeca _____ (**divorciaron, se divorciaron, estuvieron divorciándose**).

23. Por la crisis económica, muchos obreros _____ (**fueron despedidos, se despidieron, se estaban despidiendo**).

24. Por falta de dinero, las casas han quedado sin _____ (**terminadas, terminando, terminar**).

25. Las paredes de la sala _____ de color verde claro (**se habían pintadas, habían sido pintadas, habían sido pintado**).

26. _____ durante varios días, Julia dio con la solución del problema (**Por pensar, Pensado, Pensando**).

27. _____ el concierto, la pianista saludó al público (**Concluyendo, Concluido, Concluyó**).

28. El esquiador _____ pierna derecha al descender por la pista (**rompió su, se rompió su, se rompió la**).

29. Durante el juicio, el acusado dio respuestas _____ (**convencidas, convenciendo, convincentes**).

30. El niño se _____ camisa jugando con sus amigos en el campo (**manchó, manchó su, manchó la**).

B. *Traduzca al español las siguientes frases, usando las formas verbales estudiadas en este capítulo.*

1. "This continual living in doubt is killing me," said Juanita.

2. The child seemed to want to know what they were doing.

3. The two companions separated at the door.

4. She ran upstairs to look for her son.

5. They locked him up for having falsified some documents.

6. My uncle washed and dressed and then went to his office.

7. The strike in Bilbao is still unsettled.

8. Sleeping well is necessary for good health.

9. The prince will be crowned in May of 1995.

10. We watched the players drying the sweat from their forehead with their handkerchiefs.

11. The teacher put on his glasses and began to concentrate on his problems.

12. I had my photograph taken yesterday.

13. The tyrant dead, the country enjoyed liberty again.

14. You can save one hundred dollars by working two more weeks.

15. The plan he (she) brought is very promising.

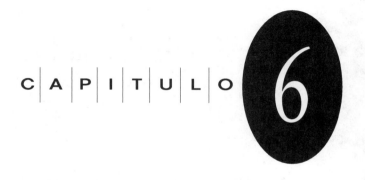

La ciudad y los perros

Mario Vargas Llosa

▶ **E N F O Q U E: Description**

▶ **The Subjunctive Mood (Part I)**

▶ ▶ ▶ ▶ ▶ ▶ ▶ ▶ ▶ ▶ ▶ ▶ ▶ ▶ ▶ ▶ ▶

La ciudad y los perros

Mario Vargas Llosa

La publicación de La ciudad y los perros *(1963), primera novela del peruano Mario Vargas Llosa (1936-) constituyó un acontecimiento literario en los países de habla española. Traducida a quince lenguas, esta valiosa obra del llamado "boom" hispanoamericano colocó al Perú en el mapa para los lectores de la literatura contemporánea mundial. Entre las obras más destacadas de Vargas Llosa figuran también* La casa grande *(1966), cuyo escenario es el Perú amazónico y la novela socio-política* Conversaciones en la catedral *(1969). Más recientemente ha publicado* Pantaleón y las visitadoras, *sátira de la burocracia militar peruana,* La tía Julia y el escribidor, *que contiene elementos autobiográficos del autor, e* Historia de Matia, *acertado análisis de la psicología de un revolucionario.*

La acción de gran parte de La ciudad y los perros *tiene lugar en el Colegio Militar Leoncio Prado, en Lima, microcosmos de la sociedad peruana. Los cadetes de este colegio proceden de todas las clases sociales del país y son admitidos en él por especial favor del Estado, por vocación militar, o por castigo de sus padres. Los "perros" a los que el título se refiere, son los cadetes novatos que sufren, a manos de los cadetes mayores, humillantes y crueles ritos de iniciación en el proceso de hacerse hombres. También, como muestra Vargas Llosa, vemos que la educación que se pretende inculcar en los estudiantes para que lleguen a ser oficiales del ejército peruano sólo consigue matar en ellos toda sensibilidad y todo sentido de moralidad.*

Para el novelista y crítico mexicano Carlos Fuentes, La ciudad y los perros *es "la más extraordinaria novela de la adolescencia que se ha escrito entre nosotros." Un personaje central en la novela, y uno de sus varios narradores, es el cadete Alberto, cuyo padre le ha mandado al Colegio para quitarle de en medio de una situación familiar difícil creada por la infidelidad matrimonial del mismo padre. En el fragmento literario reproducido aquí, en una de las pocas escenas ubicadas fuera de los muros del Colegio, Alberto visita a su madre, una mujer neurótica que vive separada del marido.*

▼

Bajó del autobús en el **paradero**[1] de Alcanfores y recorrió a largos trancos las tres cuadras que había hasta su casa. Al **cruzar**[2] una calle vio un grupo de chiquillos. Una voz irónica dijo, a su espalda: "¿Vendes chocolates?" Los otros se rieron.

Años atrás, él y los muchachos del barrio gritaban también "chocolateros" a los
5   cadetes del Colegio Militar. El cielo estaba plomizo, pero no hacía frío. La
Quinta de Alcanfores parecía deshabitada. Su madre le abrió la puerta. Le besó.

—Llegas tarde —le dijo— ¿Por qué, Alberto?

—Los tranvías del Callao siempre están repletos, mamá. Y pasan cada media
hora.

10   Su madre se había apoderado del maletín y del quepí y lo seguía a su cuarto.
La casa era pequeña, de un **piso**[3] y brillaba. Alberto se quitó la guerrera y la
corbata; las **arrojó**[4] sobre una silla. Su madre las levantó y las dobló cuidadosa-
mente.

—¿Quieres almorzar de una vez?

15   —Me bañaré antes.

—¿Me has **extrañado**[5]?

—Mucho, mamá.

Alberto se sacó la camisa. Antes de quitarse el pantalón se puso la bata; su
madre no lo había visto **desnudo**[6] desde que era cadete.

20   —Te plancharé el uniforme. Está lleno de tierra.

—Sí —dijo Alberto. Se puso las zapatillas. Abrió el cajón de la cómoda, sacó
una camisa de cuello, ropa interior, medias. Luego, del velador, unos zapatos
negros que relucían.

—Los lustré esta mañana —dijo su madre.

25   —Te vas a malograr las manos. No debiste hacerlo, mamá.

—¿A quién le importan mis manos? —dijo ella, suspirando— Soy una pobre
mujer abandonada.

—Esta mañana **di un examen**,[7] muy difícil —la interrumpió Alberto—. Me
fue mal.

30   —Ah —repuso la madre—. ¿Quieres que te llene la tina?

No. Me ducharé, mejor.

—Bueno. Voy a preparar el almuerzo.

Dio media vuelta y avanzó hasta la puerta.

—Mamá.

35   Se detuvo, en medio del vano. Era menuda, de piel muy blanca, de ojos
hundidos y lánguidos. Estaba sin maquillar y con los cabellos en desorden. Tenía
sobre la falda un delantal ajado. Alberto recordó una época relativamente
próxima: su madre pasaba horas ante el espejo, borrándose sus arrugas con
afeites, agrandándose los ojos, empolvándose; iba todas las tardes a la peluquería
40   y cuando se disponía a salir, **la elección**[8] del vestido precipitaba crisis de nervios.
Desde que su padre **se marchó**[9] se había transformado.

—¿No has visto a mi papá?

Ella volvió a suspirar y sus mejillas se sonrojaron.

—Figúrate que vino el martes —dijo—. Le abrí la puerta sin saber quién era.
45   Ha perdido todo escrúpulo, Alberto, no tienes idea cómo está. Quería que fueras
a verlo. Me ofreció plata otra vez. Se ha propuesto matarme de dolor. —Entornó
los ojos y bajó la voz.

—Tienes que resignarte, hijo.

—Voy a darme un duchazo —dijo él—. Estoy **inmundo**.[10]

50   Pasó ante su madre y le acarició los cabellos, pensando: "no volveremos a tener un centavo." Estuvo un buen rato bajo la ducha; después de jabonarse minuciosamente se frotó el cuerpo con ambas manos y alternó varias veces el agua caliente y fría. "Como para quitarme la borrachera," pensó. Se vistió. Al igual que otros sábados, las ropas de civil le parecían extrañas, demasiado
55   **suaves**,[11] tenía la impresión de estar desnudo: la piel añoraba el áspero contacto del dril. Su madre lo esperaba en el comedor. Almorzó en silencio. Cada vez que terminaba un pedazo de pan, su madre le alcanzaba la panera con ansiedad.

   —¿Vas a salir?

   —Sí, mamá. Para hacer un encargo a un compañero que está consignado.
60   Regresaré pronto.

   La madre abrió y cerró los ojos varias veces y Alberto temió que **rompiera a**[12] llorar.

   —No te veo nunca —dijo ella—. Cuando sales, pasas el día en la calle. ¿No compadeces a tu madre?

65   —Sólo estaré fuera una hora, mamá —dijo Alberto, incómodo—. Quizá menos.

   Se había sentado a la mesa con hambre y ahora la comida le parecía insípida e interminable. Soñaba toda la semana con la salida, pero apenas entraba a su casa se sentía irritado; la abrumadora obsequiosidad de su madre era tan
70   mortificante como el encierro. Además, se trataba de algo nuevo, le costaba trabajo acostumbrarse. Antes, ella lo enviaba a la calle con cualquier pretexto para **disfrutar a sus anchas**[13] con las amigas innumerables que venían a jugar canasta todas las tardes. Ahora, en cambio, se aferraba a él, exigía que Alberto le dedicara todo su tiempo libre y la escuchara lamentarse horas enteras de su
75   destino trágico. Constantemente caía en trance: invocaba a Dios y **rezaba**[14] en voz alta. Porque también en eso había cambiado. Antes, olvidaba la misa con frecuencia y Alberto la había sorprendido varias veces cuchicheando con sus amigas contra los curas y las beatas. Ahora iba a la iglesia casi a diario, tenía un guía espiritual, un jesuita a quien llamaba "hombre santo," asistía a toda clase
80   de novenas y, un sábado, Alberto descubrió en su velador una biografía de Santa Rosa de Lima. La madre levantaba los platos y recogía con su mano las migas dispersas sobre la mesa.

   —Estaré de vuelta antes de las cinco —dijo él.

   —No te demores, hijito —repuso ella—. Compraré **bizcochos**[15] para el té.

CUESTIONARIO

Contenido

1.   ¿De dónde venía Alberto?
2.   ¿Por qué llegó tarde a casa de su madre?
3.   ¿Qué es lo primero que quiere hacer Alberto?
4.   ¿Por qué no quería Alberto que su madre le limpiara los zapatos?
5.   Describa Ud. el aspecto físico de la madre de Alberto.

6. ¿De qué se quejaba la madre de Alberto respecto a su marido?
7. Comparada con su actitud anterior, ¿cómo había cambiado la actitud de la madre hacia Alberto?

Interpretación y estilo

1. ¿Desde qué diferentes perspectivas está presentada esta selección literaria?
2. ¿Qué efectos produce en el lector el alternarse narración y diálogo?
3. ¿Por qué cree Ud. que la madre está tan deseosa de hacer tantas cosas por su hijo?
4. ¿Por qué se considera la madre de Alberto una mujer resignada y abandonada?
5. ¿Qué actitud revela Alberto ante las quejas de su madre contra su padre?
6. ¿Por qué cree Ud. que Alberto tiene tantas ganas de salir?
7. ¿Qué cambio psicológico parece haber experimentado la madre de Alberto?

▶ **Léxico: opciones** ◀

1 •

la parada   *stop*
el paradero   *stop; whereabouts*
ir a parar   *to end up*
la escala   *stop; scale*
hacer escala   *to stop at (in); to call at*

Vargas Llosa uses **paradero** as a synonym for **parada**, the standard term for *stop* when referring to public ground transportation. **Paradero** is common, however, in colloquial Spanish to indicate the whereabouts or location of persons or things. **Ir a parar** is its verbal equivalent. **Escala**, most commonly a scale for measurement (as on a thermometer), also means a *stop* when referring to air or sea transportation. It is most often used with **hacer**.

Su hijo desapareció y nadie sabe su **paradero**.	*Their son disappeared and nobody knows his **whereabouts**.*
Si sigues así, vas a **ir a parar** a la cárcel.	*If you continue to behave like that, you'll **end up** in jail.*
La carta que enviamos a Nueva York **fue a parar** a Miami.	*The letter we sent to New York **ended up** in Miami.*

El autobús número 5 tiene una **parada** en la Plaza de la Independencia.

*Bus No. 5 has a **stop** on Independence Square.*

Este avión **hace escalas** en Nueva York, las Azores y Lisboa.

*The plane **stops** in New York, the Azores and Lisbon.*

2 •

cruzar   *to cross*
atravesar   *to cross; to penetrate, go through*
el cruce   *cross; crossing, crossroads*
la cruz   *cross*

Cruzar is the standard word for *to cross*, i.e., to go from one side of something to another. **Atravesar** is a common synonym of **cruzar** in this sense. However, **atravesar** also means *to cross* when that verb conveys the idea of penetrating or passing through something, whether material or intangible. In this latter sense, it is often rendered by English *to go though* or *to pass through*. **Cruce**, in addition to *crossroad* or *intersection*, also renders *cross* when it refers to mixing of different breeds of animals or plants. **Cruz**, of course, means *cross* when referring to a structure made of lines or bars intersecting at right angles.

Le atropelló un coche, al **cruzar (atravesar)** la calle.

*He was run over by a car as **he was crossing** the street.*

El accidente ocurrió en el **cruce** entre las calles Serrano y Goya.

*The accident occurred at the **intersection** between (the **crossing** at) Serrano and Goya streets.*

Ese país **está atravesando** una crisis económica.

*That country **is going through** an economic crisis.*

Las balas **atravesaron** las paredes de la casa.

*The bullets **went through (penetrated)** the walls of the house.*

La nectarina es un **cruce** entre el melocotón y la ciruela.

*The nectarine is a **cross** between a peach and a plum.*

La **Cruz** Roja se originó en Suiza.

*The Red **Cross** originated in Switzerland.*

3 •

la planta   *story, floor*
el piso   *story, floor, level; apartment*
el suelo   *the floor; soil*
el apartamento, departamento   *apartment*
la vivienda   *dwelling, housing*

In Vargas Llosa's text, **piso** means *story* or *floor*, for Alberto's mother lives in a single story house. This meaning of *floor* is the most common one for **piso** in Spanish America. In Spain, **piso** shares this meaning, but is also the standard word for *apartment* or *flat*. In most of the Spanish-speaking world, however, **apartamento** or **departamento** is used instead of **piso** to translate *apartment*. **Planta**, can mean *floor* when referring to the number of levels or stories in a building, or to a single floor in architectural terms. **Suelo**, which means *soil*, can also indicate the finished, inside floor of a building or other structure. **Vivienda**, although sometimes rendered by English *dwelling*, is a collective noun in Spanish and, in most instances, means *housing*. It is occasionally also used to indicate individual housing.

Eduardo va a comprar un **piso** en Lisboa.

*Eduardo is going to buy an **apartment** in Lisbon.*

El edificio tiene siete **plantas** y yo vivo en el segundo **piso**.

*The building has seven **stories** and I live on the second **floor**.*

Después de la fiesta, tuvimos que limpiar el **suelo (piso)** de la sala.

*After the party, we had to clean the **floor** of the living room.*

En muchas ciudades la **vivienda** se ha encarecido mucho.

*In many cities **housing** has become very expensive.*

4 •

arrojar   *to throw, toss, hurl*
tirar   *to throw; to throw out (away)*
echar   *to throw, toss; to put; to fire*
lanzar   *to throw, hurl*
botar   *(Sp. Am. colloquial) to throw out (away); to fire; to bounce*

The verbs above all render *to throw*. Often, especially in written Spanish, no careful distinction is made among them. **Arrojar** normally indicates an intensive type of action, revealing violence, emotion or impulsiveness. **Tirar** is *to throw* *away* something no longer wanted or useful. It may also indicate *to throw* something with the intent of doing some damage. **Echar**, in addition to *to throw*, may indicate a much gentler putting or tossing of something. **Echar** may further mean *to throw out* in the sense of evicting, and is thus synonymous with the more formal **despedir**, *to fire, dismiss*. **Lanzar**, a synonym of **tirar**, suggests the idea of throwing something a certain distance. **Botar** is common in some parts of Spanish America to indicate *to throw away*. It also means *to fire or evict* someone. Finally, **botar** is used everywhere in the Spanish-speaking world for *to bounce*.

Pedro quedó tan enfadado que **arrojó** la carta a la papelera.	Pedro became so angry that **he threw** the letter in(to) the wastebasket.
Los romanos **arrojaron** muchos cristianos a los leones.	The Romans **threw** many Christians to the lions.
El poeta se suicidó **tirándose (arrojándose)** desde el puente.	The poet committed suicide **by throwing himself** from the bridge.
No **tires** el periódico antes de que yo lo lea.	**Do** not **throw out** the newspaper before I (can) read it.
El muchacho **tiraba** piedras a la estatua del dictador.	The boy **threw** stones at the dictator's statue.
Elisa **se echó** un suéter sobre los hombros.	Elisa **threw (tossed)** a sweater over her shoulders.
Lo **echaron** del piso por no pagar el alquiler.	**They evicted** him for not paying the rent.
La atleta **lanzó** la jabalina 50 metros.	The athlete **threw (hurled)** the javelin 50 meters.
Le multaron por **botar (tirar)** papeles desde la ventanilla del auto.	They fined him for **throwing** papers out the car window.
Si sigues llegando tarde, te van a **botar (despedir, echar)** del empleo.	If you keep on arriving late, they are going **to fire** you from your job.
Botando la pelota entre sus piernas, el jugador pasó la defensa del equipo contrario.	**By bouncing** the ball between his legs, the player went through the other team's defense.

5 •

extrañar *to miss; to surprise*	**añorar** *to long for, to miss*
echar de menos *to miss*	**perder** *to miss*

In Spanish America and parts of Andalucía, **extrañar** means *to miss*, i.e., to feel the absence of something or someone. It is also a synonym of **sorprender**, *to surprise*. In most of Spain, **echar de menos** is the standard expression for *to miss*. **Añorar** is a more literary synonym and connotes a certain feeling of nostalgia. *To miss*, in the sense of not arriving on time or failing to understand, is **perder**.

Extraño (echo de menos) a mis amigos.	*I miss my friends.*
Me **extraña** que hables así.	*I am surprised you are talking that way.*
El poeta **añoraba** los días de su juventud.	*The poet missed (longed for) the days of his youth.*
He perdido lo que ha dicho el profesor.	*I missed what the professor has said.*
No queríamos **perder** el avión.	*We didn't want to miss the plane.*

6 •

desnudo   *bare, naked, nude*
estar en cueros   *to be stark naked*
descalzo   *barefoot*
descalzarse   *to remove one's shoes*
nudo   *nude, bare*
el nudista (desnudista)   *nudist*
desnudarse   *to undress, get undressed, take one's clothes off*
desvestirse   *to undress, get undressed, take one's clothes off*

Desnudo, *naked* or *nude*, follows the pattern of **descalzo**, *barefoot*. The adjective **nudo** also exists but is very literary. Both **nudista** and **desnudista** render English *nudist*, but the first word is more common. Likewise, **desnudarse** and **desvestirse** may indicate to undress totally or partially; however, **desnudarse** is the more popular word.

Para vivir en un campamento de **nudistas**, hay que ir **desnudo** y **descalzo**.	*To live in a **nudist** camp, you have to go around **naked** and **barefoot**.*
¡Tápate! Te enfriarás yendo **en cueros** por la casa.	*Cover yourself! You'll catch cold going about the house **stark naked**.*
Para bañar al niño, la madre lo **desnudó**.	*To bathe the child, the mother **undressed** him.*
El cura **se desvistió** en la sacristía.	*The priest **undressed** in the vestry.*

7 ●

dar un examen   *to take an exam*
sufrir un examen   *to take an exam*
examinarse de   *to take an (the) exam in*
aprobar (pasar) un examen   *to pass an exam*
suspender   *to fail*

Dar un examen is used in Spanish America for *to take an exam*. This expression is not used in Spain. In Spanish, **sufrir un examen** does not necessarily imply *suffering*. It is simply a more learned equivalent of **tener un examen**. The most common equivalent of English *to take an exam* is **examinarse**, followed by **de** to introduce the subject matter of the test. *To fail* or *flunk* an exam is rendered in Spanish with **suspender** + **a personal direct object**. In English, this direct object becomes the grammatical subject of the sentence (see the final example below).

Los estudiantes **sufrieron (tuvieron) un examen** en latín.	*The students **had an exam** in Latin.*
Este otoño **me examinaré de** matemáticas.	*This Fall, **I'll take an exam** in math.*
He aprobado cuatro asignaturas pero **me han suspendido** en dos.	*I passed* four subjects but *I failed two.*

8 ●

la elección   *choice, election*   **elegir**   *to choose, elect, select*
escoger   *to choose, select*   **seleccionar**   *to select*
optar por   *to opt for, choose*

The above verbs all indicate making some kind of choice and are often used interchangeably without much difference in meaning. **Escoger** and **elegir** are both high-frequency verbs, but **escoger** has the broader range of meaning. It implies choosing or selecting the best from whatever is being considered. Its synonym **elegir** is narrower in focus and indicates expressing a clear preference for one or a relatively small number of persons or things under consideration. Also note its specific meaning of *to elect*, whether in a political or other context. **Seleccionar**, like English *to select*, implies care and comparison in choosing the most suitable persons or things from among a large number or group. **Optar por** suggests a choice or preference expressed as a decision.

Le pasé la caja entera de bombones para que **escogiera** lo que le gustara.	*I passed him the whole box of candy so **he could choose** whatever he liked.*
Hoy tenemos que **elegir** entre los dos sofás que nos gustaron ayer en la mueblería.	*Today we have **to choose** between the two sofas we liked yesterday at the furniture store.*
Creo que volverán a **elegirle** presidente de la nación.	*I believe they will **elect him** president of the nation again.*
Algunos países **seleccionan** la mejor fruta para la exportación.	*Some countries **select** the best fruit for export.*
El presidente la **seleccionó** para servir en el Tribunal Supremo.	*The president **selected** her to serve on the Supreme Court.*
Lo pasaron tan bien que **optaron por** quedarse unos días más en las montañas.	*They had such a good time that **they opted** to stay a few more days in the mountains.*

9 •

marcharse	*to leave, go away*	**irse**	*to leave, go away*
salir	*to leave, go out*	**dejar**	*to leave (behind)*
abandonar	*to leave, abandon*		

Marcharse and **irse** are synonyms, but **marcharse** is more common in Spanish America than in Spain. Both words indicate leaving a place, especially when a destination is neither mentioned nor implied. **Salir** is *to leave* when that verb means *to exit* or *to go out (of)*. **Dejar** and its more literary synonym **abandonar** mean *to leave* something or someone behind. **Abandonar** also shares the meaning of English *to abandon*.

Se marcharon (fueron) sin despedirse.

They left (went away) without saying goodbye.

El autobús **sale** a las siete de la tarde.

The bus leaves at 7:00 PM.

El tren **salió** del túnel envuelto en humo.

The train came out of the tunnel in a cloud of smoke.

Carmen **dejó (abandonó)** el hotel porque no le gustaba el servicio.

Carmen left the hotel because she didn't like the service.

Tuvimos que **abandonar (dejar)** el coche averiado en la carretera.

We had to abandon (leave) the broken-down car on the road.

10 ●

sucio *dirty, filthy*	**inmundo** *unclean, filthy, dirty*
cochino *filthy*	**puerco** *filthy*
asqueroso *disgusting, filthy*	**mugriento** *filthy, greasy*

The above adjectives mean basically the same thing, although there are regional preferences for certain terms. There are also differences in social register that dictate the selection of one word over another. Note that **cochino** and **puerco** are nouns meaning *pig* and are used colloquially as adjectives for *filthy*. Other words for *pig* (such as **marrano** or **cerdo**) are similarly used.

Tienes las manos **cochinas**; lávatelas antes de comer.

Your hands are filthy; wash them before you eat.

Como Marcos no se bañaba, siempre tenía un aspecto muy **puerco**.

Since Marcos never bathed, he always had a dirty (filthy) appearance.

Era una cocina **asquerosa** llena de cucarachas.

It was a disgusting (filthy) kitchen full of cockroaches.

11 ●

suave *smooth, soft, gentle*	**mullido** *soft*
blando *soft*	**muelle** *soft*

In Spanish, **suave** indicates that which is smooth to the touch or does not have a rough surface. By extension, it is also used to describe what is pleasing to the senses and in such cases is rendered by the English *soft*. However, *soft*, in its primary meaning of that which it is not hard and yields easily to pressure, is **blando** in Spanish. **Mullido** and **muelle** are synonyms of **blando**, but suggest physical comfort or ease. **Mullido** is used mostly for physical objects and **muelle** for both physical things and circumstances.

La superficie de la mesa es muy **suave**.	*The surface of the table is very smooth.*
La seda es **suave** al tacto.	*Silk is **smooth (soft)** to the touch.*
No puedo dormir en una cama **blanda (mullida, muelle)**.	*I can't sleep on a **soft** bed.*
El millonario llevaba una vida **muelle**.	*The millionaire led a **soft (easy)** life.*

12 •

romper a + infinitive   *to start + gerund*
echar(se) a + infinitive   *to start + gerund*
empezar a + infinitive   *to start or to begin + infinitive*
comenzar a + infinitive   *to start or to begin + infinitive*

Romper a + infinitive may be used instead of **empezar (comenzar) + infinitive** to indicate the precipitousness or suddenness with which an action begins. **Echar a + infinitive** indicates *to begin* with verbs of motion. **Echar(se) a + infinitive** is a synonym of **romper a**, but it is used with verbs of emotion. The standard **empezar (comenzar)**, although usable in all circumstances, lacks the special emphasis implicit in its synonyms.

Los niños **rompieron a gritar** al mismo tiempo.	*The children **began to shout (burst out shouting)** at the same time.*
Cuando vio al perro, el cartero **echó a correr**.	*When he saw the dog, the mailman **began to run**.*
Al recibir la mala noticia, Juan José **se echó a llorar**.	*When he heard the bad news, Juan José **began (started) to cry**.*
Las corridas de toros siempre **empiezan (comienzan)** a las cinco de la tarde.	*Bullfights always **begin** at 5:00 PM.*

13 •

disfrutar a sus anchas   *to enjoy freely, to have a good time*
disfrutar de   *to enjoy*
gozar de   *to enjoy*

In the literary selection, Vargas Llosa uses **disfrutar a sus anchas** to indicate that Alberto's mother wanted to be unincumbered to enjoy herself freely with her friends. Normally, **disfrutar** and its synonym **gozar** are followed by the preposition **de** + **noun**. Sometimes, however, this preposition is omitted before the noun. **Gozar** is preferred when the subject experiences a real pleasure or joy from something. **Disfrutar** is preferred when *to enjoy* indicates *to have use of* or *to benefit* from something (such as privileges, advantages, comforts, and so on). These distinctions tend to disappear in written Spanish.

Antonio **disfruta (goza) de** una salud estupenda.	*Antonio **enjoys** wonderful health.*
Millones de franceses **disfrutaron** sus vacaciones bajo el sol español.	*Millions of French people **enjoyed** their vacations under the Spanish sun.*

14 •

rezar   *to pray*
orar   *to pray, to orate*
el rezo   *prayer*
hacer una oración   *to say a prayer*
la plegaria   *prayer*

Rezar is the standard word for *to pray*, and often indicates to pray aloud. **Orar**, a more formal and literary term, may indicate either *to pray aloud or silently*. Of the corresponding nouns, however, **oración** is more common than **rezo**. **Plegaria** indicates a prayer in which a special request or favor is sought.

No he dejado de **rezar** ni un solo día por su alma.	*I've not failed **to pray** for his soul a single day.*
Mi tía **rezaba** un rosario todos los días.	*My aunt **prayed (said)** a rosary every day.*

Al llegar a la capilla, el peregrino **oró** ante la Virgen de Guadalupe.

*On arriving at the chapel, the pilgrim **prayed** before the Virgin of Guadalupe.*

Los campesinos hacían **plegarias** para que lloviera.

*The farmers said **prayers** so that it would rain.*

Muchos niños **rezan (hacen una oración)** antes de dormirse.

*Many children **say a prayer** before falling asleep.*

Las monjas de clausura se dedican principalmente al **rezo**.

*Cloistered nuns dedicate themselves mainly to **prayer**.*

15 •

el bizcocho   *cake*
el pastel   *pastry; pie (Sp. Am.)*
la tarta   *cake, pie*

The words that designate types of pastries and cakes vary enormously throughout the Spanish-speaking world. Nonetheless, in many cases **bizcocho** is used to indicate a cake similar to sponge or pound cake. **Pastel** in the singular refers to a large pastry or cake; in the plural, it refers to small, individual pastries similar to cream puffs, fruit tarts, eclairs, petit fours. **Pastel** may also refer to pastries with a meat, fish, or vegetable filling. **Tarta** in Spain is the standard word for cake of one or more layers; it is also used to refer to large fruit pies.

Para hacer un **bizcocho** se necesitan seis huevos y mucha mantequilla.

*To make a **pound cake** one needs six eggs and lots of butter.*

Hemos comprado un **pastel de queso** para el cumpleaños de papá.

*We have bought a **cheese cake** for Dad's birthday.*

El perro se comió los **pasteles** que había traído mamá.

*The dog ate the **pastries** that Mom had brought.*

Mi hermana hizo una **tarta** de chocolate (de manzana) para la fiesta.

*My sister made a chocolate **cake** (apple pie) for the party.*

PRACTICA ━━━━━━━━━━━━━━━━━━━━━━━━━━━━━━━━━━━━━

A. *Para cada una de las frases siguientes, elija Ud. la palabra que complete el sentido. Haga también cualquier cambio necesario en la palabra elegida para que la frase quede gramaticalmente correcta.*

1. Nuestro tren tiene _____ en Tarancón, Cuenca, Requena y Valencia (**paradero, parada, escala**).

2. Nadie sabe _____ del famoso cuadro que desapareció del museo (**la parada, la escala, el paradero**).

3. El botánico trataba de _____ la rosa roja con una blanca (**atravesar, cruzar, lanzar**).

4. Vivíamos en un edificio grande con más de dosciento(a)s _____ (**plantas, suelos, pisos**).

5. _____ de esta huerta es muy fértil y produce buenas sandías (**El piso, El suelo, La planta**).

6. Los marineros se _____ al mar para escapar del barco que se hundía (**arrojar, botar, echar**).

7. Después de un mes de llegar siempre tarde, _____ a David de la fábrica (**lanzar, tirar, echar**).

8. El perro estaba cansado y se _____ a los pies de su amo (**tirar, lanzar, echar**).

9. Estos pantalones están tan rotos que los voy a _____ (**lanzar, tirar, arrojar**).

10. El lanzador cubano de las Medias Rojas de Boston _____ la pelota a 95 millas por hora (**echar, arrojar, tirar**).

11. No puedo ir a Venezuela porque he _____ el pasaporte (**añorar, extrañar, perder**).

12. Cuando vayan a la universidad, _____ a tus padres (**añorar, echar de menos, perder**).

13. Antes de entrar en una casa japonesa, es costumbre _____ en la puerta (**desvestirse, frotarse, descalzarse**).

14. Jorge consiguió el diploma después de _____ geografía y física (**suspender, aprobar, extrañar**).

15. Los chicos repitieron el trimestre porque los _____ en inglés, historia y español (**examinar, aprobar, suspender**).

16. Cuando llegamos a casa de los tíos, éstos ya habían _____ de la casa (**dejar, salir, gozar**).

17. Como el dictador era tan odiado, tuvo que _____ su país (**marcharse, dejar, examinar**).

18. Se suele dormir bien en una cama _____ (**muelle, inmunda, desnuda**).

19. Nombraron una comisión para _____ los mejores vinos del país para la Feria Internacional (**seleccionar, optar por, escoger**).

20. Los socios tienen que _____ un nuevo presidente del club (**seleccionar, elegir, escoger**).

21. Joaquín ha _____ una jubilación anticipada por motivos de salud (**seleccionar, escoger, optar por**).

22. Era difícil escalar la montaña porque el granito estaba muy (**blando, mullido, suave**).

23. El sultán gozaba de una vida _____ y alegre (**blanda, mullida, muelle**).

24. Al oír el chiste, todos _____ a reír (**salir, romper, ir**).

25. Las enfermeras del hospital _____ a trabajar a las siete en punto de la mañana (**romper, echar, empezar**).

26. La pensión de Rafael le permitirá _____ una vida desahogada (**atravesar, disfrutar de, abandonar**).

27. Toda mi familia _____ por mí porque saliera bien de la operación (**rezar, orar, añorar**).

28. Desde el pórtico de la catedral, oíamos _____ de la anciana por la salud de su marido (**la oración, el rezo, la plegaria**).

29. "Empanada" es el nombre que se da a _____ de carne o de pescado (**una tarta, un bizcocho, un pastel**).

30. En el banquete de la boda de mi hermana, sirvieron _____ de vainilla con fresas (**un bizcocho, un pastel, una tarta**).

B. *Traduzca al español las siguientes frases empleando el vocabulario estudiado en este capítulo.*

1. We miss Carlos very much, and we have no idea of his whereabouts.

2. If Marcos doesn't take better care of himself, he'll end up [do not use **terminar**] in the hospital.

3. The arrow went through the target.

4. It will be necessary for you to take the ferry that crosses the river between the two countries. *Cruzar*

5. Housing in this city has become so expensive that they decided to rent an apartment in the country. *campo*

6. When John finished reading the magazine, he threw it away.

7. When the bus driver said that he couldn't smoke, Victor angrily threw his cigarette on the floor.

8. The two brothers were throwing snowballs at the truck.

9. Refugees almost always miss [do three ways] their native land.

10. Nicholas speaks with such a heavy accent that I miss much of what he says.

11. I was exhausted from the trip and hardly had enough energy to get undressed.

12. My son took the examination in physics twice, but he didn't pass.

13. They left last year but we don't know where they ended up.

14. The police arrived after the only witness had left the scene of the crime.

15. It's incredible that at such a tender age Carlitos uses such filthy language.

16. After looking at [use **ver**] many television sets, they chose the one that had the largest screen.

17. My parents still haven't chosen the place they want to live when they retire.

18. After many years of hard work, Juan didn't enjoy the easy life his money had bought him.

19. When my friend was very sick, I prayed for him every day.

20. The grandchildren began to eat the chocolate cake before their grandparents.

► ENFOQUE ◄ Description

Describing a scene or an event should engage the reader's senses: sight, hearing, smell, taste, and touch. The good writer conveys through words impressions of a sensorial and emotional nature to his readers.

To describe anything, you should apply the same principles used when writing a narrative; that is, focus, select, and define. Imagine you are moving in front of whatever you want to describe with a video camcorder. Your machine will gather the sights and sounds, you—with well selected words—must add tonalities, smells, tastes, and textures. You must make it come alive.

A good description is never reached by accident; it represents a conscious, artistically elaborated effect created by the writer. The writer should carefully select each noun, verb, adverb, and adjective employed in the description. While writing description, keep in mind what it is you want to communicate and to whom. Once you know this with certainty, you will have to choose which details (from among the many you may have gathered in your notes) will best transmit your impressions to the selected reader.

Avoid vague and superficial descriptions. Carefully select words and details so what you write will be *alive* and *vibrant*. It is better to use few—but revealing—details than to give a long list of them and risk losing your readers in the process. A good description implies that you must be a careful observer of life—and just as careful in selecting the words you employ while writing. A description has no power if it is merely an embellishment within the narration. To be effective, it must convey the necessary details to create the desired outcome. Remember that to make the readers experience what you want them to experience, you should employ as many of the senses as possible.

Avoid using abstract notions and generalizations; be as concrete and specific as you possibly can so the images or scenes you create will be effective. Do not excessively use adjectives and adverbs. Learn to use nouns properly and to be exact with verbs. When possible, use onomatopoeias—those words which represent sounds. Familiarize yourself with the connotations and derivations of the words you choose in your descriptions—a good dictionary and thesaurus are always useful.

TEMAS A ESCOGER

Temas relacionados con la selección literaria

1. Haga Ud. un retrato físico-psicológico de la madre de Alberto.

2. Imagínese Ud. cómo Alberto ve a cada uno de sus padres y la relación entre ellos.
3. Describa Ud. el cambio en la personalidad de la madre de Alberto.

Temas sugeridos por la selección literaria

1. Describa Ud. la vida de un adolescente en una academia militar.
2. Describa Ud. las consecuencias de la separación de los padres en los hijos.
3. Describa Ud. la transformación psicológica en una persona producida por la separación o el divorcio de su cónyuge.

|R|E|P|A|S|O| gramatical

■ The Subjunctive Mood (Part I)

The Subjunctive in English

One should distinguish between the spoken and the written language when referring to the subjunctive mood in English. Mood, or mode, is the indication of a speaker's attitude towards some action or condition through the use of distinctive verbal forms. The three verbal moods in English are the indicative (reviewed in Chapters 3 and 4), the subjunctive, and the imperative. In English, the use of the subjunctive has diminished steadily over time, especially in the spoken language. In the written language, however, it is more alive, although restricted to a limited number of uses.

In most Indo-European languages (including English and Spanish), the subjunctive has verb forms clearly distinct from those of the indicative. These forms are used to express wishes, commands, exhortations, and hypothetical events. But in English, most verbs are identical in their subjunctive and indicative forms, with the exception of the third-person singular forms. Thus, in most English utterances, a verb in the subjunctive cannot be recognized by its form alone. However, when the subjunctive occurs in the third-person singular, a form that normally requires a special inflection in the indicative, it is detectable by the lack of that inflection. If we contrast the following two sentences,

*Charles **thinks** for himself.*
*It is important that Charles **think** for himself.*

we observe that in the first, the verb is marked by **-s**, the normal third-person singular inflection of the indicative mood. It is the absence of this **-s** in the second example that marks *think* as a subjunctive rather than an indicative form.

The one English verb whose present subjunctive forms are discernable from those in the present indicative is the verb ***to be***. All forms of the present subjunctive are *be*, and contrast with all the present indicative forms listed below.

INDICATIVE		SUBJUNCTIVE	
I am	*we are*	*I be*	*we be*
you are	*you are*	*you be*	*you be*
(s)he is	*they are*	*(s)he be*	*they be*

In the past tense of the verb *to be*, only some of the forms of the indicative contrast with those of the subjunctive. In English, the past subjunctive is more frequently used than the present subjunctive.

INDICATIVE		SUBJUNCTIVE	
I was	*we were*	*I were*	*we were*
you were	*you were*	*you were*	*you were*
(s)he was	*they were*	*(s)he were*	*they were*

Examples of the English Subjunctive

The subjunctive is used in clauses (introduced by *that...*) after 1) impersonal expressions such as *it is (was, will be) necessary, probable, important*, etc., and 2) such verbs as *to advise, ask, demand, recommend*, and *suggest*.

*It is important that either you or I **be** here early.*

*It was a pity that he **lost** his job.*

*I recommend that she **work** harder.*

*I suggest that they **work** harder.*

Only in the third example above would it be possible to contrast the subjunctive verb, *she work*, with an indicative equivalent, *she works*. Indeed, in popular speech, some speakers might use in the first example above the indicative *are* instead of the subjunctive *be*. But in the remaining examples, the subjunctive and indicative forms would be identical. This situation explains why many native English speakers are only vaguely aware of the existence of the subjunctive mood.

Two other common uses of the subjunctive in English are 1) in clauses after the verb *to wish*, and 2) in contrary-to-fact conditional clauses. Nonetheless, as shown by the following examples, and especially in the spoken language, many native speakers of English would use the indicative *was* (in parentheses in the examples) instead of the grammatically correct subjunctive *were*.

*I wish this game **were (was)** over.*

*We wished that he **were (was)** here.*

*If John **were (was)** younger, he would take the trip.*

*He speaks as if he **were (was)** satisfied.*

Finally, although some native speakers would not recognize them as such, the subjunctive mood is also used in a number of fixed expressions such as:

Heaven forbid.

Come what may.

If need be.

So be it.

Be that as it may.

The Subjunctive in Spanish

The subjunctive mood is used much more in Spanish than it is in English. Indeed, if one fails to acquire a reasonable control over the forms and uses of the subjunctive, accurate communication in Spanish becomes difficult. Since most English speakers have little awareness of the subjunctive in their native language, they often fail to realize its vital importance when they study Spanish. English speakers frequently use indicative forms when using the Spanish language, rather than the required subjunctive.

Whereas the use of the indicative mood asserts the independent existence of a statement, the subjunctive (which is the mood with which to express subjectivity) reveals that a statement is dependent on another expression, often one of attitude. Because of this dependence, the Spanish subjunctive is used primarily in subordinate clauses introduced by the conjunction **que**.

The subjunctive mood often reveals that the speaker has doubts concerning the validity of an assertion or about the possibility of something being done or happening. The subjunctive reflects the contingency inherent in almost all future events. It also gives known facts the color of subjectivity or personal feeling. In short, the subjunctive deals with the realms of subjectivity, mental reservation, and uncertainty, in sharp contrast to the reality, independence, and objectivity of the indicative. Unlike English, in which the verbal forms of the subjunctive are in many cases identical to those of the indicative, in Spanish all the forms of the subjunctive are different from those of the indicative, thus formally marking the difference in function between the two moods.

Time Sequence and the Four Subjunctive Tenses

As the following contrastive table indicates, the subjunctive has only four tenses, whereas the indicative has ten (also see table on page 162). The two simple subjunctive tenses cover (in a different mood) the same ground as the five simple indicative tenses. Similarly, the two compound subjunctive tenses cover that of the five indicative compound tenses.

INDICATIVE	SUBJUNCTIVE
Present ⎫ Future ⎬	Present
Preterit ⎫ Imperfect ⎬ Conditional ⎭	Imperfect
Present perfect ⎫ Future perfect ⎬	Present perfect
Pluperfect ⎫ Preterit perfect ⎬ Conditional perfect ⎭	Pluperfect

After determining that the subjunctive, rather than the indicative, is the correct mood to use in a given sentence, one must decide which subjunctive form is the appropriate one. The *sequence of tenses* is a useful guide for making the correct choice in most cases. The *sequence of tenses* refers to the general correspondence between the tense of a subjunctive verb in the subordinate clause and that of the main-clause verb on which it depends. Usually, 1) the present subjunctive follows a verb in the present tense of the indicative, and 2) the imperfect (i.e., the past) subjunctive follows a verb in one of the past simple tenses of the indicative. In these contexts, *present* refers to the present, the future, and their compound tenses; *past* indicates imperfect, preterit, conditional, and their compound tenses. Let us examine the first case, that of the present, the future, and their compound tenses producing a present subjunctive in the subordinate clause.

Le digo a Carlos que **venga** hoy.	*I am telling Carlos **to come** today.*
Le diré a Carlos que **venga** hoy.	*I'll tell Carlos **to come** today.*
Le he dicho a Carlos que **venga** hoy.	*I've told Carlos **to come** today.*

► The Indicative and Subjunctive Tenses ◄

INDICATIVE			
Simple		*Compound*	
Present	hablo, -as, -a	**Present Perfect**	he, has, ha — hablado
Imperfect	hablaba, -as, -a	**Pluperfect**	había, -ías, -ía — hablado
Preterit	hablé, -aste, -ó	**Preterit Perfect**	hubo, hubiste, hubo — hablado
Future	hablaré, -ás, -á	**Future Perfect**	habré, -ás, -á — hablado
Conditional	hablaría, -ías, -ía	**Conditional Perfect**	habría, -ías, -ía — hablado

SUBJUNCTIVE			
Simple		*Compound*	
Present	hable, -es, -e	**Present Perfect**	haya, -as, -a — hablado
Imperfect	hablara, -as, -a	**Pluperfect**	hubiera, -as, -a — hablado
	or		
	hablase, -es, -e		hubiese, -es, -e — hablado

Now let us examine the second case, that of the imperfect, preterit, or conditional in the first part of a sentence producing the imperfect subjunctive in the subordinate clause.

Le decía ⎫
Le dije   ⎬ que **viniera**.
Le diría ⎭

I was telling him ⎫
I told him   ⎬ *to come*.
I would tell him ⎭

Le había dicho   ⎫
Le habría dicho ⎬ que **viniera**.

I had told him   ⎫
I would have told him ⎬ *to come*.

When a compound subjunctive tense is required in the subordinate clause, it normally corresponds to the same compound tense in English.

No creo que Vicente **haya venido**.   *I don't believe Vicente **has come**.*

Yo no creía que él **hubiera venido**.	*I didn't believe he **had come**.*
No podré creer nunca que él **haya escrito** ese informe.	*I shall never be able to believe that he **has written** that report.*
No podría creer nunca que él **hubiera escrito** ese informe.	*I would never be able to believe that he **had written** that report.*

There are, however, instances in which the sequence of tenses does not hold in Spanish. In these cases, the tense of the subjunctive is *not* determined by (i.e., is not in sequence with) that of the previous verb, on which it depends grammatically. Instead, the subjunctive verb is used without reference to the time of the verb in the independent clause, and is related to the time of the actual event. Thus, examples such as the following are exceptions to the sequence of tenses.

No creo que Carlos **viniera** ayer.	*I don't believe that Carlos **came** yesterday.*
Te dije que lo **hagas** mañana.	*I told you **to do** it tomorrow.*

In the examples above, it is clear that the speaker is drawn more to an event (the action of the first example is in the past and that of the second in the future) than to the tense of the preceding verb in the independent clause. Nonetheless, in the second example above, the speaker also had the option to follow the sequence of tenses and use the imperfect subjunctive after the verb **dije**. Indeed, the more common way of rendering the idea expressed in that sentence would be:

Te dije que lo **hicieras** mañana.	*I told you **to do** it tomorrow.*

In short, because each of the ten indicative tenses has an approximate temporal equivalent in one of the four subjunctive tenses, the boundaries of the subjunctive are, timewise, broader and less precise. It is because of this general lack of temporal definition that the native speaker of Spanish will occasionally adapt the subjunctive to a time circumstance different from that of the verb on which it depends. Nonetheless, in most cases, the sequence of tenses is followed to determine the correct verbal form when a subjunctive is needed.

From the table (p. 162) it is evident that there are two forms of the imperfect subjunctive distinguished by their -**ra** and -**se** suffixes. In Spanish America, the -**ra** form is by far the more common in the spoken language. It is also the standard form in the written language, although the -**se** form is some times encountered. In Spain, the -**ra** and -**se** forms are both used in written and spoken Spanish.

In Spain and Spanish America one occasionally finds in literature and journalistic writing what at first glance appears to be the -**ra** subjunctive, although the context does not require the use of the subjunctive. These -**ra** forms are actually pluperfect indicatives, and should be interpreted as such. The Latin ancestor of the Spanish -**ra** forms was actually a pluperfect indicative, before its Spanish descendent became the grammatical equivalent of the imperfect subjunctive. The original imperfect subjunctive, in Latin, had the -**se** ending.

Por aquel mismo camino que le **llevara** a la capital, Antonio volvió a Isaba.	*Along that same road that **had taken** him to the capital, Antonio returned to Isaba.*

The Subjunctive and Impersonal Expressions

By way of introduction to the Spanish subjunctive, and to focus attention on the review of verbal forms, the exercises at the end of this section will treat only the use of the subjunctive after impersonal expressions. In Chapters 7 and 8, we will review the subjunctive in noun, adjective, and verbal clauses, which is the order in which the subjunctive mood is traditionally presented.

An impersonal expression in English has a meaningless *it* that anticipates the true subject that follows. The Spanish equivalent of *it* is found in the verb itself. An impersonal expression may be followed by an infinitive or by a subordinate clause. After an impersonal expression that does not indicate certainty, Spanish normally uses a subjunctive verb in the subordinate clause. When an impersonal expression in English is followed by an infinitive, a parallel construction (i.e., *impersonal expression + infinitive*) is used in Spanish. But when in English the impersonal expression and the infinitive are separated by an indirect object, the Spanish equivalent of the construction will require a subordinate clause introduced by **que** followed by the verb in the subjunctive mood. That is, the English indirect object becomes the subject of the verb in Spanish. Among the adjectives (and nouns) that follow the verb **ser** to form an impersonal expression in Spanish are **necesario**, **preciso**, **menester**, **inevitable**, **posible**, **imposible**, **cierto**, **seguro**, **penoso**, **una lástima**, **una pena**, **mejor**, **peor**, **maravilloso**, **peligroso**, **(in)justo**, **bueno**, **malo**, and **mentira**.

Es bastante **leer** el resumen.	*It is sufficient (enough) **to read** the summary.*
Basta que **leas** el resumen.	*It is sufficient (enough) for **you to read** the summary.*
Será necesario **terminar** en seguida.	*It will be necessary **to finish** immediately.*

Será necesario que Ud. **termine** en seguida.	*It will be necessary for **you to (that you) finish** immediately.*
Sería conveniente **ir** mañana.	*It would be a good idea **to go** tomorrow.*
Sería conveniente que **fuéramos** mañana.	*It would be a good idea for **us to (that we) go** tomorrow.*
Pablo ha tomado tres cafés y es lógico que **esté** nervioso.	*Pablo had three cups of coffee, and it is logical for **him to be nervous**.*
Es (parece) absurdo que un muchacho **necesite** tomar píldoras para dormir.	*It is (seems) absurd for a boy **to have to** take pills in order to sleep.*
Sería mejor que no **te metieras** en los asuntos de los demás.	*It would be better for **you not to meddle** in other people's affairs.*

The preceding examples illustrate how in Spanish a clause, never a preposition, renders the English *for one to be* or *to do* following an impersonal expression. However, after impersonal expressions that affirm certainty, Spanish normally uses the indicative mood in the subordinate clause.

Es cierto que la **acompañó** al Museo del Prado.	*It is certain that **he accompanied** her to the Prado Museum.*
No es cierto que la **acompañara** a su casa.	*It is not certain that **he accompanied** her home.*

Note that **fácil** and **difícil** do not mean *easy* and *difficult* when used in impersonal expressions followed by a dependent clause, but *likely* and *unlikely*.

Es **fácil (difícil)** que Felipe **venga**.	*It is **likely (unlikely)** that **Felipe is coming**.*

But in other cases, they do retain their normal meanings of *easy* and *difficult*.

Le es **fácil (difícil)** venir.	*It is **easy (difficult)** for him to come.*

In summary, an impersonal expression in Spanish is followed by the infinitive when 1) no specified subject follows, and 2) the logical subject can be expressed as an indirect object pronoun.

Es importante acabarlo ahora.   *It is important to finish it now.*

Te importa acabarlo ahora.   *It is important for you to finish it now.*

PRACTICA

A. *Para cada una de las frases siguientes con expresión impersonal, elija Ud. la forma verbal que la complete.*

1. Es aconsejable que Eric _____ sus estudios de medicina antes de casarse (**termina, termine, terminaría**).

2. Es cierto que Andrés no _____ muy bien (**cocine, haya cocinado, cocina**).

3. Sería justo que Mariano _____ su parte de los gastos (**pagará, pagara, paga**).

4. Fue injusto que el novelista _____ el premio literario (**ganó, ganara, gane**).

5. No era cierto que el presidente _____ dicho la verdad (**había, ha, hubiera**).

6. Sería aconsejable que tú _____ a ver a ese señor (**irás, vas, vayas**).

7. Es dudoso que Pablo _____ una casa en Barcelona (**compró, compra, compre**).

8. Es imposible que tus amigos _____ llegado a las siete (**han, hayan, habían**).

9. A José le será fácil _____ (**que aprenda, que aprende, aprender**).

10. Es penoso que un hombre inocente _____ en la cárcel tantos años (**estuvo, ha estado, haya estado**).

11. Es menester que los estudiantes se _____ cada curso (**matriculen, matriculan, matricularan**).

12. Para estar bien de salud es necesario _____ menos grasas (**comiendo, comer, comamos**).

13. Ha sido obligatorio que ellos _____ al médico (**fueron, han ido, fueran**).

14. Habría sido mejor que ellos _____ hecho el trabajo ellos mismos (**hayan, hubieran, habían**).

15. Mañana será fácil que _____ (**llover, lloverá, llueva**).

16. Es maravilloso que Susana se _____ con Emilio (**casa, casó, case**).

17. Fue fenomenal que mi equipo _____ el campeonato de tenis (**ganó, ganara, gane**).

18. Para los viajeros es peligroso _____ la cabeza por la ventanilla en el tren (**sacar, sacarán, sacaran**).

19. Es peor que tú no _____ caso de tus padres (**hiciste, harás, hagas**).

20. Fue bueno _____ a nuestros amigos otra vez (**vimos, ver, veíamos**).

21. Sería preciso que Enrique y Héctor _____ lo que deben (**pagan, pagarán, paguen**).

22. Era verdad que se _____ casado con un hombre rico (**haya, había, hubiese**).

23. Sería estupendo que tú _____ con nosotros mañana al cine (**vendrás, vienes, vengas**).

24. Es importante que los viajeros no _____ al tren cuando está en marcha (**subir, suban, suben**).

25. Es improbable que Pascual _____ la operación (**ha tenido, tendrá, tenga**).

26. Es seguro que ellos _____ anoche (**saliesen, salieron, hayan salido**).

27. Era increíble que esos dos países _____ la paz después de tantos años (**habían firmado, firmaron, hubieran firmado**).

28. Sería mejor que tú _____ cuando habla tu padre (**escucharías, escucharás, escucharas**).

29. Es fabuloso que nosotros _____ a Europa el verano próximo (**vamos, iremos, vayamos**).

30. Para muchas personas es preciso _____ la vida trabajando (**ganarse, que se ganen, ganándose**).

B. *Traduzca al español las siguientes frases usando las formas gramaticales estudiadas en este capítulo.*

1. It was evident that he had not finished the task.

2. It is a shame that her son acted that way.

3. It was surprising that the flight took only six hours.

4. It was astonishing that the governor pardoned the owner of the savings bank.

5. It's incredible that help arrived so soon after the accident.

6. It would be preferable for him to study elsewhere.

7. It is obligatory for everyone to use the seat belt in his/her car.

8. It would be easy for Carlos to play football.

9. It is absurd that the player should ask for so much money.

10. It was a pity that it rained the day of the picnic.

11. It is sad that the artist has died so young.

12. It is natural for him to be sleepy; he spent the whole night at the wheel.

13. It was dangerous to eat the fish from that contaminated river.

14. It would be unjust for her not to receive the promotion.

15. It would have been better for him to have finished writing his book.

[handwritten notes:] Será injusto (que) (ella) no recibiera la p.

para ella no recibir.

La rama seca
ANA MARÍA MATUTE

▶ **E N F O Q U E: Writing a Summary**

▶ **The Subjunctive Mood (Part II)**

▶ ▶ ▶ ▶ ▶ ▶ ▶ ▶ ▶ ▶ ▶ ▶ ▶ ▶ ▶ ▶ ▶

La rama seca

ANA MARÍA MATUTE

La española, Ana María Matute, nació en Barcelona en 1926. La crítica española
y extranjera la considera una de los mejores novelistas de su generación. Matute
es autora de unas nueve novelas y de numerosas colecciones de cuentos. Entre
sus novelas más conocidas son Fiesta al Noroeste (1953) —Premio Café Gijón;
Los hijos muertos (1958) —Premio Nacional de Literatura; y Primera memoria
(1960) —Premio Nadal. Entre sus libros de cuentos más destacados figuran Los
niños tontos (1956) e Historias de la Artámila (1961) de donde hemos tomado
la parte del cuento "La rama seca" que se reproduce a continuación.

Los protagonistas de Matute son, con frecuencia, niños o adolescentes que
se mueven en un mundo al que no comprenden y que, a su vez, abusa de ellos.
Estos personajes son, a menudo, enfermos o físicamente deformes y sufren de la
soledad y de la falta de comprensión de los demás. A veces, como para escapar
de una vida que les resulta cruel e intolerable, intentan huidas físicas o
imaginativas. Otras veces mueren sin razón aparente.

En la selección de "La rama seca" que reproducimos, la protagonista es una
niña enferma de apenas seis años. "Pipa" es el nombre que la niña da a su
muñeca, hecha por ella misma, con una ramita seca, un trocito de tela y mucha
imaginación. La niña pasa largas horas a solas con Pipa mientras sus padres
están trabajando en el campo y su hermano mayor, Pascualín, está jugando en
la calle.

Doña Clementina, vecina, y mujer del médico del pueblo, se encariña con la
niña. Cuando Pascualín le quita Pipa a su hermana, doña Clementina le compra
una muñeca preciosa para reemplazarla.

Matute, en "La rama seca," como en otras muchas obras suyas, enfrenta
con gran maestría la incomprensión que separa el mundo de los adultos del de
los niños.

▼

—Hola, pequeña —dijo doña Clementina— ¿Cómo estás?
    La niña empezó a llorar de un modo suave y silencioso. Doña Clementina
se agachó y contempló su carita amarillenta, entre las trenzas negras.
    —Sabe usted —dijo la niña—, Pascualín es malo. Es un bruto. Dígale usted
5 que me devuelva a "Pipa", que me aburro sin "Pipa"...

Seguía llorando. Doña Clementina no estaba acostumbrada a hablar a los niños, y algo extraño agarrotaba su garganta y su corazón.

Salió de allí, en silencio, y buscó a Pascualín. Estaba sentado en la calle, con la espalda apoyada en el **muro**[1] de la casa. Iba descalzo y sus piernas morenas, desnudas, brillaban al sol como dos piezas de cobre.

—Pascualín —dijo doña Clementina.

El muchacho **levantó**[2] hacia ella sus ojos desconfiados. Tenía las pupilas grises y muy juntas y el cabello le crecía abundante como a una muchacha, por encima de las orejas.

—Pascualín, ¿qué hiciste de la muñeca de tu hermana? Devuélvesela.

Pascualín lanzó una blasfemia y se levantó.

—¡Anda! ¡La muñeca, dice! ¡*Aviaos* estamos!

Dio media vuelta y se fue hacia la casa, murmurando.

Al día siguiente, doña Clementina volvió a visitar a la niña. En cuanto la vio, como si se tratara de una cómplice, la pequeña le habló de "Pipa":

—Que me **traiga**[3] a "Pipa," dígaselo usted, que la traiga...

El llanto levantaba el pecho de la niña, le llenaba la cara de lágrimas, que caían despacio hasta la manta.

—Yo te voy a traer una muñeca, no llores.   Doña Clementina dijo a su marido, por la noche:

—Tendría que bajar a Fuenmayor, a unas compras.

—Baja —respondió el médico, con la cabeza hundida en el periódico.

A las seis de la mañana doña Clementina tomó el auto de línea, y a las once bajó en Fuenmayor. En Fuenmayor había tiendas, mercado y un gran bazar llamado "El ideal." Doña Clementina llevaba sus pequeños ahorros envueltos en un pañuelo de seda. En "El Ideal" compró una muñeca de cabello crespo y ojos redondos y fijos, que le pareció muy hermosa. "La pequeña va a alegrarse de veras," pensó. Le costó más cara de lo que imaginaba, pero pagó de buena gana. Anochecía ya cuando llegó a la aldea. Subió la escalera y, algo avergonzada de sí misma, notó que su corazón **latía**[4] fuerte. La mujer Mediavilla estaba ya en casa, preparando la cena. En cuanto la vio alzó las dos manos.

—¡Ay, *usté*, doña Clementina! ¡Válgame Dios, ya disimulará en qué trazas la recibo! ¡Quién iba a pensar...!

Cortó sus exclamaciones.

—Venía a ver a la pequeña: le traigo un juguete...

Muda de **asombro**[5] la Mediavilla la hizo pasar.

—Ay, cuitada, y mira quién viene a verte...

La niña levantó la cabeza de la **almohada**.[6] La llama de un candil de aceite, clavado en la pared, temblaba, amarilla.

—Mira lo que te traigo: te traigo otra "Pipa," mucho más **bonita**.[7]

Abrió la caja y la muñeca **apareció**,[8] rubia y extraña.

Los ojos negros de la niña estaban llenos de una luz nueva, que casi embellecía su carita fea. Una sonrisa se le iniciaba, que se enfrió enseguida a la vista de la muñeca. Dejó caer de nuevo la cabeza en la almohada y empezó a llorar despacio y silenciosamente, como acostumbraba.

—No es "Pipa" —dijo—. No es "Pipa."

Tracy IV

La madre empezó a **chillar**:[9]

—¡Habráse visto la tonta! ¡Habráse visto, la desgraciada! ¡Ay, por Dios, doña Clementina, no se lo tenga usted en cuenta, que esta (moza) nos ha salido
55 **retrasada**[10]...!

Doña Clementina parpadeó. (Todos en el pueblo sabían que era una mujer tímida y solitaria, y le tenían cierta compasión.)

—No importa, mujer —dijo con una pálida sonrisa—. No importa. Salió.
La mujer Mediavilla cogió la muñeca entre sus manos rudas, como si se tratara
60 de una flor.

—¡Ay, madre, y qué cosa más preciosa! ¡Habráse visto la tonta ésta...!

Al día siguiente doña Clementina recogió del huerto una ramita seca y la envolvió en un retal. Subió a ver a la niña:

—Te traigo a tu "Pipa." La niña levantó la cabeza con la viveza del día
65 anterior. De nuevo, la tristeza subió a sus ojos oscuros.

—No es "Pipa."

Día a día, doña Clementina confeccionó "Pipa" tras "Pipa," sin ningún resultado, y el caso llegó a oídos de don Leoncio.

—Oye, mujer: que no sepa yo de más **majaderías**[11] de ésas... ¡Ya no
70 estamos, a estas alturas, para andar siendo el hazmerreír del pueblo! Que no vuelvas a ver a esa **muchacha**:[12] se va a **morir**,[13] de todos modos...

—Pues claro, ¡qué remedio! No tienen posibilidades los Mediavilla para pensar en otra cosa... ¡Va a ser mejor para todos!

En efecto, apenas iniciado el otoño, la niña se murió. Doña Clementina sintió
75 un pesar grande, allí dentro, donde un día le naciera tan tierna curiosidad por "Pipa" y su pequeña madre.

Fue a la primavera siguiente ya en pleno deshielo, cuando una mañana, **rebuscando**[14] en la tierra, bajo los ciruelos, apareció la **ramita**[15] seca, envuelta en su pedazo de percal. Estaba quemada por la nieve, y el color rojo de la tela se
80 había vuelto de un rosa desvaído. Doña Clementina tomó a "Pipa" entre sus dedos, la levantó con respeto y la miró, bajo los rayos pálidos del sol.

—Verdaderamente —se dijo. ¡Cuánta razón tenía la pequeña! ¡Qué cara tan hermosa y triste tiene esta muñeca!

CUESTIONARIO

Contenido

1. ¿De qué manera combatía la niña la soledad?
2. ¿Qué pidió la niña que hiciera doña Clementina?
3. Cuando no pudo recuperar la muñeca, ¿qué hizo doña Clementina para la niña?
4. ¿Qué reacción tuvo la niña cuando doña Clementina le regaló la muñeca?
5. ¿Cómo reaccionó la madre de la niña ante el comportamiento de ésta con doña Clementina?
6. ¿Qué pensaba el marido de doña Clementina de sus atenciones para con la niña?

7. ¿Qué encontró doña Clementina en la tierra y cómo la afectó este hallazgo?

Interpretación y estilo

1. ¿Por qué cree Ud. que se siente tan sola la niña?
2. ¿Cómo afecta el uso del diálogo el impacto emotivo de este cuento?
3. ¿Qué actitudes de la autora percibimos en su retrato de doña Clementina?
4. ¿Cómo caracterizaría Ud. a la madre de la niña?
5. Comente Ud. el lenguaje usado por los diferentes personajes.
6. ¿Por qué razones cree Ud. que ha muerto la niña?
7. ¿Cómo interpreta Ud. el que doña Clementina, al hallar a Pipa, la encuentre también hermosa y triste?

► Léxico: opciones ◄

1

el muro *wall*	**la tapia** *wall*
la muralla *wall*	**el tabique** *wall, partition*
la pared *wall*	**el malecón** *sea wall*
el paredón *wall*	

Muro is the stone wall, of variable thickness, of a building or fortress. **Muralla** is a very large defensive or protective wall of masonry. **Pared** is the standard word for wall (inside or out) in most other contexts. **Paredón** refers to the part of a thick wall that remains standing among ruins. **Tapia** is an outside masonry wall, usually of adobe, brick, or stucco, used to enclose a garden or cemetery. **Tabique** indicates a very thin wall or partition made of any kind of material. **Malecón** refers to a sea wall, dike, or breakwater that often has a promenade or walkway on it.

A fines de 1989 empezaron a desmantelar el **muro** de Berlín.

*Towards the end of 1989, they began to dismantle the Berlin **wall**.*

Desde el camino, se veían las **murallas** de la vieja ciudad.

*From the road, the **walls** of the old city were visible.*

Después del terremoto, salieron muchas grietas en las **paredes** del comedor.

*Many cracks appeared in the dining room **walls** after the earthquake.*

Las **tapias** de nuestro jardín están cubiertas de buganvillas.

*The **walls** of our garden are covered with bougainvillea.*

A través del **tabique**, se oye jugar a los niños.

*Through the **(thin) wall**, we can hear the children play.*

---

2 •

levantar *to raise, lift*
alzar *to raise, lift*
elevar *to raise, lift*

izar *to raise, lift*
erguir *to raise up, straighten*

The basic verb to indicate physically moving something from a lower to a higher position is **levantar**. **Alzar** is a common literary synonym of **levantar**. **Elevar**, another synonym of **levantar**, is frequently used in the language of mechanics and physics. In other cases, it is a more learned synonym for **levantar**. **Izar** replaces **elevar** when an object such as a flag, banner, or sail is raised or lifted by means of a rope or cable device. **Izar** is especially common in military language. **Erguir** is to lift or raise something to an upright position, such as one's head or neck.

Pesa tanto la maleta que no la puedo **levantar**.

*The suitcase weighs so much that I can't **lift** it.*

El estudiante **alzó (levantó)** la mano para hacer una pregunta.

*The student **raised** his hand to ask a question.*

Usaron una polea para **elevar** el piano hasta el quinto piso.

*They used a pulley to **raise (hoist)** the piano up to the fifth floor.*

Todas las mañanas **izan** la bandera delante de correos.

*Every morning they **raise** the flag in front of the post office.*

Los soldados **se irguieron** al acercarse el teniente.

*The soldiers **straightened up** when the lieutenant approached.*

---

3 •

traer *to bring*
llevar *to take, carry*

venir *to come*
ir *to go*

In Spanish, both **traer** and **venir** always indicate motion towards the speaker. **Llevar** and **ir** indicate motion away from the speaker. Although in most cases the same directions are implied in the English equivalents of these Spanish verbs, in some cases they are not.

¿Qué regalo quieres que te **traiga** de Guadalajara?

*What gift do you want me to **bring** you from Guadalajara?*

Le he **llevado** un hermoso regalo de Guadalajara.

*I have **brought (taken)** her a beautiful gift from Guadalajara.*

Vengo ahora de México donde pasé tres semanas.

*I'm **coming** now from Mexico where I spent three weeks.*

¿Piensas **ir** a la fiesta el sábado?

*Do you intend to **go (come)** to the party on Saturday?*

Cuando llamaron a la puerta, la mujer gritó— "Ya **voy**."

*When they knocked at the door, the woman yelled out, "I'm **coming**."*

4 •

latir *to beat*	**pegar** *to beat*
batir *to beat*	**ganar** *to win, beat*

Latir indicates the heart's normal beating or pulsating. **Batir** is *to beat* in the sense of mixing or beating ingredients or materials. **Batir** is sometimes used to refer to the heart; in those cases it implies a more vigorous beating than **latir**. **Batir** also means *to beat* or *to break* a record in the competitive sense. **Pegar** means *to beat* in the sense of *to strike* in order to injure; **ganar** indicates *to win* at a game or contest.

La música de la corrida hizo **batir** todos los corazones.

*The music of the bullfight made everyone's heart **beat**.*

Para hacer este postre, primero hay que **batir** las yemas y luego las claras.

*In order to make this dessert, first you must **beat** the egg yolks and then whip the whites.*

Mark Spitz **batió** muchos records mundiales en los Juegos Olímpicos de 1972.

*Mark Spitz **broke** many world records in the Olympic Games of 1972.*

El asaltante le **pegó** tan fuerte que lo dejaron medio muerto.

*The mugger **beat** him so hard that they left him half dead.*

Le **gané** en una partida de ajedrez.

*I **beat** him in a game of chess.*

⑤ •

el asombro   *astonishment, amazement*
asombrar   *to astonish, amaze*
pasmar   *to astound, leave speechless, stun*
maravillar   *to astonish, amaze, fill with wonder*
sorprender   *to surprise*

The verb forms corresponding to Spanish nouns indicating astonishment or surprise (**asombro, pasmo, maravilla, sorpresa**) are more commonly used than their nouns. **Asombrar, pasmar** and **maravillar** all convey the idea of *to astonish* or *to amaze*. They are often used with the reflexive pronoun and **de** or another preposition to express *to be amazed* or *to be astonished at (or by)* something. **Asombrar** can render *to amaze* in almost all cases. **Pasmar,** however, indicates an intense state of amazement or astonishment. It implies being left stunned, speechless, or unable to react. Both verbs may refer to unpleasant or pleasant circumstances. **Maravillar,** however, indicates a positive reaction of awe or wonderment to something beautiful or admirable.

Nos **asombran** los últimos avances de la medicina.	*The latest advances in medicine **astonish** us.*
Me **asombré** de lo viejo que estaba nuestro antiguo profesor.	*I was **astonished (surprised)** at how old our former professor looked.*
El cartero jubilado se quedó **pasmado** al saber que su banco había quebrado.	*The retired mailman was **astonished (stunned, shocked)** when he learned his bank had failed.*
El inmigrante **se maravilló** de los rascacielos de Nueva York.	*The immigrant **was awed** by the skyscrapers of New York.*

⑥ •

la almohada   *pillow*   **el almohadón**   *pillow, cushion*
la almohadilla   *pillow, cushion*   **el cojín**   *cushion, pillow*

Almohada normally indicates a bed-pillow or a pillow for resting one's head. **Alhomadilla** can indicate a small cushion; it also refers to the plastic or leather pads used to cover seats at sporting events and the like. **Almohadón** and **cojín** are often used synonymously and are equivalents of English *cushion* or *pillow*. Nonetheless, there exists a tendency to use **cojín** for smaller cushions or pillows and **almohadón** for larger ones.

En el avión le pedí a la azafata una **almohada** para descansar la cabeza.

On the plane I asked the flight attendant for a **pillow** to rest my head.

En el estadio alquilamos **almohadillas** para los asientos.

At the stadium we rented **cushions** for our seats.

Mucha gente en la fiesta se sentaba sobre **almohadones** en el suelo.

Many persons at the party sat on (**large**) **pillows** on the floor.

La mujer rezaba en la iglesia arrodillada sobre un **cojín** de pana.

The woman, kneeling on a corduroy **cushion**, was praying in the church.

7 •

bonito *pretty*
hermoso *beautiful*
bello *beautiful*

lindo *pretty; beautiful*
guapo *handsome; beautiful*

Bonito, like the English *pretty*, applies to that which gives immediate but sometimes superficial pleasure to the senses. **Hermoso** applies to that which provides deeper pleasure and is also capable of stirring the emotions. **Bello**, a synonym of **hermoso**, is the term preferred to refer to the arts and to moral and spiritual beauty, as opposed to physical beauty. **Lindo** is a synonym of **bonito** in Spain, but in Spanish America, where it is used far more than in Spain, it has the force of **hermoso**. **Guapo(a)**, *handsome*, is applied not only to men but to women; in the latter case, it corresponds more closely in meaning to *beautiful* than to *handsome*.

Le compramos unos regalos muy **bonitos** para su santo.

We bought her some very **pretty** gifts for her saint's day.

Hedy Lamarr era una mujer muy **hermosa**.

Hedy Lamarr was a very **beautiful** woman.

Se quedó maravillado de los cuadros tan **bellos** del Museo del Prado.

He was awed by the **beautiful** paintings in the Prado Museum.

La niña tenía una cara muy **linda**.

The child had a very **pretty** face.

¡Qué **linda** vista tenemos desde esta montaña!

What a **lovely** (**beautiful**) view we have from this mountain!

Según Shakespeare, Cleopatra era una mujer muy **guapa**.

According to Shakespeare, Cleopatra was a very **beautiful** woman.

8 •

aparecer   *to appear*   **comparecer**   *to appear*
asomarse a   *to appear at*

The English *to appear*, in its meaning of *to come into sight*, is **aparecer** in Spanish. In the sense of *to appear* before some legal body or judicial board, the English *to appear* corresponds to Spanish **comparecer**. **Asomar(se)** is a synonym of **aparecer**, and commonly replaces it in the context of *to appear at* or *to be at* some opening (door, window, and so on) for the purpose of looking in or looking out. As the examples below reveal, no fixed translation equivalents exist for **asomarse a** and **estar asomado a**.

Nunca sabemos cuándo David va a **aparecer** por aquí.

We never know when David is going **to appear** around here.

El ministro de Hacienda **compareció** ante la comisión de relaciones exteriores.

The Secretary of the Treasury **appeared** before the foreign relations committee.

A ver si **se asoma** pronto.

Let's see if (s)he **appears (pops up, shows up)** soon.

Al oír el ruido en la calle, saltó de la cama y **se asomó** a la ventana.

On hearing the noise in the street, he jumped out of bed and **looked out** the window.

Cuando el carcelero **se asomó**, encontró la celda vacía.

When the jailer **looked in**, he found the cell empty.

Los pasajeros **estaban asomados a** las ventanillas del tren.

The passengers were **looking out** the windows of the train.

9 •

ladrar   *to bark*   **gritar**   *to shout, scream, cry out*
alborotar   *to make a racket*   **vocear**   *to shout or cry out publicly*
maullar   *to meow*   **ronronear**   *to purr*
mugir   *to moo*   **chillar**   *to shriek, screech, scream, shout loudly*

Chillar, besides indicating the shrill noises corresponding to the English *shriek* and *screech*, also means *to shout very loudly*. **Gritar** is the most common Spanish verb to indicate *to shout* or *to scream* and is used when a verbal message is to be communicated to some distance from the speaker. **Alborotar** connotes the considerable noise or racket (vocal or otherwise) often associated with trouble-making or a public disturbance. The two principal uses of **vocear** are as synonyms of **gritar**, *to shout*, and **pregonar**, *to announce or advertise aloud*.

No me gusta que me **chilles**.	*I don't like **you to scream** at me.*
Juan tuvo que **gritar** para que le oyeran desde la esquina.	*Juan had **to shout** so that they could hear him from the corner.*
Al salir del estadio, los aficionados **alborotaron** tanto que no se podía dormir.	*When they left the stadium, the fans **made** so much **noise (racket)** that one couldn't sleep.*
Los domingos, los vendedores ambulantes **vocean** sus frutas y verduras en la calle.	*On Sundays, the hucksters **hawk (peddle)** their fruits and vegetables in the street.*
A veces me desespero cuando **ladra** sin cesar el perro del vecino.	*At times I despair (become exasperated) when the neighbor's dog **barks** incessantly.*
Mi gata **ronronea** cuando alguien la acaricia.	*My cat **purrs** whenever someone pets her.*

10 •

retrasar	*to retard, delay*	**demorar**	*to delay*
atrasar	*to slow down, delay*	**retardar**	*to retard, slow down; to postpone*

Retrasar and **atrasar** are synonymous in almost all their meanings. Both indicate a delay or lateness in arriving or in doing something. Nonetheless, there are uses in which these verbs are distinguishable. **Retrasar** (and not **atrasar**), as in Matute's example, indicates mental retardation. **Demorar** is more common in written than in spoken Spanish; it is much used in administrative language. **Retardar**, a transitive verb, indicates a voluntary or non-voluntary decrease in the speed with which someone or something moves. **Retardar** also means *to put off* or *to postpone* something.

Atrasamos (retrasamos) la compra de la casa hasta que nazca el niño.	*We are delaying the purchase of the house until the baby is born.*

Nuestro avión viene **atrasado (re-trasado)** media hora.	*Our plane is **delayed** half an hour.*
Demoraron tres días más en entregar los documentos.	***They delayed** three more days in delivering the documents.*
La nevasca **retardó** la marcha del ejército hacia Moscú.	*The blizzard **delayed (slowed down)** the army's advance towards Moscow.*
Tuvimos que **retardar** nuestra partida para poder asistir a la boda.	*We had **to postpone** our departure in order to be able to attend the wedding.*

11 •

la majadería   *foolish act or statement*
el disparate   *nonsensical act or statement*
la tontería   *foolish act or statement*
la estupidez   *stupid act or statement*
la locura   *crazy or insane act or statement*

The above and many similar nouns are used instead of **cosa** or **algo** + **the corresponding adjective** to indicate that someone has done or said something foolish, stupid, crazy, and so forth.

Ismael siempre dice **tonterías**.	*Ismael is always saying **foolish things**.*
Has hecho una **locura**, Julio.	*You've done **something crazy**, Julio.*
Fue una **estupidez** que le prestaras tanto dinero.	*It was a **stupid thing** for you to lend him so much money.*

12 •

el (la) muchacho(a)   *boy (girl), young person*
el (la) chaval(a)   *young person, youth*
el (la) niño(a)   *young child, child*
el (la) nene(a)   *baby*
el (la) chico(a)   *child, youngster*
el bebé   *infant, baby*
el (la) joven   *young person*
el (la) infante(a)   *heir to the Spanish throne*
el(la) adolescente   *adolescent, teenager*

As in English, the Spanish terms for young people tend to be imprecise in establishing chronological boundaries. There is also considerable personal and regional variation in the way some of these words are used. For instance, **muchacho(a)** may refer to any young boy or girl, but it is most common for an adolescent or teenager. **Joven** and **adolescente** are also common to refer to the teenage years. **Niño(a)** may refer to any child up to the age of puberty. **Chico(a)** is a common synonym of both **niño(a)** and **muchacho(a)**. **Chaval(a)**, used mostly in Spain, may also refer to a **niño(a)** or **muchacho(a)**. **Nene(a)** and **bebé** both render *baby* in Spanish, but the latter is preferred for the nursing or infant stage. Finally, **infante(a)** is a false cognate of the English *infant*. It is used in modern Spanish as a title for the heirs to the Spanish throne.

El domingo había varios **chicos (muchachos)** jugando al béisbol en el parque.	On Sunday there were several **boys** playing baseball in the park.
Todas las mañanas Rubén lleva a los **niños** al colegio.	Every morning Rubén takes his **children** to school.
Carlos y Javier son dos **chavales** estupendos.	Carlos and Javier are two wonderful **young men**.
Mañana el **nene** cumple dos años.	Tomorrow the **baby** is two years old.
Hace sólo tres meses que nació nuestro **bebé**.	Our **baby** was born only three months ago.

13 ●

morir *to die*	**expirar** *to expire, die*
fallecer *to die, decease*	**estirar la pata** *to kick the bucket*
perecer *to die, perish*	

Morir, *to die*, is often used reflexively, as in the selection from Matute. The use of the reflexive pronoun indicates a greater emotional involvement on the part of the speaker, whereas **morir** by itself indicates an objective, unemotional reporting of the death. Primary among the other Spanish terms for *to die* is **fallecer**, which has all but replaced **morir** in death notices, obituaries, and legal documents. **Perecer**, like the English *to perish*, indicates *to die* in a violent or untimely manner. **Expirar**, like the English *to expire* (i.e., *to breathe one's last breath*) is a euphemism focusing on the very last moments of life. A humorous substitute for **morir** is **estirar la pata** (literally *to stretch one's leg*), which conveys the idea and tone of English *to kick the bucket*.

Ha fallecido en el hospital el rector de la universidad.

*The president of the university **has died** in the hospital.*

Veinte civiles **perecieron** en el ataque terrorista.

*Twenty civilians **perished (died)** in the terrorist attack.*

14 ●

rebuscar   *to look closely (for)*
rellenar   *to refill*
recorrer   *to go through or over an area*
reatar   *to re-tie*
rehacer   *to redo, remake, do over again*

The verbal prefix **re**- in Spanish has two main functions. In verbs such as **rebuscar**, it serves as an intensifier to indicate a more careful, vigorous, or thorough activity than the base verb itself. In many other cases, **re**- indicates a repetition or doing something over again.

Recorrimos todo el barrio hasta dar con la casa.

***We went all over (through)** the neighborhood before finding the house.*

En seguida el camarero me **rellenó** la taza de café.

*The waiter immediately **refilled** my cup with coffee.*

15 ●

la ramita   *small branch, twig*
la rama   *branch*
el ramo   *branch*
el gorro   *cap, bonnet*
la gorra   *cap (usu. with visor)*
el charco   *puddle*

la charca   *pool*
el leño   *log*
la leña   *firewood*
el gimnasio   *gymnasium*
la gimnasia   *gymnastics*

Spanish has many pairs of nouns that differ only in their -**o** and -**a** endings. In many (but not all) instances, the -**a** form indicates the larger entity. In other cases, the distinction is not one of size but of different, although related, meanings.

Una enorme **rama** del roble cayó sobre el camino.

*An enormous **branch** from the oak tree fell onto the road.*

En Semana Santa, se hacen cruces con **ramos** de palmera.	*During Easter Week people make crosses from palm* **branches (fronds)**.
El coche, al pasar por el **charco**, nos salpicó a todos.	*The car, on going through the* **puddle**, *splashed all of us.*
Después de las lluvias, el campo quedó hecho una **charca**.	*After the rains, the countryside became (was like) a* **lake**.

PRACTICA

A. *Para cada una de las frases siguientes, elija Ud. la palabra que complete el sentido. Haga también cualquier cambio necesario en la palabra elegida para que la frase quede gramaticalmente correcta.*

1. Vamos a pintar de azul _____ del dormitorio del nene (**los muros, las paredes, las tapias**).

2. Cuando vayas a Asia, no dejes de visitar _____ de la China (**el gran malecón, el gran paredón, la gran muralla**).

3. Cada noche en Mazatlán dábamos un hermoso paseo por _____ al lado del mar (**la tapia, la muralla, el malecón**).

4. Juana mandó construir _____ de estuco alrededor del jardín (**un tabique, una tapia, un paredón**).

5. Lo primero que hicimos al salir del puerto fue _____ las velas del barco (**erguir, izar, levantar**).

6. El peregrino _____ los ojos hacia la estatua de Cristo que había encima de la montaña (**erguir, izar, alzar**).

7. Para edificar el rascacielos, era necesario usar unas enormes grúas para _____ los materiales de construcción hasta los pisos de arriba (**izar, erguir, elevar**).

8. Cuando vayas a Barcelona este verano, debes de _____ unos zapatos cómodos contigo (**traer, llevar, recorrer**).

9. Le dieron a Esteban una medalla de oro por haber _____ el record de la escuela en salto de altura (**pegar, batir, ganar**).

10. El cardiólogo le dijo que no se preocupara porque su corazón _____ normalmente (**latir, batir, pegar**).

11. Cuando me enteré de que mi profesor se había carbonizado en el incendio, _____ (**maravillarse, pasmarse, sorprenderse**).

12. Los turistas _____ ante la majestuosidad de las cataratas del Niágara (**sorprenderse, maravillarse, asomarse**).

13. Mi mujer acaba de comprar _____ nuevos (-as) para nuestra cama (**cojines, almohadones, almohadas**).

14. Pablo ha comprado un _____ juguetito para su sobrino (**guapo, hermoso, bello**).

15. La novena sinfonía de Beethoven es una de sus obras más _____ (**guapo, bonito, bello**).

16. Después del accidente del coche, tuve que _____ ante el juez (**comparecer, aparecer, asomarse**).

17. El entrometido del barrio _____ la ventana cada vez que salía alguien a la calle (**aparecer en, comparecer en, asomarse a**).

18. El chaval que se fugó de casa _____ un año después en Los Angeles (**comparecer, aparecer, asomarse**).

19. Cuando los Beatles aparecían en público, muchas jóvenes _____ con frenesí (**alborotar, gritar, vocear**).

20. Se suspendió el mitin político porque los manifestantes entraron en el auditorio y _____ tanto que estorbaron el orden público (**vocear, alborotar, gritar**).

21. Cuando yo era niño, los chicos _____ los periódicos en las calles de Nueva York (**alborotar, gritar, vocear**).

22. El filántropo estableció una escuela para niños _____ en Boston (**retardados, retrasados, atrasados**).

23. Debido al papeleo burocrático, la decisión va a _____ seis meses más (**retrasarse, retardarse, demorarse**).

24. Debido al apagón, todos los relojes eléctricos de nuestro edificio se _____ quince minutos (**atrasar, retardar, demorar**).

25. Fue una _____ asesinar al rey (**locura, majadería, tontería**).

26. Entonces Andrés era todavía un _____ que empezaba a gatear (**bebé, nene, infante**).

27. Acabo de leer en los obituarios del periódico de hoy que ha _____ el director del museo (**fallecer, expirar, estirar la pata**).

28. _____ todos los pasajeros al estrellarse el avión contra la montaña (**perecer, expirar, estirar la pata**).

29. La persona que vivía en el apartamento ya no lo ocupa; tendré que _____ (**reanimarlo, realquilarlo, rellenarlo**).

30. Cuando el aduanero terminó de inspeccionar las cajas, tuvimos que _____ (**rellenarlas, realquilarlas, reatarlas**).

B. *Traduzca al español las siguientes frases empleando el vocabulario estudiado en este capítulo.*

1. The mirror on the wall was broken.

2. We built a stone retaining [use **de retención**] wall between our property and our neighbor's.

3. The medieval walls that surround the Spanish city of Avila are still in almost perfect condition.

4. At the ballpark, they raised the flag and played the national anthem before each game.

5. When they heard the door open, the students rose [do two ways] to see who was entering the room.

6. The taxi took us all to the airport and then brought me back home.

7. My heart never beat more violently than at that moment.

8. To make this dessert, one beats egg whites and sugar together.

9. It doesn't surprise me that he has ended up in jail.

10. When I saw him for the first time, I was [use **quedarse**] amazed at his youthful appearance.

11. The nation was stunned by the sudden and unexpected resignation of the president.

12. We bought some large decorative pillows for the living room sofa.

13. It annoyed the parents that their son appeared only at dinner time.

14. As the parade moved down [use **pasar**] the avenue, all the residents were looking out of their windows to see it.

15. After the bus accident, the injured passengers were crying out for help.

16. Ana is very nervous and she always screams when she argues with someone.

17. The doctor was late [do not use **llegar tarde**] for his appointment because he had an emergency that morning.

18. His appointment as federal judge was delayed in the Senate.

19. The teenagers perished in a tragic automobile accident.

20. In the obituaries I read that the composer died [do not use **morir**] of natural causes.

▶ ENFOQUE ◀ Writing a Summary

A synopsis is the summary or condensation, in a few lines or paragraphs, of a report, an essay, or a book. The synopsis must retain the essential and most meaningful elements of the material condensed.

If you learn to write a good synopsis, you can improve the quality of the notes you take in class, and make a good summary of any book or movie. Often in life, you will find it necessary to summarize.

Your goal in preparing a synopsis is to select the principal ideas from the pages you wish to condense. Your summary will be best when it presents in a clear and concise manner the essential material. Of course, the length of your synopsis may vary depending on what you want to summarize. Try not to use the author's words (except to stress a point); use your own vocabulary and style. Before preparing a synopsis, carefully read what you want to summarize. Do not include opinions or commentaries on what the author has written—the function of a synopsis is merely to reproduce in an abbreviated form the report, essay, or book.

As with any other type of writing, make sure you have presented the summarized material accurately, in a logical order, and that you have gathered the ideas you want to transmit to the readers.

TEMAS A ESCOGER

Temas relacionados con la selección literaria

1. Escriba Ud. sobre las dos mujeres del cuento: la madre de la niña y doña Clementina.
2. Describa Ud. la falta de lazos afectivos en la familia de la niña.
3. Analice Ud. la importancia de la muñeca en la vida de la niña.

Temas sugeridos por la selección literaria

l. Escriba Ud. de lo que hace para combatir la soledad en su propia vida.
2. Describa Ud. un ejemplo de crueldad sufrida por Ud. o hecha por Ud. a otra persona.
3. Describa Ud. una muñeca, un animalito o un juguete que Ud. consideraba un amigo cuando era niño o niña.

|R|E|P|A|S|O| gramatical

■ The Subjunctive Mood (Part II)

The Subjunctive in Noun Clauses

A clause is a group of words that has its own subject and predicate (a predicate being that part of the clause that expresses what the subject is doing or experiencing). For instance, *the child* is the subject of the two sentences that follow. But in the first, the verb *ran* is the predicate, while in the second, *ran to the corner* is the predicate.

*The child **ran**.*
*The child **ran to the corner**.*

Clauses are divided into two kinds: main, or principal, clauses (which in some cases may constitute independent sentences by themselves); and dependent, or subordinate, clauses that can never stand alone, but must depend on a previous main clause. These subordinate clauses function grammatically as nouns, adjectives, or adverbs to complete the meaning of the main clause. In English, subordinate clauses are introduced either by subordinating conjunctions such as *that* and *which* or by relative pronouns such as *who*. Compare the subordinate clauses in the following sentences:

*The doctor said **that he would be in his office the next day**.*
*I know the man **who is standing on the corner**.*
*The mechanic fixed the car **so that we could leave on our trip**.*

In the three preceding sentences, the first subordinate clause functions as a noun, the second as an adjective, and the third as an adverb. Although it is occasionally used in the verb of an independent clause expressing doubt, most Spanish subjunctives are found in subordinate clauses of the kind illustrated above. In this chapter, we treat the first of these types: noun clauses.

The verb of a subordinate noun clause in Spanish is subjunctive when it depends on a verb expressing necessity, (un)desirability, ignorance, doubt, emotion, or (im)possibility. It is important to bear in mind that the conjunction **que** introduces the noun clause with the subjunctive verb, and that only rarely is there a subjunctive without both **que** and a change of subject between the main clause and the subordinate one. The use of the subjunctive in noun clauses is found after expressions of: a) Volition, Desire; b) Doubt, Denial, Negation; c) Emotion; and d) Impersonal Expressions.

Volition, Desire

The merest indication that one person wants another person to do or not to do something, or wants something to happen or not to happen, requires a subjunctive in the subordinate clause. In such constructions the subjunctive will follow expressions indicating any degree of volition (command, desire, approval, opposition, preference, advisability, suggestion, persuasion, and so on).

Le aconsejó que **pensara** en otra cosa.	*He advised him/her **to think** about something else.*
Tengo ganas de que **sea** domingo otra vez.	*I want it **to be** Sunday again.*
La madre se opuso a que su hija **se casara** con un extranjero.	*The mother opposed her daughter's **marrying** a foreigner.*
Prefiero que no **llames** al abogado hasta el lunes.	*I prefer that **you** not **call** the attorney until Monday.*
Te ruego que **olvides** lo que te dije.	*I beg you **to (that you) forget** what I said to you.*
Me gustaría que mi hija **fuese** juez como su padre.	*I would like my daughter **to be** a judge like her father.*
El policía mandó que el conductor **bajara** del coche.	*The policeman ordered the driver **to get out** of the car.*
Las Naciones Unidas querían evitar que la guerra **continuase**.	*The United Nations wanted to prevent the war from **continuing**.*
Yo sugeriría que **fueras** a disculparte con Gonzalo.	*I would suggest that **you go** apologize to Gonzalo.*

Verbs of communication may express either factual information or volition (commands, orders, and so forth). In the first case they require an indicative and in the second a subjunctive in the subordinate clause.

Le dije (telefoneé) a Miguel que **vendríamos** pronto.	*I told (telephoned) Miguel that **we would come soon**.*
Le dije (telefoneé) a Miguel que **viniera** pronto.	*I told (telephoned) Miguel **to come soon**.*

An infinitive construction may be substituted for certain noun clauses with a subjunctive after an expression of volition. A limited number of verbs that indicate ordering, allowing, prohibiting, and advising are often followed by the infinitive rather than a clause with a subjunctive. This is most common when the subject of the subordinate clause is a pronoun, in which case the pronoun becomes the indirect object of the main verb. Among the common verbs that may take either a subjunctive or an infinitive construction are **mandar**, **ordenar**, **hacer**, **dejar**, **permitir**, **aconsejar**, **prohibir**, **proponer**, and **impedir** (but not **pedir**).

No nos dejaron **ir** a la fiesta.	*They didn't let us **go** to the party.*
Te aconsejo **salir** mañana.	*I advise you **to leave** tomorrow.*
Le prohibió **gastar** más dinero.	*He prohibited him/her **from spending (to spend)** more money.*
Hizo **estudiar** más a su hija.	*He made his daughter **study** more.*

The preceding sentences in Spanish may, of course, also be expressed with the subjunctive in a subordinate clause.

No dejaron que **fuéramos** a la fiesta.
Aconsejo que **salgas** mañana.
Prohibió que **gastara** más dinero.
Hizo que su hija **estudiara** más.

Spanish, like English, often prefers the more economical means of expression whenever such a choice exists. This explains why the infinitive construction is more common than its subjunctive equivalent, especially in colloquial Spanish.

Doubt, Denial, Negation

Nuance and connotation are important when dealing with the subjunctive and verbs that indicate doubt, denial, and uncertainty. For example, the indicative in the following sentence stresses the speaker's conviction that Juan has actually eaten. The second sentence with the subjunctive indicates that uncertainty or doubt still exists in the speaker's mind.

Sospecho que Juan **ha cenado**.	*I suspect that Juan **has dined***.
Sospecho que Juan **haya cenado**.	*I suspect that Juan **has (may have) dined***.

In brief, the connotative range of the verb in the main clause as well as the nuance intended by the speaker will determine whether the verb in the subordinate clause will be subjunctive or indicative. Generally, verbs of negation, doubt, or uncertainty produce the subjunctive. But when the element of negation, doubt, or uncertainty is weakened and the verb leans toward affirmation, the indicative is used. The predominant nuance of a verb, not any fixed meaning, determines the mood of the verb in the subordinate clause.

No rule can include all possibilities. However, verbs such as **dudar** and **negar** leave little margin for affirmation and are only infrequently followed by the indicative. **No creer**, **sospechar**, and similar verbs usually result in a subjunctive but also have a range of meaning broad enough to permit their use with the indicative to express affirmation. Verbs like **creer**, **suponer**, and **presumir** ordinarily signal a greater degree of certainty and are therefore normally followed by an indicative verb. In general, any verb in the main clause that is used to reveal genuine doubt or absolute denial takes the subjunctive in its subordinate clause. Any verb used to indicate affirmation or conviction takes the indicative.

The following sentences illustrate a few of many possibilities on a scale ranging from certainty-belief to uncertainty-negation. Some of the above are borderline examples that could also have taken the verb of the subordinate clause in the other mode.

Afirmo que **viene**.	*I say that he **is coming***.
Sé que **viene**.	*I know that he **is coming***.
Creo que **viene**.	*I believe that he **is coming***.
Es que **viene**.	*It's that he **is coming***.
No dudo que **viene**.	*I don't doubt that he **is coming***.
No es que **venga**.	*It isn't that he **is coming***.
No creo que **venga**.	*I don't believe he **is coming***.
Dudo que **venga**.	*I doubt that he **is coming***.
Niego que **venga**.	*I deny that he **is coming***.

A question to which the speaker expects an answer confirming his or her own opinion takes the indicative. However, a question that indicates real doubt on the part of the speaker requires the subjunctive.

¿No cree Ud. que **está** enamorado?	*Don't you believe **he is** in love?* (*I certainly do.*)
¿Cree Ud. que **esté** enamorado?	*Do you believe **he is (may be)** in love?* (*I'm not sure.*)

An independent clause after adverbs that take the subjunctive when they indicate uncertainty (**acaso, tal vez, quizá[s]**) will take the indicative when the sense of futurity is stronger than the sense of uncertainty, or when the latter is absent or weak.

El cielo está muy oscuro. Acaso **llueva** esta tarde.	*The sky is very dark. Perhaps **it will rain** this afternoon.*
Quizá pronto **podamos** viajar a ese planeta.	*Perhaps soon **we'll be able** to travel to that planet.*
Tal vez **venga** hoy.	*Maybe **he is coming** today.*
Tal vez **vino** ayer.	*Perhaps **he came** yesterday.*
Quizás nuestro amigo **llama** hoy.	*Perhaps our friend **will call** today.*

Finally, whereas most noun clauses require a change of subject for the subordinate verb to be in the subjunctive, expressions of doubt and uncertainty take the subjunctive without such a change of subject.

No creo que **vaya** a verle.	*I don't believe that **I am going** to see him.*
Carlos duda que **tenga** bastante dinero.	*Carlos doubts that **he (Carlos) has** enough money.*

Emotion

The subjunctive is used in a subordinate clause following expressions that indicate any degree of emotion or feeling: fear, anger, joy, sadness, shame, relief, surprise, and so forth.

Me sorprendió que les **hablase** así.	*It surprised me that **he spoke** to them that way.*

Temo que nos **estén engañando**.	*I fear **they are deceiving** us.*
La madre se alegró (de) que su hijo **aprobara** todos sus exámenes.	*The mother was happy that her son **passed** all his exams.*
Me entristece que **haya muerto** nuestra profesora.	*I am saddened that our professor **has died**.*
Nos enfada que **hayas usado** el coche sin permiso.	*It angers us that **you have used** the car without permission.*

Notice the difference in the following two sentences. In the first, **que** subordinates the verb **llover** and makes it dependent on an expression of emotion. Thus it requires the subjunctive. In the second sentence, **pero** coordinates two independent statements, hence no subordination and no subjunctive.

Siento que **esté lloviendo**.	*I am sorry that **it is raining**.*
Lo siento, pero **está lloviendo**.	*I am sorry, but **it is raining**.*

     Temer, *to fear*, and **esperar**, *to hope*, may express expectation or futurity rather than feeling. The indicative follows these verbs when they are so used. The first example with **temer** may indicate that the speaker feels certain that an acquaintance has returned for yet another handout.

Temo que **ha venido** a pedirme otro favor.	*I am afraid **he has come** to ask another favor of me.*
Espero que **te pagarán** bien.	*I expect (hope) **they will pay** you well.*

     When the subject doesn't change after an expression of emotion or feeling, the following verb is normally in the infinitive form and no clause with a subjunctive is required.

Me alegro de **estar** con Uds.	*I am glad **to be (that I am)** with you.*
Tiene miedo de **hablar** con el jefe.	*He is afraid **to speak** with the boss.*

Impersonal Expressions

In Chapter 6, we reviewed the use of the subjunctive after certain impersonal expressions in Spanish. Here we want to point out that although both the indicative and subjunctive may follow an impersonal expression, the subjunctive is more common. This is because most impersonal expressions in Spanish express subjective value judgments. But the smaller number of impersonal expressions that establish a fact or make an assertion rather than express a value judgment are followed by the indicative in Spanish.

Es lógico que **estés** cansado.	*It's logical that **you are (for you to be)** tired.*
Es importante que Juanjo **hable** con Matilde.	*It's important that Juanjo (for Juanjo to) **speak** with Matilde.*
Ocurre que ya **ha comprado** los billetes para el teatro.	*It happens that **he has** already **bought** the tickets for the theater.*
Es seguro que **vamos a ganar** el campeonato.	*It's certain that **we are going to win** the championship.*

Nonetheless, the impersonal expressions that are normally followed by the indicative are followed by the subjunctive when used in the negative.

Es evidente que **tiene** mucha plata.	*It's evident that **he has** lots of money.*
No es evidente que **tenga** mucha plata.	*It isn't evident that **he has** lots of money.*

PRACTICA

A. *En cada una de las siguientes frases, sustituya el infinitivo en paréntesis por la forma correcta del subjuntivo o del indicativo.*

1. Me molesta que mi hija _____ tanto (**fumar**).
2. Será necesario que Uds. _____ después de llegar al hotel (**descansar**).
3. Siento que tú no _____ aceptar nuestra invitación anoche (**poder**).
4. No quiero que te _____ si llegamos tarde (**enfadar**).
5. A sus padres no les gustó que Juan _____ con Elena (**casarse**).
6. A sus padres no les gustó, pero Juan _____ con Elena (**casarse**).
7. Yo no le aconsejaría a nadie que _____ aquel museo (**visitar**).
8. Era evidente que el vecino no _____ a poder pagar la hipoteca (**ir**).
9. Le prohibieron al preso _____ con los otros prisioneros (**hablar**).
10. Prohibieron al preso que _____ con los otros prisioneros (**hablar**).
11. El padre le dijo al hijo que _____ (**callarse**).

12. Es seguro que este verano Mayte _____ a México de vacaciones (**ir**).

13. No es seguro que este verano Mayte _____ a México de vacaciones (**ir**).

14. Fue una lástima que nosotros no _____ la verdad antes (**saber**).

15. La enfermedad impidió que Santiago _____ de la casa (**salir**).

16. Basta que me _____ ahora la mitad de lo que me debes (**pagar**).

17. Teme que sus padres le _____ si llega muy tarde a casa (**castigar**).

18. Carmen dudaba que la situación económica _____ mejorar en un año (**poder**).

19. No creo que lo que estás diciéndome _____ verdad (**ser**).

20. Ricardo negaba ante todos que él _____ un ladrón (**ser**).

21. Era necesario que Maclovio _____ el auto al taller (**llevar**).

22. Sospecho que Rafael no _____ el curso el año pasado (**aprobar**).

23. Ya era hora de que Isabel _____ a decir la verdad (**empezar**).

24. Esperamos que tú _____ mejor suerte la próxima vez (**tener**).

25. Esto significa que la familia _____ mudarse a otra ciudad (**tener que**).

26. Teníamos miedo de que la cena _____ daño a los invitados (**hacer**).

27. Es cierto que la _____ asesora del presidente (**nombrar**).

28. Sólo quiero que todos mis hijos _____ felices (**ser**).

29. Le he pedido a Hugo que me _____ más dinero (**prestar**).

30. Para mis padres era muy importante que mi hermana y yo _____ a la universidad (**asistir**).

B. *Traduzca al español las siguientes frases, usando el verbo en subjuntivo o indicativo, según sea apropiado.*

1. Luis insists that you go up to the park with him.

2. The poor criminal can't conceive that they want to hang him.

3. I am glad that you have waited for her.

4. I asked to see the soldier.

5. He defends me and will not let anyone hurt me.

6. The doctor suggested to him that he contact a specialist.

7. I have never believed that it is a sin to tell the truth.

8. I believe they will win the championship. Don't you believe they will win it?

9. His parents were unhappy but he got divorced anyway.

10. I never suggested that they get married.

Aceite guapo
ROSARIO CASTELLANOS

▶ **E N F O Q U E:** **Making Comparisons and Contrasts**

▶ **The Subjunctive Mood (Part III)**

Aceite guapo

ROSARIO CASTELLANOS

La mexicana Rosario Castellanos (1925-1974) cultivó el cuento, la novela, el ensayo, la poesía y el teatro, pero se destaca, sobre todo, como poeta y novelista. Se crió en Chiapas, estado mexicano con una gran población indígena, donde tuvo contacto directo con la mentalidad, las costumbres y las esperanzas de los indios. Además de ser escritora, Rosario Castellanos ocupó altos cargos como administradora y catedrática en la UNAM y como embajadora de México en Israel, país donde murió trágicamente en un accidente en 1974.

Su primera novela, Balún-Canán (1957), que significa "nueve estrellas" en la lengua Tzotzil, ganó dos importantes premios literarios. La novela enfoca los conflictos sociales, económicos y raciales entre los indios y los blancos. Muestra la resistencia de los terratenientes a las reformas agrarias aprobadas para mejorar la vida de los pobres, sobre todo, la de los indios.

La selección literaria que reproducimos aquí viene de "Aceite guapo," uno de los cuentos del libro Ciudad Real (1960). Según Emanuel Carballo, "estos cuentos son eficaces documentos acerca de la vida de los indígenas que habitan en las proximidades de San Cristóbal —Ciudad Real—, en el estado de Chiapas." Según la crítica Maureen Ahern, los cuentos de esta colección reflejan las experiencias vividas por la autora en su juventud, más la influencia de las ideas de la escritora francesa, Simone Weil, respecto a la opresión social. Es evidente en este fragmento literario que Rosario Castellanos, como ha señalado Orlando Gómez-Gil, ha evitado fáciles tipificaciones y ha logrado dar a su obra una verdadera dimensión social.

▼

Cuando cavaba los **agujeros**[1] para sembrar el maíz en las **laderas**[2] de Yalcuc, Daniel Castellanos Lampoy se detuvo, **fatigado**.[3] Sus fuerzas habían disminuido y las tareas quedaban, como ahora, sin terminar.

Reclinado contra un árbol, Daniel se quejaba, predecía amargamente otro
5 año de escasez y malas cosechas, inventaba disculpas para satisfacer al dueño del terreno con quien seguiría en deuda. Pero no se detenía en la causa más inmediata de sus desgracias: había envejecido.

Tardó en **darse cuenta**.[4] ¿Cómo iba a advertir el paso del tiempo si su transcurso no le había dejado nada? Ni una familia, que se disgregó con la
10 muerte de la mujer; ni el fruto de su trabajo, ni un sitio de honor entre la gente

de su tribu. Daniel estaba ahora como al principio: con las manos vacías. Pero tuvo que admitir que era viejo porque se lo probaron las miradas torvas de sospecha, rápidas de alarma, pesadas de desaprobación de los demás.

15   Daniel **sabía**[5] lo que significaban esas miradas: él mismo, en épocas anteriores, había mirado así a otros. Significaban que un hombre, si a tal edad ha sido respetado por la muerte, es porque ha hecho un pacto con las **potencias**[6] oscuras, porque ha consentido en volverse el espía y el ejecutor de sus intenciones, cuando son malignas.

20   Un anciano no es lo mismo que un brujo. No es un hombre que conoce cómo se producen y cómo se evitan los daños; no es una voluntad que se inclina al soborno de quienes la **solicitan**[7] ni una ciencia que se vende a un precio convenido. Tampoco es un signo que se trueca a veces en su contrario y puede resultar beneficioso.

25   No, un **anciano**[8] es el mal y nadie debe acercársele en busca de compasión porque es inútil. Basta que se siente a la orilla de los caminos, a la puerta de su casa, para que lo que contempla se transforme en erial, en ruina, en muerte. No valen súplicas ni regalos. Su presencia sola es dañina. Hay que alejarse de él, evitarlo; dejar que se consuma de hambre y necesidad, acechar en la sombra para poner fin a su vida con un **machetazo**,[9] incitar a la multitud para su lapidación.

30   La familia del anciano, si la tiene, no osa defenderlo. Ella misma está embargada de temor y ansía acabar de una vez con las angustias y los riesgos que trae consigo el contacto con lo sobrenatural.

    Daniel Castellanos Lampoy comprendió, de golpe, cuál era el futuro que le aguardaba. Y tuvo miedo. Por las noches el **sueño**[10] no descendía a sus ojos,
35 tenazmente abiertos al horror de su situación y a la urgencia de hallar una salida.

    Insensiblemente Daniel se apartó de todos; ya no asistía a la plaza en los días de mercado porque **temía**[11] encontrarse con alguien que después atribuyera a ese encuentro un tropezón en el camino, un malestar súbito, la pérdida de un animal del rebaño.

40   Pero ese mismo apartamiento terminaría por hacerlo sospechoso. ¿A qué se encerraba? Seguramente a fraguar la enfermedad, el quebranto, el infortunio que luego **padecerían**[12] los otros.

    No es fácil borrar el estigma de la vejez. La gente recuerda: cuando yo era niño, Daniel Castellanos Lampoy ya era un hombre de respeto. Ahora el hombre
45 de respeto soy yo. ¿Cuántos años han tenido que pasar?

    No importa la cuenta. Lo que importa son los surcos de la piel, el encorvamiento de la espalda, la debilidad del cuerpo, las canas, cuya misma rareza son un signo más de predestinación. Y esas pupilas cuya opacidad oculta una virtud aniquiladora.

50   ¿Dónde refugiarse contra la persecución sorda, implacable de la tribu? Instintivamente Daniel pensó en la iglesia: junto al altar de las divinidades protectoras nadie se atrevería a acercarse para rematarlo.

    Sí, lo que Daniel necesitaba era convertirse en "martoma," en mayordomo de algún santo de la iglesia de San Juan, en Chamula.

55   Para lograr su propósito iba a encontrar dificultades y esto no lo ignoraba Daniel. ¿Qué méritos podía aducir delante de los principales? En sus antecedentes

no había un solo cargo, ni siquiera civil, mucho menos religioso. No podía ostentar un título de "pasada autoridad" y además ahora había sido ya marcado por la decrepitud. Y sin embargo, Daniel tenía que convencer a todos con el
60 calor de sus alegatos, la humildad de sus ruegos, la abundancia de sus dádivas.

Pero Daniel no era elocuente. Hacía años, los años de la **viudez**,[13] de la ausencia de los hijos, de la soledad, que no hablaba con nadie. Había ido olvidando lo que significaban las palabras y ya no atinaba con el nombre de muchos objetos. Para hilvanar una frase buscaba arduamente las concordancias
65 y no lograba expresarse con claridad ni con fluidez. Al sentir fija en él la atención de sus interlocutores un golpe repentino de sangre le sobrevenía a la garganta y se precipitaba a terminar en un tartamudeo penoso. ¿Cómo iba a presentarse a la asamblea y de qué manera iba a defender su ambición? La única posibilidad de éxito que le restaba era el soborno.
70 Daniel Castellanos Lampoy desenterró la olla de su dinero para contarlo. Con incredulidad pasaba y repasaba las monedas entre sus dedos: siempre había tenido la certidumbre de que eran más y ahora, al verlas tan pocas y tan sin valor, no salía de su asombro.

Por fin tomó un camino conocido: el de la hacienda "El Rosario," de la que
75 era peón acasillado.

Don Gonzalo Urbina lo vio acercarse con desconfianza y antes de que empezara a exponer el motivo de su visita se adelantó a reclamarle el atraso de sus pagos. Daniel tuvo que conformarse con aplacar las exigencias del "caxlán," con prometer mayor puntualidad en el futuro, pero ya no tuvo ocasión de pedir
80 el **empréstito**[14] que tanta falta le hacía.

Don Gonzalo escuchaba las protestas de Daniel con un gesto de severidad fingido. En el fondo estaba contento. Desde el principio **olfateó**[15] lo del préstamo y con una argucia lo había evitado. Le daba lástima este pobre indio que no tenía siquiera un petate en que caerse muerto y cuyos hijos se negaban, desde
85 hacía años, a reconocer las deudas que contrajera. Le daba lástima ¿pero adónde iba a parar su negocio si se ponía a hacer favores? Primero es la obligación y luego la devoción, qué caray.

Daniel regresó a su jacal, desalentado. ¿A quién iba a recurrir ahora? Pensó en los enganchadores de Ciudad Real, pero desechó pronto esa idea. Ningún
90 enganchador iba a admitir para las fincas un hombre en sus condiciones. Tres años antes, cuando quiso irse a la costa para juntar algunos centavos, lo rechazaron porque querían hombres más jóvenes, más resistentes para los rigores del clima y la fuerza del trabajo.

CUESTIONARIO

Contenido

1. ¿Por qué se quejaba Daniel Castellanos Lampoy?
2. ¿Por qué tardó en darse cuenta del paso del tiempo?
3. Según el narrador, ¿qué diferencia hay entre un anciano y un brujo?
4. ¿Por qué se apartaba Daniel de todos?

5. ¿Cómo pensaba Daniel solucionar sus dificultades ante la persecución de la tribu?
6. Según el narrador, ¿qué obstáculo impide a Daniel obtener el puesto de mayordomo?
7. ¿Quién es D. Gonzalo Urbina y cómo reacciona a la petición de Daniel?

Interpretación y estilo

1. ¿Por qué cree Ud. que la narración es la técnica literaria empleada en esta selección?
2. ¿Qué opina Ud. de la manera en que Daniel se va dando cuenta de su vejez?
3. Comente Ud. los efectos de la superstición en la sociedad en que vive Daniel.
4. ¿Qué piensa Ud. de la actitud de la tribu de Daniel ante la vejez?
5. Opine Ud. sobre la solución que Daniel se propone para resolver su dilema.
6. ¿Qué importancia tiene la soledad en la vida de Daniel?
7. Discuta Ud. la estructura y los valores de la sociedad en que vive Daniel.

► Léxico: opciones ◄

1 •

el agujero *hole*	**el orificio** *hole, orifice*
el hoyo *hole*	**la hoya** *hole, depression*
el bache *(pot) hole*	**la madriguera** *(animal) hole, burrow*
la fosa *hole, grave*	

The most common word in Spanish for English *hole*, any round or roundish opening into or through something, is **agujero**. **Orificio** is a learned synonym of **agujero** and tends to be used in more technical or scientific contexts. **Hoyo** is used for a hole, hollow, or depression in the earth or some other surface. **Hoya**, a less frequently used word than **hoyo**, indicates a larger hole or depression in the earth; it is common in the language of geography and geology. **Bache** corresponds to a hole in a road, i.e., a pothole. **Fosa**, a hole in the ground, is used mostly with the meaning of *grave*. **Madriguera** indicates the hole or underground burrow of a wild animal.

La madre siempre está remendando los **agujeros** en los calcetines de sus hijos.	*The mother is always mending the **holes** in her children's socks.*
Para armar esta mesa, hay que meter los tornillos en los **orificios** adecuados.	*To assemble this table, one must put the screws in the correct **holes**.*

Hicieron un **hoyo** en el jardín para plantar el arbusto.

*They dug a **hole** in the garden to plant a bush.*

Los obreros ya excavaron una gran **hoya** donde van a construir el nuevo centro comercial.

*The workers have already dug a large **hole** where they are going to build the new mall.*

Las calles de nuestra ciudad están llenas de **baches**.

*The streets of our city are full of **potholes**.*

El famoso compositor fue enterrado en una **fosa** común.

*The famous composer was buried in a common **grave**.*

Cuando oyó ladrar al perro, el conejo se metió en su **madriguera**.

*When it heard the dog bark, the rabbit went into its **hole**.*

2 •

la ladera   *slope, hillside*
la colina   *hill, knoll*
la loma   *hill*
el cerro   *hill*

la cuesta   *hill, slope*
cuesta arriba   *uphill*
cuesta abajo   *downhill*
el acantilado   *cliff, palisade*

Ladera refers to the slope or side of a hill, whereas the other words (except for **acantilado**) refer to the hill itself. **Colina** is the most generic of the terms for hill or knoll. **Loma**, a low and long hill, is a word used more in Spanish America than in Spain. **Cerro** normally indicates an isolated, rocky or rough surfaced hill. **Cuesta** may refer to a hill itself or to the slope or grade of a hill, street, road, and so forth. **Acantilado** renders the English *cliff* in a marine context and *palisade* in a river context.

Mi primo Emilio ha plantado manzanos en la **ladera** del monte.

*My cousin Emilio has planted apple trees on the **slope** of the mountain.*

Van a comprar una casa en las **Lomas** de Chapultepec.

*They are going to buy a house in Chapultepec **Hills**.*

Muchos castillos en España fueron construidos sobre **cerros**.

*Many castles in Spain were built on (rocky) **hills**.*

La **cuesta** era tan empinada que el ciclista tuvo que subirla andando.

*The **hill (grade)** was so steep that the cyclist had to walk his bike up it.*

El coche fue rápidamente **cuesta abajo** al fallarle los frenos.

*The car went rapidly **downhill** when its brakes failed.*

El transbordador nos llevó desde Calais hasta los **acantilados** de Dover.

*The ferry took us from Calais to the **cliffs** of Dover.*

3 •

fatigar   *to fatigue, to tire*
cansar   *to tire; to bore*
agobiar   *to weigh down, to exhaust*

abrumar   *to weary, to tire, to overwhelm*
agotar   *to exhaust, to tire*

Fatigar, like the English *to fatigue*, indicates a higher degree of physical or mental tiredness than **cansar**. In addition to indicating tiredness, **cansar** also means to produce boredom in others and is a synonym of **aburrir**. **Agotar**, *to exhaust*, indicates the greatest degree of tiredness, the complete depletion of physical or mental energy. In its meaning of *to exhaust*, **agotar** also indicates a complete selling out or using up of something material or physical. **Abrumar**, *to tire* or *to weary*, implies making someone suffer by overwhelming him or her with physical or intellectual work, emotional problems, and so forth. **Agobiar**, a synonym of **abrumar**, implies tiredness from a physical or moral burden that causes mental anguish.

Subir las escaleras **fatiga** mucho a mi abuela.

*It **fatigues (tires)** my grandmother very much to climb the stairs.*

La película era tan lenta que nos **cansó** mucho.

*The film was so slow that it **bored** us very much.*

Se agotaron todos los niños exploradores después del largo camino cuesta arriba.

*All the Boy Scouts **were exhausted** after the long road uphill.*

La primera edición de la novela **se agotó** en pocos días.

*The first edition of the novel **sold out** in just a few days.*

Las muchas responsabilidades de la corporación multinacional **abrumaron** al joven presidente.

*The many responsibilities of the multinational corporation **overwhelmed** the young president.*

Está agobiada después de muchos años de cuidar a su hija inválida.

***She is worn out** after many years of caring for her disabled daughter.*

4 •••••••••••••••••••••••••••••••••••••

darse cuenta de *to realize*   **caer en la cuenta** *to realize*
realizar *to realize*

Darse cuenta renders the English *to realize* in the sense of *to be or to become aware of something*. **Caer en la cuenta** is a synonym, but stresses the suddenness of one's perceiving something. **Realizar** renders the English *to realize* only in its meaning of *to accomplish something* or *to bring something into being*.

No **me daba cuenta** de que tú creías en la astrología.	*I didn't **realize** that you believed in astrology.*
Nada más verle la cara, **caí en la cuenta** de que quería algo.	*The moment I saw his face, **I realized** he wanted something.*
Al fin el matrimonio **realizó** su sueño de tener casa propia.	*The couple finally **realized** their dream of having their own home.*

5 •••••••••••••••••••••••••••••••••••••

saber *to know*
saber + infinitive *to know how to do something*
conocer *to know*
enterarse (de) *to find out, to learn, to know (about)*
ignorar *not to know, to be ignorant of*

Saber indicates to have information or knowledge about something. Followed by the infinitive, it renders *to know how to do something or to carry out some action*. **Conocer** implies *to be acquainted or familiar with something or someone*. **Enterarse**, *to find out*, means *to become aware of* in the sense of finding out about something. **Ignorar** is a synonym of **no saber** and of **desconocer**, meaning *to be ignorant of*.

Después de cinco años en Chile, Andrés **sabe** muy bien el español.	*After five years in Chile, Andrés **knows** Spanish very well.*
Mi mujer **sabe** preparar una buena paella.	*My wife **knows** how to prepare a good paella.*
¿**Conoces** bien Bogotá?	*Do you **know** Bogotá well?*
Conozco muy bien a Maribel.	*I **know** Maribel very well.*

El periodista estaba **enterado** de que el gobierno iba a cambiar.

*The journalist **knew (was informed)** that the government was going to change.*

Elena **ignora** lo que pasó anoche.

*Elena **doesn't know (is ignorant about)** what happened last night.*

6 •

la potencia *power*   **el poder** *power*
la fuerza *power, force*

Potencia renders the English *power* in the sense of measurable mechanical or electrical energy. It also translates English *power* when referring to a nation as a political, economic, or military entity or force. **Poder** is *power* in the sense of the capacity or ability to act or to do something of a personal, social, or political nature. **Poder** can also have a legal connotation, referring to the power of attorney. **Fuerza** indicates *power* as the strength, physical or otherwise, to realize or accomplish something.

El motor de este coche tiene una **potencia** de 200 caballos.

*The motor in this car has 200 **horsepower**.*

El Japón es una gran **potencia** industrial.

*Japan is a great industrial **power**.*

La Arabia Saudita tiene un gran **poder** económico.

*Saudi Arabia has great economic **power**.*

Nuestro abogado tiene plenos **poderes** para vender nuestro negocio.

*Our lawyer has full **power** to sell our business.*

El público quedó convencido por la **fuerza** del argumento del senador.

*The public was convinced by the **power (force)** of the senator's argument.*

7 •

pedir *to ask for*
solicitar *to ask for, to solicit; to apply for*
esperar *to wait for*
agradecer *to be grateful (thankful) for*
buscar *to look for*

Both **solicitar** and **pedir** may render English *to ask for* but **solicitar** indicates a greater degree of vehemence or earnestness in the request. Notice that **solicitar**, and not **aplicar**, also renders English *to apply for*. All of the above infinitives belong to a group of verbs which take no preposition in Spanish (except for personal **a** when appropriate) but whose English equivalents are all followed by the preposition *for*.

Enrique **solicitó** una beca del gobierno español.	*Enrique **applied for** a fellowship from the Spanish government.*
El muchacho **pidió** más dinero a su padre.	*The boy **asked** his father **for** more money.*
Agradezco mucho la hospitalidad de Fanny.	*I am very **grateful for** Fanny's hospitality.*

8 •

anciano	*old, elderly*	**vetusto**	*very old*
viejo	*old*	**rancio**	*old, rancid*
mayor	*old (older, oldest)*	**antiguo**	*old, ancient, former*

Anciano is used only for people and indicates respect on the part of the speaker. **Anciano** is a common euphemism for **viejo**, which is often avoided when referring to old or older people. When **viejo** precedes a noun referring to a person, it may also mean *old* in the sense of *long-standing*. **Mayor** is another euphemism for **viejo** when referring to old people. It also retains its normal use as the comparative and superlative forms rendered by English *older* and *oldest*. Applied to things, **antiguo** suggests a more positive evaluation than does **viejo**. When **antiguo** precedes a noun, however, it usually is the equivalent of English *former*. **Vetusto** is a literary term meaning *extremely old or antiquated* and suggests *decaying* or *crumbling*. **Rancio**, in addition to its common meaning of *rancid*, is sometimes used as *old* to indicate that which is related to tradition, customs, ancestry, and so forth. **Rancio** can also have a positive connotation with relation to wine and certain foodstuffs such as ham and bacon.

El **anciano**, agobiado por los años, necesitaba un bastón para andar.	*The **old man (gentleman)**, weighed down by the years, needed a cane to walk.*
Los **viejos** tomaban el sol en la plaza del pueblo.	*The **old(er) people** took the sun in the village square.*

Don Eugenio es un señor **mayor**. Acaba de cumplir ochenta años.

*Don Eugenio is an **elderly** man. He has just turned 80.*

Carlos es **mayor** que su hermana.

*Carlos is **older** than his sister.*

Cándido es un **antiguo** profesor de literatura.

*Cándido is a **former** professor of literature.*

Mis padres se casaron en una iglesia **antigua**.

*My parents got married in a **very old (ancient)** church.*

Un **vetusto** caserón coronaba la loma.

*An **old**, **crumbling** house crowned the hill.*

Mi tía Casilda hizo una sopa excelente con un poco de jamón **rancio** y verduras.

*My aunt Casilda made a wonderful soup with a little bit of **well-aged** ham and vegetables.*

9 ●

el machetazo   *blow with a machete*
el puñetazo   *punch, blow with the fist*
el perrazo   *large dog*
el hombrazo   *large (ungainly) man*
el pelmazo   *big bore*
la madraza   *wonderful mother*
el buenazo   *very good (or kind) person*

The Spanish augmentative -**azo(a)** has three main functions: 1) to indicate a blow with some instrument, tool, or part of the body, 2) to indicate large size (with or without pejorative connotation), and 3) to indicate a positive, affective evaluation of a person.

Al entrar en el metro, alguien me dio un **codazo**.

*On entering the subway, someone **elbowed** me.*

Hace ya seis días que tengo un **gripazo** terrible.

*I have had a **terrible case of the flu** for six days now.*

Ha traido un **perrazo** de los Pirineos para su hijo.

*He has brought a **large dog** from the Pyrenees for his son.*

Roberta acaba de comprar un **cochazo** impresionante.

*Roberta has just brought a **large**, fancy **car**.*

soñar (con) *to dream (of)*
el sueño *sleep, sleepiness; dream*
la pesadilla *nightmare*
dormir(se) *to sleep (to fall asleep)*
la modorra *drowsiness*
adormecer(se) *to put (to fall) asleep*
soñoliento *sleepy, drowsy*
dormitar *to doze (off), to nap*

The noun **sueño** has three different yet related meanings: *sleep, sleepiness,* and *dream.* The latter may refer to a dream occurring during sleep or a vision or goal that a person holds. **Sueño**, in its sense of *sleepiness,* may be replaced by **modorra** to refer to a *heavy drowsiness* such as that produced after a large meal or after eating on a very hot day, after long periods without sleep, and so forth. Notice that the verb **soñar** is followed by the preposition **con** to render English *of.* Whereas **dormir** indicates the *act of sleeping* or the *state of being asleep,* when used reflexively it indicates the *act of beginning to sleep or falling asleep.* **Dormir** is sometimes also used as a transitive verb (a verb with a direct object), in which case it renders English *to put to sleep.* **Adormecer** most often indicates *causing sleepiness in someone else;* when reflexive, it indicates *to fall asleep* and is a synonym of **dormirse**.

Miguel tiene un **sueño** tan profundo que nunca oye el despertador.	Miguel is such a **heavy sleeper** that he never hears the alarm clock.
La novela que leía le daba mucho **sueño**.	The novel (s)he was reading made him/her very **sleepy**.
Anoche tuve un **sueño** muy extraño.	Last night I had a very strange **dream**.
El niño **soñaba con** ser jugador de béisbol.	The boy **dreamt of** being a baseball player.
Después de la comida del día de Navidad, todos sentimos una gran **modorra**.	After the Christmas day dinner, we all felt a great **drowsiness**.
El conferenciante nos **adormeció** a todos.	The lecturer (speaker) **put** us all **to sleep**.
Mi abuelo **dormitaba** al calor de la chimenea.	My grandfather **was dozing** near the heat of the fireplace.

11 ●

> **temer**   *to fear, to be afraid of*
> **tener miedo de (a)**   *to be afraid of*
> **asustar(se)**   *to frighten, to scare (to become frightened, scared)*
> **atemorizar**   *to frighten, to scare*
> **aterrorizar**   *to terrify, to terrorize*
> **recelar**   *to fear, to distrust*
> **el temor**   *fear*
> **el miedo**   *fear*
> **el susto**   *fright, scare*
> **el terror**   *fright, terror*
> **el recelo**   *fear, distrust, suspicion*

Both **temer** and **tener miedo** commonly render English *to fear* or *to be afraid*, but **temer** usually indicates a lesser degree of fear. The preposition that normally follows **tener miedo** is **de**, although sometimes for persons or personified entities **a** replaces **de**. **Atemorizar** indicates a lesser degree of fear than **aterrorizar**. **Recelar** always indicates fear accompanied by suspicion and distrust.

Carmen **temía (tenía miedo de)** salir a la calle por las noches.	Carmen **was afraid** to go out on the street at night.
Andrés **se asustó** al ver al niño caer del caballo.	Andrés **was scared (frightened)** when he saw the child fall from the horse.
Me **atemoriza** pensar en los nuevos impuestos.	**It frightens** me to think about the new taxes.
El ejército invasor **aterrorizó** a la población.	The invading army **terrorized** the population.
Yo **recelo** del perro del vecino.	**I'm afraid of (I distrust)** the neighbor's dog.

12 ●

> **padecer**   *to suffer*   **sufrir**   *to suffer*
> **pasar**   *to suffer; to pass*

Padecer and **sufrir** are synonyms and both may refer to physical or mental suffering. When the suffering is chronic or of relatively long duration, however,

padecer is the more commonly used verb. **Sufrir** sometimes suggests to suffer without complaint, with patience and resignation. **Pasar** may render *to suffer* when used in conjunction with such words as **hambre**, **sed**, **dolor**, **angustias**, **calor**, and so forth.

No sabes cuánto **ha padecido** la infeliz señora con sus hijos.	*You don't know how much the poor woman **has suffered** with her children.*
Los Gómez **han sufrido** un terrible accidente de automóvil.	*The Gómezes **have suffered (had)** a terrible automobile accident.*
Durante la guerra los habitantes de este pueblo **sufrieron (pasaron)** mucha hambre.	*During the war the inhabitants of this town **suffered** much hunger.*

⑬ •

viudo(a) *widower (widow)*
soltero(a) *single (person)*
solterón (ona) *old bachelor (old maid, spinster)*

casado(a) *married (person)*
divorciado(a) *divorced (person)*
novio(a) *boy (girl) friend; fiancé(e); bride (bridegroom)*

The above words, which function as both adjectives and nouns, indicate civil state and personal relationships and are used similarly to their equivalents in English. The main exception is **novio(a)**, which is now used to indicate a relationship equivalent to steady boyfriend or girlfriend. **Novio(a)** also indicates, however, both *fiancé(e)* and *bride(bridegroom)*. The term **prometido(a)**, formerly widely used in Spain for *fiancé(e)* is falling into disuse and in most social contexts has been replaced by **novio(a)**.

El **viudo** olvidó pronto a su mujer y empezó a divertirse con los amigos.	*The **widower** quickly forgot his wife and began to have a good time with his friends.*
Pedro acaba de cumplir treinta años y aún está **soltero**.	*Pedro has just turned thirty and he's still **single**.*
Hace seis meses que son **novios**.	*They have been **engaged** for six months.*
En cuanto terminó la boda, los **novios** se fueron de viaje.	*As soon as the wedding ceremony was over, the **bride and groom (newlyweds)** went off on a trip.*

14 •

el empréstito *loan*	**prestar** *to lend, to loan*
el préstamo *loan*	**pedir prestado** *to borrow*
el adelanto *advance*	**adelantar** *to advance*
el anticipo *advance*	**anticipar** *to advance*

Empréstito and **préstamo** both render English *loan*. In normal usage, **empréstito** is used to indicate a large-scale government or commercial loan. **Préstamo** is used in almost all other cases. In Rosario Castellanos's text, however, **empréstito** is used with the normal meaning of **préstamo**. **Adelanto** and **anticipo** are commonly used synonyms to indicate an advance, partial payment against one's earnings or money due. Notice that *to borrow* is rendered by **pedir prestado**, literally *to ask for something lent or on loan* and the adjective **prestado** must always agree in gender and number with the direct object.

La fábrica de automóviles, para no cerrar, tuvo que conseguir un **empréstito** del gobierno.	*The automobile factory, in order not to close, had to obtain a **loan** from the government.*
El matrimonio pidió un **préstamo** al banco para comprar el piso.	*The couple applied for a **loan** from the bank to buy the condominium.*
Necesito un **anticipo (adelanto)** para llegar a fin de mes.	*I need an **advance** in order to get through until the end of the month.*
Nuestro hijo nos **pidió prestadas** 500.000 pesetas para comprar el coche.	*Our son **borrowed** 500,000 pesetas from us in order to buy the car.*

15 •

el hedor *stench*	**olfatear** *to smell, to scent, to sniff*
el olor *smell*	**husmear** *to smell out, to sniff around*
oler *to smell, to sniff*	**la peste** *bad smell, stink*
oliscar *to smell, to snoop*	**el tufo** *odor, foul smell*
apestar *to smell bad, to stink*	

Olfatear and **husmear** are close synonyms, but **olfatear** suggests closeness to the source of the smell, whereas **husmear** indicates a search for the source of the smell. **Oler** may be used transitively and intransitively to indicate that something gives off a smell or odor. **Oliscar** is especially common in its figurative meaning to indicate snooping or prying into other people's affairs.

Whereas **olor** may indicate any kind of smell or aroma, **hedor**, **peste**, and **tufo** always indicate unpleasant smells, with **hedor** indicating the strongest degree of unpleasantness and **tufo** the least strong degree, and one often associated with fermentation of wine or beer.

El perro **olfateaba** las huellas del zorro.	*The dog **was tracking** the scent of the fox.*
El gato **husmeaba** los restos del pescado.	*The cat was **sniffing (around)** the remains of the fish.*
¡Qué bien **huele** esta comida cubana!	*This Cuban food **smells** great!*
No puedo **oler** nada porque estoy resfriada.	*I can't **smell** anything because I've got a head cold.*
El marinero **apestaba** a ron.	*The sailor **reeked** of rum.*
Los vecinos del tercero **estaban oliscando** la vida de los demás.	*The neighbors on the third floor **were snooping** into the lives of everyone else.*
En el campo de batalla el **hedor** de los muertos era inaguantable.	*On the battlefield the **smell (stench)** of the dead was unbearable.*
En la taberna se notaba un **tufo** de cerveza.	*In the tavern we noted the **smell** of beer.*

PRACTICA

A. *Para cada una de las frases siguientes, elija Ud. la palabra que complete el sentido. Haga también cualquier cambio necesario en la palabra elegida para que la frase quede gramaticalmente correcta.*

1. Cuando vio el gato, el ratón se metió en _____ en la pared (**el agujero, la madriguera, la hoya**).

2. Los niños se entretenían haciendo _____ en la playa (**baches, fosas, hoyos**).

3. El petróleo se escapaba lentamente por _____ en el barril (**un hoyo, una hoya, un orificio**).

4. Roma está construida sobre siete _____ (**cerro, loma, colina**).

5. En la llanura, se erguía _____ de granito (**una colina, una loma, un cerro**).

6. La reunión del comité nos dejó a todos _____ (**agobiado, agotado, abrumado**).

7. Después de la partida de tenis, yo quedé _____ (**agobiado, abrumado, fatigado**).

8. Cuando estuve en Madrid, quería _____ dónde estaba la casa de Lope de Vega (**conocer, saber, ignorar**).

9. Hasta que se lo explicaron, Antonio _____ todo sobre este plato portugués (**conocer, saber, ignorar**).

10. Antonio _____ hacer instalaciones eléctricas (**saber, conocer, realizar**).

11. La familia real inglesa ya no tiene mucho(a) _____ (**potencia, fuerza, poder**).

12. Al ciclista le faltaba _____ para terminar de subir la cuesta (**potencia, fuerza, poder**).

13. Los (Las) grandes _____ no son tan agresivos(as) como hace veinte años (**poder, potencia, fuerza**).

14. Las viudas de los mineros emplearon a un abogado para _____ una indemnización de la compañía (**agradecer, solicitar, esperar**).

15. Ya puedes _____ lo que él ha hecho para ti (**pedir, buscar, agradecer**).

16. Mis abuelos son ya muy _____ y apenas salen de casa (**antiguo, anciano, vetusto**).

17. Las personas _____ reciben descuentos y otros beneficios en nuestra sociedad (**antiguo, mayor, vetusto**).

18. El tocino que se nos olvidó en la nevera se nos ha puesto _____ (**antiguo, rancio, vetusto**).

19. La ciudad de Mérida tiene muchos _____ monumentos romanos (**antiguo, anciano, rancio**).

20. El campesino cortaba la caña de azúcar con grandes _____ (**golpazos, codazos, machetazos**).

21. El campeón derribó al contrincante de un tremendo _____ en la barbilla (**rodillazo, puñetazo, codazo**).

22. Anoche soñé _____ mi novia (**de, con, en**).

23. Después de dos noches sin dormir, _____ me impedía enterarme de nada (**el sueño, la pesadilla, la modorra**).

24. Los niños deben _____ por lo menos ocho horas diarias (**dormitar, dormir, soñar**).

25. Los _____ de nuestro grupo se han confirmado plenamente (**sustos, temores, terrores**).

26. Los truenos de la tormenta _____ a mi perro anoche (**asustar, recelar, adormecer**).

27. Durante largos años, mi primo _____ terribles jaquecas por la tensión del trabajo (**pasar, sufrir, padecer**).

28. El Banco Mundial hace _____ a los países económicamente menos desarrollados (**anticipos, préstamos, empréstitos**).

29. Carolina creyó _____ gas al entrar en la cocina (**oler, husmear, olfatear**).

30. En el pinar nos encantaba el _____ de la resina de los árboles (**olor, hedor, tufo**).

B. *Traduzca al español las siguientes frases empleando el vocabulario estudiado en este capítulo.*

1. To replace the pipes, the plumber had to make a large hole in the wall.

2. The cyclist reached a speed of sixty miles an hour when he rode [use **ir**] downhill.

3. Susana went to so many parties during the weekend, that she was exhausted when she went to work on Monday morning.

4. I never realized that she loved me so much.

5. The actress never realized her dream of becoming a movie star.

6. Since he didn't know [do not use **no saber**] when the train was leaving, he went to the information booth to find out.

7. One can't deny the great cultural power of Spain in the sixteenth century.

8. Every year hundreds of students at our university apply for scholarships.

9. Claudio was looking for a used car and he asked his boss for an advance.

10. The Duke is descended from a family of very old lineage.

11. No student feared the old professor because he was such a kind man [use one word].

12. Evita's beautiful, large eyes [use one word] fascinated me.

13. Stephen King's hair-raising novels cause some readers to have nightmares.

14. He was afraid that his colleague would fall asleep during the meeting.

15. He moved to a large city in order not to spend the rest of his life in that sleepy, little town.

16. I distrusted everything he said because I knew he was a scoundrel.

17. *Fear of Flying* was a novel that became immensely popular some years ago.

18. The bank president was terrified that the auditors would find out about the embezzlement.

19. Alberto suffered a great deal when his fiancée broke off their engagement.

20. During the garbage collectors strike in July, many streets in our city smelled terrible [use one word].

► ENFOQUE ◄ Making Comparisons and Contrasts

Comparisons and contrasts in an essay help to point out the likenesses and differences of two ideas, situations, or objects of similar, but not identical forms. This technique is widely used in much academic writing. When writing an essay that uses this approach, the writer's aim may be to determine and define the ideas under consideration; the writer can also develop this technique to try to convince the reader of the superiority of an idea, situation, or object. Whatever the goal, the procedure is the same.

To write a "comparing and contrasting" essay, the student must choose two elements. With more then two elements, this type of essay cannot be written effectively. The two elements should have enough differences to make the essay worthwhile. It is necessary that these elements be comparable for only then will the contrast work. Since the elements are to be compared, the writer should use a similar approach towards them with regards to tone, vocabulary, and style. If a particular detail is mentioned in one of the elements, the writer should mention a similar detail in the other.

A comparing and contrasting essay should reveal the writer's capacity for good judgment. The essay can be serious or amusing. It may be used to explain or to convince the reader of a particular idea. The writer may use descriptions and anecdotes, as well as a personal tone to strengthen the essay.

TEMAS A ESCOGER

Temas relacionados con la selección literaria

1. Desde la perspectiva de otro miembro de la tribu, retrate Ud. a Daniel.
2. Desarrolle Ud. un ensayo sobre la pobreza y la soledad en esta selección literaria.
3. Reescriba Ud. la escena, en forma de diálogo, entre Daniel y Don Gonzalo.

Temas sugeridos por la selección literaria

1. Escriba Ud. un ensayo sobre la actitud de nuestra (o de cualquier otra) sociedad ante la vejez.

2. Explique Ud. la reacción del individuo norteamericano ante el propio envejecimiento.
3. Escriba Ud. sobre la superstición en la vida norteamericana.

|R|E|P|A|S|O| gramatical

■ The Subjunctive Mood (Part III)

The Subjunctive in Adjective Clauses

An adjective is a word that modifies a noun or a pronoun by describing its qualities or attributes. Likewise, an adjective clause is a clause which functions as an adjective by modifying a noun or a pronoun in the main clause.

*I bought the **new** book.*

*I bought the book **that was just published**.*

In the first sentence above, *new* is an adjective that modifies *book* by describing it and distinguishing it from other books. Similarly, *that was just published* is a clause that functions as an adjective because it also describes *book* and distinguishes it from other books.

    In Spanish, the verb in an adjective clause is subjunctive when the referent of the adjective clause (i.e., the noun or pronoun to which it refers in the main clause) is: 1) negative, 2) indefinite, or 3) hypothetical. An adjective clause modifying a noun or pronoun referent that doesn't exist or whose existence is problematical requires a subjunctive verb to reflect the nature of that referent.

Negative Referent

No tengo ningún libro que **explique** cómo reparar ese coche.

*I don't have any book that **explains** how to repair that car.*

No me mostraron ningún traje que me **gustara**.

*They didn't show me any suit that I **liked**.*

En España no hay nadie que **cene** a las seis de la tarde.

*In Spain there isn't anyone who **eats** dinner at 6:00 in the evening.*

En su clase no aprendimos nada que **valiera** la pena.

*In his class we didn't learn anything that **was worth** while.*

No había otro mecánico en el taller que **fuese** mejor que Juan.

*There wasn't any other mechanic in the shop who **was** better than Juan.*

Indefinite Referent

In this construction, a future (or a conditional) in the main clause introduces a subjunctive in the subordinate adjective clause. In these cases, the adjective clause with the subjunctive refers to something that has not yet happened, is unknown or has not yet been revealed. The adjective clause with a subjunctive (in contrast to one with an indicative) verb, often modifies the referent so as to give it the force of English *whatever, whoever, wherever,* and so forth.

Tomaré el tren que Ud. **dice**.

*I shall take the train that you **say**.*

Tomaré el tren que Ud. **diga**.

*I shall take the (**whatever, any**) train that you **say**.*

The antecedent in the first example above is known and definite. In the second example, the train has not yet been identified. Consequently, the referent is indefinite and this requires that the verb in the adjective clause be in the subjunctive.

The following examples illustrate the contrastive use of subjunctive and indicative verbs in adjective clauses whose antecedent is the pronoun **lo**. Whenever the referent of **lo** is indefinite or unknown, the verb in the adjective clause is subjunctive. When the referent is definite and known, the verb is indicative.

Dijo que haría lo que **mandaron**.

*He said he would do what they **ordered**.*

Dijo que haría lo que **mandaran**.

*He said he would do **whatever they ordered**.*

The above example with the indicative **mandaron** expresses willingness to comply with a known order. The subjunctive **mandaran**, however, indicates that the nature of the command was still unknown and that the order would be carried out whatever it was.

Sometimes the adjective **cualquier**, *any* or *whatsoever*, is used before the indefinite noun antecedent to strengthen the idea of *any at all* or *whatever* that is already suggested by the use of the subjunctive mood.

Tomaré **cualquier** tren que Ud. **diga**.

*I shall take **any** train (whatsoever) that you **say**.*

Haría **cualquier** cosa que Ud. **dije-ra**.

He would do **any**thing (whatever, whatsoever) that you **said**.

The following are more examples of adjective clauses with both definite pronoun antecedents (with the verb in the indicative) and indefinite pronoun antecedents (with the verb in the subjunctive).

Págale lo que **creas** justo.

*Pay him what(ever) **you think** fair.*

Le pagué lo que **creí** justo.

*I paid him what **I thought** was fair.*

La recibiré lo mejor que **pueda**.

*I shall receive her as best **I can**.*

La recibí lo mejor que **pude**.

*I received her as best **I could**.*

Haremos lo que **podamos**.

*We shall do what(ever) **we can**.*

Hacemos lo que **podemos**.

*We do what **we can**.*

Haríamos lo que **pudiéramos**.

*We would do whatever **we could**.*

Hicimos lo que **pudimos**.

*We did what **we could**.*

Contaré en mi novela lo que **vea** en París.

*I shall relate in my novel what(ever) **I see** in Paris.*

Conté en mi novela lo que **vi** en París.

*I related in my novel what **I saw** in Paris.*

Hypothetical Referent

The verb in the main clause usually indicates some type of seeking, searching, desiring, needing, asking, and so forth. When the object of the seeking (i.e., the referent of the adjective clause) is hypothetical, the verb in the adjective clause is subjunctive since the existence of the referent is a supposition.

¿Hay alquien aquí que no **esté** conforme?

*Is there someone here who **isn't** in agreement?*

Tráeme media docena de huevos que **estén** bien frescos.

*Bring me half a dozen eggs that **are** nice and fresh.*

Querían algo viejo que ya no **sirviera** para otra cosa.

*They wanted something old that **was** no longer **good** for anything else.*

Necesito alquilar un piso que no **cueste** más de quinientos dólares.

*I need to rent an apartment that doesn't **cost** more than $500.*

Observe, however, that when the referent is definite, the indicative is used in the adjective clause, as in the second sentence below.

Busco un coche que **sea** barato.

*I am looking for a (any) car that **is** cheap. (I do not know from experience that it actually exists.)*

Busco el coche que **es** barato.

*I am looking for the (specific) car that (I know from experience) **is** cheap.*

The Subjunctive in Adverb Clauses

An adverb is a word that modifies a verb, adjective, or other adverb. It is often used to indicate degree, manner, place, time, and so forth. An adverb clause is a clause that functions as an adverb.

*The man ran **quickly**.*

*The thief ran **so that the policeman wouldn't catch him**.*

In the first example above, *quickly* is an adverb that modifies *ran*. In the second sentence, the clause beginning *so that...* is an adverb clause that also modifies the verb *ran*. Adverb clauses in Spanish may be divided into two groups: 1) those introduced by conjunctions that are always followed by the subjunctive and 2) those introduced by conjunctions that may be followed by the subjunctive or the indicative, depending on whether they signal *intent* or *result* (respectively).

A. In any adverb clause introduced by certain conjunctions (such as those in the following list), the conjugated verb must always be in the subjunctive.

para que
a fin de que } *in order that (to), so that*
con tal (de) que *provided that*
antes (de) que *before*
sin que *without*
en caso de que *in case*
a menos que
a no ser que } *unless*

The time of the verb after these conjunctions is normally future when compared to that of the verb in the main clause, and most of the sentences with an adverb clause indicate an anticipated event or the dependence of one event on another.

This future contingency (it is possible that an indicated action may never be realized) accounts for the subjunctive mood. However, unlike most kinds of noun and adjective clauses, where the use of either the subjunctive or indicative presents the possibility of mood contrast, no such contrast is possible in this first type of adverb clause, for it always requires the subjunctive. (The preposition **de**, in certain conjunctions listed above, is often omitted in actual use, since **que**, introducing the conjunction, replaces the conjunction function of **de**.)

It is important to bear in mind, however, the difference between a pre-position-infinitive construction and a subordinate adverb clause. In the latter case there is a change of subject from the verb in the main clause. The pairs of sentences below illustrate the difference between preposition-infinitive construc-tions and adverb clauses.

Trabaja mucho para **pagar** el coche.	He works hard (in order) **to pay for the car**. (he)
Trabaja mucho para que su hijo **tenga** coche.	He works hard in order that (so that) his son **may have a car**. (he—son)
Comimos antes de **salir**.	We ate before **leaving**. (we)
Comimos antes (de) que **salieran**.	We ate before **they left**. (we—they)
Entré sin **verlos**.	I entered without **seeing them**. (I)
Entré sin que me **vieran**.	I entered without **them (their) seeing me**. (I—they)

Other conjunctions sometimes replace the commonly used conjunction **para que**, *in order that*. **A que** is used after verbs of motion. **Porque** emphasizes the strong purpose behind an action as well as a more uncertain outcome. **De modo (manera) que** may replace **para que** to stress both purpose and the particular means by which something is achieved. (**De modo [manera] que** is not, however, always a subordinating conjunction. It is followed by the indicative when used as a locution introducing an independent clause).

Ha venido a que el médico le **reco-nozca**.	He has come so that the doctor **may (will) examine him**.
Todos los días su madre rezaba por-que **volviese** pronto.	Every day his mother prayed that he **would return** soon.
Haz todo lo posible porque nos **vea-mos** hoy.	Do everything possible so that **we can see** each other today.

Hágalo Ud. de modo que nadie **se entere**.	Do it so (in such a way) that nobody **finds out**.
¿De manera que **estás** dispuesto a hacer el viaje con nosotros?	So (that) **you are** agreeable to taking the trip with us?
No pasaba un solo día sin que Pedro **riñera** con los vecinos.	Not a single day passed without Pedro **quarreling** with his neighbors.
Envió solicitudes a muchas universidades a fin de que le **admitieran** por lo menos en una.	He sent applications to many universities so that **they would admit** him in at least one.
En caso (de) que aún no **hayan llegado** mis amigos, espéralos en la estación.	In case my friends **haven't arrived** yet, wait for them at the station.
Puedes acompañarnos con tal (de) que **te portes** bien.	You may accompany us provided **you behave** well.
Te veremos antes de que **salgas** para México.	We shall see you before **you leave** for Mexico.
Te van a suspender a no ser que **estudies** más.	You are going to fail unless **you study** harder.
No le hablaré a menos que me **pida** perdón.	I will not speak to him unless **he asks** me to forgive him.

B. The verb in the adverb clauses introduced by a different set of conjunctions (such as those listed below) may be either in the subjunctive or indicative mood. When the verb signals intention (i.e., refers to the future or something that may never happen), it is in the subjunctive. But when the verb after the conjunction signals result (i.e., past or present time), it is in the indicative. In other words, the following conjunctions take a subjunctive verb to indicate an unfulfilled event or unattained time, but the indicative to indicate a fulfilled event or attained time.

en cuanto
tan pronto como } *as soon as*
cuando *when*
después (de) que *after*
hasta que *until*
una vez que *once*
mientras (que) *as long as, while*

Paulina hablaba de irse a México cuando **obtuviera** el doctorado.	*Paulina used to speak of going to Mexico when **she received** her Ph.D.*
No te bañes hasta que **sepas** nadar.	*Don't go in the water until **you know how** to swim.*
Una vez que lo **hayas terminado**, avísame.	*Once you **have finished** it, let me know.*
Mientras le **dure** el dinero de la herencia, Martín no tendrá que trabajar.	*While (as long as) the money from the inheritance **lasts**, Martín won't have to work.*
Juanito murió en un bombardeo mientras **hacía** cola para comprar pan.	*Juanito died in a bombing while he **was waiting** in line to buy bread.*
Cerrarán las puertas en cuanto nos **vean**.	*They will shut the doors as soon as **they see** us.*
Cerraron las puertas en cuanto nos **vieron**.	*They shut the doors as soon as **they saw** us.*
Después que **termine**, vendrá a verme.	*After **he finishes**, he will come to see me.*
Después que **termina**, siempre viene a verme.	*After he **finishes**, he always comes to see me.*
Después que **terminó**, vino a verme.	*After **he finished**, he came to see me.*
Aguardará hasta que **devuelvan** el libro.	*He will wait until **they return** the book.*
Aguardó hasta que **devolvieron** el libro.	*He waited until **they returned** the book.*

As indicated above, **mientras (que)** may be followed by either the subjunctive or indicative. But this conjunction is also used with the meaning of *while at the same time* to indicate that two or more things are going on simultaneously. When used with this meaning, **mientras (que)** always takes the indicative.

Mientras mi mujer **trabajaba** en el banco, yo **cuidaba** a los niños.	*While my wife **worked** in the bank, I **took care** of the children.*

A que may replace not only **para que** (see p. 218) but also **hasta que**. In this latter case, it means *for* with a nuance of *until* and is used regularly after verbs indicating *to wait*. (In contrast, **hasta que** is used to stress the idea of *until* or *up to the moment when*.) Since **a que** always indicates purpose, it always takes the subjunctive.

Sin aguardar a que me **contestara**, corrí hacia la puerta.	*Without waiting for **him to answer** me, I ran towards the door.*
Esperó a que **llegaran**.	*He waited for **them to arrive**.*
Esperó hasta que **llegaron**.	*He waited until **they arrived**.*

Aunque, *although* and **a pesar de que**, *in spite of the fact that*, take the subjunctive instead of the indicative when used to express doubt, to discount a statement, to indicate that something is not conceded to be a fact, and to give an emotional reaction to a fact.

Aunque Juan lo **ha hecho**, lo negará.	*Although John **has done** it, he will deny it.*
Aunque Juan lo **haya hecho**, lo negará.	*Although Juan **has (may have) done** it, he will deny it.*
Aunque Carlos **sea** brillante, a veces habla como un idiota.	*Although Carlos **is (may be)** brilliant, sometimes he talks like an idiot.*
A pesar de que Mario **es** listo, no logrará su propósito.	*In spite of the fact that Mario **is** clever, he will not achieve his goal.*
A pesar de que Mario **sea** listo, no logrará su propósito.	*In spite of the fact that Mario **is (may be)** clever, he will not achieve his goal.*

In the two examples with **a pesar de que**, the one with **es** asserts unemotionally that Mario is, indeed, clever. The example with **sea** indicates that his cleverness is discounted, not conceded to be a fact, or viewed as a fact but stressed emotionally by the speaker.

The Subjunctive in Conditional Sentences

The Indicative and Subjunctive Moods in "If" Clauses. There is little difference in meaning in the following three sentences.

Si **llueve**, nos mojamos (mojaremos).	*If **it rains**, we (will) get wet.*

Si **lloviera**, nos mojaríamos.	*If **it rained (were to rain)**, we would get wet.*
Si **hubiese llovido**, nos habríamos mojado.	*If **it had rained**, we would have gotten wet.*

Each sentence expresses a conditional relationship between rain and our getting wet. Nevertheless, the way of looking at the condition expressed in the subordinate clause (the one after *if* or **si**) is different in each sentence. The first sentence neither affirms nor denies that the event will take place; it simply indicates a causal relationship between the subordinate and the independent clause on those occasions that the event happens. In Spanish, this neutral type of condition requires an indicative verb after **si**. The second sentence views the rain as unlikely or at most as a possibility. The uncertainty involved in this type of conditional sentence requires that the verb after **si** be in the subjunctive. The third sentence illustrates a contrary-to-fact condition, since the clause following **si** indicates that it did not happen. Contrary-to-fact conditions require a subjunctive verb in the subordinate clause.

Si **vino** ayer, no lo sabíamos.	*If **he came** yesterday, we didn't know it.*
Si nos **ayudara**, podríamos ir.	*If **he helped (were to help)** us, we would be able to go.* (not probable or at most a possibility)
Si yo **fuera** Ud., no iría.	*If **I were** you, I wouldn't go.* (contrary to fact for I am not you)
Si Joaquín **se cortara** el pelo, estaría más guapo.	*If Joaquín **would cut** his hair, he would look more handsome.*
Si **hubiésemos pagado** la factura no nos habrían cortado la luz.	*If **we had paid** the bill, they wouldn't have cut off the electricity.*

The following rule of thumb should prove useful. In Spanish, when the verb in the independent clause is in the conditional (or conditional perfect), the verb in the clause introduced by **si** must be in the subjunctive. But when the verb in the independent clause is in any other tense except the conditional, then the verb in the clause after **si** is in the indicative. The sequence of tenses (see page 161) precludes the use of a present subjunctive after **si** when the verb in the main clause is conditional.

The Subjunctive Substitute for the Conditional.   Instead of the usual conditional and imperfect subjunctive sequence in sentences with a **si** clause, native Spanish speakers sometimes replace the conditional with an imperfect subjunctive. This results in a sentence with both verbs in the imperfect subjunctive. The second verb, however, retains the meaning of a conditional.

Si le **pidieras** dinero a tu padre, te lo **diera (daría)** enseguida.	If **you asked** your father for money, **he would give** it to you right away.
Si no lo **hubiera sospechado**, no **hubiera (habría) venido**.	If **he had** not **suspected** it, **he would** not **have come**.

Substitutes for the Subjunctive in Conditional Sentences. The preposition **de** + **infinitive** sometimes replaces the subjunctive (or indicative) in conditional sentences.

Sabía con certeza que **de olvidarlo**, todo estaría perdido.	He knew for sure that **if he forgot it**, everything would be lost.
De haber sido más inteligente, no habría depositado el dinero en ese banco.	**If he had been** more intelligent, he wouldn't have deposited the money in that bank.

Que may replace the verb *to be* in the subjunctive.

Yo **que** Ud., no iría.	**If I were** you, I wouldn't go.

Substitute for the Conditional Tense

In colloquial or popular spoken Spanish, the imperfect indicative often replaces the conditional in contrary-to-fact sentences.

Yo, ahora mismo, si **tuviera** un millón de dólares, **dejaba de** trabajar y **me iba** a vivir a Costa Rica.	Right now, if **I had** a million dollars, **I would stop** working and **I would go** live in Costa Rica.

"Como si" and the Subjunctive Mood

Como si, *as if*, and its literary equivalent **cual si**, are always followed by a past (i.e., an imperfect or pluperfect) subjunctive.

Paca movía la cabeza como si **se negara** a dar crédito a sus oídos.	Paca moved her head as if **she refused** to believe her ears.
Carlos conducía como si **estuviera** borracho.	Carlos drove as if **he were** drunk.

En La Habana, Germán se sentaba en su café favorito cual si **fuera** un millonario.

*In Havana, Germán would sit down in his favorite café as if **he were** a millionaire.*

Trata a los obreros como si **fueran** esclavos.

*He treats the workers as if **they were** slaves.*

Other Uses of the Subjunctive

A. Clauses introduced by **el que**, **el hecho de que**, *the fact that*, and **de ahí que**, *hence, that is the reason that*, take the subjunctive.

El que ya no se **quieran** es motivo para que se divorcien.

*The fact that **they** don't **love** each other any more is reason for them to get divorced.*

De ahí que el profesor **llamara** españolas a las cuevas de Altamira.

*That is the reason the professor **called** the Caves of Altamira Spanish.*

B. Verbs expressing a stimulus to action (**alentar**, *to encourage, to cheer,* **animar**, *to encourage*, **incitar** and **persuadir**) and verbs of invitation (**invitar**, **convidar**) are normally followed by the preposition **a** + **infinitive**. There is, however, an alternative construction with **a que** + **subjunctive**.

Invito al lector **a meditar (a que medite)** sobre este problema.

*I invite the reader **to think** about this problem.*

Rosa animó a su hija **a cantar (a que cantara)**.

*Rosa encouraged her daughter **to sing**.*

PRACTICA ━━

A. *En cada una de las siguientes frases, sustituya el infinitivo en paréntesis por la forma correcta del subjuntivo o del indicativo.*

1. Nunca he conocido antes a nadie que _____ turco (**hablar**).

2. Hace mucho calor hoy. No cierres ninguna ventana que _____ al mar (**dar**).

3. No había nadie que _____ la existencia de esa terrible enfermedad (**ignorar**).

4. El soldado tenía órdenes de disparar contra el primero que _____ del edificio (**salir**).

5. Emilia tiene muy buen gusto y yo comería en cualquier restaurante que ella _____ (recomendar).

6. Haz lo que _____ necesario para resolver el problema (ser).

7. En aquel momento necesitaba a alguien que me _____ con mi trabajo (ayudar).

8. ¿Conoces algún mesón donde _____ buenas tapas (tener)?

9. Me gustaría comprar un televisor que _____ menos de trescientos dólares (costar).

10. Buscábamos al dependiente que nos _____ la semana pasada (atender).

11. Te apuntaré su número de teléfono para que no se te _____ (olvidar).

12. Es una foto de su mujer de antes (de) que ellos _____ (casarse).

13. En caso de que tu hijo no _____ a casa pronto, debes llamar a la policía (volver).

14. ¿Cómo has llegado hasta aquí sin que nadie te _____ (ver)?

15. Después (de) que _____ los invitados, tuvimos que limpiar la casa (irse).

16. Elena se secó las lágrimas a fin de que Carlos no _____ que había estado llorando (ver).

17. Concepción no estará satisfecha hasta que _____ directora del banco (ser).

18. Nuestra casa no es pequeña aunque a María se lo _____ (parecer).

19. Prometió amarla mientras él _____ (vivir).

20. Yo trabajaba en el jardín mientras mi mujer _____ la comida (preparar).

21. En cuanto _____ la huelga general, se normalizará la vida de esta ciudad (terminar).

22. Le di el dinero cuando _____ (llegar).

23. Si tú me lo _____ ayer, yo no lo recuerdo (decir).

24. Si le _____ el préstamo, Carlos ya habría comprado un coche nuevo (dar).

25. Si los días _____ treinta horas, tal vez podríamos terminar nuestro trabajo (tener).

26. Si tú _____ ir al concierto, cómprate los billetes ahora mismo (querer).

27. Si _____ a tu ciudad natal después de tantos años, ya no la _____ (volver; reconocer).

28. No podemos saber lo que pasa en ese país porque es como si _____ otro mundo (ser).

29. Luego Paco animó a algunos amigos a que le _____ al cine (**acompañar**).

30. El hecho de que _____ policías en la calle a esa hora nos tranquilizó mucho (**haber**).

B. *Traduzca al español las siguientes frases usando el subjuntivo o indicativo según sea apropiado.*

1. There is nothing that tastes better than fresh fish.

2. Buy for Sunday a turkey that weighs between ten and twelve pounds.

3. He waited for the envelope to dry.

4. They are looking for a driver who knows three languages.

5. If [use **de**] I had known it, I would not have come.

6. As long as there is no good library at this university, it will be difficult to do research.

7. I don't believe there is anyone in this class who knows how to write well.

8. The day he disappears, I don't know what we will do.

9. If you have a problem, let me know.

10. If we didn't have children, perhaps we would do it.

11. It was as if he were looking for a hidden meaning in my words.

12. She took him to the park to play [do 3 ways] with the other children.

13. They planted the tree so that it could be seen from the balcony window.

14. If I had had more money, I would have remained in Cancún all summer.

15. I wanted to talk with him before he made his decision.

CAPITULO 9

El muerto-vivo

ENRIQUE ANDERSON IMBERT

▶ **ENFOQUE: Writing Critical Reviews**

▶ **Adjectives and Adjective Position**

▶ ▶ ▶ ▶ ▶ ▶ ▶ ▶ ▶ ▶ ▶ ▶ ▶ ▶ ▶ ▶

El muerto-vivo

ENRIQUE ANDERSON IMBERT

Enrique Anderson Imbert nació en Córdoba, Argentina en 1910. Doctorado por la Universidad de Buenos Aires, ya era profesor de literatura cuando vino a los Estados Unidos como becario de la Fundación Guggenheim en 1943. Desde 1946 hasta 1956 enseñó en la Universidad de Michigan, regresando a la Argentina en 1957 para ocupar la cátedra de literatura iberoamericana en la Universidad de Buenos Aires. Al año siguiente se encontraba de nuevo en Michigan, desde donde pasó a ser catedrático de literatura iberoamericana en la Universidad de Harvard hasta su jubilación.

A Enrique Anderson Imbert se le considera uno de los mejores prosistas hispanoamericanos del siglo XX por sus destacadas obras de crítica literaria, historia literaria, novelas y cuentos. Como otros escritores argentinos contemporáneos, Anderson Imbert ha escrito cuentos breves o "microcuentos," de los cuales "El muerto-vivo" es un excelente ejemplo. El Grimorio (1961), libro al que pertenece "El muerto-vivo," revela las características de la narrativa de Anderson Imbert, su prodigiosa fantasía y su interés por el realismo mágico. Otras obras principales suyas de ficción que deben mencionarse aquí son Vigilia (novela), 1934; Fuga (novela), 1953; y El gato de Chesire (microcuentos), 1965. A éstas hay que añadir por lo menos dos obras fundamentales de crítica e historia literarias: su Historia de la literatura hispanoamericana (1954) y La crítica literaria contemporánea (1957).

▼

Fuimos al cementerio a despedir los **restos**[1] de León. Era una **cruda**[2] mañana de invierno. Ya desde muy temprano el cielo negro, redondo, tirante nos avisó así, con su forma de paraguas, que iba a llover. Ahora llovía a cántaros. El viento agitaba los paraguas. El padre y el hermano de León, abrazados, lloraban.
5   **Tiritando,**[3] **empapado**[4] hasta los huesos, con laringitis, **estornudos**[5] y fiebre cumplí mi deber: empecé a leer un **discurso**[6] fúnebre, en nombre de la redacción de *La Lira*. De pronto lo vi en las últimas filas del cortejo. ¡A él, al muerto, a León! Estaba gozándome, con la cara oculta entre las solapas levantadas del impermeable y el gran sombrero. Fue tanta la sorpresa que solté la **pata**[7] del
10   **paraguas**[8] y el paraguas se fue volando con su ala negra. Alguien me lo devolvió, respetuosamente. Continué mi discurso, pero sin gana. Comprendí que León nos había hecho la **broma**[9] de fingirse muerto para asistir a su propio **entierro**[10] y

228

obligarnos a **elogiarlo**.[11] Entre frase y frase lo espié, y siempre estaba allí, con las manos en los bolsillos, regocijado. Al terminar el discurso me precipité hacia
15　él, pero se me **escurrió**[12] entre la multitud. Caminaba rápidamente a pasos cortos para no resbalar sobre el empedrado. Lo vi perderse por las callejuelas de la necrópolis.

　　Han pasado varios años. El mundo sigue creyéndolo muerto. No me atreví a contar a nadie su broma pesada. ¡Para qué! No me hubieran creído. León
20　**figura**[13] ahora en la historia de nuestra poesía: "eximio poeta, muerto prematuramente." Patatín, patatán. Bla, bla, bla. De mí nadie recuerda sino aquel discurso, que luego publicaron como prólogo a sus poesías "póstumas." No le perdonaré jamás. Cada vez que oigo hablar de las **poesías**[14] de León me viene un ahogo de **ira**.[15] Espero verlo, el día menos pensado, al doblar una esquina. Me da miedo
25　andar por la ciudad porque sé que cuando lo vea tendré que matarlo.

CUESTIONARIO

Contenido

1.　¿Por qué fue el narrador al cementerio?
2.　¿Quién es el narrador del cuento?
3.　¿Qué tiempo hacía el día del entierro?
4.　¿Qué ocurre en el entierro para sorprender al narrador?
5.　¿Por qué finge León su propia muerte?
6.　¿Cómo contribuye el narrador a la fama de León como poeta?
7.　¿Qué piensa hacer el narrador si algún día ve a León?

Interpretación y estilo

1.　¿Por qué cree Ud. que Anderson Imbert ha escogido estas condiciones meteorológicas para el día del entierro?
2.　Comente Ud. el uso del lenguaje empleado por Anderson Imbert.
3.　¿Por qué cree Ud. que el nombre del periódico donde trabaja el narrador es *La Lira*?
4.　¿Desde qué perspectiva y por qué está escrita esta narración?
5.　¿Qué tipo de persona cree Ud. que es León?
6.　Comente Ud. la economía de palabras que caracteriza este cuento.
7.　¿Le parece natural la transición entre el primero y el segundo párrafo? ¿Por qué?

► Léxico: opciones ◄

1 •

los restos *remains*
las sobras *leftovers*
sobrar *to be left over*
el (la, los, las) demás *the other(s); the rest of*

restar *to remain (literary); to subtract*
el resto de *the rest (remainder) of*
quedar *to remain; to be left, to have left*

Restos most commonly means *mortal remains* but in written Spanish has a broader range of meaning. **El resto de**, that part of something that is left over, is most often used to indicate that which is measurable as a quantity. **Sobras** may indicate the excess of anything that remains unused, but most often refers to food retained from one meal to be served at another. When **quedar** is used with the indirect object pronoun, it renders English *subject pronoun + to have left*. Notice that the invariable **demás** is used after the definite article as a noun or an adjective.

En este restaurante siempre guardan los **restos** de la comida para los pobres.

*In this restaurant they always keep the **leftover** food for the poor.*

Vamos a pasar el **resto** de la semana en San Francisco.

*We are going to spend the **rest (remainder)** of the week in San Francisco.*

Valentina sabía **restar** con una rapidez increíble.

*Valentina knew how **to subtract** with incredible speed.*

El estilo descuidado del autor no **resta** valor a su obra.

*The careless style of the author doesn't **detract** from the value of his work.*

Poesía pura es lo que **resta** después de quitar las impurezas.

*Pure poetry is what **remains** after removing the impurities.*

El lunes nos comimos las **sobras** de la comida del domingo.

*On Monday we finished up the **leftovers** from Sunday's dinner.*

Estos ladrillos nos **sobran** de la construcción de la casa.

*These bricks are **left over (excess)** from building the house.*

Nos **quedan** veinte días de vacaciones.	We **have** twenty days of vacation **left**.
La **demás** gente se fue temprano.	The **other** people left early.
Los **demás** soldados volvieron del frente anoche.	The **other (rest of the)** soldiers returned from the front last night.
¿Dónde están los **demás**?	Where are the **others**?

2 •

crudo	*raw*	**grosero**	*gross, vulgar, rude*
tosco	*crude, rough*	**vulgar**	*common, ordinary, vulgar*
basto	*coarse, rough*	**descortés**	*impolite, rude*

Crudo, *raw*, means *damp and cold* when referring to weather, and *not cooked* or *in a natural state* when referring to food. **Tosco** indicates things made in a primitive or unskilled way; with reference to people, **tosco** does not communicate the idea of a rude person, but one of unpolished, uneducated ways. When used with things, **basto** is a close synonym of **tosco**, but used for people, it often implies a degree of offensive vulgarity lacking in **tosco**. English *vulgar*, when it indicates *coarse, crude, gross, or obscene* is **grosero** in Spanish. Note that **vulgar** is a false cognate of English *vulgar*; it normally means *common* or *popular* in Spanish, although occasionally it may be used as a synonym of *vulgar* when that word is used to indicate behavior that is ordinary but not necessarily offensive.

Este invierno ha sido muy **crudo**.	This winter has been very **harsh**.
De aperitivo, nos pusieron trozos de zanahoria y apio **crudos** con una salsa de queso.	As an appetizer, they served us pieces of **raw** carrot and celery with a cheese dip.
En el altar había una **tosca** figura de la virgen.	On the altar there was a **rough** figure of the Virgin Mary.
Es una persona buena pero **tosca**.	He's a good person but **quite uneducated**.
Jorge es tan **basto** que ya no le invitamos a casa.	Jorge is so **coarse (vulgar)** that we no longer invite him to our house.

Ese hombre **grosero** acaba contando chistes verdes en todas las fiestas.	*That **gross (vulgar)** man ends up telling off-color (dirty) jokes at all the parties.*
El señor Gómez era un hombre perfectamente **vulgar** que trabajaba para Correos.	*Mr. Gómez was a perfectly **common (ordinary)** man who worked for the Post Office.*

3 •

tiritar *to shiver, to shake*	**estremecer(se)** *to shake, shudder*
temblar *to tremble, to shake*	**sacudir** *to shake*

Tiritar normally means to shake with cold, fever, etc. **Temblar**, an intransitive verb, has the widest range of meanings of the above words. It may indicate *to shake* from cold, an emotion, or because of some physical force. **Estremecer** most often means *to shake* or *to shudder or quiver* from horror or some other strong emotion; it is normally reflexive when used personally. **Sacudir** is a transitive verb and indicates the moving of something back and forth.

Pasó la tarde **tiritando** porque se le olvidó el abrigo.	*He spent the afternoon **shivering** because he forgot his overcoat.*
Su enemigo **temblaba** de odio, de envidia y de rabia.	*His enemy was **shaking** with hatred, envy and rage.*
La sangre hizo **estremecer** de horror a todo el mundo.	*The (sight of) blood made everyone **shudder** with horror.*
En España, algunas mujeres **sacuden** el polvo de las alfombras en los balcones.	*In Spain, some women **shake out** the dust from the rugs at their balcony windows.*

4 •

empapar *to soak, drench*	**humedecer** *to moisten, to dampen*
calar *to soak*	**remojar, poner en remojo** *to soak*
mojar *to wet, dampen*	**calado hasta los huesos** *soaked to the skin*

Empapar is the most widely used word for *to soak*. **Calar**, which also means *to penetrate something completely*, is sometimes used as a synonym of **empapar**, as in the expression **calado hasta los huesos** (literally, *soaked* to the bones). **Mojar**, *to wet*, implies a lesser degree of saturation than both of the previous verbs. And **humedecer** in turn suggests an even lighter degree of dampening or wetting than does **mojar**. **Remojar** and especially **poner en remojo** indicates to deliberately soak something in a liquid for the purpose of softening, cleaning or marinating it.

El chubasco le **empapó** de arriba abajo.	The sudden shower **drenched** him head to toe.
Compramos un bizcocho **empapado** en ron.	We bought a cake **soaked** in rum.
Durante el camino, la lluvia le iba **calando** la ropa.	Along the way, the rain was **soaking (penetrating)** his clothes.
Juanjo siempre **se mojaba** el pelo antes de peinarse.	Juanjo always **wet (down)** his hair before combing it.
El rocío **humedece** nuestro césped todas las noches.	The dew **dampens (moistens)** our lawn every night.
Antes de hacer la sopa, hay que **poner en remojo** los garbanzos.	Before making the soup, you have **to soak** the chickpeas.

5 •

el estornudo *sneeze*	**estornudar** *to sneeze*
la tos *cough*	**toser** *to cough*
sonarse *to blow one's nose*	**menospreciar** *to sneeze at, underestimate, regard with disdain*

It should be noted with regard to the vocabulary items above that English *to sneeze at* is colloquial but Spanish **menospreciar** is not. **Sonarse**, literally *to sound oneself*, implies **las narices** and is normally used by itself; unlike the English *to blow one's nose*, which does need the modifier *nose* to comprehend fully the meaning.

Su alergia le hacía **estornudar**.	His allergy made him **sneeze**.
La gripe provoca **toses** y **estornudos**.	The flu causes **coughing** and **sneezing**.
La niña **tosió** toda la tarde.	The little girl **coughed** all afternoon.

No debes **menospreciar** su contribución.

*You shouldn't **sneeze at (scorn)** his contribution.*

El anciano **se sonó** en un pañuelo grande.

*The old man **blew his nose** in a large handkerchief.*

6 •

el discurso   *speech*
pronunciar (dar) un discurso   *to give a speech*
la conferencia   *lecture; long-distance call*
el congreso   *conference, convention*
la charla   *chat, talk*
charlar   *to chat, to talk*
la plática   *chat*
platicar   *to chat*

Both **pronunciar** and **dar** are commonly used with **discurso** as the equivalent of English *to give a speech*. Observe that **conferencia** is a false cognate of English *conference*, which is best rendered by Spanish **congreso** (and in an academic context often by **simposio**). Both **charlar** and **platicar** indicate *to chat* or *to talk informally*, but **platicar** is used more in parts of Spanish America than in Spain.

"El Estado de la Nación" es un **discurso** obligatorio para el Presidente de los EE. UU.

*"The State of the Union" is a **speech** required of the President of the United States.*

El profesor **dio una conferencia** sobre el novelista valenciano Blasco Ibáñez.

*The professor **gave a lecture** on the Valencian novelist Blasco Ibáñez.*

Hay una **conferencia** para ti. ¿Puedes venir al teléfono?

*There's a **long-distance call** for you. Can you come to the phone?*

Este año se celebró el **Congreso** Internacional de Médicos en Santiago de Chile.

*This year the International **Conference** of Physicians was held in Santiago, Chile.*

A mi padre le gusta **charlar (platicar)** con los nietos.

*My father likes to **chat (talk)** with his grandchildren.*

7 •

la pata *handle; foot*
el asa (*fem.*) *handle*
el mango *handle*

el puño *handle*
el tirador *handle*

Pata, normally the leg or foot of an animal, or of a piece of furniture, is used in "El muerto-vivo" as *handle*. In general, however, *handle*, that part of something by which it is grasped with the hand, is rendered in Spanish with one of the other four nouns listed above. **Asa** indicates a handle, of rounded or rectangular shape, which has two points of contact with the object to which it is attached. It may come in pairs (as in baskets, vases, certain cooking and serving utensils) or singly as in most suitcases, attache cases, etc. **Mango** indicates the narrow, long handle of certain tools, knives, cooking implements and so forth. **Puño**, which primarily means *closed hand or fist* is used for the handle of certain hand weapons, canes, umbrellas, etc. However, in actual usage **mango** is also heard for the handle of umbrellas and canes. Finally, **tirador** (from the verb **tirar**, *to pull* [*on something*]) is used for the handle of most doors and drawers.

Cada uno de los muchachos cogió el baúl por un **asa**.

*Each one of the boys grabbed the trunk by one of its **handles**.*

La pala tiene un **mango** de madera.

*The shovel has a wooden **handle**.*

El bastón de mi abuelo tiene un **puño** de plata.

*My grandfather's cane has a silver **handle**.*

No puedo abrir el cajón porque el **tirador** está roto.

*I can't open the drawer because the **handle** is broken.*

8 •

el paraguas *umbrella*
los paraguas *umbrellas*

Observe that **paraguas** is formed from the third-person singular of the present indicative of **parar**, *to stop* + **aguas**. Such verb-noun compounds are of masculine gender in Spanish. They are invariable in form in both singular and plural: some other compounds with **para** are **parabrisas**, **parachoques**, **pararrayos**. Analyze **abrelatas**, **cumpleaños**, **pisapapeles**, **quitamanchas**, **sacacorchos**, and **sacamuelas**.

Los pilotos militares llevan un **paracaídas**.

*Military pilots wear a **parachute**.*

Tenemos que comprar un nuevo **cortacéspedes**.

*We have to buy a new **lawn mower**.*

9 •

la broma   *joke, trick*
la broma pesada   *practical joke*
gastar una broma   *to play a joke*
embromar   *to tease, to kid*
tomarle el pelo a alguien   *to tease, to play a joke on someone*
el chiste   *joke, verbal witticism*

Broma indicates something humorous (usually good-natured) that is said or done. In contrast, **broma pesada** indicates a nasty or practical joke played on someone. **Embromar**, like the idiom **tomarle el pelo a alguien** (review Chapter 4, note 5), means *to tease* or *to joke with* someone. **Chiste** indicates a story or anecdote told to amuse or entertain.

Mi padre no está para **bromas**.

*My father is in no mood for **jokes**.*

La iniciación en su fraternidad universitaria requería una **broma pesada**.

*Initiation in his college fraternity required a **practical joke**.*

A mi hermano le gusta **gastar bromas** a todo el mundo.

*My brother likes **to play jokes** on everyone.*

Mariano, deja de **embromar (tomarle el pelo)** a tu hermana.

*Mariano, stop **teasing** your sister.*

Luisa sabe contar muy buenos **chistes**.

Luisa knows how to tell very good jokes.

10 •

el entierro   *burial*
enterrar   *to bury, to inter*
la sepultura   *burial*

sepultar   *to bury*
la cremación   *cremation*
incinerar   *to cremate*

Sepultura and **sepultar** are synonyms of the more common **entierro** and **enterrar**. When referring to burial in a cemetery, however, **sepultura** conveys a greater degree of seriousness or dignity. Although the verb **cremar** is sometimes heard for **incinerar**, the latter is the correct verb.

"El **entierro** del Conde Orgaz" es un famoso cuadro de El Greco.	"The **Burial** of Count Orgaz" is a famous painting by El Greco.
En el cementerio todavía había cadáveres sin **enterrar**.	In the cemetery there were still **unburied** bodies.
Sepultaron al famoso actor en el Cementerio de Forest Lawn.	They **buried** the famous actor in Forest Lawn Cemetery.
Cuando me muera, quiero que me **incineren** y que echen las cenizas al mar.	When I die, I want them to **cremate** me and cast my ashes into the sea.

11 •

elogiar	*to praise, to eulogize*	**alabar**	*to praise*
loar	*to praise*	**adular**	*to flatter, to praise*
lisonjear	*to flatter*	**halagar**	*to flatter, to praise*

Elogiar is the most common verb to render in English the term *to praise*. **Alabar** is a synonym but sometimes implies unmerited or excessive praise. **Loar** also means *to praise* but is typical of literary language or elevated style. While **adular**, **lisonjear** and **halagar** all render English *to flatter*, **adular** implies false, exaggerated, and self-interested praise that is more direct or transparent than **lisonjear**, which implies a more subtle, deceptive type of flattery. **Adular** often connotes a base attitude indicative of a lack of self-respect on the part of the flatterer. Finally, **halagar** may indicate either a friendly, affectionate flattering of someone, or flattery that has a malicious intent. In the latter case, its meaning approaches that of **adular**.

El profesor **elogió** el excelente examen del estudiante.	The professor **praised** the student's excellent exam.
Alabaron a la heroína por el acto de valentía.	They **praised** the heroine for her act of bravery.
El poema **loaba** al príncipe en su coronación.	The poem **praised** the prince on his coronation.
El empleado no hacía nada más que **adular** al jefe.	The employee did nothing but **praise (flatter)** the boss.

Amanda era guapa y le gustaba que la gente la **lisonjease**.

*Amanda was attractive and she liked people to **flatter** her.*

Mi padre **halagó** a mi madre dándole un hermoso ramo de rosas.

*My father **flattered (greatly pleased)** my mother by giving her a beautiful bunch of roses.*

12 •

escurrirse   *to slip (out, through, from, away)*
resbalar   *to slip, to slide*
deslizar   *to let slip; to slide*
patinar   *to skid, to slip; to skate*

Escurrirse is used for things that slip out of someone's hands or for people that slip away from the company of others. **Resbalar** indicates to slip or slide on a smooth surface and implies some loss of balance; **resbalar** is sometimes used reflexively. **Deslizar** has two main meanings: 1) to deliberately slide something over a smooth surface or to surreptitiously slip it into something else such as a pocket or conversation; 2) unintentionally to slip or slide on a smooth or wet surface. In this second meaning, **deslizar** is a synonym of **resbalar**. **Patinar**, whose primary meaning is *to skate*, means *to skid* when said of motor vehicles.

Se me **escurrió** el pez de las manos.

*The fish **slipped** out of my hands.*

El viejo **resbaló** en la acera mojada.

*The old man **slipped** on the wet sidewalk.*

Teresa **deslizaba** la mano sobre la superficie de la mesa para ver si tenía polvo.

*Teresa **slid** her hand across the surface of the table to see if it was dusty.*

Deslizó en la conversación algunas alusiones a su hija.

*He **slipped** several allusions to his daughter into the conversation.*

Estaba nerviosa al ver que los días **se deslizaban** sin recibir noticias de su novio.

*She was nervous seeing that the days **were slipping by** without receiving news from her boyfriend.*

La carretera estaba húmeda y al frenar Pablo, el coche **patinó**.

*The highway was wet and when Pablo applied (put on) the brakes, the car **skidded**.*

13 •

figurar   *to appear in, be included in; to be in the limelight*
figurarse   *to imagine, to figure*
imaginarse   *to imagine, to figure*
presumir   *to put on airs, be affected; to conjecture, to suppose*
suponer   *to presume, to suppose, to assume*

Figurar, in addition to its meaning of *to appear in* illustrated in the text, also means *to be in the limelight*. In this second meaning it can be related to the verb **presumir**, which in addition to its meanings of *to presume* or *to conjecture*, more often indicates *to put on airs*. The English *to presume, to suppose* is normally rendered by **suponer** in Spanish.　Observe, too, that the reflexive **figurarse** is closely synonymous with **imaginarse**, *to imagine*.

¿Por qué no **figura** Garcilaso en esta antología?	*Why doesn't Garcilaso **appear** in this anthology?*
A su marido siempre le gusta **figurar**.	*Her husband always likes **to be in the limelight** (**the center of attention**).*
La madre le dijo a su hijo que **presumiera** menos.	*The mother told her son not **to put on airs**.*
¡Figúrate! (¡Imagínate!) Ahora no quiere casarse con mi hijo.	***Just imagine**! Now she doesn't want to marry my son.*
Supongo que no vienes mañana.	*I **suppose** you're not coming tomorrow.*
Presumo que después de lo ocurrido no nos hablará más.	*I **presume** (**assume**) that after what happened he won't speak to us again.*

14 •

la poesía   *poetry, poem*
el poema   *poem*
el verso   *verse, line (of poetry)*
los versos   *poetry, lines of poetry*

Note that **poesía**, the word for *poetry*, can also render *poem*. **Poema** may be used for a poem of any length and must be used for *poem* when referring to epic poetry. In most other cases, the words are interchangeable. **Verso** is the equivalent of English *line* when referring to poetry. The plural **versos** is frequently used for *poetry*, especially when recited or read aloud.

Esta **poesía** (este **poema**) es excelente.	*This **poem** is excellent.*
El Cid es un gran **poema** épico.	*The Cid is a great epic **poem**.*
Vamos a analizar la metáfora del tercer **verso** de esta estrofa.	*We are going to analyze the metaphor in the third **line** of this stanza.*
Recitó **versos** hasta quedarse ronco.	*He recited **poetry** until he became hoarse.*

15 •

la ira   *ire, wrath, anger*
el enojo   *anger*
el enfado   *anger, annoyance*
la rabia   *rage, madness*
enojar(se)   *to anger, (to become angry)*
enfadar(se)   *to annoy, to anger; (to become annoyed [angry])*
rabiar   *to rage, to get angry*
sacar de quicio   *exasperate, to drive crazy, to unhinge*

Spanish **ira** indicates very strong anger accompanied by some loss of self control. The word is more frequently used than is its literary cognate *ire* in English. **Enojo** and **enfado** are the most common translation equivalents of English *anger*. **Enfado**, however, often indicates a lesser degree of anger than **enojo** and may be rendered by *annoyance*. **Rabia** suggests an intense, often explosive anger. The verb equivalents of these nouns also reflect these distinctions. The very common idiom **sacar de quicio** (literally *to remove from the doorjamb, to unhinge*), indicates something that in addition to angering, also upsets, exasperates, or drives crazy.

*Las uvas de la **ira*** es la novela más famosa de John Steinbeck.	*The Grapes of **Wrath** is John Steinbeck's most famous novel.*
Causé gran **enojo** a mi padre cuando tuve el accidente con su coche.	*I **angered** my father very much when I had the accident with his car.*

Cuando descubrí que habían robado en casa, sentí una **rabia** enorme.

*When I discovered that they had burglarized our house, I felt a tremendous **anger**.*

Siempre **se enfada** cuando le digo que arregle su cuarto.

*He always **gets angry (becomes annoyed)** when I tell him to straighten up his room.*

Me **sacas de quicio** con tus quejas.

*You **exasperate** me with your complaints.*

PRACTICA

A. *Para cada una de las frases siguientes, elija Ud. la palabra que complete el sentido. Haga también cualquier cambio necesario en la palabra elegida para que la frase quede gramaticalmente correcta.*

1. _____ del famoso explorador está(n) sepultado(a)s en el cementerio de su pueblo natal (**El resto, Los restos, Las sobras**).

2. En esa pensión siempre aprovechan _____ comida al día siguiente (**el resto de la, la demás, las sobras de la**).

3. A Andrés el jefe le _____ de su paga los días que había estado ausente (**quedar, restar, sobrar**).

4. El carpintero nos hizo algunos muebles _____ de pino para nuestra casita en la montaña (**crudo, tosco, vulgar**).

5. Con sus gestos y palabrotas, el conductor del autobús revelaba ser un hombre _____ (**tosco, crudo, grosero**).

6. Aunque Juan era una persona _____, siempre dejaba buena impresión en los demás (**basto, vulgar, crudo**).

7. La brusca respuesta del profesor, le hizo aparecer como un hombre _____ (**crudo, basto, descortés**).

8. El último terremoto hizo _____ nuestra casa violentamente y abrió muchas grietas en las paredes (**tiritar, temblar, estremecer**).

9. El vendaval _____ tanto los árboles que arrancó algunos (**temblar, sacudir, estremecer**).

10. El niño se cayó al lago y lo sacaron _____ (**humedecer, calar, remojar**).

11. La ropa del mecánico estaba tan grasienta que tuvieron que _____ en detergente antes de lavarla (**humedecerla, empaparla, remojarla**).

12. En cuanto Juan entró en el jardín, el polen de las plantas le hizo _____ (**toser, estornudar, sonarse**).

13. La embajadora dio un(a) magnífico(a) _____ ante el pleno de las Naciones Unidas (**charla, conferencia, discurso**).

14. El (La) reciente _____ de libreros en Nueva York duró cuatro días (**plática, conferencia, congreso**).

15. En Alemania compré un hermoso cuchillo de caza con un(a) _____ de hueso (**asa, puño, mango**).

16. Al llenar demasiado la cesta de la ropa sucia, a Juana se le rompió un _____ (**asa, mango, tirador**).

17. Compramos una nueva cómoda con hermosos _____ (**puño, tirador, mango**) de bronce.

18. Aunque el (la) _____ era conocido(a) por todos, Mario lo(la) contó tan bien que se rieron muchos (**chiste, broma, broma pesada**).

19. Al público, el darle al conferenciante con un pastel en la cara le pareció un(a) _____ de muy mal gusto (**broma, chiste, broma pesada**).

20. Como no quería que después de muerto sus restos mortales estuvieran bajo tierra, dejó dispuesto que los _____ (**sepultar, enterrar, incinerar**).

21. Es justo _____ un trabajo bien terminado (**adular, elogiar, lisonjear**).

22. A pesar de ser mal trabajador, David conseguía ascensos _____ a sus superiores (**elogiar, loar, adular**).

23. Al profesor le _____ que sus antiguos estudiantes le visitaran con frecuencia después de su jubilación (**adular, halagar, lisonjear**).

24. Hubo muchos accidentes porque los coches _____ en la nieve que había en la carretera (**deslizar, escurrir, patinar**).

25. El abuelo _____ en la piel del plátano que su nieto había dejado en el suelo de la cocina (**deslizar, patinar, resbalar**).

26. Mientras la policía le buscaba, el ratero _____ entre la multitud (**escurrirse, deslizarse, resbalarse**).

27. Durante la temprana Edad Media, se escribieron mucho(a)s _____ épico(a)s (**versos, poesías, poemas**).

28. Mi padre sintió un(a) ligero(a) _____ cuando mi hermano le pidió más dinero (**enojo, enfado, rabia**).

29. En un acceso de _____ Julián rompió la foto de su ex-mujer (**enfado, enojo, ira**).

30. Es natural _____ que el Mercado Común Europeo va a crecer en importancia (**presumir, suponer, figurarse**).

B. *Traduzca al español las siguientes frases empleando el vocabulario estudiado en este capítulo.*

1. They returned the mortal remains of the soldier to his country to be buried with honors in the National Cemetery.

2. When Carmen took the meat out of the oven, it was still a bit raw.

3. This rough wicker basket has two strong handles.

4. We shuddered upon passing a terrible accident on the freeway.

5. He arrived soaked to the skin and had to change his clothes.

6. Many smokers suffer from a chronic cough.

7. There will be many interesting lectures at our annual convention.

8. The handle of the shovel broke while Ramón was digging a hole.

9. The industrialist praised the bodyguards for having saved his life.

10. It annoyed [do not use **molestar**] Pablo that his colleagues were always teasing him.

11. Gandhi's remains were not buried, but cremated near the river.

12. There are many kings buried in the monastery of El Escorial near Madrid.

13. The young officer flattered the general hoping that he would promote him.

14. There was so much dust in the room that everyone was sneezing.

15. He slipped a few coins into the beggar's hand.

16. While I was taking a shower, the soap slipped out of my hand.

17. Many passengers were injured when the bus skidded on the ice.

18. Roberto is very vain and always wants to be the center of attention.

19. I presume (assume) he will finish the work by tomorrow.

20. The teacher asked the student to recite the poem he had memorized.

▶ ENFOQUE ◀ Writing Critical Reviews

A critique is the evaluation of something under consideration such as a book, play, movie, musical performance, painting and so on. It implies discussing in an objective manner its virtues as well as its defects. The critique of a work of art is one of the most difficult tasks anyone can attempt. As a student, you will have to write critiques for many of your courses. One you may be frequently asked to do is the "review" essay for your courses in literature.

A review essay requires a presentation and an interpretation of the facts and opinions in a book. The essay should give the information contained in it, while at the same time present a critical judgment of that information. The review essay has three functions: 1) defines the book and its goals; 2) condenses the book's contents; and 3) gives an evaluation of the book. Of these three functions, perhaps the most important is the third one. You should combine facts and judgments in your evaluation to strengthen your critique.

▶ TIPS ◀

1. Explain the type of book you are reviewing.
2. Summarize in a clear and logical fashion its contents.
3. Write your own review—do not use other people's opinions.
4. Consider only the book's contents and do not introduce opinions which are not related to these contents.
5. Mention the strengths and weaknesses of the work you are reviewing. Include your interpretation of them.
6. Use quotations judiciously to support your comments.
7. Make the language you use direct, natural, and clear. Avoid being subjective.
8. Discuss the appropriateness of the author's style and its contents.
9. Avoid generalizations and abstractions.

TEMAS A ESCOGER

Temas relacionados con la selección literaria

1. Escriba Ud. el cuento de nuevo desde el punto de vista de León.
2. Analice Ud. "El muerto-vivo" como ejemplo de un cuento breve bien escrito.
3. Discuta Ud. el uso del paraguas en este cuento como símil, metáfora, imagen, etc.

Temas sugeridos por la selección literaria

1. Analice Ud. el funeral en la sociedad norteamericana.

2. Escriba Ud. sobre su participación activa o pasiva en una broma pesada.
3. Escriba Ud. sobre sus impresiones de un entierro al que Ud. haya asistido.

|R|E|P|A|S|O| gramatical

■ Adjectives and Adjective Position

Adjectives

An adjective is a word that modifies a noun or a pronoun by limiting or qualifying its meaning in some way. A major difference between adjectives in English and in Spanish is that English adjectives never change their form. For instance, the adjective *good* is invariable in form no matter what the natural gender and number of its referents are.

the **good** boy
the **good** girl
the **good** boys
the **good** girls

In Spanish, however, an adjective agrees in both gender and number with the noun or pronoun it modifies.

el muchacho **bueno**
la muchacha **buena**
los muchachos **buenos**
las muchachas **buenas**

A small number of adjectives (most notably **pobre, grande, feliz, gris, cortés**) have a common masculine and feminine form. Obviously, these adjectives can agree with the nouns they modify in number only.

un(a) estudiante **cortés**
uno(a)s estudiantes **corteses**

There is another group of Spanish adjectives which is invariable in both gender and number. These words, which include **hembra**, *female*, **macho**, *male*, **modelo**, **sport** and **color** + a word indicative of some color, are in fact nouns being used adjectivally. However, if used as nouns, these words will vary in number.

En el laboratorio tenía veinte ratones **hembra**.   *In his laboratory, he had twenty **female** mice.*

El preso estaba en la cárcel **modelo**.	*The prisoner was in the **model** jail.*
Juan compró un nuevo coche **sport**.	*Juan bought a new **sports** car.*
María tenía un sombrero color **limón**.	*María had a **lemon**-colored hat.*
La niña llevaba pantalones color **naranja**.	*The girl was wearing **orange**-colored slacks.*

Many compound adjectives are hyphenated in both Spanish and English. In Spanish, however, only the second adjective agrees grammatically with the word it modifies. The first adjective of the compound is always masculine singular in form.

Es una compañía **hispano-suiza**.	*It's a **Spanish-Swiss** company.*
Luis tenía teorías **socio-económicas** muy raras.	*Luis had very strange **socio-economic** theories.*

In rendering the adjective into Spanish in expressions which also involve a *preposition + noun qualifier*, care should be used to insure that the adjective agrees with the correct noun.

Compramos una mesa de pino **baja**.	*We bought a **low**, pine table.*
Sólo usan aceite de oliva **puro**.	*They use only **pure** olive oil.*

Limiting Adjectives

It is convenient to divide adjectives into two main classes: limiting and descriptive. Limiting adjectives tell, point out, or ask *which*, *how many*, or *whose*, but they do not describe. In Spanish, they always precede the noun they modify.

dos subastas	***two** auctions*
tu colega	***your** colleague*
muchos (algunos) baúles	***many (some)** trunks*
este andén	***this** platform*
la **primera** lección	*the **first** lesson*

Some limiting adjectives (possessives, demonstratives, ordinals) may also follow the word they modify for purposes of emphasis or sharper differentiation. When they are so used in post-position, these adjectives require a preceding article. Note, too, from the second example below, that the possessive adjective has a different (longer) form when it follows the noun it modifies.

el tipo **ese**	*that* guy (pejorative)
un colega **tuyo**	*a colleague **of yours*** (as opposed to one of mine or someone else's)
la lección **primera**	*the **(very) first** lesson* (in a series)

Descriptive Adjectives

A descriptive adjective indicates something about the nature of the noun it qualifies, such as its shape, size, color, condition or affiliation with some group or class. Whereas limiting adjectives in Spanish (with some exceptions) immediately precede the noun they modify, descriptive adjectives are flexible as to position. When a descriptive adjective immediately follows a noun, it differentiates the noun in some way from others of its class or category. If, however, an adjective indicates a quality we expect a given noun to have, or one we know is characteristic of that noun because it has been mentioned or stressed earlier, the adjective then functions as an enhancer or intensifier of that quality; in this role it precedes the noun. This pre-position of adjectives is often used for poetic effect.

las **doradas** naranjas de California	*the **golden** oranges of California*
las **verdes** palmeras de Jamaica	*the **green** palm trees of Jamaica*

The differentiating or post-position of the Spanish adjective often corresponds to heavy stress or pause (or both) in English.

el equipo **bueno** de Chicago	*the "**good**" team from Chicago*
el **buen** equipo de Chicago	*the **good** team from Chicago*

The first example immediately above implies the existence of a second, less accomplished team. Post-position of the adjective avoids the possibility of confusion by making the referent clear. Pre-position of the adjective in the second example would imply either that Chicago had only one team (hence no differentiation is possible) or that the speaker prefers to ignore the existence of the second team and not use it as background for purposes of differentiation. Pre-position thus serves to enhance the well-known characteristic or quality conveyed by the adjective. Note that when we state that descriptive adjectives may immediately precede or follow the noun they modify, we are excluding predicate adjectives. These adjectives always follow some form of the verb *to be* or other linking verb. This verb both separates them from and links them to the noun they modify. Predicate adjectives should be considered as a separate group and their position presents no problem, for both in English and Spanish they always follow the verb *to be* or other linking verb.

María es **lista**.	*María is **clever**.*
Estos libros son **caros**.	*These books are **expensive**.*

Descriptive Adjectives with Unique Entities

An adjective which follows a noun indicates some degree, however slight, of contrast or comparison. But if a noun indicates a unique entity, the only one of its class, such differentiation is impossible. For this reason, descriptive adjectives always precede nouns that indicate unique entities.

la **hermosa** mujer del general	*the general's beautiful wife*
la **amigable** rectora de nuestra universidad	*our university's **friendly** president*
la **negra** silueta del guardia	*the guard's **black** silhouette*

Post-position of the adjectives above might make a bigamist of the general, suggest that our university has two presidents, and that the guard has more than one silhouette.

Change in Meaning According to Position

Certain descriptive adjectives that retain their literal meaning when they follow the noun (i.e., when they are in normal position) often have a different or more figurative meaning when they precede it.

ADJECTIVE	FOLLOWING	PRECEDING
antiguo	*ancient, very*	*old, former, ancient*
bajo	*short, low*	*low, common, vile*
gran(de)	*large, big*	*great*
medio	*average*	*half*

mismo	*(one)self, itself*	*same; very* (emphatic)
nuevo	*(brand) new*	*new* (different, another)
pobre	*poor (without money)*	*poor* (unfortunate, wretched)
puro	*pure (clean, unadulterated)*	*sheer, total, absolute*
único	*unique (one of a kind)*	*only*
viejo	*old (age in years)*	*old* (relatively, affectionately)

Tengo **media** libra de caramelos.	*I have **half** a pound of hard candy.*
El hombre **medio** ignora lo que ha pasado.	*The **average** man is ignorant about what has happened.*
Vamos a beber agua **pura** del manantial.	*We are going to drink **pure** water from the spring.*
Es **pura** mentira.	*It's an **absolute** lie.*

The Relative Importance of Noun and Adjective

The position of a descriptive adjective is often determined by one or more of several factors. The adjective is in a stronger position when it follows the noun, for then it does more work. Its appeal is mainly to the intellect, since it differentiates or contrasts in some degree by setting the noun apart from others of its kind. Thus, adjectives used in a scientific or technical way (and others, such as those of nationality) almost always follow because they are used in a differentiating, specifying way. When the adjective precedes the noun, however, there is a greater appeal to our emotional or poetic sense and any differentiating force inherent in the adjective is greatly diminished. Consequently, a descriptive adjective may be used to enhance a known characteristic more or less in isolation. And an adjective used emotionally, rather than differentiatingly, will precede the noun it modifies.

Position, then, depends largely on whether the speaker wishes emotion or intellect to predominate. When a quality is to be taken for granted or is considered inherent in the noun, the adjective precedes the noun. But if the noun is not to be taken in its usual sense and some degree of distinction is to be indicated or emphasized, the adjective follows the noun.

The adjective in **la blanca nieve**, for instance, merely enhances a quality that is part of the normal concept of snow: **blanca** is used as an epithet and is largely ornamental, as are the needless adjectives in such English expressions as *unexpected surprise* and *true facts*. **Blanca** does little more than highlight the well-known characteristic of normal snow. Within a given context, we may refer to an old judge or an old building in a similar way, although the words *judge* and *building* obviously do not suggest age in the same way that *snow* suggests whiteness. Nonetheless, a context in which readers or listeners were familiar with the age of the judge or building in question could justify pre-position. It is possible, for instance, to begin a discussion or description with an adjective in post-position and to shift to pre-position when the reader or listener is deemed to be sufficiently well informed regarding a given characteristic.

In summary, an adjective in post-position is more *neutral* in tone and reflects a more objective, impersonal observation about the noun it modifies. In pre-position the adjective reflects a more personal, emotive or poetic evaluation of the noun. When the adjective precedes the noun, it does not distinguish it from others of its kind; when it follows, it does distinguish it from others. The affective force of adjectival pre-position explains its heavy use in poetic, emotional language and its frequent abuse in rhetorical and propagandistic language, and in advertising. Nonetheless, no rules can indicate where a descriptive adjective should be placed in every circumstance. Position is often influenced by ineffable rhythmic considerations on the part of the native speaker and the distinction between poetic and differentiating intent is indeed at times a very personal and subtle one.

Explain adjective position in the following sentences:

El mecánico **joven** repara los coches **alemanes**.

The **young** mechanic repairs **German** cars.

La **joven** mujer cuidaba el **enorme** elefante.

The **young** woman took care of the **enormous** elephant.

El poeta adoraba los ojos **azules**.

The poet adored **blue** eyes.

El poeta adoraba los **azules** ojos de su novia.

The poet adored his sweetheart's **blue** eyes.

Odio estas **malditas** hormigas.

I hate these **damned** ants.

Murió el **joven** presidente en un **trágico** accidente.

The **young** president died in a **tragic** accident.

Tengo una chaqueta **gruesa** para el invierno y otra **fina** para el verano.

*I have a **heavy** jacket for the winter and another **light one** for the summer.*

PRACTICA

A. *Para cada una de las siguientes frases, indique Ud. la posición y la forma correcta del adjetivo o adjetivos que aparece(n) en paréntesis. Esté preparado(a) para explicar su respuesta.*

1. Juan está recuperándose de las _____ heridas _____ que le causó la explosión (**grave**).

2. Nunca me ha gustado hablar de mi _____ vida _____ (**privado**).

3. Al contemplar las _____ bayonetas _____ de los soldados, María se desmayó (**agudo**).

4. Durante nuestra luna de miel, visitamos seis _____ ciudades _____ (**extranjero**).

5. Han introducido un _____ límite _____ de velocidad en las carreteras y autopistas (**nuevo**).

6. Han traído para ti dos botellas de _____ cerveza _____ (**fresco**).

7. En la película figura la _____ pareja _____ de Ginger Rogers y Fred Astaire (**legendario**).

8. Nuestra _____ vida _____ ha cambiado mucho (**político-cultural; política-cultural**).

9. El domador estaba al lado de un _____ leopardo _____ que mostraba sus _____ colmillos _____ (**hermoso; terrible**).

10. Tenemos un _____ afecto _____ por nuestro tío Joaquín (**enorme**).

11. Guillermo volvió a los brazos de su _____ esposa _____ (**amante**).

12. Había una _____ niebla _____ la noche de nuestra llegada a Londres (**espeso**).

13. Juan es un _____ miembro _____ del partido republicano (**antiguo**).

14. ¡Cómo envidiaba yo el _____ calor _____ de aquella casa (**íntimo y dulce**)!

15. Roberto trabajaba para la _____ compañía de tabacos _____ (**filipina; filipinos**).

16. Han abierto una escuela de perros- _____ cerca de nuestra casa (**guía; guías**).

17. Es necesario viajar por esos _____ arenales _____ para comprender la grandeza del desierto (**inmenso**).

18. El incidente se produjo en la _____ frontera _____ (**austro-húngara; austra-húngara**).

19. La chica acabó rodando por los _____ escalones _____ de la fuente (**resbaladizo**).

20. En la fiesta, todos iban vestidos de _____ colores _____ (**claro**).

21. Los azulejos de la cocina tienen un _____ diseño _____ (**alegre**).

22. Aspiraba con gusto el _____ olor _____ del café recién molido (**bueno**).

23. Tiene una _____ colección _____ de _____ alfombras _____ (**magnífico; antiguo**).

24. Aquella tribu celebraba _____ sacrificios _____ pero nunca fue antropófaga (**humano**).

25. Quería suicidarse tomando un _____ frasco _____ de aspirinas (**entero**).

26. Quiero llamar la atención sobre el _____ nivel de vida _____ de los mineros (**bajo**).

27. La barca se aproximaba a los _____ arrecifes _____ de la isla desierta (**temido**).

B. *Traduzca al español las siguientes frases. Algunas de ellas admiten o la pre-posición o la pos-posición del adjetivo.*

1. Have you heard about the lamentable event that occurred in Los Angeles?

2. He returned to the village of Isaba to live among those he considered his old and intimate friends.

3. Among the tender words of farewell, we noticed an occasional ironic phrase.

4. The drought has had serious consequences for the cotton crop [use **el cultivo**].

5. The new Italian film has won important prizes.

6. I met his charming wife when I was in Naples.

7. Don't send me the green book but the thick red one.

8. A violent day [use **jornada**] of protest concluded with the death of three persons.

9. In spite of her bad reputation, she is a good woman.

10. I don't trust "that" guy.

Las ataduras

Carmen Martín Gaite

▶ **ENFOQUE: Writing Personal
Experiences**

▶ **Pronouns**

▶ ▶ ▶ ▶ ▶ ▶ ▶ ▶ ▶ ▶ ▶ ▶ ▶ ▶ ▶ ▶ ▶ ▶

Las ataduras

CARMEN MARTÍN GAITE

Carmen Martín Gaite nació en 1925, en Salamanca, España. Es Doctora en Filosofía y Letras y está casada con el novelista Rafael Sánchez Ferlosio.

Martín Gaite pertenece a la generación de narradores que incluye, entre otros, a Luis Martín Santos, Ignacio Aldecoa, Ana María Matute, Juan Goytisolo y Juan Marsé. Para este grupo de escritores, la guerra civil española (1936-1939), la posguerra y los acontecimientos mundiales forman el catalizador y punto de partida de casi todas sus obras. Sus novelas y cuentos tienen una intención social y domina en ellos la ética sobre la estética. Ana María Matute dice, con respecto a las obras de este grupo de escritores, que para ellos no tiene sentido la novela que no resulte desagradable a la sociedad. Añade que la novela ha de ser un documento y un planteamiento de los problemas de la persona en el mundo de hoy y que el fin de esta literatura es el deseo de mejorar la conciencia social.

La primera novela de Carmen Martín Gaite, Entre visillos (Premio Planeta, 1958), revela una mezcla de elementos modernos y tradicionales, y nos descubre la vida en una capital de provincia española dominada por una clase media intransigente y apegada a viejos conceptos de orden, respectabilidad y formas de pensar. La protagonista, una mujer joven, lucha por liberarse de este tipo de vida.

La segunda obra de Martín Gaite, Las ataduras (1960; título de la selección que hemos escogido y que da título al libro), consiste en una novela corta y varias narraciones breves. El estilo y el carácter son similares en todas ellas y vemos reflejadas en sus páginas la pobreza de la vida de los españoles bajo la dictadura franquista (1939-1975). El tono es logrado con descripción cuidadosa y sensible llena de pequeños matices de sentimiento.

Otras obras de Carmen Martín Gaite son: Ritmo lento (1963), cuyo tema es la vida de un hombre que no encaja en la sociedad y a quien ésta considera un loco, y Retahílas (1974), cuya idea central es la falta de comunicación. Sus protagonistas, mientras esperan la muerte de su centenaria abuela, entretejen sus "retahílas" de palabras mostrando con ellas la insatisfacción con la soledad en la que viven.

En la selección literaria escogida, la narración está hecha desde la perspectiva de una mujer que recuerda su niñez en un pueblecito de la provincia de Orense, en Galicia. Martín Gaite recoge con gran sensibilidad los elementos que forman el entorno vital de Alina, la protagonista, y nos hace participar en el asombro y la vitalidad que esta niña muestra al encontrarse con estos elementos.

▼

Los ríos la atrajeron desde pequeñita, aún antes de haber visto ninguno. Desde arriba del **monte**[1] Ervedelo, le gustaba mirar fijamente la raya del Miño, que riega Orense, y también la ciudad, concreta y dibujada. Pero sobre todo el río, con su puente encima. Se lo imaginaba maravilloso, visto de cerca. Luego, en
5 la escuela, su padre le enseñó los nombres de otros ríos que están en países distantes; miles de culebrillas finas, todas iguales; las venas del mapa.

Iba a la escuela con los demás niños, pero era la más **lista**[2] de todos. Lo oyó decir muchas veces al cura y al dueño del Pazo, cuando hablaban con su padre. Aprendió a leer en seguida y le enseñó a Eloy, el del vaquero, que no tenía
10 tiempo para ir a la escuela.

—Te va a salir maestra como tú, Benjamín —decían los amigos del padre, mirándola.

Su padre era ya maduro, cuando ella había nacido. Junto con el recuerdo de su primera infancia, estaba siempre el del roce del bigote hirsuto de su padre,
15 que la besaba mucho y le contaba largas historias cerca del oído. Al padre le gustaba beber y cazar con la gente del pueblo. A ella la hizo andarina y salvaje. La llevaba con él al monte en todo tiempo y le enseñaba los nombres de las hierbas y de los bichos. Alina, con los nombres que aprendía, iba inventando historias, relacionando colores y brillos de todas las cosas **menudas**.[3] Se le hacía
20 un mundo anchísimo, lleno de tesoros, el que tenía al alcance de la vista. Algunas veces se había juntado con otras niñas, y se sentaban todas a jugar sobre los muros, sobre los carros vacíos. Recogían y **alineaban**[4] palitos, **moras**[5] verdes y rojas, erizos de castaña, granos de maíz, cristales, cortezas. Jugaban a cambiarse estos talismanes de colores. Hacían caldos y guisos, machacando los
25 pétalos de flores en una lata vacía, los trocitos de teja que dan el pimentón, las uvas arrancadas del **racimo**.[6] Andaban correteando a la sombra de las casas, en la cuneta de la **carretera**,[7] entre las gallinas tontas y espantadizas y los pollitos feos del **pescuezo**[8] pelado.

Pero desde que su padre la empezó a aficionar a trepar a los montes, cada
30 vez le gustaba más alejarse del pueblo; todo lo que él le enseñaba o lo que iba mirando ella sola, en las **cumbres**,[9] entre los pies de los pinos, era lo que tenía verdadero valor de descubrimiento. Saltaba en las **puntas**[10] de los pies, dando chillidos cada vez que se le escapaba un vilano, una lagartija o una mariposa de las buenas. La mariposa paisana volaba cerca de la tierra, cabeceando, y era muy
35 fácil de coger, pero interesaba menos que una mosca. Era menuda, de color naranja o marrón pinteada; por fuera como de ceniza. Por lo más adentrado del monte, las mariposas que interesaban se cruzaban con los saltamontes, que siempre daban susto al aparecer, desplegando sus alas azules. Pero Alina no tenía miedo de ningún bicho; ni siquiera de los caballitos del diablo que sólo andaban
40 por lo más espeso, por donde también unas arañas enormes y peludas tendían entre los pinchos de los tojos sus **gruesas**[11] telas, como hamacas. Los caballitos del diablo le atraían por lo espantoso, y los acechaba, conteniendo la respiración.

—Cállate, papá, que no se espante ése. Míralo ahí. Ahí —señalaba, llena de emoción.

45 Había unas flores moradas, con capullos secos enganchados en palito, que parecían **cascabeles**[12] de papel. Éstas eran el posadero de los caballitos del diablo; se montaban allí y quedaban balanceándose en éxtasis, con un ligero zumbido que hacía vibrar sus alas de tornasol, el cuerpo manchado de reptil pequeño, los ojos abultados y azules.

50 Un silencio aplastante, que emborrachaba, caía a mediodía verticalmente sobre los montes. Alina se empezó a escapar sola a lo intrincado y le gustaba el miedo que sentía algunas veces, de tanta soledad. Era una excitación incomparable la de tenderse en lo más alto del monte, en lo más escondido, sobre todo pensando en que a lo mejor la buscaban o la iban a reñir.

55 Su madre la reñía mucho, si tardaba; pero su padre apenas un poco las primeras veces, hasta que dejó de reñirla en absoluto, y no permitió tampoco que le volviera a decir nada su mujer.

—Si no me puedo quejar —decía, riéndose—. Si he sido yo quien le ha enseñado lo de andar por ahí sola, pateando la tierra de uno y sacándole sabor.
60 Sale a mí clavada, Herminia. No es malo lo que hace; es una hermosura. Y no **te apures**,[13] que ella no se pierde, no.

Y el abuelo Santiago, el padre de la madre, era el que más se reía. El sí que no estaba nunca preocupado por la nieta.

—Dejarla —decía—, dejarla, que ésta llegará lejos y andará mucho. A mí
65 se parece, Benjamín, más que a ti. Ella será la que continúe las correrías del abuelo. Como que se va a quedar aquí. Lo trae en la cara escrito lo de querer explorar mundo y escaparse.

—No, pues eso de las correrías sí que no —se alarmaba el maestro—. Esas ideas no se las **meta**[14] usted en la cabeza, abuelo. Ella se quedará en su tierra,
70 como el padre, que no tiene nada perdido por ahí adelante.

El abuelo había ido a América de joven. Había tenido una vida agitada e inestable y le habían ocurrido muchas aventuras. El maestro, en cambio, no había salido nunca de unos pocos kilómetros a la redonda, y se jactaba de ello cada día delante de la hija.

75 —Se puede uno pasar la vida, hija, sin perderse por mundos nuevos. Y hasta ser sabio. Todo es igual de nuevo aquí que en otro sitio; tú al abuelo no le **hagas caso**[15] en esas historias de los viajes.

El abuelo se sonreía.

—Lo que sea ya lo veremos, Benjamín. No sirve que tú quieras o no quieras.

80 A medida que crecía, Alina empezó a comprender confusamente que su abuelo y su padre parecían querer disputársela para causas contradictorias, aunque los detalles y razones de aquella sorda rivalidad se le escapasen. De momento la meta de sus ensueños era bajar a la ciudad a ver el río.

CUESTIONARIO

Contenido

1. ¿Qué atraía a Alina desde pequeñita?
2. ¿Dónde ocurre la acción de esta narración?
3. ¿Cómo es el padre de Alina?
4. ¿A qué juega Alina con las otras niñas?
5. ¿A qué aficiona el padre a Alina?
6. ¿Qué pensaba la madre de las aficiones de Alina?
7. Contraste Ud. las ideas del abuelo de Alina con las del maestro sobre el futuro de la niña.

Interpretación y estilo

1. ¿Desde qué perspectiva está escrita esta narración?
2. ¿Qué valor metafórico tienen los ríos para atraer a Alina?
3. ¿Cómo afecta la madurez del padre su relación con la niña?
4. ¿Por qué la narradora llama "talismanes" a las cosas con las que juegan los niños?
5. ¿Por qué cree Ud. que la autora sitúa la acción en este tipo de naturaleza?
6. ¿Qué cambio se observa en el carácter de la protagonista?
7. Contraste Ud. las actitudes de los diferentes personajes hacia el futuro de la niña.

► Léxico: opciones ◄

1 •

el monte   *mountain; hills, backwoods*
la cordillera   *chain or range of mountains*
la montaña   *mountain*
la sierra   *mountain range, sierra*

Both **monte** and **montaña** render the English *mountain*. **Montaña** is the more generic term and refers to mountains in contrast to flatland or the coastal area. A single mountain that has a specific identifying name (corresponding to *Mount _____* in English) is **monte** in Spanish. **Monte** is also the name of a variety of terrains in Spanish that are hilly rather than mountainous. The lands designated by the term **monte** have in common the fact that they are uncultivated and have little or no population. They may lack vegetation, be covered with underbrush and/or trees. No English word subsumes all the kinds of terrain referred to by **monte**; context alone helps one know what is meant by a particular use of the word.   With the notable exception of **las Montañas Rocosas** (the Rocky Mountains), the names of specific mountain ranges are rendered in Spanish with the term **montes** implied or understood: **los Balcanes** (the Balkan Mountains). **Cordillera** is a word used to refer to a chain or range of mountains; in some areas it has come to form part of a geographic designation: **la cordillera de los Andes**. **Sierra** refers to that part of certain mountain ranges whose rugged profile suggests the teeth of a saw.   This word, too, has become part of certain geographic designations: **Sierra Morena**. Finally, in English as well as in Spanish, **sierra** designates an elevated or mountainous area in contrast to the lower, adjacent flatlands or valley floor.

Desde nuestra casa en Seattle, veíamos el **monte** Rainier.	*From our house in Seattle we used to see **Mount** Rainier.*
Fueron al **monte** a cazar conejos.	*They went off to the **country (back-woods)** to hunt rabbits.*
La semana pasada estuvimos esquiando en las **montañas**.	*Last week we were skiing in the **mountains**.*
La **cordillera de los Andes** se extiende desde la Patagonia hasta el Ecuador.	*The **Andes mountain range** extends from Patagonia to Ecuador.*
Muchos madrileños veranean en la **sierra** de Guadarrama.	*Many people from Madrid spend the summer in the Guadarrama **Mountains**.*

2 •

listo   *clever, sly*
(d)espabilado   *wide awake, alert*
despierto   *wide awake, sharp*
vivo   *bright, sharp, clever, sly*

The above adjectives, all partial synonyms of **inteligente**, refer to different states of mental ability when used with **ser**. With **estar** they have different meanings. Notice that **listo** and **vivo** can also have negative connotations of being *too clever*, *tricky*, or *not to be trusted*.

María es muy **lista** y comprende todo enseguida.

*María is very **clever** and understands everything right away.*

Mariano es el chico más **(d)espabi-lado (despierto)** de la clase.

*Mariano is the **sharpest (most wide awake)** kid in the class.*

Pepito es muy **vivo** y siempre está haciendo preguntas.

*Pepito is very **bright** and he's always asking questions.*

Ten mucho cuidado con Felipe porque es muy **vivo**.

*Be very careful with Felipe because he's very **sharp (clever)**.*

3 •

menudo *small, minute, tiny*
diminuto *tiny, very small*
pequeño *small, little*
minúsculo *(very) small, tiny*
chico *small, little*
letras minúsculas *small (lower-case) letters*

Menudo, a synonym of **pequeño**, indicates that which is extremely small and often insignificant. In most instances **chico** is the closest synonym of **pequeño**. It may not replace **pequeño**, however, in scientific or mathematical language, or in formal comparisons. **Diminuto** is probably the most common equivalent of English *tiny*. Unlike English *minuscule*, **minúsculo**, is not an uncommon word in Spanish. It is used, for instance, to indicate *small* (lower-case) as opposed to *large* (upper-case) letters, i.e., **letras mayúsculas** and in instances where a synonym for **muy pequeño** or **diminuto** is required.

Por sus **diminutas** manos, el niño apenas podía tocar el piano.

*Because of his **tiny** hands, the little boy could hardly play the piano.*

El colibrí más **menudo (diminuto)** del mundo es natural de Cuba.

*The **smallest (tiniest)** hummingbird in the world is native to Cuba.*

Estos zapatos me quedan **pequeños** y me hacen daño.

*These shoes are **(too) small** for me and hurt my feet.*

El poeta norteamericano E. E. Cummings escribió muchos poemas empleando sólo letras **minúsculas**.

*The American poet E. E. Cummings wrote many poems using only **small letters**.*

4 •

la línea   *line*
alinear   *to line up, to arrange in a line*
el renglón   *(written) line*
la raya   *stripe, line*
la cola   *tail; line*
hacer cola   *to stand (wait) in line*
la fila   *row, rank*
la hilera   *string, line, row*

The most common equivalent of English *line* is **línea** in Spanish. In the context of *written line* in contrast to the lines actually printed or drawn on a page (**líneas** or **rayas**), **renglón** is used in Spanish. **Raya**, *stripe*, is also used in the sense of that which establishes *guidelines* or *limits*. **Rayas** can be lines on a paper or drawn by children. **Cola**, *tail*, indicates *line* as a number of persons one behind the other, waiting for something. **Fila** indicates a *row* or *straight line* of anything, such as seats in a classroom, soldiers standing or marching in rank, plants in a garden, and so on.   Although **hilera** is a synonym of **fila**, it is especially common with reference to trees, shrubs, and inanimate objects.

La distancia más corta entre dos puntos es una **línea** recta.	*The shortest distance between two points is a straight **line**.*
En cada página caben veinte **renglones**.	*On each page there is space for twenty **lines**.*
El árbitro indicó que el jugador había pisado la **raya** blanca bajo la canasta.	*The referee indicated that the player had stepped on the white **line** under the basket.*
Carlos prefiere escribir en papel **rayado**.	*Carlos prefers to write on **lined** paper.*
Llevan dos horas **haciendo cola** para sacar las entradas.	*They have been **waiting in line** two hours to get tickets.*
Ningún estudiante quiere sentarse en la primera **fila**.	*No student wants to sit down in the first **row**.*
Para abrirnos paso por la selva, tuvimos que andar en **fila** india.	*To make our way through the jungle we had to walk single **line**.*
Por la orilla del río había una **hilera** de sauces.	*Along the river bank there was a **row** of willow trees.*

5 •

la mora	*blackberry, mulberry*	**la fresa**	*strawberry*
la frambuesa	*raspberry*	**el arándano**	*blueberry, sloe berry*
la baya	*berry*	**la zarzamora**	*blackberry (esp. the bush)*

Mora, which in the literary selection indicates *blackberry* may also refer to *mulberry*. When necessary, the unambiguous **zarzamora** (**zarza** means *bramble* or *thorn*) may replace **mora**. The American *blueberry*, now introduced to Europe, is known as **arándano** (also the name of a native Spanish berry, which has been applied to this newcomer because of similar characteristics). The generic term for *berry*, edible or non-edible, is **baya** in Spanish.

Gloria se arañó cogiendo **moras** en el monte.	*Gloria scratched herself while picking **blackberries** in the hills.*
Esos pájaros comen muchas semillas y **bayas**.	*Those birds eat lots of seeds and **berries**.*

6 •

el racimo	*bunch, cluster*	**el ramo**	*cluster, bouquet*
el manojo	*bunch, handful*	**el ramillete**	*bunch, bouquet*

The English word *bunch*, when referring to a natural bunch of things growing in a cluster, is **racimo** in Spanish. **Manojo**, literally *handful*, renders *bunch* in the sense of things tied together by their stems, as is common with many kinds of vegetables. When speaking of flowers, however, **ramo** is used to indicate a large bunch or bouquet and **ramillete** a small one.

De postre nos comimos varios **racimos** de cerezas.	*For dessert we ate several **bunches** of cherries.*
Necesito un **manojo** de perejil para preparar el pescado en salsa verde.	*I need a **bunch** of parsley to prepare the fish in green sauce.*
Fui al mercado para comprar dos **manojos** de remolachas.	*I went to the market to buy two **bunches** of beets.*
Pepita colocó el **ramo** de gladíolos en el nuevo jarrón.	*Pepita put the **bunch** of gladiolas in the new vase.*
Le regalamos un **ramillete** de violetas a la abuela.	*We gave our grandmother a **bouquet** of violets.*

7 •

la carretera *highway*   **la autopista** *freeway, highway*
la autovía *highway*   **el camino** *road, path*
el carril *lane*   **la vía** *lane*
de peaje *toll*

Carretera may indicate a *highway* or any major direct road. **Autopista** corresponds closely to the concept of *freeway* or *turnpike*, that is, a highway without stoplights or stop signs intended for rapid, mostly long-distance travel. **Autovía**, a much less frequently used word than the first two, is a highway with more lanes than a **carretera**. In some instances it is the equivalent to the English *superhighway* or *expressway*. The preferred word for *lane* when referring to streets and highways is **carril** in Spain but **vía** in many parts of Spanish America.

En las **autopistas** alemanas no hay límite de velocidad.

On German **turnpikes** there is no speed limit.

Evitamos ir por esa **autovía** porque siempre tiene mucha circulación.

We avoid going on that **(super) highway** because it always has lots of traffic.

En las calles de algunas ciudades hay **carriles** reservados para autobuses y taxis.

On the streets of some cities there are **lanes** reserved for buses and taxis.

Hay muchas **autopistas de peaje** en el este de los Estados Unidos.

There are many **toll roads** in the eastern part of the United States.

8 •

el pescuezo *neck*   **el cuello** *neck; collar*
el cogote *(back) of the neck*   **la nuca** *neck, back (nape) of the neck*

Pescuezo is used for the neck of most animals. In colloquial speech, **pescuezo** may also be used for people. **Cuello** is standard for the human neck. It also indicates the elongated neck of certain animals and birds such as the giraffe and ostrich. **Cuello** also renders *the neck* of the narrow part of a vessel which connects its mouth and base. By extension, the anatomical term **cuello** has also come to mean the *collar* on clothing articles. **Cogote** and **nuca** are synonymous for the back of the neck. **Nuca** is used exclusively for people while **cogote** is preferred for animals, although it can colloquially be applied to persons.

El caballo tenía una gran cicatriz en el **pescuezo**.	*The horse had a large scar on its neck.*
El dependiente le midió el **cuello** para saber su talla.	*The clerk measured his **neck** to find out his size.*
El cisne se conoce por su **cuello** largo y flexible.	*The swan is known for its long, flexible **neck**.*
Al destaparla, se rompió el corcho en el **cuello** de la botella.	*When we opened it, the cork broke in the **neck** of the bottle.*
Su padre le dio una cariñosa palmada en el **cogote**.	*His father gave him an affectionate pat on (the back of) the **neck**.*
Horacio se rompió la **nuca (el cuello)** en un accidente de bicicleta.	*Horacio broke his **neck** in a bicycle accident.*

9 •

la cumbre   *summit, top*
el pico   *peak, top*
la cima   *top, summit*
lo (más) alto de   *top, high(est) part of*

encima de   *on top of*
la copa   *top, glass*
la tapa   *top, lid, cover*

The English word *top*, the highest elevation, point, or part of something, has many different equivalents in Spanish. **Cumbre**, in addition to the physical summit of a mountain, figuratively indicates the highest level that one can reach in personal, professional, or political affairs. **Pico**, like English *peak* is used for the sharp or pointed summit of a mountain or as part of the name for a mountain with such a summit. **Cima** also means the top of a mountain, regardless of shape. **Copa**, whose most frequent use is as a stemmed or footed glass, has, because of its shape, also come to mean the *top* (i.e., the foliaged part) of a tree in opposition to its trunk. Spanish very often employs **lo (más) alto de**, *the high(est) part of* to indicate the top of things for which no precise term exists. Finally, **tapa**, from **tapar**, *to cover* may also indicate the top, lid, or cover of such items as boxes, cooking utensils, hard-bound books, and so on.

El presidente de la Unión Soviética y el de los Estados Unidos celebrarán otra (conferencia) **cumbre**.	*The presidents of the Soviet Union and the United States will hold another **summit** conference.*

El **Pico** de Aneto es la montaña más alta de los Pirineos.	*Aneto's **Peak** is the highest mountain in the Pyrenees.*
La nevada impidió que los montañeros alcanzaran la **cima** esta tarde.	*The snowfall prevented the climbers from reaching the **summit** this afternoon.*
Vimos una avioneta que sobrevolaba las **copas** de los árboles.	*We saw a plane that was flying over the **treetops**.*
Sus padres viven en **lo más alto de** la colina.	*His parents live on **the top of** the hill.*
Enrique puso tantos libros en el baúl que no pudimos cerrar la **tapa**.	*Enrique put so many books in the trunk that we couldn't close the **top**.*

10 •

la punta   *point, tip*
el punto   *point*
en punto   *sharp*
a punto   *on time*
estar a punto de + infinitive   *to be about to do something*
poner a punto   *to tune up, to adjust, to get (something) ready*

Punta, *point* refers to the sharp or projecting end of things and by extension what is comparable to such a point. **Punto**, the most common equivalent of English *point* may indicate a moment in time or a point in space or in an argument, discussion, and so on. Notice that **a punto** is used with a broad variety of verbs to indicate *on time* or *punctually*. If a specific hour is indicated, however, **en punto** is used.

Este lápiz no tiene **punta**.	*This pencil has no **point**.*
Punta Arenas es un puerto en Chile.	***Point** Arenas is a port in Chile.*
No veo el **punto** del informe del presidente.	*I don't see the **point** of the president's report.*
Al llegar a ese **punto** de la carretera, pudimos ver el río.	*On reaching that **point** in the highway, we could see the river.*

En ese **punto** de su vida, Eduardo tuvo que separarse de su mujer.

*At that **point** in his life Eduardo had to separate from his wife.*

Si queremos oír todo el concierto, tenemos que llegar **a punto**.

*If we want to hear the entire concert, we have to arrive **promptly (on time)**.*

Las corridas de toros siempre empiezan a las cinco **en punto** de la tarde.

*Bullfights always begin at five o'clock **sharp** in the afternoon.*

Llevé el coche al mecánico para que lo **pusiera a punto**.

*I took the car to the mechanic so that he would **give it a tune up**.*

11 •

grueso   *thick*
espeso   *thick*
corpulento   *thick-set, heavy*

denso   *thick, dense*
torpe   *thick(-headed)*

Grueso indicates *thick* in depth or diameter. When referring to liquids, **espeso** normally renders English *thick*. **Denso** is also used for *thick* or *dense* when the components or things that make something up are very close together, such as the trees in a forest, the materials of a compound or gas, and so on. English *thick*, when meaning *stupid* or *thick-headed*, is **torpe**, and *thick-set* or *heavy-set* is **corpulento**, which is sometimes also used as a euphemism for **gordo** and **obeso**.

Carlos sacó el tomo más **grueso** del estante.

*Carlos took the **thickest** volume from the shelf.*

En invierno, mi madre siempre preparaba sopas **espesas** y nutritivas.

*In the wintertime, my mother always made **thick**, nutritious soups.*

La leña estaba húmeda, y al quemarla despedía un humo **denso**.

*The firewood was damp and when we burned it, it gave off a **thick (dense)** smoke.*

No vale la pena explicarle nada a Jacinto porque es muy **torpe**.

*It isn't worthwhile explaining anything to Jacinto because he's very **thick (stupid)**.*

Orson Welles era un hombre muy **corpulento**.

*Orson Welles was a very **heavy-set** man.*

12 •

el cascabel *bell*
la campana *bell*
el timbre *bell, buzzer*

el cencerro *(cow)bell*
la campanilla *bell, (hand)bell*

The English word *bell* encompasses a broad variety of sound- or music-producing devices. In Spanish, **cascabel** refers to a small, hollow and roundish device with a metal ball inside. It produces a jingling or tinkling sound and may be used on a cat's collar, as jingle bells, sewn on clothing, and so on. **Campana** indicates a large, inverted cup shaped instrument usually made of bronze and found in churches, convents, and so on. **Campanilla** is a smaller bell of the same shape, such as a *handbell*. **Timbre** renders *bell* when referring to a spring-operated device, such as a bicycle bell or a door bell. A **cencerro** is hung around the neck of certain farm animals for the purpose of locating them more easily.

Para el nuevo gato hemos comprado un collar con un **cascabel**.

*We have bought a collar with a **bell** for the new cat.*

Las **campanas** de la iglesia nos avisaron que alguien había muerto.

*The church **bells** let us know that someone had died.*

En los barcos suelen anunciar la hora de comer con una **campanilla**.

*On ships they usually announce meal time with a **bell**.*

Toqué repetidamente el **timbre** de la puerta, pero no contestó nadie.

*I rang the **doorbell** repeatedly but no one answered.*

A la cabeza del rebaño, con el pastor, iban dos cabras que llevaban (un) **cencerro**.

*At the head of the flock, with the shepherd, there were two goats that had **bells** on them.*

13 •

tener prisa *to be in a hurry*
darse prisa *to hurry*
preocuparse *to worry*
no tener cuidado *not to worry (in imperative)*

apurarse *to worry; to hurry (Sp. Am.)*
apresurarse *to hurry*
descuidar *not to worry (in imperative)*

Apurarse primarily means *to worry* in Spain. In Spanish America, it is a common way of saying *to hurry*. **Preocuparse** is used throughout the Spanish-speaking world for *to worry* or *to fret*. As commands, **no tener cuidado** and **descuidar** both render *don't worry* or *not to worry*. Finally, **tener prisa** and **darse prisa** are used in Spain and Spanish America for *to hurry* or *to be in a hurry*.

Estoy muy **apurado (preocupado)** porque van a operar a mi mujer.	*I am very **worried** because they are going to operate on my wife.*
Si no **te apuras**, llegaremos tarde al cine.	*If **you** don't **hurry up**, we'll get to the movies late.*
¡No te preocupes! (¡Descuida!, ¡No tengas cuidado!) Todo saldrá bien.	***Don't worry!*** *Everything will come out all right.*
No tengo tiempo para explicártelo ahora porque **tengo mucha prisa**.	*I don't have time to explain it to you now because **I'm in a big hurry***.

14 •

meter   *to put, to insert*
colocar   *to place, to put*
poner   *to put*
introducir   *to put in, insert, introduce*
situar   *to place, to situate*

Meter indicates *to put* something or someone within or inside of something else. **Introducir** sometimes replaces **meter**, particularly in written Spanish and especially when something passes through or into a small, narrow place, such as a key into a lock, a coin into a slot, or a letter into an envelope or mailbox. With regard to people, **introducir** is a partial synonym of **presentar** but only in the sense of *to put in contact with a given social environment*. **Poner** is the basic word for *to put* or *to place* and is sometimes replaced by **colocar** as well as by **meter**. **Colocar** is preferred over **poner** when used to indicate that something is being put or placed in its appropriate location or order, often with special care. **Situar**, *to situate*, is sometimes also used as a synonym of **poner**.

Metieron todos los calcetines en un cajón grande.	***They put*** *all the socks in(to) a large drawer.*
Metieron al banquero en la cárcel.	***They put*** *the banker in jail.*

La llave estaba torcida y no pude **introducirla** en la cerradura.	*The key was twisted and I couldn't* **get it** *into the lock.*
Le **introdujeron** al mundo de la alta finanza.	*They* **introduced** *him into the world of high finance.*
Pusieron (metieron) el coche en el garaje.	*They* **put** *the car in the garage.*
El marido **colocó** los cubiertos en la mesa.	*The husband* **put** *the place settings on the table.*
En previsión de la huelga, **situaron (pusieron)** un soldado en cada esquina.	*In anticipation of the strike, they* **placed (put)** *a soldier on every street-corner.*

15 •

(no) hacer caso de   *(not) to pay attention to*
hacer caso omiso de   *to disregard, to ignore*
pasar por alto   *to overlook*
ignorar   *not to know, to ignore*
prestar atención   *to pay attention, to heed*
llamar la atención   *to draw (attract) attention*

No hacer caso de is more frequently used than the somewhat literary **hacer caso omiso de**. Both imply a deliberate ignoring of someone or something that a person has noticed or of which he or she is aware. **Pasar por alto** often implies that the action is unintentional. **Ignorar**, which has long meant *not to know* or *to be ignorant about* something, is also being used more and more in the English sense of *ignore*, i.e., *deliberately not to pay attention to* or *to refuse to notice* someone or something.

Hizo caso omiso (no hizo caso) de los reglamentos y empezó a fumar en la sala de espera.	*He ignored the rules and began to smoke in the waiting room.*
Pasaste por alto el capítulo más importante del libro.	*You overlooked the most important chapter in the book.*
Yo **ignoraba** que estuviera casada.	*I didn't know that she was married.*

Aunque nos habían presentado el día anterior, María me **ignoró** en la fiesta.	*Although they had introduced us the day before, María **ignored** me at the party.*
El profesor no habla claramente y hay que **prestar mucha atención** para entenderle.	*The professor doesn't speak clearly and one must **pay careful attention** to understand him.*
El gerente nos **llamó la atención** hacia los nuevos estatutos de la compañía.	*The manager **called** our **attention** to the new statutes of the company.*

PRACTICA

A. *Para cada una de las frases siguientes, elija Ud. la palabra que complete el sentido. Haga también cualquier cambio necesario en la palabra elegida para que la frase quede gramaticalmente correcta.*

1. Las montañas Rocosas forman parte de un(a) gran _____ (**monte, cordillera, sierra**).

2. Mount Whitney es el (la) _____ más alto(a) de los Estados Unidos, sin incluir Alaska (**monte, montaña, sierra**).

3. Los matorrales y arbustos del (de la) _____ bajo(a) quedaron destrozados por el incendio (**monte, sierra, montaña**).

4. Mozart era muy _____ y compuso una sinfonía cuando tenía sólo nueve años (**listo, despierto, vivo**).

5. El zorro es un animal _____ (**listo, vivo, despabilado**).

6. La joven pareja tenía poco dinero y tuvo que comprar una casa muy _____ (**minúscula, menuda, pequeña**).

7. Al escritor se le había olvidado escribir alguno(a)s _____ en la última página (**línea, hilera, renglón**).

8. Había un(a) _____ de hormigas subiendo por la pared (**cola, renglón, hilera**).

9. Si quieres ver esa nueva película, tendrás que esperar en _____ (**hilera, fila, cola**).

10. El chimpancé cogió un _____ de plátanos (**ramo, manojo, racimo**).

11. En la floristería compramos un _____ de margaritas (**racimo, manojo, ramillete**).

12. En los supermercados de los Estados Unidos ciertos vegetales como espárragos, rábanos y zanahorias se suelen vender en _____ (**ramos, racimos, manojos**).

13. Había demasiados semáforos en el (la) _____ (**autopista, carretera, camino**).

14. En Pensilvania hay un(a) famoso(a) _____ de peaje (**carretera, autovía, autopista**).

15. La gata madre agarró al gatito por el (la) _____ y lo llevó a donde estaban los otros gatitos (**cuello, nuca, pescuezo**).

16. Me cambié de camisa porque la que llevaba tenía el (la) _____ sucio(a) (**cogote, cuello, nuca**).

17. En Toledo, Lazarillo de Tormes llegó al (a la) _____ de su fortuna (**pico, copa, cumbre**).

18. En España, muchas cigüeñas hacen el nido en _____ de los campanarios (**la copa, lo alto, el pico**).

19. _____ del pino nos impedía ver los montes (**La copa, Lo alto, La cima**).

20. Saqué _____ a los lápices porque iba a tomar muchas notas en la clase (**pico, punta, punto**).

21. Los tomos de la enciclopedia suelen ser muy _____ (**denso, espeso, grueso**).

22. La mayonesa es una salsa de origen español muy _____ (**gordo, espeso, grueso**).

23. Sobre muchas grandes ciudades modernas siempre hay una _____ nube de contaminación (**grueso, torpe, denso**).

24. En la fábula, los ratones decidieron ponerle un(a) _____ al gato (**campanilla, timbre, cascabel**).

25. *Por quien doblan* _____ es una famosa novela de Hemingway sobre la guerra civil española (**las campanillas, los cascabeles, las campanas**).

26. Como hacía mucho frío, Esteban se _____ las manos en los bolsillos (**colocar, situar, meter**).

27. El coleccionista _____ los sellos en su nuevo álbum (**colocar, meter, situar**).

28. Durante su conferencia, el catedrático _____ una nueva teoría sobre la derrota de la Armada Invencible (**colocar, situar, introducir**).

29. A mi hermano le gusta _____ por los pequeños detalles (**descuidar, preocuparse, colocar**).

30. El niño _____ las órdenes de su padre y continuó haciendo ruido (**pasar por alto, hacer caso omiso de, hacer caso de**).

B. *Traduzca al español las siguientes frases empleando el vocabulario estudiado en este capítulo.*

1. Because of its many mountains, Spain has many ski resorts.

2. Chile's border with Argentina is a mountain range.

3. Computers have extremely small [use one word] electronic parts.

4. The premature baby was so tiny that they put him in an incubator.

5. The children arranged themselves in line according to their height.

6. He planted a long row of rosebushes.

7. In order to see Picasso's famous painting *Guernica*, we had to stand in line for two hours.

8. We spent the morning picking berries in the backwoods.

9. The farmer gave the boy a bunch of grapes and two bunches of carrots.

10. The freeway was covered with snow and only one lane was open.

11. To get to the city there was a toll highway but the bridge was free.

12. Because of their long neck, giraffes are able to eat leaves from treetops.

13. We were about to leave when the doorbell rang.

14. Before we left for Barcelona, my brother tuned up the car.

15. We don't recommend using a heavy oil for this car in winter.

16. The bells guided the shepherds to the cows through the dense fog.

17. The waiters removed the tablecloths and placed the chairs on top of the tables.

18. After putting the check in the envelope, he handed it to the mailman.

19. The cards slipped out of my hand and I had to put them in order again.

20. My son has always ignored the good advice we have given him.

► ENFOQUE ◄ Writing Personal Experiences

When we write essays of personal experiences, we try to subjectively involve the reader. The transmission of information, or the proving or disproving of a particular idea, may not necessarily be a goal. In this type of essay it is more important to employ artistic devices—figures of speech, idiomatic expressions, images, and metaphors—than in the other types we have so far considered.

The "personal" essay can be defined as being casual, subjective, familiar, light, and even superficial. It is casual in its development and its goal. It is subjective in that it reveals not only the experiences, attitudes, feelings, or opinions of the writer, but the writer's personality as well. It is familiar in tone, for the writer approaches the readers, as if they were friends with whom some thoughts are going to be shared. Usually, the theme may appear to be superficial, whimsical, or even funny. When dealing with profound or provocative thoughts, the personal essay does it with a light touch.

This type of essay is easy yet difficult to write. It is easy in that it offers an extraordinary choice of personal variations as to theme, approach, style, interpretation, and conclusion. It is difficult in that no matter what approach the writer chooses, it has to be pleasing and entertaining. The theme can be anything within the human experience; approach and style can be whatever the writer believes adequate for the theme. As for interpretations and conclusions, the writer is free to express ideas or opinions in a personal manner.

Even though this type of essay can be considered casual, it should not show carelessness on the writer's part; the same attention that is given to more formal essays should also be reflected in the personal one.

TEMAS A ESCOGER

Temas relacionados con la selección literaria

1. Discuta Ud. las experiencias de la niñez de Alina.
2. Describa la naturaleza que fascina a la niña.
3. Analice el tipo de familia presentado por Martín Gaite.

Temas sugeridos por la selección literaria

1. Sitúese en el lugar de Alina y escriba sus experiencias.
2. Escriba un análisis sobre la afición a la soledad en la niña.
3. Escriba sobre la relación que Ud. ha tenido con sus padres o sus abuelos.

|R|E|P|A|S|O| gramatical

■ Pronouns

Basic Statement

A pronoun is commonly defined as a word that replaces a noun or some other word used as a noun. Pronouns are normally used to refer to someone or something that has already been mentioned: people, things, places, concepts, thoughts, and so on. The specific word, clause, or phrase that a pronoun replaces is called its antecedent. Examine the following sentences:

Antonio has a bike.
Antonio rides his bike every day.

It would be natural to replace *Antonio* in the second sentence with the pronoun *he*, in which case Antonio becomes the antecedent of *he*.

Antonio has a bike.
He rides his bike every day.

Just like nouns, pronouns can serve as subjects and objects of other words, and their form normally changes according to their grammatical function. Traditionally, pronouns in Spanish have been divided into the following number of subclasses.

1) subject (personal) pronouns
2) reflexive pronouns
3) prepositional pronouns
4) demonstrative pronouns
5) possessive pronouns
6) interrogative pronouns
7) indefinite pronouns
8) relative pronouns

In this chapter we review the forms and uses of the first seven subclasses of pronouns listed above. In Chapter 11 we complete the review of pronouns by examining subclass 8, the important category of relative pronouns in Spanish. For pronoun forms, see the table on page 274. It lists all the forms covered in this chapter according to their grammatical function in a sentence.

In Spanish, these pronouns indicate person (first, second, or third), number (singular or plural), and in some cases grammatical gender (masculine or feminine). Here we subdivide personal pronouns into subject pronouns, indirect, and direct object pronouns. We also discuss the phenomenon of **loísmo**, **leísmo**, and **laísmo**.

► Pronoun Forms ◄

SINGULAR

Person	Subject	Indirect Object	Direct Object	Prepositional	Reflexive
1	yo	me	me	mí	me
2	tú	te	te	ti	te
3	él	le	le, lo	él ⎫	se
	ella	le	la	ella ⎬ sí	se
	usted	le	le, lo, la	usted ⎭	se

PLURAL

Person	Subject	Indirect Object	Direct Object	Prepositional	Reflexive
1	nosotros(as)	nos	nos	nosotros(as)	nos
2	vosotros(as)	os	os	vosotros(as)	os
3	ellos	les	les, los	ellos ⎫	se
	ellas	les	las	ellas ⎬ sí	se
	ustedes	les	les, los, las	ustedes ⎭	se

Subject Pronouns

Because the endings of the first- and second-person verbs clearly indicate the subject, these personal pronouns are normally omitted. They may be added, however, for emphasis. Since the third-person verb endings may refer to any one of three possible subjects—**él**, **ella**, **usted** (singular) and **ellos**, **ellas**, **ustedes** (plural)—the personal pronoun is included whenever needed for clarity or emphasis. Even when the referent is clear, **Ud.** and **Uds.** are sometimes repeated in normal conversation to show courtesy or respect.

¿Dónde está el libro que encontraste?   *Where is the book you found?*

Yo pago el taxi si **tú** sacas las entradas.   *I'll pay the taxi if **you** buy the tickets.*

Ud. tiene derecho a quejarse.   *You have a right to complain.*

Indirect Object Pronouns

When an action results in some advantage or disadvantage to a person, an indirect object pronoun is the appropriate pronoun to use. Often the English equivalent of the Spanish indirect object pronoun is preceded by the proposition *to* or *for*. In Spanish, indirect object pronouns precede all verbal forms except infinitives, gerunds, and affirmative commands, which they follow and to which they are attached. When an infinitive or gerund is used with a conjugated verb, the indirect object pronoun may either precede the conjugated verb or be attached to the infinitive or gerund.

Le leía su cuento favorito.
Estaba leyéndo**le** su cuento
    favorito.   }   *I was reading **him** his favorite story.*
Le estaba leyendo su cuento
    favorito.

Cópre**me** una docena de huevos.   *Buy **me** a dozen eggs.*

No **me** compre una docena de huevos.   *Don't buy **me** a dozen eggs.*

Since **le** and **les** each has three possible antecedents, **él, ella, Ud.** and **ellos, ellas, Uds.**, respectively, a qualifier with **a** + **pronoun** may be used to avoid ambiguity. This qualifier normally follows the verb but occasionally precedes it for greater emphasis.

Le hablé ayer.   *I spoke **to him (her, you)** yesterday.*

Le hablé **a ella** ayer.   *I spoke **to her** yesterday.*

Ayer **le** hablé **a ella**.   *Yesterday I spoke **to her**.*

A ella le hablé ayer.   *I spoke **to "her"** yesterday.*

In the first example above, a qualifier would be omitted whenever the context made clear that the pronoun **le** referred to him, her, or you. The inclusion of the qualifier in the other examples is for clarity or to avoid ambiguity, or both. In the final example above, the initial position of the qualifier is used for emphasis as well as clarity.

Direct Object Pronouns

A direct object pronoun stands for the person or thing that receives the action of a verb directly, whereas the indirect object pronoun stands for the person to or for whom something is said, given, or done. In Spanish, when an indirect object pronoun and a direct object pronoun both depend on the same verb, they appear together and the indirect comes first. Furthermore, if both pronouns are in the third person (i.e., both begin with the letter **l-**), the first, the indirect **le** or **les** is changed to **se**. (This **se** is etymologically a form of the indirect object pronoun and should not be confused with the reflexive **se**.) Lastly, verbs of saying or telling regularly take both a direct and an indirect object pronoun in Spanish, even though English often omits the direct object pronoun, as seen in the last two examples below.

Nos los mandaron.   *They sent **them to us**.*

Se lo presté.   *I lent **it to her (him, you)**.*

Mañana **te lo** digo.   *I'll tell **(it to) you** tomorrow.*

Ha prometido contár**selo**.   *He has promised to tell **(it to) him**.*

Loísmo, leísmo, laísmo

A. In Spanish America and some parts of Spain, the third-person forms of the indirect and direct object pronouns are always different. **Le (les)** is always indirect and **lo**, **la** (**los**, **las**) are always direct and therefore used both for people and for things. This use is known as **loísmo** because the direct object pronouns for things (**lo** and **los**) are also used for persons. From a practical point of view for a foreign learner of Spanish, this usage has the obvious advantage of simplicity.

Lo encontré en el café.   *I found **it (him, you)** in the café.*

Los vimos entrar en el cine.   *We saw **them (you)** enter the movies.*

B. While **loísmo** distinguishes only between direct and indirect object pronouns, **leísmo** reflects an understandable desire to also differentiate people from things by using a different direct object pronoun for each. Thus **leísmo** is the use of **le (les)** as the direct object pronoun for masculine persons (he, you, them). **Leísmo**, which is standard in most of Spain, is accepted by the Real Academia Española del Lenguaje, as is **loísmo**.

Le vi en el cine.   *I saw **you (him)** at the movies.*

Lo vi en el cine.   *I saw **it** at the movies.*

C. **Laísmo** is the use of **la**, the direct object pronoun, instead of the correct indirect object pronoun **le** when referring to women. Although many persons condemn this usage (**leísmo** and **loísmo** are both accepted by the Real Academia, but **laísmo** is not), **laísmo** is nonetheless standard in Madrid and other parts of Spain. It is found in both spoken and written Spanish and probably arose from a desire to distinguish between the masculine and feminine forms of the indirect object pronoun. The following examples, taken from the works of Spanish novelists, illustrate laísmo, the use of the direct for the indirect object pronoun when referring to women.

Sí, la he visto y **la** he hablado.   *Yes, I've seen her and I've spoken **to**
(Pío Baroja)   **her**.*

A Juani **la** dije que cada martes me   *I told Juani that each Thursday they
mandaban un ramo de flores.   sent me a bunch of flowers.*
(Luis Romero)

...¡y ahora su madre!, ¿qué **la** decimos   *...And now her mother! What are we
a su madre, Daniel? (Rafael Sánchez   going to say to her mother, Daniel?*
Ferlosio)

Reflexive Pronouns

Reflexive pronouns are used with certain verbs to indicate that an action is reflected back on the subject of the verb. In these reflexive constructions, the performer of an action (rather than someone else) receives its effect or impact.

The barber shaved Bill.
*Bill shaved **himself**.*

In the first example above, Bill is the direct object of an action by the barber. In the second sentence, with the reflexive pronoun *himself*, Bill is the object of his own action. In Spanish, the reflexive pronouns (**me, te, se; nos, os, se**) precede any other object pronouns with which they are used. In most cases, Spanish reflexive verbs function much as do their English equivalents. However, there are a few verbs in English that are used reflexively but whose form omits the normal construction of verb followed by one of the reflexive pronouns *myself*, *yourself*, *himself*, and so on. For instance, English utterances such as the following are clearly reflexive in meaning even though they lack the reflexive pronoun:

*John never **shaves** on Sunday.*
***Wash** before going to bed.*

He **hid** behind the garage.

In Spanish, such sentences as the above must always include the reflexive pronoun.

Juan nunca **se afeita** los domingos.
Lávate antes de ir a la cama.
Se escondió detrás del garaje.

In most cases, Spanish and English verbs are flexible enough to allow their being used transitively with a noun or pronoun direct object, or with a reflexive pronoun.

Pablo cortó **el pan**. **Lo** cortó con un cuchillo.	*Pablo cut **the bread**. He cut **it** with a knife.*
Pablo **se** cortó esta mañana.	*Pablo cut **himself** this morning.*
Vi al **policía** en la esquina.	*I saw the **policeman** on the corner.*
Me vi en el espejo.	*I saw **myself** in the mirror.*

Reflexive pronouns are also used as *intensifiers* in Spanish to show a subject's increased emotional concern with, or his/her degree of participation in, some action. Obviously not a true reflexive meaning, this use is very common in colloquial speech. The English equivalents of such constructions are rarely able to capture the feeling conveyed by this use of the reflexive pronouns.

Oye, **tómate** un café con nosotros.	*Listen, **have** a cup of coffee with us.*
El chico **se comió** todo lo que teníamos en la nevera.	*The boy **ate (up)** everything we had in the refrigerator.*
No **me** lo **creo**.	*I don't **believe** it.*
Pero **me** lo **sé** de memoria.	*But **I know** it by heart.*

Finally, Spanish often uses reflexive pronouns to render English constructions with the possessive adjectives. Just as the indirect object pronoun is used in Spanish along with the definite article to render the English possessive adjective (as in the first example below), the reflexive pronoun is also used with the definite article instead of the possessive adjective when a person does something for himself or in his own interest (as in the third and sixth examples below). This is a common way in Spanish to render the English possessive adjective with . reference to clothing or parts of the body.

Le tapé **la** boca para que no hablara durante la misa.	*I covered **his** mouth so he wouldn't speak during mass.*
Nos pintaron **la** casa en agosto.	*They painted **our** house in August.*
Me tapé **los** oídos para no oír el ruido del tren.	*I covered **my** ears in order not to hear the noise of the train.*
No digas eso; **me** parte **el** corazón.	*Don't say that; it breaks **my** heart.*
Le vacié **los** zapatos de arena.	*I emptied the sand out of **his** shoes.*
Ella **se** vaciaba **los** zapatos de arena.	*She was emptying the sand out of **her (own)** shoes.*

Prepositional Pronouns

These pronouns follow prepositions and are most frequently used 1) in the redundant construction after the preposition **a**, 2) with verbs that require a preposition when followed by an object, or 3) to replace the indirect object pronoun when the verb is omitted.

1) A **ti** ya te expliqué lo que queríamos.	*I already explained to **you** what we wanted.*
2) No se queja de **mí**, sino de **Uds**.	*She doesn't complain about **me** but about **you**.*
3) ¿A quién mirabas? ¿A **él** o a **ella**?	*Whom were you looking at? At **him** or at **her**?*

Although **entre** is a preposition, it takes subject pronouns rather than the special forms **conmigo**, **contigo**, and **consigo**. But the third-person form **consigo** is a bit formal and is often replaced by **con él**, **con ella**, **con Ud.**, and so on.

Es un secreto entre mi hermano y **yo**.	*It's a secret between my brother and **me**.*
Antonio dijo para **sí** que no volvería.	*Antonio said to **himself** that he wouldn't return.*
Salieron con **ella** ayer.	*They went out with **her** yesterday.*
No creo que Mario tenga el dinero con **él** (**consigo**).	*I don't believe that Mario has the money with **him**.*

Juan suplicó a Marcos que llevase a Jaime con **él**, pero Marcos no quiso.	*Juan begged Marcos to take Jaime with **him** but Marcos refused.*

Other Pronouns (not listed in table of Pronoun Forms)

Demonstratives. The written accent distinguishes the demonstrative pronouns from the demonstrative adjectives. The Real Academia Española recommends that the accent be retained only in the few cases where the pronoun could be mistaken for the adjective, but this norm is little followed. The neuter demonstrative pronouns **esto**, **eso**, and **aquello** correspond to no adjective forms and therefore bear no accent. These neuter words ending in -**o** refer to concepts or ideas, but not to specific words that have a definite gender and number.

Esta mesa y **aquélla**.	*This table and **that one**.*
Si, **éstos** son los libros a que me refiero.	*Yes, **these** are the books I am referring to.*
Todo **eso** me parece poco convincente.	*All **that** seems unconvincing to me.*

When a noun is implied rather than explicit in Spanish, its definite article is often retained and followed by an adjective or a prepositional modifier. This construction renders the pronoun *one* in English.

Me quedo con este traje y **el** (traje) **gris**.	*I'll take this suit and the gray **one**.*
Esta silla y **la** (silla) **de mimbre** son baratas.	*This chair and the wicker **one** are cheap.*

Possessives. The possessive pronouns are the long forms of the possessive adjectives and are generally used with the article: **el**, **la**, **los**, **las**, and with **lo**. Like adjectives, the pronouns agree with the thing(s) possessed.

el mío, la mía, los míos, las mías   *mine*
el tuyo, la tuya, los tuyos, las tuyas   *yours*
el suyo, la suya, los suyos, las suyas   *his, hers, yours*
el nuestro, la nuestra, los nuestros, las nuestras   *ours*
el vuestro, la vuestra, los vuestros, las vuestras   *yours*
el suyo, la suya, los suyos, las suyas   *theirs, yours*

The article is regularly omitted after **ser**, but it may be included to distinguish between objects rather than possessors. Clearly, the dividing line between whether a word is being used as a possessive adjective or possessive pronoun is often unclear in this context. Notice that only the third-person forms (**el suyo**, etc.) can be ambiguous; they may be replaced when necessary by **el** (**la**, **los**, **las**) **de él** (**ella**, **Ud.**, **ellos**, **ellas**, **Uds.**), and so on.

Tengo mi libro y **el de ella** (or **el suyo** if referent is clear).	*I have my book and **hers**.*
Este es **(el) tuyo**.	*This one is **yours**.*
Tenemos **las nuestras**, pero ¿dónde está **la de Ud.**?	*We have **ours**, but where is **yours**?*

Interrogatives. The interrogative pronouns are:

quién, **quiénes**   *who?, whom?* (identity of persons)
qué   *what?* (identity of things or persons)
cuál, cuáles   *which? what?* (implies selection from a group or class)
cuánto, -a, -os, -as   *how much?, how many?*

Although it is considered better form to use **cuál** and **cuáles**, which grammatically are pronouns, exclusively as pronouns, they are sometimes used as synonyms of the interrogative adjective **qué**, as in the fourth example below.

¿**Cuál** de los libros prefiere Ud.?	*Which of the books do you prefer?*
¿**Cuál** es el libro que prefiere Ud.?	*Which (one) is the book you prefer?*
¿**Qué** libro prefiere Ud.?	*What (which) book do you prefer?*
¿**Cuál** libro prefiere Ud.? (use of interrogative pronoun as an interrogative adjective)	*Which (what) book do you prefer?*

Indefinites. Indefinite pronouns are used for persons or things that the speaker is unable to or prefers not to identify more specifically: **alguien**, **nadie**, **algo**, **nada**, **quienquiera**. They also include the following words when they are used as pronouns: **uno** (**-a**, **-os**, **-as**), **alguno** (**-a**, **-os**,**-as**), and so on. They further include the following words in their various forms: **mucho**, **poco**, **bastante**, **demasiado**, and **varios**.

Algunos fueron a la reunión.	*Some went to the meeting.*
Compré **varios** en la tienda.	*I bought several in the store.*

PRACTICA

A. *Para cada una de las frases siguientes, escriba en el espacio en blanco la forma apropiada del pronombre que falta.*

1. Dejamos nuestra maleta un momento cerca de la puerta de la estación y ahora no _____ encontramos.

2. A los niños _____ asusta quedarse solos en casa.

3. Teodoro parece preocupado pero no _____ está.

4. Yo no quiero bañar_____ en el agua de esta playa porque está sucia.

5. No me gusta esta casa blanca sino _____ al otro lado de la calle.

6. ¿Quién puede decirme _____ es la capital de Holanda?

7. Yo tengo mi abrigo, pero ¿dónde está _____, Mario?

8. A todos nos gusta el español y seguiremos estudiando_____ el año próximo.

9. "Juanita, lava_____ bien las manos antes de sentarte a la mesa."

10. No sé a _____ has visto en el parque.

11. A Carmen el dinero _____ _____ devolveré cuando _____ vea.

12. Ricardo, si quieres mi diccionario otra vez, puedo prestar_____ ahora.

13. El jardinero regaba las flores esta tarde; yo _____ vi regar_____.

14. El guardia no _____ permitió a Carlos entrar en el cuartel.

15. Mi hijo bebe demasiado; ayer él _____ bebió seis botes de cerveza.

16. No lo puedo comprar porque no tengo mi tarjeta de crédito con_____.

17. "Este regalo no es para tu hermano, sino para _____, hijo mío."

18. Empezó a nevar y hubo muchos accidentes en la autopista y todo _____ nos hizo llegar tarde al aeropuerto.

19. Han mandado muchos soldados al frente pero nadie sabe exactamente _____.

20. La novela que estábamos leyendo es _____ más popular del año.

21. Pedí la cuenta al camarero y él _____ _____ trajo enseguida.

22. Si ellos no quieren prestarte su coche, nosotros te prestaremos _____.

23. Hemos comprado algunos discos para Ramón y pasado mañana _____ _____ vamos a regalar.

24. Si él nos ayuda con el trabajo, _____ le ayudaré a mudarse.

25. ¿_____ ha sido el regalo que más te ha gustado?

26. Con Carlos _____ lo paso mejor que con cualquier otro amigo.

27. Me prometió un aumento de sueldo pero ahora dice que no se acuerda de
    _____.

28. Yo ignoro con _____ de las hermanas se ha casado Roberto.

29. ¿De _____ has aprendido tantas cosas sobre la filatelia?

30. ¿_____ pide Ud. por este coche?

B. *Traduzca al español las siguientes frases, empleando las formas prenominales estudiadas en este capítulo.*

1. Paco, be [use **tener**] patient, and wait [use reflexive pronoun].

2. Enrique removed his glasses and put them in their case.

3. "I've turned [do not use **volver**] as red as a crab," said María on looking at her sunburnt shoulders.

4. The police tried to catch him, but he slipped away from them.

5. At four o'clock, Juanita's fiancé is coming to pick her up [use pronoun in two positions].

6. The teacher let us leave early, but not them.

7. What are your ideas on this subject?

8. What he said is so fascinating that I'm still thinking about it.

9. I found the blue pencil, but I still don't know where the red one is.

10. The fisherman took off his cap and scratched his head.

11. Guillermo has studied his speech so much that he knows [use reflexive] it by heart.

12. If Miguel wants something for himself, he will have to earn [use reflexive] it.

13. How many of these oranges are ours and how many are yours?

14. We asked the students what the capital of the state was.

15. She decided to separate from her husband and to tell him that very night.

CAPITULO 11

La sombra del ciprés es alargada

MIGUEL DELIBES

▶ **Relative Pronouns**

La sombra del ciprés es alargada

Miguel Delibes

El español Miguel Delibes, nació en Valladolid, ciudad donde hizo sus primeros estudios. En 1943 se doctoró en Derecho por la Universidad de Madrid. Delibes se ha dedicado a la enseñanza, al periodismo y a la literatura. En 1947 ganó el Premio Nadal con su primera novela, La sombra del ciprés es alargada *(1948). Desde esa fecha ha venido publicando novelas, cuentos y ensayos. Con la novela* Diario de un cazador *(1955), ganó el premio Nacional de Literatura y con* La hoja roja *(1959), el Premio Juan March. Otras novelas importantes de Delibes son* Las ratas *(1962),* Cinco horas con Mario *(1966),* Parábola del náufrago *(1969) y* Los santos inocentes *(1981); esta última tuvo también un gran éxito en su versión cinematográfica. Según el destacado crítico español Gonzalo Sobejano, Miguel Delibes ha mantenido un puesto eminente entre los novelistas españoles de la posguerra por "su producción cuantiosa y de calidad creciente."*

La sombra del ciprés es alargada, un fragmento de la cual reproducimos a continuación, pertenece a las novelas de la primera época de Delibes. En ésta, el autor revela una gran tendencia al análisis introspectivo y crea protagonistas que defienden su individualidad. Gonzalo Sobejano opina que un tema central en la novelística de este autor es "la autenticidad, la elección del camino auténtico."

En La sombra del ciprés es alargada, *el huérfano Pedro quiere evitar los dolores y desengaños que son parte de toda existencia humana, por lo que elige el camino de la soledad. Durante cierto tiempo logra su fin huyendo de todo lazo íntimo, pero al conocer a Jane el amor entra en su vida y la felicidad vence al estoicismo. Sin embargo, Pedro no se libra de la catástrofe ya que Jane muere en un trágico accidente de auto cuando ya está esperando el nacimiento de su primer hijo.*

En la siguiente selección, Miguel Delibes narra la conclusión de la novela con un estilo rítmico y lento. Pedro vuelve a Avila, ciudad española donde habían transcurrido su niñez y adolescencia, para visitar la tumba del que había sido su mejor amigo, Alfredo. Con esta escena de extraordinaria sensibilidad, Delibes introduce la nota de resignación esperanzada con que acaba la novela.

▼

Inopinadamente me vi frente a la **verja**[1] cerrada del camposanto. La vegetación circundante conservaba el terso y helado agarrotamiento del invierno. No se veía

a nadie a mi alrededor. Sobre la puerta de una casita contigua decía "Conserje."
llamé con los nudillos, embargado de un opaco sentimiento de temor. Era algo
⁵ monstruoso ponerse uno frente por frente del dueño de los muertos. Me le
imaginé enteco, **alcoholizado**,² ansioso de olvidar su helada vecindad. **Transcurrió**³ bastante tiempo sin que nadie respondiera a mi llamada. Al fin escuché una
voz que iba haciéndose perceptible **a medida que**⁴ la puerta, después de un
ruidoso correr de **cerrojos**,⁵ iba abriéndose sin prisa.

¹⁰   —¿Qué desea usted?

No era un tono demasiado áspero el de la voz teniendo en cuenta el aspecto
soñoliento de mi interlocutora. Respeté su indiscreto y repentino bostezo con
una pausa que ella empleó, además, para **restregarse**⁶ concienzudamente los ojos
con el dorso de las manos.

¹⁵   —Querría entrar en el cementerio...

Alargué mi mano hacia la suya en una ingenua tentativa de **soborno**.⁷

—No hace falta... —aulló dolorida y digna retirando su mano—; dentro de
media hora abriremos para todos.

Cuando me contemplé desfilando entre dos hileras de muertos sentí
²⁰ abalanzarse sobre mí una **oleada**⁸ de infinita paz; me hizo el efecto de que dejaba
en la puerta una insoportable carga de sinsabores y pesadumbres. "Mi sitio está
aquí, me dije; entre los vivos y mis muertos, **actuando**⁹ de intercesor." Sentí
agitarse mi sangre al aproximarme a la tumba de Alfredo. La lápida estaba
borrada por la nieve, pero nuestros nombres —Alfredo y Pedro— fosforecían
²⁵ sobre la costra oscura del pino. Me abalancé sobre él y **palpé**¹⁰ su cuerpo con
mis dos manos, anhelando **captar**¹¹ el estremecimiento de su savia. Así
permanecí un rato absorto, renovando en mi mente los primeros años de mi vida,
el latente sabor de mi primera amistad. Luego, casi inconscientemente, extraje
del bolsillo el **aro**¹² de Jane circundado por la inscripción de Zoroastro y me
³⁰ aproximé a la tumba de mi amigo. Por un **resquicio**¹³ de la losa introduje el
anillo y lo dejé caer. Experimenté una extraña reacción al sentir el tintineo del
anillo al chocar contra los restos del fondo. Ahora ya estaban eslabonados,
atados, mis afectos; las dos corrientes que vitalizaran mi espíritu habían
alcanzado su punto de confluencia.

³⁵   Cuando una hora más tarde abandonaba el cementerio me invadió una
sensación desusada de **relajada**¹⁴ placidez. Se me hacía que ya había encontrado
la razón suprema de mi pervivencia en el mundo. Ya no me encontraba solo.
Detrás dejaba a buen recaudo mis afectos. Por delante se abría un día
transparente, fúlgido, y la muralla de Avila se recortaba, dentada y sobria, sobre
⁴⁰ el azul del firmamento. No sé por qué pensé en aquel instante en la madre de
Alfredo y en "el hombre." Y fue casualmente en aquel momento en que tropecé
con un obstáculo oculto por la nieve. Al mirar hacia el suelo comprobé que a
la nieve la hace barro el contacto con el pie... Me sonreía el contorno de Avila
allá, a lo lejos. Del otro lado de la muralla **permanecían**¹⁵ Martina, doña
⁴⁵ Gregoria y el señor Lesmes. Y por encima aún me quedaba Dios.

CUESTIONARIO

Contenido

1. ¿Por qué va Pedro al camposanto?
2. ¿Cómo ha afectado el tiempo al cementerio?
3. Describa al "dueño de los muertos."
4. ¿Por qué se ofende la interlocutora de Pedro?
5. ¿Qué hace que Pedro recuerde su vida pasada?
6. ¿De qué manera une Pedro los dos afectos de su vida?
7. ¿Qué cambio profundo experimenta Pedro en el cementerio?

Interpretación y estilo

1. Explique Ud. la paz que siente Pedro al estar entre los muertos.
2. ¿Por qué se imagina Pedro que el conserje es una persona enferma?
3. ¿Cómo emplea el autor la personificación?
4. ¿Por qué cree Pedro que él es el "intercesor" entre vivos y muertos?
5. Comente Ud. la línea "Por delante se abría un día transparente, fúlgido..."
6. ¿De qué se da cuenta Pedro al ver que a la nieve la hace barro el contacto del pie?
7. ¿Cómo logra Delibes introducir la idea de la esperanza al final de la novela?

▶ Léxico: opciones ◀

① •

la reja   *grating, iron bars*   **la verja**   *iron gate or fence, grating*
la cancela   *iron gate or door*   **la cerca**   *fence*
la valla   *fence, barricade*

Verja, which means *iron grating*, is often used to indicate a gate, fence, or door made of such grating. This eliminates the need to mention specific words such as **puerta**, **cerca**, etc. **Reja**, also renders English *grating* but its structure is that of simple iron bars on windows and doors used for purposes of security. **Cancela**, a less frequently used word than **verja** and **reja**, refers only to a gate or door, often of artistically designed wrought iron, found at the entrance of many Mediterranean style dwellings. **Cerca** indicates a fence, of wood, metal, or other materials to mark a boundary or to control the entrance or exit to an enclosed area. **Valla** is a close synonym of **cerca**, but tends to be more temporary in nature and is often associated with construction projects.

Una alta **verja** de hierro rodea la embajada.	*A high iron fence surrounds the embassy.*
Para evitar que los ladrones entren en casa, hemos puesto **rejas** en las ventanas.	*To prevent burglars from entering the house, we have put iron bars on the windows.*
Para entrar en el patio, tuvimos que abrir una **cancela**.	*To enter the patio, we had to open a gate.*
Mi madre quiere una **cerca** de madera alrededor de la casa.	*My mother wants a wooden fence around the house.*
Habían puesto muchos anuncios políticos en la **valla** que cercaba el edificio en construcción.	*They had put up many political announcements on the fence of the building being erected.*

2 •

alcoholizado *alcoholic*	**beodo** *drunk*
alcohólico *alcoholic*	**ebrio** *drunk, inebriated*
borracho *drunk(ard)*	**embriagado** *intoxicated*
bebido *tipsy, somewhat drunk*	**la resaca** *hangover*
la cruda *hangover*	**dormir la borrachera (la mona)** *to sleep it off*

The above words represent some of the more common terms in Spanish referring to various degrees of the state of drunkenness. English *alcoholic* is rendered with **alcohólico** and **alcoholizado**. **Alcohólico**, used with **ser**, indicates a person who is chronically ill with alcoholism; **alcoholizado**, used with **estar**, also refers to the condition of alcoholism, but does not see it as necessarily permanent. **Borracho**, the most common term for *drunk*, has a number of synonyms. **Bebido**, indicates *tipsy* or *slightly drunk*, and it is often used euphemistically to avoid calling someone **borracho**. **Beodo**, **ebrio**, and **embriagado** are synonyms of **borracho** which are used primarily in written or literary Spanish. Of these three terms, **beodo**, used with **ser**, suggests a habitual drunkard. The peninsular Spanish **resaca** (literally *undertow*) and the Spanish-American **cruda** both render *hangover*.

Angel, que es (un) **alcohólico**, tiene una cirrosis.	*Angel, who is (an) alcoholic, has cirrhosis (of the liver).*

La dificultad en pronunciar bien ciertas palabras mostraba que el conferenciante estaba **bebido**.

The difficulty in pronouncing certain words well revealed that the speaker was **tipsy (slightly drunk)**.

Aunque Pedro bebe dos copas de vino en todas las comidas, no es un **beodo** como cree Luis.

Although Pedro has two glasses of wine at every meal, he is not a **drunk** *as Luis believes.*

El conductor **ebrio (embriagado)** es un peligro para todos.

The **intoxicated** *driver is a danger to everyone.*

Después de la fiesta de anoche, tengo una **resaca (cruda)** espantosa.

After last night's party, I have a frightful **hangover**.

Andrés durmió **la borrachera (la mona)** en un banco del parque.

Andrés slept off his **drunkenness** *on a park bench.*

3 •

transcurrir *to pass, to elapse*
correr *to run; to go by (quickly)*
pasar *to pass, to go by*
mediar *to elapse, to pass; to intervene*

Transcurrir is close to **pasar** in meaning with reference to time or events, but unlike **pasar**, it is almost always accompanied by an indication of the manner in which something occurs. **Pasar** by itself is neutral as to the way in which time passes. **Mediar** is used to indicate the passage or lapse of time between two or more events, as is suggested by its other meaning, *to intervene*. **Correr**, when used as a synonym of **pasar**, suggests a faster passing of time.

Cuando estuvimos en Puerto Rico, el tiempo **transcurrió** plácidamente.

When we were in Puerto Rico, time **passed** *pleasantly.*

Han pasado dos años desde que Eric se graduó.

Two years **have passed** *since Eric graduated.*

Entre las dos guerras mundiales **mediaron** tres décadas.

Between the two world wars three decades **elapsed**.

A partir de los treinta y cinco años, el tiempo **corre**.

Beginning at 35 years of age, time **flies by**.

4 •

a medida que   *as*   **según**   *according to; as*
como   *as*   **mientras**   *while, as*

A medida que renders *as* when it indicates *in proportion to* or *progressively*. **Como**, at the beginning of a clause, indicates *as* in the sense of *because* or *since*. **Según**, whose most common meaning is *according to*, may also be used as a synonym of **a medida que**. Both expressions imply the dependency of one action on another, but **según** tends to be a bit more colloquial than **a medida que**. **Mientras** renders *while* or *as* to indicate two parallel, simultaneous actions.

Alfonso va siendo más formal **a medida que** pasan los años.

Alfonso is becoming more formal (is maturing) as the years go by.

Como llegamos tarde al aeropuerto, perdimos el avión.

As (Because) we got to the airport late, we missed the plane.

Comíamos las sardinas **según** Rubén las sacaba del asador.

We ate the sardines as Rubén took them off the grill.

Mientras yo trabajaba, mi hermano dormía.

While (As) I was working, my brother was sleeping.

5 •

el cerrojo   *bolt, dead bolt*   **la cerradura**   *lock*
el candado   *padlock, lock*   **la llave**   *key*
la clave   *key*   **cerrar con llave**   *to lock*
echar la llave   *to lock*   **bajo llave**   *under lock and key*

Cerradura is a lock when it is an integral part of a door. **Candado** is a device such as a padlock or combination lock that is removable and portable. **Llave** refers to the physical key for a lock, where as **clave** renders the English *key* in the contexts of music, puzzles, codes, etc. **Cerrar**, *to close*, or *to shut*, in certain familiar contexts, may be used to indicate *to lock*. However, to avoid ambiguity, the English *to lock* should be translated either as **cerrar con llave** or **echar la llave**.

En Nueva York, las puertas de muchas casas tienen dos o más **cerrojos**.

In New York, the doors on many houses have two or more dead bolts.

Introduje la **llave** en la **cerradura** sin hacer ruido.	*I put the **key** in the **lock** without making any noise.*
Julio olvidó poner el **candado** a la bicicleta y se la robaron.	*Julio forgot to put the **(pad)lock** on his bicycle and they stole it.*
En 1940 los norteamericanos encontraron la **clave** del código de los japoneses.	*In 1940 the Americans discovered the **key** to deciphering the Japanese (secret) code.*
A mi abuelo siempre se le olvida **cerrar con llave** la puerta (**echar la llave** a la puerta).	*My grandfather always forgets **to lock** the door.*

6 •

restregar   *to rub*
frotar   *to rub*
friccionar   *to rub (down), to massage*
dar friegas   *to give a massage, to massage*
fregar   *to rub (hard), to scrub*
rozar   *to rub, to brush against*

Restregar normally indicates a hard or rough rubbing of one thing against another. **Frotar** is the standard word for *to rub* but lacks any connotation of force. At times, when referring to lotions, creams, waxes, etc., **frotar** implies a gentle rubbing or even the act of applying such substances to a surface. Although **friccionar** and **dar friegas** are synonymous, the latter is the more frequently used expression for *to massage*. **Fregar** implies a hard rubbing or scrubbing with some kind of cleaning device. **Rozar**, frequently used with **con** or **contra**, most often indicates an accidental rubbing, brushing, or scraping of one person or thing against another.

Los elefantes **se restriegan** en el barro para quitarse los insectos de la piel.	*Elephants **roll about** in the mud to eliminate insects from their skin.*
El policía **se frotaba** las manos porque hacía mucho frío.	*The policeman **rubbed** his hands because it was very cold.*
El masajista **dio friegas (friccionó)** al jugador después del partido.	*The trainer **rubbed down (massaged)** the player after the game.*

Tuve que **fregar** el suelo de la cocina con la nueva fregona.

*I had **to wash (to scrub)** the kitchen floor with the new mop.*

Ten cuidado de no **rozarte** con la pared porque la pintura está todavía húmeda.

*Be careful not **to rub** against the wall, because the paint is still wet.*

7 •

el soborno	*bribe(ry)*	**sobornar**	*to bribe*
el cohecho	*bribe(ry)*	**cohechar**	*to bribe*
la mordida	*bribe*	**tapar la boca**	*to bribe*

Soborno is a general term that may be used to refer to any kind of a bribe. Its synonym **cohecho**, however, may replace **soborno** when the bribe is made to a judge or a public official. In Spanish America, there exists a third word for *bribe*, **mordida**, which is not used with this meaning in Spain. **Tapar la boca** implies bribing by buying off someone to insure silence.

Acusaron al juez de aceptar **cohechos (sobornos)**.

*They accused the judge of accepting **bribes**.*

El policía aceptó la **mordida** y no les puso una multa.

*The policeman accepted the **bribe** and did not give them a ticket.*

Taparon la boca del testigo con una gran cantidad de dinero.

***They bought off** the witness with a large amount of money.*

8 •

la oleada	*(large) wave*	**el oleaje**	*surge of waves; rough seas*
la ola	*wave*	**la onda**	*wave*

Oleada is a large wave. It is also the destructive force implied in heavy waves. **Oleada** may also indicate a surge of emotion or of a group of persons or even of events that advance as in a wave or swell. **Ola** is standard for a wave in the ocean or sea and also renders *wave* in the context of heat or cold waves. **Oleaje** indicates a surge or large swell of waves in the sea and may be used to render the concept of *rough sea*. **Onda** most often refers to a sound or light wave; it is also used for *waves* or *curls* in the hair and for waves in bodies of water smaller than the ocean or the sea.

La **oleada** acabó por destruir los faroles en el Paseo Marítimo.

*The **pounding of the waves** ended up by destroying the street lights along the Paseo Marítimo.*

Una **oleada** de huelgas ha paralizado el país.

*A **wave** of strikes has paralyzed the country.*

El norte de España está sufriendo una terrible **ola** de frío.

*The north of Spain is suffering a terrible cold **wave**.*

Había tanto **oleaje** que los pescadores tuvieron que volver al puerto.

*There was such a **rough sea** (there were so many **heavy waves**) that the fishermen had to return to the port.*

Hay una emisora española que transmite todas las noches por **onda** corta.

*There is a Spanish radio station that broadcasts every night on short **wave**.*

Los niños se divertían tirando piedras al lago para crear **ondas**.

*The children were having fun throwing pebbles into the lake in order to make **waves**.*

9 •

actuar *to act*   **(com)portarse** *to act; to behave*
obrar *to act*   **proceder** *to act*

Actuar means *to act* in the sense of *to exert an influence or have an effect on*, or *to work in the capacity of*. **Obrar** shares these meanings, but is somewhat less common than **actuar**. **(Com)portarse** is *to behave* or *to conduct oneself* in a particular way. **Proceder** is similar in meaning but indicates conducting oneself in accordance with certain norms or standards of conduct.

La poesía de García Lorca **actúa** sobre cualquier lector sensible.

*The poetry of García Lorca **has an effect** on any sensitive reader.*

Arturo **actuó** como secretario durante dos años.

*Arturo **acted** as secretary for two years.*

El tirano **obró** como un criminal y eliminó a la oposición.

*The tyrant **acted** like a criminal and eliminated the opposition.*

Sus amigos **se (com)portaron** muy bien el día de su cumpleaños.

*His friends **acted (behaved)** very well on his birthday.*

Un juez siempre debe **proceder** imparcialmente.

*A judge should always **act** impartially.*

10 •

palpar *to touch, to feel*	**tocar** *to touch; to play (an instrument)*
tentar *to touch*	**manosear** *to handle, to fondle, to touch*
conmover *to touch, to move*	

Palpar is *to touch* something with the fingers or hands in order to examine or identify it. **Tocar** is the most frequent equivalent of the English *to touch* in its basic meaning of to bring any part of the body or some object into contact with something else. **Tocar** also renders *to play* with reference to a musical instrument. **Manosear**, a word which suggests the repeated handling or touching of something, is specially common in everyday usage. **Tentar**, which also means *to tempt*, is a close synonym of **palpar** in contexts that suggest a *groping* or *reaching for one's way through darkness*. Finally, **conmover** renders *to touch* in the sense of *to move emotionally*.

El médico le **palpó** el vientre y le preguntó dónde le dolía.

*The doctor **felt** his stomach and asked him where it hurt.*

En ese mercado no nos dejan **tocar** la fruta.

*In that market they do not let us **touch** the fruit.*

Me gustaba el libro, pero no lo compré porque estaba muy **manoseado**.

*I liked the book, but I did not buy it because it had been **handled by** too many **people**.*

El ciego caminó **tanteando** la acera con el bastón.

*The blind man walked along **feeling his way along** the sidewalk with his cane.*

Las palabras de pésame de Roberto me **conmovieron** mucho.

*Roberto's words of condolence **touched** me deeply.*

11 •

captar *to catch, to capture*
cautivar *to take prisoner; (fig.) to captivate, to charm*
capturar *to capture*
apresar *to capture, to catch, to take prisoner*

Captar never implies the use of force. It most often indicates perceiving or capturing something through the senses or through some device such as a radio. **Cautivar**, formerly used as *to take prisoner or captive in a war*, is now used almost exclusively in its figurative meaning of *to captivate* or *to charm* someone. The primary sense of **capturar** is *to capture* as in seizing a person or an animal in order to confine them. **Apresar** refers to animals catching or capturing their prey or, by extension, to police capturing delinquents, criminals, and so on.

El orador **captó** la confianza del público.	*The speaker **captured (won)** the audience's confidence.*
Si quieres **captar** la atención de Miguel, háblale de dinero.	*If you want **to get (capture)** Miguel's attention, speak to him about money.*
En este valle es difícil **captar** una buena estación de radio.	*In this valley it is difficult **to get** a good radio station.*
Melibea **cautivó** con sus encantos a Calisto.	*Melibea **captivated** Calisto with her charms.*
El policía **capturó** al ladrón después de una larga carrera.	*The policeman **captured** the thief after a long chase.*
Capturaron dos tigres de Siberia para ayudar a preservar la especie.	***They captured** two Siberian tigers to help save the species.*
El halcón **apresó** al conejo cuando éste salía de su madriguera.	*The hawk **caught (captured)** the rabbit when it came out of its hole.*

12 •

el aro   *hoop, large ring*   **la argolla**   *ring*
el anillo   *ring*   **la sortija**   *ring*
la anilla   *ring*

Miguel Delibes uses **aro** in the sense of *wedding ring*. **Aro** is used most frequently to indicate large rings or hoops of any material. **Anillo** indicates a ring, worn on the fingers, of relatively small size and simple design, and normally of little value. **Anilla** is a ring of larger size than **anillo** and normally with some practical function or use. **Argolla** is a thick metal ring to which a rope is attached for the purpose of tying down boats, animals, etc. **Sortija** is a synonym of **anillo**, a ring for the finger, but more heavily adorned. A **sortija** may be either fine or custom jewelry.

El tigre saltó por el **aro**.

The tiger jumped through the **hoop (ring)**.

El **anillo** de boda de Marta es de platino.

Marta's wedding **ring** is made of platinum.

El piso de la iglesia tenía una losa con una **anilla** de hierro.

The church floor had a stone slab with an iron **ring** in it.

El pescador ató la barca a la **argolla** y se fue a casa.

The fisherman tied his boat up to the **iron ring** and went home.

Mi tío lleva una **sortija** indicando su graduación por Berkeley.

My uncle wears a **class ring** indicating his graduation from Berkeley.

⓭ •

el resquicio   *crack*
la rendija   *crack, split*
la hendidura   *crack, split, cleft*

la grieta   *crack*
la resquebrajadura   *crack, split*

Resquicio means *crack* in the sense of the very narrow space that exists between a door or window and its frame. In the Delibes selection, the **resquicio** is between the stone slab that functions as a door and the entrance to the tomb. **Grieta** is the standard word for *crack* and is used in a broad range of situations from crack in the wall to those in the human skin. **Rendija** stresses the length of a crack, and the fact that it extends through to the other side of the object. **Rendija** is also used to indicate the narrow space or crack that exists between two contiguous but separate objects. **Resquebra(ja)dura** refers mostly to the hairline crack that appears in wooden or earthenware objects. **Hendidura** indicates a deep crack that cleaves some material and occurs not accidentally but as the result of a deliberate action by a person.

Después del terremoto, la pared quedó llena de **grietas**.

After the earthquake, the wall was full of **cracks**.

La luz entraba en el cuarto por las **rendijas** de las persianas.

The light came into the room through the **cracks** in the blinds.

Los ratones entraron en la casa por las **rendijas** en la pared de la cocina.

The mice entered the house through **cracks** in the kitchen wall.

Por la humedad, se abrieron unas **resquebrajaduras** en la mesa.

On account of the humidity a few **cracks** opened up in the table.

Con el hacha, el leñador hizo una **hendidura** en el tronco.

*The lumberman made a large **split** in the log with his axe.*

14 •

relajar   *to relax*
aflojar   *to loosen, to relax*
esparcir el ánimo   *to relax, to take it easy*

descansar   *to rest, to relax*
esparcirse   *to relax*

To render the many connotations of the English *to relax*, Spanish has a number of common verbs. **Relajar** may indicate the loosening of something physical that is tight or of relaxing customs, traditions, control over someone, and so on. **Descansar**, *to rest*, is also a common equivalent of *to relax* in the sense of enjoying oneself away from one's normal duties. **Aflojar** is *to relax* in the sense of loosening something physically or figuratively. **Esparcirse** and **esparcir el ánimo** stress more the idea of escaping from worry or preoccupation than does **descansar**.

Después de media hora en la piscina, Pedro tenía los músculos **relajados**.

*After half an hour in the pool, Pedro's muscles felt **relaxed**.*

Hemos trabajado mucho y mañana iremos al campo a **descansar**.

*We have worked a lot and tomorrow we'll go to the country to **relax**.*

El gobierno **aflojó** su control sobre la economía.

*The government **relaxed** its control over the economy.*

El domingo es el único día en el que los obreros pueden **esparcirse (esparcir el ánimo)**.

*Sunday is the only day on which the workers can **relax (take it easy)**.*

15 •

permanecer   *to remain, to stay*   **quedar(se)**   *to remain, to stay*
durar   *to last, to remain*

In spoken Spanish, **quedar(se)** is more common than **permanecer**. Although a synonym, **permanecer**, unlike **quedar(se)**, always implies a specific period of time. **Durar**, *to last*, or *to endure*, sometimes also renders the English *to remain* especially when the implication is that a person will not remain in a given place because of an unfavorable situation.

Hasta las diez de la mañana, esta calle **permanece** casi desierta.

*Until 10:00 AM, this street **remains** almost deserted.*

Pensaban **quedarse** ocho meses en Barcelona pero **permanecieron** allí toda la vida.

*They intended **to stay** eight months in Barcelona, but they **remained** there all their lives.*

Con el nuevo jefe, no creo que yo **dure** seis meses en este empleo.

*With the new boss, I don't think I'll **remain (last)** six months in this job.*

PRACTICA

A. *Para cada una de las frases siguientes, elija Ud. la palabra que complete el sentido. Haga también cualquier cambio necesario en la palabra elegida para que la frase quede gramaticalmente correcta.*

1. El Parque del Retiro en Madrid está rodeado por una _____ (**cancela, verja, reja**).

2. Don Juan quiso escapar por la ventana pero no pudo porque había una _____ de hierro (**valla, reja, cancela**).

3. Alberto tiene el hígado en malas condiciones porque él está _____ (**bebido, borracho, alcoholizado**).

4. Después de beber mucho en la fiesta, Luis se despertó _____ (**con resaca, borracho, alcoholizado**).

5. Luis dice que a él no le envejece el _____ de los años (**mediar, transcurrir, pasar**).

6. _____ lo que Carlos dice, mañana va a llover (**Mientras, Como, Según**).

7. Ayer fuimos a visitar a Julia, pero _____ no estaba en casa, nos fuimos al cine (**según, mientras, como**).

8. _____ se aproxima el día de las elecciones, aumenta el entusiasmo de los miembros del partido (**Como, Mientras, A medida que**).

9. La puerta de la catedral tenía un(a) enorme _____ que corrían todas las noches (**anilla, cerrojo, candado**).

10. Después de dar cera a la mesa, María la _____ con un paño para sacarle brillo (**friccionar, frotar, rozar**).

11. Como mi padre tiene reuma en el hombro izquierdo, mi madre le _____ con linimento (**restregar, friccionar, fregar**).

12. A pesar de las advertencias de su madre, Luisito seguía _____ los ojos con las manos sucias (**fregarse, frotarse, rozarse**).

13. La silla dejó señales donde había _____ con la pared (**frotar, restregar, rozar**).

14. Ese policía acaba de pedirme una _____ para olvidar la multa (**resaca, llave, mordida**).

15. El pelo de mi hermana tiene _____ naturales (**ola, onda, oleada**).

16. Después del accidente del buque petrolero, el (la) _____ cubrió las playas de petróleo (**oleada, onda, oleaje**).

17. En agosto, los países del sur de Europa reciben un(a) _____ de turistas extranjeros (**onda, oleaje, oleada**).

18. Dijimos a los niños que durante la fiesta debían _____ muy bien (**proceder, actuar, comportarse**).

19. Mi vecino _____ con precipitación al acusarme de robar fruta de sus árboles (**portarse, obrar, mediar**).

20. Al hacerle el examen médico, la doctora _____ el tumor que José tenía en el costado (**manosear, tentar, palpar**).

21. En las tiendas, a mi hermano le gusta _____ todo (**palpar, manosear, conmover**).

22. Algunas plantas secretan líquidos pegajosos para _____ a los insectos (**capturar, cautivar, captar**).

23. Los bellos ojos de la muchacha _____ mi atención desde el primer momento (**apresar, capturar, captar**).

24. Durante la boda, los novios intercambiaron _____ de oro (**sortija, anillo, anilla**).

25. En su testamento, mi abuela dejó a mi hermana un(a) _____ de diamantes (**aro, anillo, sortija**).

26. El gitano ató el burro en el (la) _____ que había al lado de la puerta (**anillo, aro, argolla**).

27. Las hormigas entraban en la cocina por un(a) _____ que había en la pared (**hendidura, resquicio, grieta**).

28. El rayo hizo un(a) gran _____ en el viejo roble que hay en la plaza de la iglesia (**grieta, resquicio, hendidura**).

29. Después de la primera parte del concierto, los músicos _____ en sus asientos (**relajarse, esparcirse, aflojarse**).

30. Durante nuestro viaje a Chile, nosotros _____ ocho días en Santiago (**durar, quedarse, esparcirse**).

B. *Traduzca al español las siguientes frases empleando el vocabulario estudiado en este capítulo.*

1. The guide pointed out a beautiful grating that dated from the 16th century.

2. Many people have a hangover on New Year's Day.

3. Ten years elapsed [do two ways] between the publication of the first part of the *Quixote* and that of the second part.

4. The lights grew brighter as the ship approached the harbor.

5. It was very difficult for the child to slide [use **correr**] the bolt on the door.

6. The mother told her daughter not to rub her eyes.

7. The nurse rubbed down the patient's back.

8. The customs officer indignantly rejected the bribe that the passenger offered him.

9. It's a crime to try to bribe a judge.

10. A wave of tourists forced the government to relax many laws.

11. The students always behaved well when the principal [use **director**] entered the room.

12. The nurse felt his arm to find a good vein from which to extract blood.

13. They captured the drug dealer [use **narcotraficante**] as he prepared to leave the hotel.

14. Wine was seeping through the cracks of the wooden barrel.

15. After Christmas dinner, Carlos had to loosen his belt.

16. María Elena remains undecided [use **indeciso**] about which job offer she should accept.

17. We stayed in an apartment two years before we bought a house.

18. When we were in Brazil, my wife bought a ring with an enormous topaz.

19. Donald was only a little tipsy, but was acting as if he were totally drunk.

20. The hard winter left the highway full of cracks and potholes.

TEMAS A ESCOGER

Temas relacionados con la selección literaria

1. Escriba sobre el cambio en Pedro al visitar el cementerio de Avila.
2. Escriba un ensayo en que analice las imágenes siguientes: a) "el dueño de los muertos," b) el pino sobre la tumba de Alfredo, c) el aro de Jane, d) la muralla de Avila y e) la nieve.
3. Escriba un ensayo sobre la última frase de la novela.

Temas sugeridos por la selección literaria

1. Escriba sobre sus impresiones de una visita a un cementerio.
2. Haga una comparación entre un cementerio tradicional y uno moderno.
3. Escriba sobre la esperanza como factor esencial en la vida humana.

|R|E|P|A|S|O| gramatical

■ Relative Pronouns

Basic Statement

In both English and Spanish, relative pronouns introduce subordinate clauses. A subordinate clause is a group of words with a subject and verb of its own. This subject and verb are independent of those of the main clause on which the subordinate (sometimes called the relative clause) depends. Nonetheless, the subordinate clause is not a complete sentence that can stand alone. In the second sentence below, the relative pronoun *who* introduces the subordinate clause by joining it to its antecedent *man* in the preceding main clause, on which it depends.

I see a tall man. He is talking with a student.

I see a tall man (main clause) ***who** is talking with a student* (subordinate clause).

Forms

In English, the most common relative pronouns are *who*, *which*, and *that*. The antecedent of *who* (*whose* for the possessive and *whom* for the objective) is a person. *Which* refers to things and situations but not to persons. *Which*, however, may refer to collective nouns indicating groups of persons (orchestra, army, etc.). The pronoun *that* may refer either to persons or things.

Mary is the student **who** volunteered to do the work.
This is the chair **which (that)** my grandparents gave us.
The Board of Regents, **which** met yesterday, voted to raise tuition.
Here is the book **that** I mentioned.
Jean was the student **that (who)** raised her hand.

Sometimes the relative pronoun is omitted in informal English, but it is never omitted in Spanish.

Ese es el coche **que** Elisa compró la semana pasada.

That is the car **(that)** Elisa bought last week.

In Spanish, the relative pronouns are:

que   that, which, who
quien, quienes   who, whom
cuyo (-a, -os, -as)   whose
el cual, la cual, los cuales, las cuales
    el que, la que, los que, las que } which, who, whom

Choice of Appropriate Relative Pronoun

Que. The most frequently used relative pronoun, **que**, refers to persons or things in either gender and in both singular and plural. It is the relative pronoun to use when the connection between the antecedent and the dependent clause is natural, simple, and clear.

Has traído un libro **que** no sirve.

You have brought a book **that** is no good.

José Luis es una persona **que** ayuda a sus amigos.

José Luis is a person **who** helps his friends.

Quien. In present-day Spanish, **quien** and its plural **quienes** refer only to people and are used largely in relative clauses that are *nonrestrictive*. A nonrestrictive clause, as opposed to a restrictive one, adds accessory information but does not give information that the writer or speaker considers essential to the meaning of the main clause. A restrictive clause, however, provides information about something in the main clause that the writer or speaker does consider essential to the meaning he or she intends.

When a clause is restrictive, there is no pause between it and the rest of the sentence. There is a pause, whether heavy or light, at the beginning of a nonrestrictive clause, for which reason it is set off by a comma or commas in Spanish and in English. When a relative clause in English begins with *that*, it is always restrictive (i.e., essential to the meaning). *Which* in most cases introduces nonrestrictive clauses in English, but it occasionally introduces a restrictive clause as well.

*I broke a vase **that** was expensive.* (restrictive)
*This novel, **which** has beautiful illustrations, is a best-seller.* (nonrestrictive)
*This is the bad news **which (that)** we had been expecting.* (restrictive)

In Spanish, **que** is normally used to refer to people in restrictive clauses. In nonrestrictive clauses, however, **quien** tends to replace **que**, especially in careful speech, to refer to people.

Muchos de los soldados **que** murieron en aquella batalla fueron enterrados aquí.	*Many of the soldiers **who** died in that battle were buried here.* (restrictive)
Marta, **quien (que)** fue alumna mía, ha ganado un premio literario.	*Marta, **who** was a student of mine, has won a literary prize.* (nonrestrictive)

El que (el cual). In general, **el que** and **el cual** are the strongest relative pronouns. **Quien** is weaker than these long forms of the pronoun, but is stronger than **que**. When the connection established by a relative pronoun is strong (i.e., obvious and clear), the weak pronoun **que** suffices. When the connection is weaker, signaled by a pause between the clauses or by considerable intervening information that separates the antecedent from the relative pronoun, a stronger pronoun such as **el que** or **el cual** is required. Preference for **que**, **quien**, **el que**, **el cual**, etc., in many cases depends on the intent of the writer or speaker.

Like **quien**, **el que** and **el cual** are always used in nonrestrictive clauses. Forms of **el que** are more common than those of **el cual**, for the latter are typical of a more formal Spanish. Nonetheless, **el cual** is strongly preferred in relative clauses after **según**, prepositions of two or more syllables, and prepositional phrases.

Hay muchas personas **que** votan como yo.	*There are many persons **who** vote as I do.*
Es un estudiante **que** siempre ha trabajado mucho.	*He's a student **who** has always worked hard.*
Ese es el coche **que** yo quería comprar.	*That is the car **that** I wanted to buy.*

Asistimos a la conferencia del profesor sobre los bosques, **quien** era gran amante de la naturaleza.	*We attended the lecture about forests by the professor, **who** was a great lover of nature.*
El otro era un viejo, a **quien** llamaban Paco, **el que (cual)** ayudaba a la criada con sus quehaceres.	*The other one was an old man, **whom (that)** they called Paco, (and) **who** helped the maid with the chores.*
Esta es la teoría según **la cual** el ser humano está llamado a desaparecer.	*This is the theory according to **which** human beings are destined to disappear.*
Esta es la esquina desde **la cual** vimos el accidente.	*This is the corner from **which** we saw the accident.*

Relative Pronouns After Prepositions

Because relative pronouns are used so frequently after prepositions in Spanish, it is useful to provide at this point a summary of guidelines on the choice of the appropriate pronoun in different circumstances involving prepositions.

A. To refer to *people* after short (one-syllable) prepositions (**con**, **de**, **en**) and **a**, when it is not the personal **a**, the pronoun **quien** is regularly used.

El amigo de **quien** te hablé viene hoy.	*The friend of **whom** I spoke is coming today.*
Los hermanos con **quienes** fuimos a Nueva York son gemelos.	*The brothers with **whom** we went to New York are twins.*

B. To refer to *things* after short prepositions, **que** is generally used.

El juguete con **que** juega es peligroso.	*The toy with **which** he is playing is dangerous.*
La película a **que** me refiero es italiana.	*The film (to **which**) I am referring to is Italian.*

C. To refer to *people* or *things* after long (two-syllable or more) prepositions, and especially after prepositional phrases, a longer form of the relative pronoun is required. Forms of **el cual** are most often used, but those of **el que** are not infrequent in this circumstance.

La muchacha, detrás de **la cual** estaba sentado, me ha invitado a su casa.	*The girl, behind **whom** I was sitting, has invited me to her house.*
La caja fuerte, dentro de **la cual (la que)** guardamos las joyas, está en el banco.	*The strongbox, in(side of) **which** we keep the jewels, is in the bank.*

Even though **sin**, **por**, and **tras** are short prepositions, long forms (almost always **el cual**), and not **que**, are used with them to refer to things. For the first two prepositions, this usage avoids confusion with the conjunctions **sin que** and **porque**.

Los consejos, sin **los cuales**...	*The advice, without **which**...*
La razón por **la cual** rechacé la oferta...	*The reason for **which** I rejected the offer...*
Las rocas tras **las cuales** desaparecieron...	*The rocks behind **which** they disappeared...*

D. After such expressions as **la mayor parte de**, **la mayoría de**, **algunos de**, **pocos de**, and so on, forms of the long pronoun **el cual** are always used.

Compramos un cesto de manzanas, la mayor parte de **las cuales** estaban podridas.	*We bought a basket of apples, most of **which** were rotten.*
Los ciudadanos, muchos de **los cuales** votaban por primera vez, estaban jubilosos.	*The citizens, many of **whom** were voting for the first time, were jubilant.*

E. The relative pronoun **lo que** or **lo cual** is used after a preposition referring to a previous clause or phrase, rather than to an antecedent that is a person or thing.

Hablamos con ellos, después de **lo que (cual)** nos dirigimos a casa.	*We spoke to them, after **which** we went home.*

Cuyo

Cuyo (cuya, cuyos, cuyas), *whose*, is a relative possessive pronoun used mainly to refer to people. It is not used to ask a question. Instead, **¿De quién?** renders the English interrogative pronoun *Whose...?* **Cuyo** must agree in gender and number with the thing possessed.

Es un señor, **cuyos** conocimientos de España son enormes.

*He's a gentleman **whose** knowledge of Spain is enormous.*

¿**De quién** son estos libros?

***Whose** books are these?*

Final Observations

It must be emphasized that the previous comments on the relative pronouns are intended as general guidelines only. In actual use, one will encounter exceptions to what has been said, especially with regard to the use of **el cual** and **el que**, with the latter form tending to encroach more and more on the terrain of the former, particularly on the colloquial level, but also in written Spanish. It should be pointed out that there are other words in Spanish which also introduce relative clauses and thus function as relative pronouns. The most common of the words so used are **cuando**, **como**, and **donde**.

Era el verano **cuando (en que)** conocí a Verónica.

*It was the summer **when (in which)** I met Verónica.*

Ibamos a la esquina **donde (en que)** había un nuevo café.

*We were going to the corner **where (on which)** there was a new café.*

PRACTICA

A. *En cada una de las siguientes frases, llene el espacio en blanco con una forma apropiada de uno de los pronombres relativos.*

1. Dijeron que habían preparado una modesta cena, _____ Julio aceptó por no parecer descortés.

2. Si nuestro partido triunfa, _____ no es probable, cambiará mucho la política exterior del país.

3. Esta es la universidad en _____ aulas han estudiado todos mis hijos.

4. Yo gano muy poco, y no podríamos vivir sin _____ gana mi mujer también.

5. En general, los coches _____ son grandes gastan más gasolina que _____ son pequeños.

6. Es un lago enorme, en _____ se elevan, en días de tempestad, olas altas como las del mar.

7. Quiero conocer a su hermano, de _____ todos me han hablado muy bien.

8. Todo _____ le diga sobre el escándalo es poco.

9. Conocimos al joven artista, _____ cuadros vimos en el museo de la Universidad.

10. Este es el libro sin _____ no habría podido aprobar el examen.

11. Montserrat Caballé es una cantante famosa, a _____ todos conocen.

12. Buscábamos un lugar _____ fuera tranquilo en _____ pasar las vacaciones.

13. Era un viejo actor _____ edad todos ignoraban.

14. ¿A _____ dirigiste la carta en _____ te quejas del servicio del hotel?

15. No conozco a nadie _____ hable francés mejor que Pierre.

16. Ese es el profesor a _____ tienes que pedir una carta de recomendación para la beca.

17. Nueva York es una ciudad _____ Paul quiere mucho, y _____ calles conoce como la palma de su mano.

18. Los árboles, detrás de _____ se ven las montañas, son olmos.

19. Esa persona, por _____ preguntas, ya no vive en esta calle.

20. Carlitos tuvo un sueño _____ le asustó tanto que se despertó.

21. El pájaro, _____ canto nos despierta por la noche, es un ruiseñor.

22. Es una teoría, según _____ la competencia libre resolverá todos los problemas económicos.

23. Ha desaparecido el único apoyo con _____ podríamos contar.

24. Todos nosotros pasamos algunos años en _____ era sumamente difícil encontrar trabajo.

25. El presidente ha tomado unas medidas económicas, _____ efectos no son previsibles.

26. Despidieron a treinta empleados, la mayor parte de _____ tenían más de cincuenta años de edad.

27. Es una casa en _____ hemos pasado muchos años felices.

28. Corrían muchos rumores de su posible dimisión, algunos de _____ parecían pura fantasía.

29. Al fin acabó la dictadura, bajo _____ vivió la isla durante más de treinta años.

30. Ya son las ocho, _____ significa que el supermercado estará cerrado.

B. *Traduzca al español las siguientes frases, usando las formas prenominales estudiadas en este capítulo.*

1. The island, whose strategic importance is great, is poorly defended.

2. Ricardo is an intelligent man who understands the situation but who, nevertheless, refuses to do his part of the work.

3. David finished the task on time, which surprised us very much.

4. The friend in whom I have most confidence is Vicente.

5. A woman suddenly appeared with a child, whom she was accompanying to school.

6. We climbed the mountain from whose summit we saw the coast.

7. This country is entering a period in which the national income will double in ten years.

8. Ignacio is a talented artist who has many friends, but who refuses to work.

9. I saw that the table that I liked to sit at was occupied by a man whose face I didn't recognize.

10. They spent three days in the city, during which absolutely nothing happened.

11. The white geese that once were very numerous in this lake have almost disappeared.

12. The reasons for which David is leaving his job are many.

13. For his wife he bought roses, which were the most expensive flowers at the florist shop.

14. I wanted to meet that actress, whom I have admired for twenty years.

15. Everyone at the table was silent [use **guardar silencio**], which made the dinner very unpleasant.

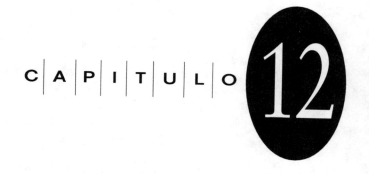
La casa de Asterión

JORGE LUIS BORGES

▶ **Prepositions (Part I)**

La casa de Asterión

JORGE LUIS BORGES

El argentino Jorge Luis Borges (1899-1987) es uno de los más conocidos escritores modernos en lengua española. Ha escrito poesía y ensayos, pero es como cuentista que ha adquirido fama internacional. Sus cuentos, recogidos en colecciones como El jardín de los senderos que se bifurcan *(1942),* Ficciones *(1944) y* El aleph *(1949), muestran la extraordinaria capacidad de Borges como creador de situaciones y de personajes. Son, además, relatos de extraordinaria elaboración intelectual que revelan la gran imaginación de su autor. En ellos, Borges trata de expresar, de manera a veces enigmática, la crisis espiritual del siglo XX.*

Aunque Borges nunca escribió novelas, su impacto sobre la novela hispano-americana moderna ha sido "revolucionario," según nos dice el gran novelista mexicano Carlos Fuentes. Afirma Fuentes que Borges es responsable de "una profunda revolución que equipara la libertad con la imaginación, y con ambas constituye un nuevo lenguaje hispanoamericano." Borges consigue esto al reivindicar la literatura imaginativa y fantástica, y liberarla de la tradición del realismo social y psicológico anterior.

El tema central en muchos cuentos de Borges es el laberinto (representado por una multiplicidad de imágenes). En nuestra selección, "La casa de Asterión," Borges recrea, desde una perspectiva muy original, el mito clásico del minotauro y el laberinto. Seguimos las actividades del narrador con gran interés, sin saber hasta el final quién pueda ser éste. Este narrador, al igual que la persona de todos los tiempos, espera el cumplimiento de su destino y su liberación de una, aparentemente, absurda existencia.

▼

> Y la reina **dio a luz**[1]
> a un hijo que se llamó
> Asterión.
>
> Apolodoro: Biblioteca, III, I.

Sé que me acusan de **soberbia**[2], y tal vez de misantropía, y tal vez de **locura**.[3] Tales acusaciones (que yo castigaré a su debido tiempo) son irrisorias. Es verdad que no salgo de mi casa, pero también es verdad que sus puertas (cuyo número es infinito)* están abiertas día y noche a los hombres y también a los animales.

5 Que entre el que quiera. No hallará pompas mujeriles aquí ni el bizarro aparato de los palacios pero sí la quietud y la soledad. Asimismo hallará una casa como no hay otra en la faz de la tierra. (Mienten los que declaran que en Egipto hay una parecida.) Hasta mis detractores admiten que no hay *un solo mueble* en la casa. Otra especie ridícula es que yo, Asterión, soy un **prisionero**.[4] ¿Repetiré que

10 no hay una puerta cerrada, **añadiré**[5] que no hay una cerradura? Por lo demás, algún atardecer he pisado la calle; si antes de la noche volví, lo hice por el temor que me infundieron las caras de la plebe, caras descoloridas y aplanadas, como la mano abierta. Ya se había puesto el sol, pero el desvalido llanto de un niño y las toscas plegarias de la grey dijeron que me habían reconocido. La gente

15 oraba, **huía**,[6] se prosternaba; unos se encaramaban al estilóbato del templo de las Hachas, otros juntaban piedras. Alguno, creo, se ocultó bajo el mar. No **en vano**[7] fue una reina mi madre; no puedo confundirme con el vulgo, aunque mi modestia lo quiera.

El **hecho**[8] es que soy único. No me interesa lo que un hombre pueda

20 transmitir a otros hombres; como el filósofo, pienso que nada es comunicable por el arte de la escritura. Las enojosas y triviales minucias no tienen cabida en mi espíritu, que está capacitado para lo grande; jamás he retenido la diferencia entre una letra y otra. Cierta impaciencia generosa no **ha consentido**[9] que yo aprendiera a leer. A veces lo deploro, porque las noches y los días son largos.

25 Claro que no me faltan distracciones. Semejante al carnero que va a **embestir**,[10] corro por las galerías de piedra hasta rodar al suelo, mareado. Me agazapo a la sombra de un aljibe o a la vuelta de un corredor y **juego**[11] a que me buscan. Hay **azoteas**[12] desde las que me dejo caer, hasta ensangrentarme. A cualquier hora puedo jugar a estar dormido, con los ojos cerrados y la

30 respiración poderosa. (A veces me duermo realmente, y a veces ha cambiado el color del día cuando he abierto los ojos.) Pero de tantos juegos el que prefiero es el de otro Asterión. Finjo que viene a visitarme y que yo le muestro la casa. Con grandes reverencias le digo: *Ahora volvemos a la encrucijada anterior* o *Ahora desembocamos en otro patio* o *Bien decía yo que te gustaría la canaleta*

35 o *Ahora verás una cisterna que se llenó de arena* o *Ya verás cómo el sótano se bifurca.* A veces me equivoco y nos reímos buenamente los dos.

No sólo he imaginado estos juegos; también he meditado sobre la casa. Todas las partes de la casa están muchas veces, cualquier lugar es otro lugar. No hay un aljibe, un patio, un abrevadero, un pesebre; son catorce [son infinitos] los

40 pesebres, abrevaderos, patios, aljibes. La casa es del **tamaño**[13] del mundo; mejor dicho, es el mundo. Sin embargo, a fuerza de fatigar patios con un aljibe y polvorientas galerías de piedra gris he alcanzado la calle y he visto el templo de las Hachas y el mar. Esto no lo entendí hasta que una visión de la noche me reveló que también son catorce [son infinitos] los mares y los templos. Todo está

45 muchas veces, catorce veces, pero hay dos cosas en el mundo que parecen estar una sola vez: arriba el intricado sol; abajo, Asterión. Quizá yo he creado las estrellas y el sol y la enorme casa, pero ya no me acuerdo.

Cada nueve años entran en la casa nueve hombres para que yo los **libere**[14] de todo mal. Oigo sus pasos o su voz en el fondo de las galerías de piedra y
50 corro alegremente a buscarlos. La ceremonia dura pocos minutos. Uno tras otro caen sin que yo me ensangriente las manos. Donde cayeron quedan, y los cadáveres ayudan a distinguir una galería de las otras. Ignoro quiénes son, pero sé que uno de ellos profetizó, en la hora de su muerte, que alguna vez llegaría mi redentor. Desde entonces no me duele la soledad, porque sé que vive mi redentor
55 y al fin se levantará sobre el polvo. Si mi oído alcanzara todos los **rumores**[15] del mundo, yo percibiría sus pasos. Ojalá me lleve a un lugar con menos galerías y menos puertas. ¿Cómo será mi redentor?, me pregunto, ¿Será tal vez un toro con cara de hombre? ¿O será como yo?

El sol de la mañana reverberó en la espada de bronce. Ya no quedaba ni un
60 vestigio de sangre.

—¿Lo creerás, Ariadna? —dijo Teseo—. El minotauro apenas se defendió.

[*] El original dice *catorce*, pero sobran motivos para inferir que, en boca de Asterión, ese adjetivo numeral vale por *infinitos*.

A *Marta Mosquera Eastman*

CUESTIONARIO

Contenido

1. ¿Quién es el narrador?
2. ¿De qué acusan al narrador?
3. Describa la casa del narrador.
4. ¿Qué distracciones tiene el narrador?
5. ¿Quiénes visitan periódicamente al narrador?
6. ¿Qué ocurre a los visitantes?
7. ¿Cómo termina el narrador?

Interpretación y estilo

1. ¿Qué concepto tiene de sí mismo el narrador?
2. ¿Por qué vive en soledad?
3. ¿Por qué reza la gente al reconocer al narrador en la calle?
4. ¿Por qué cree que es "único" el narrador?

5. ¿Qué "ceremonia" tiene lugar entre el narrador y los visitantes?

6. ¿Por qué espera Asterión a su redentor?

7. ¿Qué significa la última frase de este cuento: "El minotauro apenas se defendió"?

► Léxico: opciones ◄

1 •

dar a luz *to give birth*	**alumbrar** *to illuminate; to give birth*
parir *to give birth*	**nacer** *to be born*
el nacimiento *birth*	**el parto** *birth, delivery*

Dar a luz is a common euphemism, and **alumbrar** a less common one, for **parir**, *to give birth*. In modern Spanish, **parir** is used almost exclusively to indicate animal birth. **Nacimiento** and **parto** both render *birth*. But while **nacimiento** refers to the fact of being born, **parto** refers to the act of giving birth to a child.

Mi hermana **dio a luz (alumbró)** un niño de cuatro kilos.	My sister **gave birth** to a baby weighing four kilos.
La gata **parió** cuatro gatitos.	The cat **had** four kittens.
El **nacimiento** de Valentín tuvo lugar en un hospital de San Diego.	The **birth** of Valentín took place in a hospital in San Diego.
El último **parto** de Elena duró dos horas.	Elena's last **delivery** took (lasted) two hours.

2 •

la soberbia *pride, haughtiness*	**soberbio** *proud, haughty*
orgulloso *proud, haughty*	**engreído** *conceited*
altivo *haughty, proud*	**arrogante** *arrogant, proud*

Soberbio and **engreído** are synonyms of **orgulloso**, the most common adjective for *proud*. **Orgulloso**, like English *proud*, may be used in the positive sense of self-worth or legitimate pride in something accomplished. It may also indicate an excessively high opinion of one's own worth and disdain for others. **Soberbio** and **engreído** are always used in this latter sense. **Altivo** and **arrogante** also render *proud, haughty, arrogant,* but refer primarily to the bearing, gestures, and words with which a person manifests his or her excessive pride.

Ricardo III de Inglaterra era un rey muy **soberbio**.	*Richard III of England was an excessively **proud** king.*
Los padres de Paquito están **orgullosos** de sus excelentes calificaciones.	*Paquito's parents are **proud** of his excellent grades.*
Roberto es tan **engreído** que no tiene amigos.	*Roberto is so **conceited (stuck up)** that he has no friends.*
El jefe era **altivo (arrogante)** y despreciaba a los empleados.	*The boss was **haughty (arrogant)** and scorned his employees.*

3 •

loco *insane, crazy, mad*	**la locura** *insanity, craziness, madness*
la cordura *sanity*	**sano** *healthy*
la sanidad *health*	**cuerdo** *sane*
chiflado *nutty, crazy*	**chalado** *nutty, crazy*
ido *crazy*	

Locura and **loco** may indicate a variety of mental conditions or states ranging from a diseased or abnormal mind (i.e., clinically insane) to various lesser degrees of mental perturbation. As is true with the English *crazy,* **loco** and its synonyms may also be used in a literal or figurative sense. **Cordura** and **cuerdo** are the antonyms of **locura** and **loco**. Note that **sano**, *healthy,* and **sanidad**, *health, sanitation,* are false cognates of English *sane* and *sanity.* Among the more common synonyms of **loco** are **chiflado**, **chalado**, and **ido**. They are used at a familiar or popular level, sometime with humorous intent and most often signal behavior that is strange, obsessive or eccentric, but not genuinely insane.

Cuando Juan se volvió **loco**, su familia tuvo que meterlo en un manicomio.	*When Juan became (went) **crazy**, his family had to commit him to an insane asylum.*
Víctor estaba **loco** por la nueva chica en la clase.	*Víctor was **crazy** about the new girl in class.*

Sancho dudaba que Don Quijote estuviese **cuerdo**.

Sancho doubted that Don Quijote was sane.

El médico le dijo que estaba más **sano** que nunca.

The doctor told him he was healthier than ever.

No hagas caso a Leandro; está algo **chiflado**.

Don't pay attention to Leandro; he is somewhat crazy.

Isabel está un poco **ida** desde que murió su hijo.

Isabel has been a bit crazy (disturbed) since her son died.

4 •

el prisionero *prisoner*
el preso *prisoner, convict*
el recluso *inmate, prisoner*

el encarcelado *prisoner, jailed person*
el reo *criminal, defendant, prisoner*

English *prisoner* and Spanish **prisionero** may refer to a captured person or one who has been locked up. **Preso** stresses the aspect of confinement of a prisoner and **encarcelado** the place where he is confined (**la cárcel** = *jail*). **Recluso**, *inmate* or *prisoner*, stresses the idea of a confinement within an institution (prison, jail, penitentiary). **Reo** is a term used for a person who is on trial, awaits trial, or has been recently sentenced. **Reo** is sometimes also rendered by English *criminal* or *defendant* as well as *prisoner*.

Mi hermano fue **prisionero** de guerra en Alemania en 1945.

My brother was a prisoner of war in Germany during 1945.

Al Capone fue un **preso** en un penal federal.

Al Capone was a prisoner in a federal institution.

Los **encarcelados** alborotaron para protestar las malas condiciones en la cárcel.

The jailed men rioted to protest the bad conditions at the jail.

Los **reclusos** de la prisión declararon una huelga de hambre.

The inmates at the prison went on a hunger strike.

El **reo** miraba con curiosidad al jurado.

The criminal (defendant, prisoner) looked with curiosity at the jury.

5 •

añadir *to add*   **agregar** *to add*
sumar   *to add*

Of the two synonyms **añadir** and **agregar**, the former is the word of higher frequency. **Agregar** in very careful usage may imply that in a mixture obtained by adding one material to another the individual components retain their distinctive characteristics. In most cases, however, **agregar** and **añadir** are synonymous and their use implies that the final result is a homogeneous entity. **Sumar**, *to add* or *to add up*, is primarily a term of arithmetic to indicate adding one quantity to another.

Pablo **añadió** una moneda romana a su colección.

*Pablo **added** a Roman coin to his collection.*

Mamá **agregó** más patatas al estofado.

*Mama **added** more potatoes to the stew.*

Los niños pequeños aprenden a **sumar** usando los dedos.

*Small children learn to **add** using their fingers.*

Repasé la cuenta del restaurante para ver si la **habían sumado** bien.

*I went over the bill at the restaurant to see if **they had added** it up correctly.*

6 •

huir   *to flee, to escape*
escaparse   *to escape, to flee, to run away*
fugarse   *to escape, to run away*
largarse   *to go away, "to beat it"*

Huir, the most frequently used of the verbs above, indicates a certain speed and sense of urgency in fleeing some place either out of fear or to avoid danger. **Escaparse** and **fugarse** are close synonyms, but **fugarse**, unlike **escaparse**, always implies being under guard or close vigilance. **Largarse**, used colloquially, indicates *to go away* or *to leave a place* out of great dissatisfaction or disappointment.

"Papillon" consiguió **fugarse (huir)** de la Isla del Diablo.

*"Papillon" succeeded in **escaping** (**fleeing**) from Devil's Island.*

El muchacho **se escapó** de casa y se fue a Hollywood.

*The boy **ran away** from home and went to Hollywood.*

En la reunión, Pablo se enfadó y **se largó**.

*At the meeting, Pablo became angry and **walked out**.*

—**Lárgate**— me dijo mi padre cuando le pedí el coche otra vez.

***Beat it (Get out of here!)**— my father said when I asked him for the car again.*

7 •

en vano   *in vain*
a propósito   *on purpose, deliberately*
en balde   *in vain*
adrede   *on purpose, deliberately*
a posta   *on purpose*
a prisa   *quickly, hurriedly*
de prisa   *quickly, hurriedly*

En vano and **en balde** are indistinguishable in meaning, usage, and frequency. Among the three adverbial expressions above for *on purpose*, **a posta** is colloquial and particularly common in the language of children. Both **a propósito** and **adrede** are high-frequency words and may be used interchangeably. Similarly, **de prisa** and **a prisa** are used without any distinction made between them.

Tenemos que hacer todo de nuevo. Hemos trabajado **en vano (en balde)**.

*We'll have to do everything again. We have worked **in vain**.*

Estoy enojado con Andrés porque lo hizo **a propósito (adrede)**.

*I'm angry with Andrés because he did it **on purpose**.*

Mi hermano dijo que yo le había roto el juguete **a posta**.

*My brother said I had broken his toy **on purpose**.*

Los estudiantes fueron a la universidad **de prisa (a prisa)** para no llegar tarde al examen.

*The students went to the university **quickly** in order not to be late for the exam.*

8 •

el hecho   *fact, deed*
el dato   *fact*
los antecedentes   *record, facts on record*

el historial   *record, dossier*
la estadística   *statistics*

Hecho and **dato** render English *fact*, but **hecho** refers to something that has been done or that has taken place. **Dato** indicates information from which some inference can be drawn. **Antecedente**, when used in the plural, indicates the record of any person or any institution kept in an archive or office file. **Historial** differs from the **antecedentes** in that it refers to the official written document summarizing the information provided in the **antecedentes**. In Spanish, **estadística** in the singular may refer to a single item of numerical information or to the science of statistics. Unlike English, where the plural *statistics* is the more common form, in Spanish the singular **estadística** is of greater frequency.

Cuando se quiere a una persona, se demuestra con **hechos** y no sólo con bellas palabras.

*When you love someone, you show it with **deeds** and not only with beautiful words.*

De hecho, la boda de mi hermano fue un sábado y no un domingo.

In fact, my brother's wedding took place on a Saturday and not on a Sunday.

El físico organizó todos los **datos** de su experimento.

*The physicist organized all the **data** (facts) from his experiment.*

Para conseguir ese empleo, me pidieron mis **antecedentes** laborales.

*To get that job, they asked me for my work **record**.*

El ladrón tenía un largo **historial** con la policía.

*The thief had a long police **record**.*

En casi todos los países, los políticos manipulan la(s) **estadística(s)** a su favor.

*In almost all countries, politicians manipulate **statistics** in their own favor.*

9 •

permitir   *to permit, to allow*
tolerar   *to tolerate*
consentir   *to permit, to tolerate, to pamper, to spoil*

dejar   *to let, to allow*
autorizar   *to authorize, to permit*

The above verbs share the common meaning of allowing or permitting something to be done. However, there are nuances that differentiate them and the way in which they are used. In Borges' short story, **consentir** refers to the protagonist who as a child was *spoiled* by allowing him to go undisciplined. **Consentir** most often indicates acquiescence in a situation or to something being done. **Dejar** and **permitir** are very close synonyms, but **dejar** is colloquial and **permitir** more formal in register. **Tolerar** means *to put up with* or *to accept* some situation or condition that one doesn't necessarily approve of. **Autorizar** is more common in Spanish than is its cognate *to authorize* in English. It indicates granting permission, legal or otherwise, for something to be done.

No **consiento** que me hables de esa manera.	I will not **permit (tolerate)** your talking to me that way.
Mi padre **consiente** que mi hermano haga lo que quiera.	My father **permits** my brother to do whatever he pleases.
El jefe **permitió** que los obreros se fueran a casa temprano por el calor.	The boss **let** the workers go home early on account of the heat wave.
¡Mamá! Juanito no me **deja** jugar con su balón.	Mama! Juanito won't **let** me play with his soccer ball.
No **tolero** que nadie fume en nuestra casa.	I won't **tolerate (permit)** anybody's smoking in our house.
El gobierno **autorizó** que se estableciera una playa para nudistas.	The government **authorized** the establishment of a nudist beach.

10 •

embestir *to attack, to charge*
atacar *to attack*
acometer *to attack, to assault, to charge*
arremeter *to attack, to rush forth, to assail*

All the verbs above share the idea of an offensive or hostile action against someone or something, and normally stress the initial aspect of this action. **Atacar,** the most common of the verbs above, can be used in almost any situation. **Embestir** stresses the charge or the forward violent rush of the attack. Used often with regard to large animals such as bulls, elephants, and rhinos, it is used figuratively for people as well. **Acometer**, occasionally followed by the preposition **contra**, indicates a more premeditated action than **embestir**. The object of **acometer** may be both either people or things. **Acometer** is often used in the figurative sense of *to undertake* or *to start working* at some task, problem, or job. **Arremeter**, used also with the preposition **contra**, suggests a more spontaneous, impetuous attack than **acometer**. It is frequently used in a figurative sense in the context of attacking ideas.

El toro **embistió** el rojo capote del torero.	*The bull **charged (attacked)** the bullfighter's red cape.*
Atacamos al enemigo durante la madrugada.	*We **attacked** the enemy during the early dawn.*
Los soldados **acometieron** la fortaleza.	*The soldiers **attacked (charged)** the fortress.*
Cándido es muy enérgico y capaz de **acometer** cualquier tarea.	*Cándido is very energetic and capable of **undertaking (attacking)** any task.*
El senador **arremetió** contra el último discurso del presidente.	*The senator **attacked** the president's last speech.*

11 •

jugar *to play, to gamble*	**juguetear** *to play, to fool around*
tocar *to touch, to play*	**tañer** *to play, to ring*

Jugar means to engage in some activity for the purpose of enjoying oneself or having fun. It also renders English *to gamble*, to wage money on a contest or game of chance. **Juguetear** also renders *to play* when no specific game is involved and it often corresponds to English *to play* or *fool around*. **Tocar**, *to touch* (see Chapter 11, opción 10), also means *to play a musical instrument*. **Tañer** means primarily to play a stringed instrument or to ring bells, and is found largely in literary Spanish.

A muchos californianos les gusta ir a **jugar** a Las Vegas.	*Many Californians like to go to Las Vegas **to gamble**.*
El niño **jugueteaba** con la comida.	*The little boy **was playing (fooling around)** with his food.*
Quiero aprender a **tocar** la guitarra.	*I want to learn **to play** the guitar.*
El sacristán de la iglesia **tañía** las campanas para la misa del alba.	*The sexton at the church **was ringing** the bells for the early mass.*

12 • •

la azotea *roof*	**el techo** *ceiling*
la teja *roof tile*	**la baldosa** *(floor) tile*
el tejado *roof, tile roof*	**el azulejo** *ceramic tile*

Azotea is a flat roof whose surface has many uses such as drying clothes and relaxing with friends. **Teja**, the classic Spanish roof tile, has given rise to the word **tejado**, originally a tile roof, but now accepted for any kind of roof except the **azotea**. **Techo** is *ceiling*, the upper surface of a room. **Baldosa** indicates a *floor tile*, normally of *baked clay*, but sometimes made of other material. **Baldosas** of smaller size are referred to as **baldosines**. Finally, **azulejo** indicates a glazed ceramic tile, plain or with a design, used primarily for covering walls, floors, and so forth.

Los vecinos salieron a tomar el sol en la **azotea**.	*The neighbors went out to enjoy the sun on the **roof**.*
El granizo ha roto algunas tejas del **tejado**.	*The hail has broken some tiles on the **roof**.*
Había una araña colgado del **techo** del dormitorio.	*There was a spider hanging from the **ceiling** of the bedroom.*
Al caer la sartén, se rompió una **baldosa** de la cocina.	*When the frying pan fell, it broke a **tile** in the kitchen floor.*
Los **azulejos** de Valencia son conocidos por todo el mundo.	*Valencian **ceramic tiles** are known throughout the world.*

13 • •

el tamaño *size*	
la dimensión *dimension, size, area*	
la talla *size*	
la medida *measurement, size*	

Size, in the sense of the measurement(s) of something, is most often **tamaño** in Spanish. **Dimensión** and **dimensiones** are frequently used to indicate *size* when referring to something in terms of its spatial, linear dimensions. **Talla** is the equivalent of English *size* when referring to most articles of clothing. **Medida**, *measurement*, is a word that sometimes renders the English *size*, but with reference to a small number of items of clothing such as hats and gloves, although **talla** and **número** are also used in this context.

Compra una botella de champú de **tamaño** grande.	*Buy a large-**size** bottle of shampoo.*
Mi padre quería una casa de grandes **dimensiones**.	*My father wanted a large-**sized** house.*
En zapatos, la **talla** diez y medio en los Estados Unidos es la **talla** cuarenta y cuatro en España.	*In shoes, **size** ten and a half in the United States is **size** forty-four in Spain.*
Querían comprarle un traje al niño pero no sabían su **medida (talla)**.	*They wanted to buy the boy a suit but they didn't know his **size**.*

14 •

liberar	*to free*	**soltar**	*to let loose (go), to set free*
librar	*to free*	**libertar(se)**	*to free oneself*

Liberar is the most common equivalent of English *to liberate* and is often used in the sense of freeing someone from confinement, a nation from military occupation or political domination. **Librar**, a synonym of **liberar**, is frequently used in the context of becoming free of some obligation or responsibility. **Libertar** in most cases suggests direct participation in the act of freeing someone. **Soltar** means *to free* or *to set free* by untying or loosening whatever it was that bounded or restricted a person or thing.

El presidente Lincoln **liberó** a los esclavos.	*President Lincoln **freed** the slaves.*
Su viaje a Londres les **libró** de estar en California durante el terremoto.	*Their trip to London **freed** them from being in California during the earthquake.*
Los electrodomésticos nos **han librado** de muchos trabajos pesados en el hogar.	*Electric appliances have **freed** us from a lot of hard housework.*
Irene fue al especialista para **librarse** de los constantes dolores de cabeza.	*Irene went to the specialist to **free** herself from her constant headaches.*
Simón Bolívar **libertó** a muchas colonias de la dominación española.	*Simón Bolívar **freed** (liberated) many colonies from Spanish domination.*

Julián **soltó** el canario de la jaula para darle la libertad.

*Julián **freed (let loose)** the canary from the cage in order to give it its freedom.*

15 •

el rumor	*rumor; murmur; noise*	**el ruido**	*noise*
el murmullo	*murmur, whisper*	**el barullo**	*uproar, loud noise*
el alboroto	*loud noise*	**el bullicio**	*bustle, rumble*

Rumor is used by Borges to mean *unsubstantiated comment* or *hearsay*. **Rumor** may also be used to indicate a soft noise caused by indistinguishable voices or by other soft or weak sounds. **Ruido** is a general term for *noise*. **Murmullo** indicates a soft indistinct noise, often pleasant, produced by human voices or by elements of nature. **Barullo** indicates a loud noise accompanied by much confusion and disorder. **Alboroto**, like **barullo**, is a loud noise, often produced by several persons who are talking or laughing, or even shouting or fighting. **Bullicio** most often indicates the noise produced by the normal movement and activity of people living their everyday lives.

Había un **rumor** que iban a subir los impuestos.

*There was a **rumor** that taxes were going to be raised.*

El **ruido** de la discoteca no dejaba dormir a los vecinos.

*The **noise** from the discoteque kept the neighbors from sleeping.*

Los estudiantes armaron un **barullo (alboroto)** exigiendo la eliminación de los exámenes.

*The students created an **uproar** demanding the elimination of exams.*

Luis escapó del **bullicio** de Madrid y fue a vivir a una aldea.

*Luis fled the **noise** of Madrid and went to live in a village.*

PRACTICA

A. *Para cada una de las frases siguientes, elija Ud. la palabra que complete el sentido. Haga también cualquier cambio necesario en la palabra elegida para que la frase quede gramaticalmente correcta.*

1. La vaca _____ un ternero ayer (**alumbrar, parir, dar a luz**).

2. Esta mañana su mujer _____ una hermosa niña (**parir, dar a luz, nacer**).

3. El anciano _____ porque había podido terminar el maratón de Boston (**era altivo, estaba orgulloso, era soberbio**).

4. El adolescente quedó _____ por la nueva estudiante (**chiflado, ido, cuerdo**).

5. Hoy día se pueden curar con medicamentos algunos tipos de _____ (**cordura, soberbia, locura**).

6. Mientras escribía su libro, el autor fue un _____ en su casa (**preso, recluso, encarcelado**).

7. La cocinera _____ más especias al arroz (**sumar, añadir, soltar**).

8. Los niños chinos aprenden a _____ con el ábaco (**añadir, sumar, agregar**).

9. El soldado _____ ante la superioridad del enemigo (**largarse, escaparse, huir**).

10. Los presos _____ de la cárcel anteayer (**largarse, fugarse, huir**).

11. Algunas leyes de tráfico fueron aprobadas _____ porque los conductores no las obedecen (**en vano, adrede, a prisa**).

12. Pasó _____ por el despacho para hablar con el jefe que no estaba (**adrede, en balde, a propósito**).

13. En aquel país el que tiene _____ criminal(es) no puede votar en las elecciones (**un historial, unos datos, unas estadísticas**).

14. Es un(a) _____ histórico(a) que San Martín se reunió con Bolívar (**hecho, antecedente, estadística**).

15. La policía pidió _____ del criminal a la Interpol (**el hecho, la estadística, los antecedentes**).

16. Para terminar mi informe para la clase de historia, busqué los (las) _____ que me faltaban en la biblioteca (**hechos, datos, estadísticas**).

17. Era un niño mimado porque los abuelos le _____ todo (**autorizar, dejar, consentir**).

18. El ayuntamiento de nuestra ciudad va a _____ fuegos artificiales el 4 de julio (**tolerar, autorizar, dejar**).

19. El bisonte herido _____ contra el cazador (**acometer, embestir, atacar**).

20. El explorador Magallanes _____ la primera vuelta al mundo (**atacar, acometer, embestir**).

21. Pablo Casals _____ maravillosamente el violoncelo (**jugar, juguetear, tocar**).

22. En lugar de prestar atención al maestro, el niño estaba _____ con el papel y el lápiz (**tañer, tocar, juguetear**).

23. Bo Jackson _____ al fútbol y al béisbol (**tañer, juguetear, jugar**).

24. Los pájaros hicieron el nido en el _____ de la casa (**tejado, techo, azulejo**).

25. Había una mancha de humedad en el (la) _____ de mi alcoba (**tejado, techo, azotea**).

26. Cubrieron lo más alto de la casa con _____ (**azulejos, baldosas, tejas**).

27. Necesito un sombrero de una _____ más grande (**dimensión, talla, medida**).

28. Abrí la perrera y _____ al perro (**liberar, libertar, soltar**).

29. Nos despertó el _____ de los truenos (**rumor, ruido, alboroto**).

30. Cuando se apagó la luz en el cine, se armó un _____ espantoso (**murmullo, bullicio, alboroto**).

B.   *Traduzca al español las siguientes frases empleando el vocabulario estudiado en este capítulo.*

1. The queen gave birth [do two ways] to a male heir.

2. Our dog had [do not use **tener**] three puppies.

3. The painter was proud of his work.

4. Don Quijote was not as crazy as he seemed to be.

5. The psychiatrist testified that the defendant was sane.

6. The government added new taxes to those we were already paying.

7. The kids broke the window and took off in a hurry.

8. I believe they did that deliberately [do two ways].

9. It was getting late and they finished the work in a hurry.

10. He needs to gather more data before writing his book.

11. The refugees left the place as soon as the general authorized their departure.

12. My father will not [use present indicative] tolerate [do three ways] loud noise.

13. The elephant charged the photographer when he came too close [use **acercarse**].

14. The tanks attacked [do two ways] the enemy trenches.

15. The minstrel played [do not use **tocar**] the lute to entertain the court.

16. Maradona then played soccer for an Italian team.

17. The house was old and there were many cracks in the ceilings of the rooms.

18. She bought her boyfriend a shirt that turned out to be two sizes larger than it should have been.

19. If you take these pills, you'll be free of (i.e., you'll free yourself from) your back pains.

20. Almost every major city has a problem with noise [use plural].

TEMAS A ESCOGER

Temas relacionados con la selección literaria

1. Escriba sobre el mito que Borges recrea en este cuento.
2. Escriba sobre la actitud de Asterión en cuanto a la sociedad en la que vive.
3. Explique la psicología del personaje Asterión.

Temas sugeridos por la selección literaria

1. Con respecto a cada uno de nosotros, ¿qué significa el mito de Asterión?
2. Escriba un ensayo relacionando el mito de Asterión con su propia vida.
3. Escriba sobre la importancia de la imaginación en su propia vida.

|R|E|P|A|S|O| gramatical

■ Prepositions (Part I)

Basic Statement

Every language has categories of words that establish relationships between the elements of discourse. Prepositions are one such category of relator words. They relate one word (a noun or pronoun) to another word (a noun, verb, or adjective) in the same sentence. The relationships that prepositions establish are most often those of position, direction, time, and means (mode). The following sentences illustrate how prepositions can establish these four relationships.

*John left his bike **in** the street.* (position)
*Mary always goes **to** church on Sunday.* (direction)
*The baseball game begins **at** 7:30.* (time)
*He wrote the letter **with** great care.* (means)

A preposition + noun together constitute a prepositional phrase, which in turn may function as an adverb, adjective, or noun. At times, the meaning of a preposition is fixed semantically, but more often it also takes on shades of meaning from its context. Different languages have different inventories of prepositions and these determine how their speakers see the relationships between themselves and the world, and between and among other people and entities.

English and Spanish sometimes use synonymous prepositions in the same way. Nonetheless, semantically equivalent expressions frequently use different prepositions in the two languages:

pensar **en**	*to think **about***
depender **de**	*to depend **on***
soñar **con**	*to dream **of***

In both English and Spanish, most prepositions are single words of one or two syllables. Sometimes, however, shorter prepositions combine with themselves and with other words to form compound prepositions of one, two, or three words: *into, upon, because of, as for, by means of*; **debajo de, frente a, con motivo de**. The total number of prepositions is considerably smaller in Spanish than in English and therefore some Spanish prepositions have developed many meanings to express a broad variety of relationships, both physical and figurative. As in English, the choice of a preposition in Spanish is determined by the way one sees an entity, whether he/she sees it as: 1) a point in space, 2) a line, 3) a surface, 4) an area, 5) a volume.

The Real Academia Española accepts, rather restrictively, only the following 19 words as prepositions:

a	**hacia**
ante	**hasta**
bajo	**para**
cabe	**por**
con	**según**
contra	**sin**
de	**so**
desde	**sobre**
en	**tras**
entre	

Most grammarians, however, expand the above list by adding to it, among others, **debajo de, delante de, dentro de, durante, encima de, excepto, frente a, incluso, mediante, por medio de, salvo**, as well as words like the gerund **incluyendo**, when it is used prepositionally. In this chapter and in Chapter 13 we review the function of all the Spanish prepositions mentioned above, giving most attention to those that have the broadest range of meanings and have traditionally proven most troublesome to native speakers of English. In this chapter we treat the very common prepositions **a, en**, and **de** and a number of prepositions that are functionally and semantically related to them: **hacia**,

hasta, **sobre**, **encima de**, **dentro de**, and **desde**. The remaining prepositions are treated in Chapter 13.

The Preposition "a"

The preposition **a** (*to, at, in*) expresses direction or motion towards some place
or goal and it normally follows verbs of motion whenever an object is expressed.

Fuimos **al** cine muy tarde.	*We went **to** the movies very late.*
Han hecho un viaje **a** México.	*They have taken on a trip **to** Mexico.*
Estoy enseñándole **a** leer.	*I'm teaching him **to** read.* (implied motion towards a goal)

For the native speaker of Spanish, there exists a basic opposition between
the preposition **a** (with its inherent implication of motion or direction) and the
preposition **en** (which implies a static situation or a stationary or fixed position).
This sometimes creates problems for the speaker of English because, depending
on circumstances, both **a** and **en** may render English *at*. However, only when
English *at* indicates or suggests movement or motion should it be rendered by
a in Spanish. In most cases (as we shall see when reviewing **en**), English *at*,
when indicating position, corresponds to Spanish **en**, not **a**.

Tiró la pelota **a** la ventana.	*He threw the ball **at** the window.*
Claudia fue **a** Madrid **a** estudiar **a** la Universidad.	*Claudia went **to** Madrid **to** study **at** the University.*
Llegamos **al** aeropuerto por la maña-na.	*We arrived **at** (got **to**) the airport in the morning.*

Although **a** regularly follows verbs of motion, **para**, *in order to*, sometimes
replaces **a** before an infinitive to stress purpose or the idea of uncertainty
regarding the outcome.

Corrió **a** alcanzarlos. Corrió **para** alcanzarlos. }	*He ran **to** catch up with them.*
Ha venido **a** verte.	*He has come **to** see you.*
Ha venido **para** verte.	*He has come **to** see you.* (for the specific purpose of, or in the hope of seeing you)

Notwithstanding what has been said about **a** only infrequently rendering English *at* or *in* with reference to position or location, there are a number of high-frequency expressions which require **a** in Spanish and whose English translation equivalent is often *at* or *in*, such as expressions indicating time, hour, age, or distance:

El tren llega **a** medianoche.	*The train arrives **at** midnight.*
Abrimos la tienda **a** las nueve.	*We open the store **at** nine.*
Nuestro hijo se casó **a** los diez y siete años.	*Our son got married **at** seventeen.*
Mi ciudad natal está **a** cien millas de Nueva York.	*My native city is 100 miles **from** New York.*
Hay una farmacia **a** una manzana de nuestra casa.	*There is a pharmacy one block **from** our house.*

In certain situations which indicate close proximity to something, **a** is preferred to **en** even though no motion is implied. This preference may partly reflect the fact that **en** could be taken to mean *on* or *on top of*.

El senador estaba sentado **a** la mesa. (**en** is also possible)	*The senator was seated **at** the table.*
Tomamos una cerveza **a** la barra y salimos. (**en** is also possible)	*We had a beer at the bar and left.*
Pasé la semana pasada sentado **a** la computadora.	*I spent last week seated **at** the computer.*
Estábamos **a** la derecha (izquierda) del alcalde.	*We were **at (to)** the right (left) of the mayor.*
Cuando vamos al estadio, siempre nos sentamos **al** sol (**a** la sombra).	*When we go to the stadium, we always sit **in** the sun (shade).*

It should be noted, too, that formerly the common verb of motion **entrar** was always followed by **a**. In Spain, however, **en** came to replace **a** after **entrar**. In much of Spanish America, however, **entrar a** continues to be used and **a** is also used after semantically related verbs such as **ingresar** and **penetrar**.

El ejército entró **a** (**en**) la ciudad de noche.	*The army entered (**in**) the city at night.*

A is also used to express means, method, or instrument:

La carta está escrita **a** mano.	*The letter is written **by** hand.*
Prepararon la carne **a** la parrilla.	*They prepared the meat **on** the grill.*
Lo echaron de la tienda **a** patadas.	*They kicked him out of the store.*
Mi marido está **a** dieta otra vez.	*My husband is **on** a diet again.*
Las verduras están **a** punto ya.	*The vegetables are done now.*

The so-called *personal* **a** is used before a direct object when that object is a specific person. **A** is also used when the speaker personifies an animal or thing that is a direct object. When the direct object is an indefinite or unspecified person, however, **a** is omitted. Despite their indefinite nature, indefinite personal pronouns always take the personal **a** as a sign of their accusative form when used as direct objects.

Esta mañana vi **a** tu tío.	*This morning I saw your uncle.*
Mataron **a** mi gato.	*They killed my cat.*
Ellos temen **a** la muerte.	*They fear death.*
El caballero necesitaba un escudero. (indefinite)	*The knight needed a squire.*
Buscamos una nueva criada. (indefinite)	*We are looking for a new maid.*
Encontramos **a** una criada muy buena. (definite)	*We found a very good maid.*
No vi **a** nadie ayer.	*I didn't see anyone yesterday.*
¿Reconociste **a** alguien en la fiesta?	*Did you recognize anyone (someone) at the party?*

When the direct object is a person or persons, the use or omission of the personal **a** also depends on the degree to which the noun employed as the direct object is particularized or individualized by the speaker. The use of **a** with collective nouns, for instance, reflects the action more directly in its effect on the individuals composing the group than on the group as a whole. The omission of

a indicates that the group is seen as a mass or entity rather than as composed of specific individuals.

Daniel no ha tenido que trabajar ni mantener un hijo.	*Daniel hasn't had to work nor support a child.*
Algunos dicen que eres caritativo y otros que mantienes borrachos.	*Some say you are charitable and others that you support drunkards.*
Vimos (**a**) muchos turistas en la playa.	*We saw many tourists on the beach.*
Vamos a contratar (**a**) cien empleados este año.	*We are going to hire one hundred employees this year.*
Vimos **a** varios turistas que llevaban sombrero de paja.	*We saw several tourists who were wearing straw hats.*
Sólo un mal padre abandona **a** su mujer y **a** sus hijos.	*Only a bad father abandons his wife and children.*

The Prepositions "hacia" and "hasta"

Like **a**, the prepositions **hacia** (*toward[s]*) and **hasta** (*until, till, as far as*) may also indicate motion in some direction. **Hacia**, the equivalent of the English *toward(s)*, is directionally much vaguer than **a**; it indicates *in the general direction of*, but it does not specify a precise destination or even any need to reach a location or goal. **Hasta** is much more precise directionwise, for it specifies destination and indicates the given point (the absolute limit) one may reach but beyond which he/she cannot proceed. **Hacia** may be used for time expressions as well as those of position. **Hasta**, when used in temporal expressions, indicates either *up to the time that* or *before a specified time*.

Viajábamos **hacia** el sur.	*We were travelling **towards** the south.*
Al oír el ruido, volvió la cabeza **hacia** la puerta.	*On hearing the noise, he turned his head **towards** the door.*
¿Por qué no vienes **hacia** las siete?	*Why don't you come **about (towards)** seven o'clock?*
Caminaremos **hasta** la gasolinera y luego volveremos.	*We'll walk **to (as far as)** the gas station and then we'll come back.*

Trabajamos **hasta** las cinco de la tarde.	*We worked **until (till)** 5:00 PM* (but not beyond).
No lo tendrán listo **hasta** el miércoles.	*They won't have it ready **until (before)** Wednesday.*

The Prepositions "en," "sobre," "encima de," and "dentro de"

The preposition **en** (*in, on, at*), as its most common English translation equivalents suggest, may indicate different positional relationships. Context often suffices to indicate which one is intended. But when ambiguity is a problem or greater emphasis is desired, **en**, when it indicates position on a flat, often horizontal surface, may be replaced by **sobre** (*on, upon, over, above*), or less commonly by **encima de** (*on, upon, on top of, over, above*). Similarly, when **en** indicates *inside of* or *within*, it is sometimes replaced by **dentro de** (*in, inside of, within*). If it is clear from context which of its various positional senses is implied, there is no need to replace **en** with another preposition. **Encima de** indicates location even more precisely than **en** and **sobre**, and may be used when and only if its English equivalent is **on top of**. Likewise, **dentro de** may disambiguate **en** and show that interiority, rather than surface location, is implied.

Pasaron toda la mañana **en** el mercado.	*They spent the entire morning **at (in)** the market.*
Mi hijo está ahora **en** el colegio.	*My son is now **at (in)** school.*
Todos durmieron **en** el hotel.	*Everyone slept **in (at)** the hotel.*
Tus nuevas camisas están **en** el cajón de abajo.	*Your new shirts are **in** the bottom drawer.*
Dejé el dinero **en** el escritorio.	*I left the money **on (in)** the desk.*
Dejé el dinero **sobre** el **(encima del)** escritorio.	*I left the money **on (on top of)** the desk.*
Dejé el dinero **dentro del** escritorio.	*I left the money **in(side)** the desk.*
Los miembros de la pandilla escribieron sus nombres **en (sobre)** las paredes de la estación del metro.	*The members of the gang wrote their names **on** the walls of the subway station.*
Mi reloj está **encima de** aquel libro.	*My watch is **on top of** that book.*

Sobre and **encima de** are also equivalents of English *over* and *above*. In English, *above* simply indicates that one object is higher than another. *Over* shares this meaning but has many others. It may also suggest a direct vertical relationship or nearness, even to the degree of physical contact. *Over* can also indicate that something covers something else by going from one side to another.

A police helicopter was hovering over (above) our heads.
He placed a blanket over the sleeping boy.
The bridge over the river is closed.

In Spanish, **sobre** and **encima de** may overlap in a few cases, as do *over* and *above*. In general, however, the uses of **sobre** parallel those of *over* and **encima de** those of *above* in English. Nevertheless, in Spanish, a third form, **por encima de**, often replaces **encima de** in figurative or metaphorical uses.

Los aviones volaron **sobre** la ciudad.	*The planes flew over (above) the city.*
Desde febrero nadie vive en el piso **sobre** nosotros.	*Since February nobody has been living in the apartment right above us.*
Carmen se echó un jersey **sobre** los hombros.	*Carmen threw a sweater over her shoulders.*
El futuro de la patria debe estar **por encima de** los intereses particulares.	*The future of the country must be above private interests.*

The Prepositions "de" and "desde"

De *(of, from; with)*, when indicating belonging or possession, normally is translated into English by utilizing the apostrophe followed by *s* (i.e., *'s*) or by using the preposition *of.*

¿**De** quién es el coche aparcado delante de la casa?	*Whose car is parked in front of the house?*
La casa **de** mi hermano es muy vieja.	*My brother's house is very old.*
La catedral **de** Burgos es gótica.	*The cathedral of Burgos (Burgos's cathedral) is Gothic.*

De is also used to indicate origin and the material or substance of which something consists or is made.

¿**De** dónde es Ud?	*Where are you **from**?*
Kazumi es **del** Japón.	*Kazumi comes (is) **from** Japan.*
Su suéter es **de** lana.	*His sweater is (made **of**) wool.*
Mi marido tiene una voluntad **de** hierro.	*My husband has a will **of** iron.*

De sometimes renders English *with* 1) to indicate final state as opposed to the means or agent leading to that state and 2) to identify a person or thing by means of a prepositional phrase indicating some distinctive characteristic. **Con** would be incorrect to render *with* in such sentences since it indicates accompaniment and that the identifying feature is somehow separate from the person or things it characterizes.

Las montañas estaban cubiertas **de** nieve.	*The mountains were covered **with** snow.*
Cubrieron al enfermo **con** una manta.	*They covered the patient **with** a blanket.*
La mujer **del** sombrero gris es mi prima.	*The woman **with** the gray hat is my cousin.*
El perro **de** la pata rota es de los vecinos.	*The dog **with** the broken paw belongs to the neighbors.*
Viven en la casa **del** tejado rojo.	*They live in the house **with** the red roof.*

In most cases, English *from* is rendered by Spanish **de**. However, certain words such as **sustraer**, **quitar** (*to take away*), **robar** (*to steal*), and **comprar**, use the preposition **a** rather than **de** to separate the direct and the indirect objects of these verbs. Therefore in these cases the English *from* is rendered by **a** rather than the expected **de**. Were **de** to be used in the following examples, it would be the equivalent of English ownership or possession rather than separation.

Le quitaron el juguete **al** niño.	*They took the toy away **from** the child.*
En el metro le robaron la billetera **a** Juan.	*On the subway they stole Juan's billfold **from** him.*

Le pedí prestados cinco dólares **a** María.	*I borrowed five dollars **from** María.*
¿**A** quién has comprado este coche tan viejo?	*From whom did you buy this very old car?*

Finally, **desde** (*from, since*) occasionally replaces **de**, just as **hasta** sometimes replaces **a**. **Desde** emphasizes the starting point, or point of origin in space, from which some distance is measured or some motion or action is realized. **Desde** is similarly used with time expressions and renders *since*.

Hay cinco millas **desde** aquí al río.	*It's five miles **from** here to the river.*
Desde el faro tenemos una vista sobre toda la costa.	*From the lighthouse we have a view of the entire coast.*
Desde el martes no he visto a nadie.	*I've not seen anyone **since** Tuesday.*
Desde la muerte de su esposa, siempre está triste.	*Since his wife's death, he's always (been) sad.*

The correlatives *from...to* may be rendered either by **desde...hasta** or **de...a**, or by both, depending on the context and the emphasis one wishes to convey.

Hemos ido en coche **de (desde)** Madrid **a (hasta)** Moscú.	*We have gone **from** Madrid **to** Moscow by car.*

PRACTICA

A. *Use una o más de las preposiciones estudiadas en este capítulo (a, hacia, hasta, en, sobre, encima de, por encima de, dentro de, de, desde) para completar cada una de las siguientes frases. En las frases que tienen más de una respuesta correcta, explique la diferencia entre ellas. En el caso de la a personal, también es posible su omisión en alguna frase.*

1. No te sientes _____ la cama; acabo de hacerla.

2. Eso ocurrió cuando fueron a estudiar _____ Londres.

3. El rey amaba al pueblo _____ todo.

4. David subió _____ el tejado para reparar la antena de la televisión.

5. El jubilado tiene buena salud y quiere vivir _____ los cien años.

6. Los jóvenes partieron _____ el sur, pero sin rumbo fijo.

7. La piscina estaba llena _____ agua _____ el borde.

8. Nuestras clases no comienzan _____ las tres de la tarde.

9. Como tenía mucho que hacer, Rafa no podía acompañarme _____ la estación de autobuses.

10. Los alpinistas subieron _____ el pico más alto de la cordillera.

11. Ayer Enrique y yo conocimos _____ dos chicas muy simpáticas de Bogotá.

12. Nuestro jefe está buscando _____ el empleado nuevo.

13. Nuestro jefe está buscando _____ un empleado nuevo.

14. Había demasiados estudiantes en el aula y algunos tuvieron que sentarse _____ el suelo.

15. Felipe quiere ponerse moreno y pasa el día tumbado _____ sol en la playa.

16. El paciente con quien yo quería hablar había muerto el día anterior _____ las tres de la tarde.

17. El coche patinó _____ el hielo que cubría la carretera.

18. Los chicos tiraban piedras _____ el tejado de nuestra casa.

19. Quieren construir un chalet _____ estos terrenos.

20. He dejado tu regalo de cumpleaños _____ la butaca del salón.

21. Edificaron el hotel _____ un monte que domina el valle.

22. Los árboles _____ nuestras cabezas nos protegían del sol.

23. Hemos comprado esta casa _____ una familia inglesa.

24. Carmen metió los dos canarios _____ la nueva jaula.

25. Mi hijo se acostó _____ la nueva cama.

26. Todos aquellos estudiantes eran _____ Francia.

27. Salimos _____ Sacramento a las cuatro de la tarde.

28. Las olas del mar llevaron _____ náufrago _____ la playa de los turistas.

29. Siempre guardo la llave aquí _____ el bolsillo.

30. En esta compañía sólo hay dos oficiales que están _____ mí.

B. *Traduzca al español las siguientes frases, usando las preposiciones estudiadas en este capítulo.*

1. They will build a new bridge over the Tajo River.

2. Only by stealing hours from his [use **el**] sleep, was he able to finish the report on time.

3. You forget that I have a family to support.

4. On top of the dictionary there was an envelope with my name on it.

5. The doctor bought a newspaper from the small boy.

6. The plane flew above the clouds to avoid the storm.

7. We left the key on a small ledge over the garage door.

8. I would like to be a bird and fly over the treetops.

9. He put his hand in the water to see what the temperature was.

10. Unfortunately, this highway doesn't go as far as Medina.

11. In spite of the rain, we walked from my house to the movie theater.

12. Martha went [use **acudir**] towards where the sound was coming from.

13. Andrea wrote the report on the typewriter and then took it to the post office to mail it.

14. The group of protesters was advancing towards the police.

15. Every afternoon we would see the gray haired man with the cane who waved an American flag over his head.

C|A|P|I|T|U|L|O 13

Una tarde

Gabriel Miró

▶ **Prepositions (Part II)**

Una tarde

Gabriel Miró

Ningún otro prosista español ha captado con mayor intensidad lírica que Gabriel Miró (1879-1930) la belleza sensorial de tierra y mar. Autor de cuentos y novelas de fuerte sabor mediterráneo, Miró se acercaba a las cosas con un amor casi religioso, transfiriéndoles su propia emoción. Por eso el paisaje alicantino, que es el que prevalece en su obra, constituye, en las palabras del poeta y crítico español Pedro Salinas, "un paisaje profundamente humano... Los caminos andan, las aguas sueñan y ... un soplo de voluntad y de vida estremece todas las líneas de la Naturaleza." Miró es, además, un gran contemplativo que observa minuciosamente detalles que otros no captarían. Capta e interpreta sensorialmente las cosas a través de sus colores, luminosidad, aromas y sonidos.

El estilo de Miró es lento, casi moroso, y su léxico es rico, exacto y a veces arcaizante en la selección del término más exacto para expresar una sensación o una impresión. A veces el autor exalta tanto un sentimiento suyo que éste pierde su cualidad personal para convertirse en sentimiento puro.

Entre las obras más conocidas de Miró está Figuras de la pasión del Señor *(1916), una colección de estampas bíblicas en las que se evoca con extraordinario color y luminosidad el paisaje de Palestina, aunque se transluce en las descripciones el paisaje del Alicante natal del autor. Sus novelas más conocidas son* Nuestro padre San Daniel *(1921) y su continuación* El obispo leproso *(1926), ambas de mínima acción novelesca. En ellas, como en casi todas las obras de Miró, la acción apenas existe y sólo sirve de pretexto para que el autor pueda contemplar y describir lo observado.*

En El libro de Sigüenza *(1917), de donde hemos sacado el fragmento de "Una tarde" que se reproduce a continuación, el personaje central, Sigüenza, es el* alter ego *del autor, como también lo es en varias otras obras de Miró. A veces este personaje queda reducido a un elemento más dentro de las descripciones de lugares que dan forma al libro.*

"Una tarde" ejemplifica la búsqueda de la belleza que según Sigüenza debería ir unida a la bondad y la felicidad del hombre. Tal como lo interpreta Sigüenza, la hermosura de la tarde está invitando a los hombres a sentirse parte de la naturaleza. Pero Sigüenza ha interpretado mal y descubre que lo bello puede ir acompañado de un acto de crueldad, como lo es el del sadismo de los niños con el perro. Este fondo de crueldad, parte de todos los seres humanos, es responsable de que raras veces se realice el amor universal anhelado por Sigüenza.

▼

Y parece que no fue eso, porque conversando vinieron a recordarse en otro lugar: en los pasillos de la Excelentísima Diputación de cuyo Hospicio y Hospital era esta mujer **proveedora**[1] de huevos y averío. Allí se encontraron muchas mañanas.

5 —¿Acaso sería él alguno de los señores diputados? —preguntó la gallinera, ofreciéndole una sonrisa de acatamiento.

Y Sigüenza le correspondió con otra más humilde. Nunca había sido diputado; nada más era cronista.

—¡Cronista, cronista! —murmuraba pasmadamente la vendedora, no 10 entendiéndolo.

Entonces el amigo de Sigüenza le explicó que aquello era **oficio**[2] de escribir libros de historia y de fantasía, y que de este modo se ganaba la vida...

—¡Historias..., libros! —gritó riéndose la buena mujer, y se enjugaba con sus dedos recios y morenos la saliva de su risa. —¿Así se ganaba la vida? ¡María 15 Santísima!

Y midiendo con la mirada a Sigüenza, le volvió la espalda y le dijo: —¿Fantasías? ¿Cronista? ¡Más me estimo yo mis huevos!

Del homérico falucho salía un gustoso olor de guiso picante de pescados y un blando ruido de batir de yemas.

20 Y Sigüenza murmuró:

—¿No serán un símbolo estos huevos que tanto estima la recovera? ¿Y no habremos de estimar o preferir el símbolo a los libros?

—Todavía sí —le **repuso**[3] su amigo.

Y silenciosos prosiguieron su camino, **subiendo**[4] por el muro de las 25 escolleras.

Desde allí veían el mar libre, limpio, inocente, no como el del puerto, cuya transparencia muestra vilezas de las ciudades. Aquella agua ancha, pálida, tenía pureza y misterio de verdadero mar. Agarrados a las piedras se veían los moluscos-erizos esponjándose silenciosamente bajo la luz de la tierra, que 30 penetraba encantada hasta lo hondo; allí, acostados, muy quietos, relucientes de plata, estaban esos peces anchos, gordos y ladinos, cebados por los buenos pescadores, las doradas, cuyas escamas de fastuosos tornasoles recuerdan los **recamados**[5] coseletes de las bailarinas, y tendidas al amor de una peña o encima de las algas, roen con esquisitez de dama los anzuelos hasta, hasta dejarlos 35 **mondos**[6] y brillantes.

Mirando estaba Sigüenza y su amigo este retazo de vida submarina, cuando pasaron unos chicos que traían un perrito blanco, jovial, ganoso de bullicio y de fiestas, según **brincaba**[7] para lamer las manos de los muchachos. Ellos se reían, **acariciándole**[8] y untándole el **hocico**[9] con el companaje de sus meriendas, para 40 verle torcer golosamente la roja lancilla de la **lengua**.[10]

Sigüenza estuvo **contemplando**[11] aquel grupo, que participaba de la inocencia y de la buena alegría de la tarde. Olvidado de las palabras de la recovera, se afirmaba que la paz y la belleza del ambiente eran como un perfume que regalaba y purificaba todos los corazones, todas las criaturas del mundo.

45   Pero los rapaces, ya lejos, bajaron a las piedras; sus manos descogían, alargaban una **soga**,[12] el perrito gañía lastimeramente. Sigüenza y su amigo corrieron a ver su travesura. Los mozos, tendidos en las rocas, miraban el fondo, que allí estaba somero, del todo transparente.

—¿Qué hiciste del perro? ¿Se escapó de vosotros?

50   ¡No, *siñor*; no *siñor*; aún puede verlo!

Acercóse Sigüenza. El perrito se retorcía **ahogándose**[13] con los ojos abiertos, mirando a sus amigos, que le habían atado el cuello y los brazuelos a una piedra muy gorda para que no se levantase. Y los ojos del animal tenían una angustia y una esperanza humana. ¡Veía tan cerca las manos que había lamido; hacía tan

55   poco que le habían agasajado! ¡Hasta le dieron de merendar, como si fuera un chico pequeño de la misma escuela! ¡Cómo habían de dejarlo morir! ¡Eso no era más que por divertirse asustándole!

Y así lo dejaron que se ahogase. Cuando Sigüenza se asomó, ya estaba resignada la víctima; había doblado la cabeza.

60   Y murió.

Sigüenza les **injurió**[14] enfurecidamente. Y ellos, entre pesarosos y risueños, le dijeron con sencillez:

—¡Si ha sido sin querer! Le **queríamos**[15] mucho; pero estaba la mar tan quieta y tan clara, que, sin pensarlo, pues... lo atamos, para ver cómo se ahogaba

65   un perro y todo lo que hacía!...

Y se quedaron mirando la paz y la hermosura de la tarde, que eran como un perfume que llegaba a todos los corazones...

CUESTIONARIO

Contenido

1.   ¿Quién es la mujer?
2.   ¿Quiénes piensa la mujer que son Sigüenza y su amigo?
3.   ¿Cómo compara la recovera su oficio con la profesión de Sigüenza?
4.   ¿En qué consiste el retazo de vida submarina visto por los dos amigos?
5.   ¿A qué conclusión prematura lleva a Sigüenza la belleza de la tarde?
6.   ¿Qué hacen los chicos con el perro?
7.   ¿Cómo justifican los chicos lo que han hecho con el perro?

Interpretación y estilo

1.   ¿Qué quiere decir Miró con la expresión "una sonrisa de acatamiento"?
2.   Comente Ud. la duda de Sigüenza sobre el valor de lo que él hace y lo que hace la recovera.

3. Discuta las imágenes del mundo femenino que emplea Miró para describir los peces que ve Sigüenza.
4. ¿Cómo logra Miró crear un ambiente luminoso en la escena de los peces?
5. ¿Cómo consigue Miró el tono de la escena en la que aparece el perro por primera vez?
6. ¿Qué recursos usa el autor para que compadezcamos al perro?
7. ¿Es convincente la explicación ambigua de los motivos de los chicos al terminar la narración? ¿Por qué?

▶ Léxico: opciones ◀

1 •

el (la) proveedor(a) *supplier, purveyor (of food)*
proveer *to provide, to supply*
proporcionar *to provide, to supply*
suministrar *to supply*
surtir *to supply, to stock*
abastecer *to provide, to supply; to stock*

Although some of the above verbs are often used interchangeably in certain contexts only one or two of them are appropriate. **Proveer** and **proporcionar** mean to provide or supply a person, or an institution, with that which is needed. **Suministrar** and **surtir** also indicate *to supply* but often on a commercial, organizational, or large-scale level. **Abastecer**, however, indicates the supplying or providing for the basic needs, such as fuel, water, utilities, and foodstuffs of an entity or person.

La huerta nos **provee** de todos los tomates y lechugas que necesitamos.

The garden **provides (supplies)** us with all the tomatoes and lettuce we need.

Mi padre me **ha proporcionado** un empleo en la fábrica.

My father **has provided** me with a job at the factory.

La bibliotecaria me **suministró (proporcionó)** los datos necesarios para mi libro.

The librarian **provided** me with the facts I needed for my book.

Mi suegro me **surte** de carbón para todo el año.

My father-in-law **supplies (provides)** me with coal for the entire year.

La compañía que nos **abastece** de electricidad va a subir las tarifas otra vez.

*The utility company that **supplies** us with electricity is going to raise the rates again.*

2 •

el oficio   *trade, occupation*
el empleo   *job, employment*
el puesto   *position, job*

la profesión   *profession, occupation*
el trabajo   *work, job*
el cargo   *position*

The line between **oficio** and **profesión** is nowadays less clearly defined than in the past. **Oficio** generally implies manual or mechanical work, sometimes of a craftlike nature. **Profesión** refers to an occupation requiring education or training beyond the secondary-school level. **Empleo** best renders English *job*, although **trabajo**, *work*, is occasionally used in this sense. **Empleo** is used mostly to refer to a white-collar job. **Puesto**, *position*, may refer to any white-collar or blue-collar job. **Cargo**, however, implies a *position* of some importance or authority.

Siempre me ha atraído el **oficio** de carpintero.

*The **trade** of carpentry has always attracted me.*

La medicina, como **profesión**, sigue siendo muy remunerativa.

*Medicine, as a **profession**, continues being very remunerative.*

El primer **empleo** de Alberto fue en un banco.

*Alberto's first **job** was in a bank.*

Ana María tiene un **puesto** en la universidad.

*Ana María has a **job** at the university.*

Manuela tiene un **cargo** en el gobierno.

*Manuela has an important **job (position)** in the government.*

3 •

reponer   *to reply*
contestar   *to answer*

responder   *to respond, to answer*
replicar   *to respond, to answer (talk) back*

Reponer is common in literary and journalistic Spanish, but in the spoken language it is almost always used in the preterit (**repuse**, etc.) to report a past event. **Responder** and **contestar** are the standard words corresponding to English *to answer* or *to reply*. They are very close in meaning, although **contestar** is the higher-frequency word. **Replicar** means *to answer (back),* or *to talk back*.

A nuestras preguntas, algunos **contestaron** que sí y otros **respondieron** que no.	To our questions, some **answered** yes and others **answered** no.
Cuando te doy una orden, no me **repliques**.	When I give you an order don't **answer (talk) back**.

4 ●

subir *to go up, to climb*
trepar *to climb*
ascender *to ascend; to promote (be promoted)*

encaramar(se) *to climb. get on top of*
escalar *to scale, to climb*

Subir is the most common term to indicate *to climb*; it is neutral as to the manner in which someone or something moves from a lower to a higher place. **Trepar**, used for a person, animals, and some plants, indicates *to climb* using both hands and legs, and in the case of plants, tendrils. **Encaramarse** means *to get up* or to *climb up* on top of some difficult place and its use stresses the effort involved. **Escalar**, more commonly used in Spanish than *to scale* is used in English, implies *climbing* a mountain or other steep surface with the aid of appropriate equipment. **Ascender** indicates *to move up* in a physical or figurative sense.

Marcos apretó el botón y el ascensor **subió** al séptimo piso.	Marcos pressed the button and the elevator **went up** to the seventh floor.
La niña **trepó** al árbol para coger algunas manzanas.	The girl **climbed** the tree to pick some apples.
La hiedra **trepaba** por las paredes de la biblioteca universitaria.	The ivy **was climbing** up the walls of the university library.
Mi primo **se encaramó** al tejado para reparar algunas tejas.	My cousin **climbed up** on the roof to repair some tiles.
El año pasado estuvimos **escalando** montañas en Colorado.	Last year we went mountain **climbing** in Colorado.

Por ser tan trabajadora, **ascendie-ron** a mi hermana a jefe de sección.

*Because she was so hard-working, **they promoted** my sister to section head.*

5 ●

recamado *embroidered in relief*	**recamar** *to embroider in relief*
bordar *to embroider*	**embellecer** *to embellish, to beautify*
adornar *to adorn, to decorate*	**realzar** *to emboss, to make stand out*
labrar *to work (some material)*	

Recamar, in contrast to **bordar**, *to embroider*, indicates to embroider in relief with gold or silver thread, pearls, and other precious materials. **Adornar** indicates simply *to decorate* or *to adorn* something but, unlike **embellecer**, without making it more beautiful. **Realzar**, most commonly used in the sense of *making something stand out from its surroundings*, also indicates *to embroider in relief* but, unlike **recamar**, without the use of any precious materials. **Labrar** means *to work* leather, wood, or metal so as to produce a relief type surface.

Algunos vestidos de Veracruz tienen **bordados** de flores.

*Some dresses from Veracruz are **embroidered** with flowers.*

Mi madre **adornaba** la casa para celebrar las Navidades.

*My mother **decorated** the house to celebrate Christmas.*

La mujer del presidente quería **embellecer** las ciudades plantando muchas flores.

*The president's wife wanted **to beautify** the cities by planting many flowers.*

Mi novia llevaba un elegante vestido que **realzaba** su belleza.

*My girlfriend was wearing an elegant dress that **made** her beauty **stand out**.*

Las espadas **labradas** de Toledo son muy famosas.

*The swords with **engraved** designs from Toledo are very famous.*

6 ●

mondar *to pare, to peel*	**pelar** *to peel*
descascarillar *to shell or hull*	**la piel** *skin*
la peladura *peeling, peel*	**la mondadura** *peel, thick skin*
la cáscara *shell*	**el caparazón** *shell (of crustacean)*
mondo *clean (because some substance has been removed)*	

Although **mondar** suggests the use of a sharp edged implement and **pelar** the use of hands, **pelar** is nonetheless standard when referring to the peeling of many fruits and vegetables (apples, potatoes, and so forth) that are ordinarily pared or peeled with a sharp instrument. However, with certain fruits, either verb may be used. **Descascarillar** means *to shell* most kinds of nuts. **Piel**, the natural skin of a fruit or a vegetable, normally is referred to as a **peladura** or **a mondadura** once it has been removed from the fruit or vegetable. **Cáscara** refers to the shell of nuts, eggs, shrimps, etc. and to the rind of thick skinned fruits like melons. **Caparazón** indicates the thick shell of certain crustaceans like crabs and lobsters.

¿**Has mondado (pelado)** la fruta para el postre?	*Have you peeled (pared) the fruit for the dessert?*
Pasaron la tarde **descascarillando** avellanas.	*They spent the afternoon **shelling** hazelnuts.*
La **piel** de la patata es muy nutritiva.	*The **skin** of the potato is very nutritious.*
Dábamos las **mondaduras (peladuras)** de las verduras a los cerdos.	*We used to give the vegetable **peelings** to the pigs.*
El niño tiró la **cáscara** de la sandía al suelo.	*The little boy threw the watermelon **rind** on the floor.*
Después de comernos la langosta, quedó el **caparazón** limpio.	*After we ate the lobster, we left its **shell** clean.*

7 •

brincar   *to jump, to leap, to hop*
saltar   *to jump, to leap, to hop*
triscar   *to spring, to bound, to prance*
retozar   *to romp, to hop about playfully*

Brincar, *to jump*, often suggests a spring-like, up and down motion. **Saltar**, the most commonly used word for *to jump*, may indicate jumping up and down, forward or across something. While **brincar** and **saltar** are used for animals and for people, **triscar** and **retozar** refer mainly to children and animals, and indicate a kind of playful frolicking or prancing about.

Las cabras **brincaban** por las laderas del monte.	*The goats **were jumping (bounding)** along the sides of the mountain.*

Marcos **saltó** la zanja sin dificultad.

*Marcos **jumped (leaped)** over the ditch without difficulty.*

Los delfines **saltaron** fuera del agua para coger el pescado.

*The dolphins **leaped** out of the water to get the fish.*

Los niños jugaban y **triscaban** en la pradera.

*The children were playing and **jumping about** on the meadow.*

Los gatitos **retozaban** en el cesto de la ropa.

*The kittens **were jumping about** in the clothes basket.*

8 •

acariciar   *to caress, to stroke, to pet*
mimar   *to indulge, to fondle, to spoil*
halagar   *to treat tenderly, to flatter*

The above verbs share an area of meaning in that all three indicate an affectionate or demonstrative feeling towards another person. **Acariciar** and **mimar** may also be used with reference to animals. **Acariciar** suggests a tender, physical expression of affection. **Mimar** suggests an excessive demonstration of affection, or the overindulging with gifts, tolerance, etc. of some person or animal. **Halagar**, which also means *to flatter*, may indicate emotion by expressing affection through words or deeds.

El joven padre **acariciaba** con ternura al bebé.

*The young father **caressed** the baby tenderly.*

Felipe **acariciaba** al perrito.

*Felipe **was petting (stroking)** the puppy.*

Es una lástima que **hayan mimado** a Ricardito.

*It's a pity that **they have spoiled** Ricardito.*

Los padres **halagan** a su única hija con costosos regalos y bellas palabras.

*The parents **indulge** their only daughter with expensive gifts and beautiful words.*

9 •

el hocico   *nose, snout, muzzle*   **la jeta**   *snout*
el morro   *snout, nose*

The above words refer to the snout, nose, or muzzle of certain animals. Like other terms referring to animals, these nouns, when used to refer to the face of a human being, bear a pejorative, derogatory, or humorous connotation. While **hocico** and **morro** may refer to the snout, nose, or muzzle of a number of different animals, **jeta** is specifically a pig's snout or face.

El niño tocó el **hocico** húmedo y fresco del perro.	*The little boy touched the dog's wet, cool* **nose***.*
Nuestro amigo sólo asoma el **hocico** cuando es la hora de comer.	*Our friend only shows up (sticks his* **nose** *in our house) when it is time to eat.*
Sirvieron el cochinillo asado con **jeta** y todo.	*They served the roasted suckling pig with the* **snout** *and all.*
Las vacas eran de color marrón, pero tenían el **morro** negro.	*The cows were brown, but had a black* **snout (nose)***.*

10 •

la lengua *tongue, language*	**el modismo** *idiom*
el lenguaje *language*	**el habla** *speech, language*
el idioma *language*	**la jerga** *slang; jargon*

Lengua, in the text, means *tongue*, a part of the mouth. It is more commonly used in the sense of *tongue* or *language* of a national or ethnic group. **Lenguaje** ordinarily indicates the way an individual or professional person uses a given language. However, **lenguaje** shares the meaning of **lengua** when a synonym is required, especially in writing. **Idioma** is a false cognate of English *idiom*. Instead, it is a synonym of **lengua**. **Modismo** renders English *idiom* (an expression with a non-literal meaning). **Habla**, a feminine noun, indicates the particular and characteristic way in which a group of people (even a nation) speaks. In this sense, the meaning of **habla** is close to that of **lengua**. **Jerga** may indicate either *slang*, informal non-standard vocabulary—or jargon—the special language of some activity or group.

Muchos creen que la **lengua** inglesa (el **idioma** inglés) es difícil de aprender.	*Many persons believe that the English* **language** *is difficult to learn.*
He procurado comprender a José, pero no hablamos el mismo **lenguaje**.	*I've tried to understand José, but we don't speak the same* **language***.*

El **lenguaje** burocrático confunde a mucha gente.

*Bureaucratic **language** confuses many people.*

"Llover a cántaros" es un ejemplo de un **modismo** en español.

*"To rain pitchersful" (i.e., "cats and dogs" in English) is an example of an **idiom** in Spanish.*

Nos encanta el **habla** de los niños porque es tan graciosa.

*Children's **speech** delights us because it's so amusing.*

Costa Rica es un país de **habla** española.

*Costa Rica is a Spanish-**speaking** country.*

Los abogados tienen una **jerga** especial.

*Lawyers have a special **jargon** (of their own).*

⑪ •

contemplar   *to contemplate*
observar   *to observe*
atisbar   *to see with difficulty, to glimpse*
vislumbrar   *to glimpse, to catch a glimpse of something*
divisar   *to perceive indistinctively, to make out*
escudriñar   *to scrutinize*
otear   *to see or to observe (from a high place)*

The above verbs indicate different kinds of visual perception. **Atisbar** suggests the blurry or indistinctive perception of something or someone. **Vislumbrar** shares this meaning but may stress the confused perception of that which is seen. **Divisar** is to perceive something vaguely because of its distance. **Escudriñar**, like English *to scrutinize*, means to observe something or someone attentively in search of detailed information. **Otear** is to observe from a high vantage point that which is below.

Desde el tren, **atisbaron** un accidente en la autopista.

*From the train, **they caught a glimpse** of an accident on the freeway.*

Se **vislumbraban** las tapias de un cementerio entre los árboles.

*You could **make out** the walls of a cemetery among the trees.*

Divisamos unas nubes negras que traían lluvia.

*We saw **(could make out)** some black clouds that were bringing rain.*

Desde la colina, el pastor **oteaba** las ovejas.

*From the hill, the shepherd **looked down** on his sheep.*

12 •

la soga   *rope, cord*
la maroma   *(thick) rope*
la cuerda   *cord, string, rope*

el cordel   *string, rope*
el cordón   *cord*
el bramante   *twine, string*

Soga and **maroma** both indicate rope, made of either natural or synthetic fiber. But **maroma** indicates only thick, cable-sized rope, such as that used by trapeze artists in a circus. **Cuerda**, is a generic name for *cord, string, or rope*. Of the different kinds of cord, string, or thin rope, **cordel** is a cord, string, or thin rope used in most cases for tying packages or things. **Cordón** is a string or cord, of better appearance than **cuerda**. It is used for such items as shoelaces, waist-bands, or electric cords for domestic appliances. **Bramante** is used almost always for twine or string with which packages are tied.

Ataron las manos del cuatrero con una **cuerda** y lo ahorcaron del árbol con una **soga**.

*They tied the cattle-thief's hands with a **rope** and hanged him from a tree with a **thick rope**.*

Enrollaron la alfombra y la sujetaron con unos **cordeles**.

*They rolled up the rug and tied it up with some **rope**.*

Desenchufamos los **cordones** de los electrodomésticos siempre que nos vamos de vacaciones.

*We unplug the **cords** of our appliances whenever we go away on vacation.*

En Correos, ya no permiten mandar paquetes atados con **bramante**.

*At the post office they no longer allow packages tied with **string** to be sent.*

13 •

ahogar   *to drown*
sofocar   *to smother, to suffocate*
estrangular   *to strangle, to choke*
atragantar(se) con   *to choke on*
asfixiar   *to asphyxiate, to suffocate*

The above verbs indicate a cutting off of the oxygen supply to a living being. With **ahogar**, this is produced through submersion in a liquid. **Sofocar** implies the deprivation of oxygen by blocking the breathing passages or by excessive heat, smoke, or gasses. **Estrangular** means to cause someone to suffocate or choke by squeezing the throat. With **atragantarse**, the blockage of the air passages is caused because something is lodged in the throat. **Asfixiar**, a somewhat more common verb in Spanish than is *asphyxiate* in English, indicates suffocation due to the lack of oxygen caused by smoke or gases.

Muchas vacas **se ahogaron** durante la inundación.	*Many cows **drowned** during the flood.*
El humo del incendio **sofocó** a varios huéspedes del hotel.	*The smoke from the fire **suffocated** several guests at the hotel.*
El asesino **estrangulaba** con una cuerda a sus víctimas.	*The murderer **strangled** (choked) his victims with a rope.*
Mi abuela **se atragantó** con un pedacito de carne.	*My grandmother **choked** on a small piece of meat.*
Se asfixió toda la familia por un escape de gas.	*All the family **was asphyxiated** because of a gas leak.*

14 •

injuriar	*to insult*	**denostar**	*to insult, to abuse*
insultar	*to insult*	**ultrajar**	*to insult, to outrage, to offend*
ofender	*to offend*	**afrentar**	*to affront, to offend*
agraviar	*to offend, to wrong*		

The previous verbs all indicate some kind of insult or offense. **Injuriar** and **insultar** both indicate *to insult*, however **injuriar** may imply *to insult* by word or deed or both, whereas **insultar** indicates a verbal action only. **Denostar** is a learned word for very serious verbal offenses that affect a person's honor or sense of dignity. **Ultrajar** also indicates a serious offense by word or deed, one that shows great disrespect for a person's beliefs or feelings. **Ofender** is the least specific of the above verbs that indicate *to offend*. **Afrentar** is to openly offend someone by denigrating his or her person, character, or position in life. **Agraviar** is a word often used in legal language that may indicate damage to an individual's personal or economic interests, as well as an offense to his/her honor.

Al llamarme ladrón, Macías me **injurió** gravemente.	*When he called me a thief, Macías **insulted (offended)** me deeply.*

Denostaron al tenor tirándole tomates podridos.

They offended the tenor's sense of honor by throwing rotten tomatoes at him.

Algunas personas creen que los alborotadores **ultrajaron** la nación al quemar la bandera.

Some persons believe that the agitators insulted the nation by burning the flag.

El juez le condenó a dos años de cárcel por **agraviar** al senador.

The judge sentenced him to two years in jail for having gravely offended the senator.

15 •

querer   *to love, to want*
amar   *to love*
apreciar   *to esteem*
estar enamorado de   *to be in love with*

adorar   *to adore, to worship*
estimar   *to be fond of, to esteem, to like*
enamorarse de   *to fall in love with*

Querer, *to want*, also means *to love*. In this latter sense, **querer** differs from **amar**, *to love*, which is more literary and elevated in tone. **Amar** is often used for that which is idealized or is more abstract. **Adorar** indicates the highest degree of *love* of the first three listed verbs above. **Estimar** and **apreciar** are close synonyms indicating esteem, fondness, or affection for someone. (However, to render the colloquial English *to love*, when the object is a thing, Spanish uses **gustar**: Me **gusta** mucho este coche. *I love this car*.)

María no sabe cuánto la **quiero**.

María doesn't know how much I love her.

Patrick Henry **amaba** la libertad por encima de todo.

Patrick Henry loved freedom above all else.

Aprecio (estimo) mucho a mis colegas.

I'm very fond of my colleagues.

Bernardo **adoraba** a su hija pequeña.

Bernardo adored his little daughter.

Cuando Carlos conoció a Isabel, **se enamoró** de ella locamente.

When Carlos met Isabel, he fell madly in love with her.

PRACTICA

A. *Para cada una de las frases siguientes, elija Ud. la palabra que complete el sentido. Haga también cualquier cambio necesario en la palabra elegida para que la frase quede gramaticalmente correcta.*

1. La azafata de Iberia nos _____ almohadas y mantas durante el vuelo (**suministrar, proporcionar, abastecer**).

2. La ingeniería es un(a) _____ muy popular en el Japón (**oficio, profesión, cargo**).

3. Ofrecieron a Alberto un(a) _____ en el Ministerio de Hacienda (**profesión, puesto, oficio**).

4. Como no le gustaban los estudios académicos, sus padres le hicieron aprender un(a) _____ (**profesión, puesto, oficio**).

5. En mi casa, mi padre siempre es el que _____ el teléfono (**reponer, replicar, contestar**).

6. Al juez no le agradó que el abogado le _____ lo que acababa de decir (**reponer, replicar, contestar**).

7. Los excursionistas _____ paseo arriba hasta llegar al castillo (**trepar, subir, encaramarse**).

8. El niño _____ sobre una silla para coger los dulces que estaban encima de la mesa (**encaramarse, escalar, ascender**).

9. La cabra montés se escapó del puma _____ por las rocas (**escalar, trepar, ascender**).

10. El traje del charro o vaquero mexicano está _____ con hilos de plata (**bordar, recamar, labrar**).

11. El turista compró en Marruecos una bandeja _____ de metal (**bordar, labrar, recamar**).

12. El pájaro rompió con su pico el (la) _____ de las semillas (**caparazón, peladura, cáscara**).

13. En el restaurante nos sirvieron unos cangrejos a los que ya habían quitado el (la) _____ (**piel, cáscara, caparazón**).

14. Para evitar que le capturara la policía, el ladrón _____ de un edificio a otro (**triscar, saltar, retozar**).

15. Para alcanzar con la mano la manzana que colgaba del ramo, el muchacho tuvo que _____ (**retozar, brincar, triscar**).

16. El presidente norteamericano _____ al presidente ruso (**acariciar, mimar, halagar**).

17. La vaca metió el (la) _____ en la alfalfa (**jeta, morro, hocico**). .

18. Cuando estuve en la universidad, estudié el (la) _____ ruso(a) (**lenguaje, jerga, lengua**).

19. Los ladrones se entendían hablando un(a) _____ especial (**idioma, jerga, lengua**).

20. Entre la niebla nosotros _____ unos caminantes que se acercaban a la casa (**otear, escudriñar, divisar**).

21. Desde el palo mayor del velero, el grumete _____ tierra por primera vez (**otear, escudriñar, vislumbrar**).

22. El regalo que mandamos a mis tíos por Navidades iba atado con un(a) _____ (**soga, maroma, cuerda**).

23. Quería jugar al baloncesto pero no pude porque se me habían roto los (las) _____ de los zapatos (**cordel, bramante, cordón**).

24. Si no sabes nadar, no te metas en el mar porque te puedes _____ (**asfixiar, sofocar, ahogar**).

25. Como consecuencia del fuego, perecieron _____ tres vecinos nuestros (**ahogado, asfixiado, estrangulado**).

26. Sin darme cuenta, mordí un trozo muy grande de la manzana y me _____ (**estrangular, sofocar, atragantar**).

27. El futbolista _____ a su rival cuando este le empujó (**ultrajar, ofender, insultar**).

28. Juan Miguel _____ mucho a (de) su hermana Adriana (**estimar, querer, enamorarse**).

29. En mis clases de francés me enseñaron a _____ a Francia (**querer, amar, estimar**).

30. El niño se cayó a la piscina y _____ antes que nadie se enterara (**atragantarse, asfixiarse, ahogarse**).

B. *Traduzca al español las siguientes frases empleando el vocabulario estudiado en este capítulo.*

1. He is so nervous lately that he jumps at the slightest [use **menor**] noise.

2. My older brother provides me with all the clothes I need.

3. Julia would like to learn the plumber's trade.

4. The accused man answered all the judge's questions.

5. To get away from the leopard, the monkey climbed up the tree.

6. He choked to death before they could take him to the hospital.

7. Promise me that you won't love any other woman.

8. Those red trucks supply [do two ways] milk to the entire city.

9. Idioms are one of the most difficult things to master in a foreign language.

10. They love nature and spend the weekends observing wild birds in the mountains.

11. Although Andrés said he would never fall in love, it's obvious he's in love with Margarita.

12. In the U.S. Army, recruits no longer have to peel potatoes and wash dishes.

13. Walnuts have a harder shell than peanuts.

14. The youngest child was spoiled by the whole family.

15. Petting an animal is beneficial for older people.

16. I want to polish the language of my essay before I turn it in to my professor.

17. Basque and Hungarian are two of the most difficult languages [do two ways] to learn.

18. The Senate brought the president to trial because he insulted the constitution.

19. Many fans fall in love with movie stars.

20. When my father found out he had won the lottery, he jumped up and down [use one word] with joy.

TEMAS A ESCOGER

Temas relacionados con la selección literaria

1. Escriba Ud. un ensayo en el que analice los recursos literarios empleados por Miró en este fragmento.
2. Vuelva a escribir en primera persona esta selección literaria desde la perspectiva de Sigüenza.
3. Escriba un ensayo analizando a Sigüenza como persona.

Temas sugeridos por la selección literaria

1. Escriba sobre la amistad entre personas y animales.
2. Escriba un ensayo analizando la crueldad de los niños.
3. Describa su experiencia personal ante un acto de crueldad hacia un animal o hacia una persona.

|R|E|P|A|S|O| gramatical

■ Prepositions (Part II)

Basic Statement

In this chapter we examine the following prepositions in the order in which they appear below.

cabe *near, next to*		**por debajo de** *under, beneath*	
so *under*		**contra** *against*	
con *with*		**en contra de** *against*	
durante *during*		**entre** *between, among*	
sin *without*		**en medio de** *in the middle of*	
según *according to*		**tras** *after, behind*	
ante *before*		**detrás de** *behind, (in) back of*	
delante de *in front of, before*		**para** *for, (in order) to, towards, compared to*	
frente a *in front of, facing*			
enfrente de *in front of, opposite*		**por** *for, by, through, for the sake of*	
bajo *under, beneath*			
debajo de *under, beneath*			

A. Of the above twenty-one prepositions, the Real Academia recognizes only nineteen. Two of these, **cabe** and **so**, have almost disappeared from spoken Spanish. **Cabe**, *near to*, and **so**, *under*, are archaic words occasionally found in literature or legal language.

Su casa no es la que está **cabe** el río.

*His house isn't the one that is **next to** the river.*

El rey prohibió al noble desterrado volver a su patria **so** pena de muerte.

*The king prohibited the exiled nobleman from returning to his native land **under** penalty of death.*

上 360 Capítulo 13

B. In most cases, the uses of **con** closely parallel those of *with* in English, especially those that indicate accompaniment or togetherness. In Chapter 12 it was pointed out that **de** also renders English *with* in a prepositional phrase that identifies a person or thing by means of a characteristic or well-known quality: el perro **de** la pata rota. Nonetheless, a prepositional phrase introduced by **con** may render *with* or *in* when the idea of wearing or carrying some *non*-characteristic article of clothing is suggested.

Susana estaba muy guapa **con** su nuevo vestido.	*Susana was very beautiful **in (with)** her new dress.*
Nunca había visto a Víctor **con** gafas.	*I had never seen Víctor **with** glasses.*

C. The preposition **durante**, *during*, is often equivalent to the preposition **en** when referring to time. However, when duration and block of time are implied, **durante** is more appropriate. **Durante** often conveys the idea of *in the course of*.

En (durante) el verano vamos mucho a la playa.	*In (during) the summer we go to the beach a lot.*
El pueblo sufrió mucho **durante (en)** la Segunda Guerra Mundial.	*The people suffered a great deal during (in) the Second World War.*
Trabajó **durante** muchos años en un supermercado.	*He worked for (during) many years in a supermarket.*

D. Most uses of the preposition **sin** that indicate privation or lack of something parallel those of *without* in English. In addition, **sin** + **infinitive** indicates the negation of the action of the verb that it precedes (see Chapter 5, p. 126).

No soy feliz **sin** mi mujer.	*I am not happy **without** my wife.*
Nuestro hijo nos ha vuelto a dejar **sin** coche.	*Our son has left us **without** a car again.*
Me has dado un cuchillo **sin** afilar.	*You have given me an **un**sharpened knife.*

E. **Según**, *according to* or *as per*, presents few difficulties for the student of Spanish. Although it is a preposition, **según**, when it is followed by a pronoun, requires a subject rather than a prepositional pronoun.

Según el pronóstico del tiempo, lloverá mañana.	*According to the weather forecast, it will rain tomorrow.*

Te pagaré el trabajo cuando termines, **según** nuestro acuerdo.	*I'll pay you for the work when you finish, **as per** our agreement.*
Según tú, nadie más sabe nada.	*According to you, no one else knows anything.*

F. **Ante** and **delante de** are synonyms that render English *in front of.* Both indicate physical position, but **ante** is strongly preferred to indicate the notion of presence before or in front of another person or persons for the purpose of a legal hearing, giving testimony, etc. **Ante** has a second common use before nouns: to indicate such notions as *in the face of, faced with,* or *bearing in mind.* Likewise, **frente a** and **enfrente de** are synonymous prepositions which indicate position *opposite to* or *across from.* Sometimes this spatial relationship is also rendered by English *in front of.* Nonetheless, whenever the idea of *opposite to* is inherent in the English preposition *in front of,* **frente a** or **enfrente de** (and not **delante de**) must be used.

Hay una parada de autobús **ante** nuestra puerta.	*There's a bus stop **in front of** our door.*
Tuvimos que comparecer **ante** un juez para adoptar al niño.	*We had to appear **before** a judge to adopt the child.*
Ante su terquedad, decidimos abandonar el proyecto.	***In the face of** his stubbornness, we decided to abandon the project.*
Un camión muy grande iba **delante de** nuestro coche.	*A very large truck was **in front of** our car.*
Nuestros amigos viven en la casa **enfrente de (frente a)** la nuestra.	*Our friends live in the house **across from (opposite, in front of)** ours.*

G. **Bajo** and **debajo de** both render English *below, under,* and *beneath.* **Debajo de** is more common than **bajo** to indicate physical position. **Bajo,** however, is required whenever a figurative or metaphorical use of the preposition is called for. Occasionally, **por debajo de** replaces **bajo** in figurative uses when ranking or standing is implied. *Below, under,* and *beneath* all imply a position of inferiority, that one thing is in a lower position than another. Their meanings often overlap and they are in many cases used synonymously. However, *under* tends to indicate a direct vertical relationship and *below* merely that a space exists between two surfaces. *Under(neath)* may suggest contact between two objects or surfaces and *beneath* is best used for abstract nouns. In Spanish, when contact is indicated, **debajo de** should be used. This preposition also renders all precise indications of position or place. **Bajo** is reserved for figurative uses, but when used to indicate physical position, it is less precise than **debajo de.**

Enterramos el gato **debajo del** árbol.	*We buried the cat (right) under the tree.*
Nos sentamos **bajo** un pino para comer.	*We sat down to eat under (beneath) a pine tree.*
Los albañiles trabajaban **bajo** un sol muy fuerte.	*The masons were working under a very strong sun.*
Dejé el dinero **debajo del** libro.	*I left the money under the book.*
Raimundo trabajó dos años **bajo** el gran científico.	*Raimundo worked (for) two years under the great scientist.*
Bajo la monarquía, la economía iba muy mal.	*Under the monarchy, the economy was very bad.*
La condesa se casó **por debajo de** su clase social.	*The countess married beneath (below) her social class.*
Las notas de tu hijo están muy **por debajo de** la media de la clase.	*Your son's grades are much below the class average.*

H. **En contra de** is a synonym of **contra** in its fundamental meaning of *opposed to*. However, in the sense of *against* as a purely spatial relationship, **contra** alone should be used. Sometimes **con** is used as a synonym of **contra** with verbs indicating such notions as battle, struggle, or competition. However, when the opposition is not a person or persons, then **contra** is normally used.

Mario lo empujó **contra** la pared.	*Mario pushed him against the wall.*
Paco se apoyaba **contra** el coche.	*Paco was leaning against the car.*
No hizo lo que había recomendado su amigo porque iba **(en) contra (de)** la ley.	*He didn't do what his friend had recommended because it was against the law.*
Todos los jóvenes hablaban **(en) contra (de)** la guerra.	*All the young people spoke against the war.*
Durante la Guerra Civil norteamericana, el norte luchó **con (contra)** el sur.	*During the American Civil War the North fought with (against) the South.*

Tenemos que luchar más **contra** la contaminación del medio ambiente.

*We have to struggle harder **against** the pollution of the environment.*

I. In English, *between* normally locates something or someone at an intermediate point between two entities or persons. *Among*, however, indicates that a person or thing is positioned in a space with three or more persons around it. In most cases, *among* is used when the speaker has no specific number in mind. The Spanish **entre** fuses both meanings of the English *between* and *among*. Like the preposition **según**, **entre** takes subject pronouns instead of prepositional pronouns. **En medio de** renders English *in the middle of* or *in the midst of*. **En medio de** and **entre** both express temporal relationships as well as spatial ones.

Cuenca está situada **entre** Madrid y Valencia.

*Cuenca is located **between** Madrid and Valencia.*

El testamento dividió la fortuna **entre** sus dos (tres) herederos.

*The will divided the fortune **between** (**among**) his two (three) heirs.*

No te vi **entre** la gente de la feria.

*I didn't see you **among** the people at the fair.*

Plantamos un limonero **en medio del** jardín.

*We planted a lemon tree **in the middle of** the garden.*

J. The preposition **tras** may replace the more common **detrás de**, *behind* or *in back of* and **después de**, *after*. Figuratively, it is also used with verbs to convey the idea of *following, pursuing* or *seeking*. Some grammarians consider **tras** more characteristic of written Spanish than of spoken Spanish, at least in some of its uses.

Dejamos la escoba **detrás de (tras)** la puerta.

*We left the broom **behind** the door.*

Encontraron al niño **detrás de (tras)** la tienda.

*They found the child **in back of (behind)** the store.*

Tras la muerte del dictador, todo cambió en la isla.

***After** the dictator's death, everything changed on the island.*

Tras (después de) la primavera, viene el verano.

***After** spring comes summer.*

Víctor fumaba un cigarrillo **tras** otro.

*Víctor smoked one cigarette **after** another.*

El perro corrió **tras** el coche.	*The dog ran **after** the car.*

K. **Para** and **por** are the two common equivalents of English *for*. As various of the examples below demonstrate, they are sometimes also rendered by other prepositions in English. The fundamental meaning conveyed by **para** is that of movement *towards* some end, goal, or destination. The basic meaning of **por** is movement *through* something. Many specific uses of **para** and **por** are extensions of this essential distinction. Both prepositions are often followed by the infinitive, as well as other parts of speech. Below we indicate some of the more common meanings of these two prepositions.

Because **para** implies motion towards something or some goal, it has the following specific uses. It may indicate 1) destination (i.e., movement towards some place or person). In this usage it is partially synonymous with the preposition **a**. **Para** may also indicate 2) purpose. When it indicates purpose and is followed by the infinitive, **para** may be rendered by *to* or *in order to*. **Para** is also used 3) in certain time expressions that refer to the future, for which its English translation equivalent is *by* or *for*. Finally, **para** may indicate 4) an implied comparison. In this case, it renders English *for*, which may be paraphrased as *considering, considering the fact that*, or *in view of*.

1)	Ibamos **para (a)** la oficina cuando nos encontramos con María.	*We were going **to** the office when we ran into María.*
	Salimos **para** Madrid a las siete de la tarde.	*We left **for** Madrid at 7:00 PM.*
	El dinero es **para** la Cruz Roja.	*The money is **for** the Red Cross.*
2)	Necesitamos más copas **para** vino.	*We need more wine glasses.*
	Gerardo está estudiando mucho **para** aprobar el examen.	*Gerardo is studying hard **(in order) to** pass the exam.*
3)	Termínelo Ud. **para** el viernes.	*Finish it **by** Friday.*
	Va a dejar el trabajo **para** otro día.	*He is going to leave the work **for** another day.*
	Para entonces, habremos vuelto de nuestras vacaciones.	***By** then, we will have returned from our vacation.*
4)	Javier es alto **para** un muchacho de trece años.	*Javier is tall **for** a boy of thirteen.*

En el restaurante le pagan poco **para** lo mucho que trabaja.

*In the restaurant they pay him little **for (considering)** how hard he works.*

Por is used to indicate 1) approximate location, 2) exchange or substitution, 3) cause, 4) approximate time during which something occurs, 5) motivation, 6) manner or means, 7) agent for the passive voice, and 8) in place of or proxy for someone.

1) Matilde colocó flores **por** la sala.

*Matilde placed flowers **around** the room.*

Juanjo ha viajado **por** México.

*Juanjo has travelled **around (throughout)** Mexico.*

La vimos **por** el parque.

*We saw her **in** the park.* (less precise than **en**)

2) Te doy las gracias **por** el hermoso regalo.

*I thank you **for** the beautiful gift.*

Te lo vendo **por** diez mil pesos.

*I'll sell it to you **for** 10,000 pesos.*

3) **Por** la lluvia, las calles están resbaladizas.

***On account of** the rain, the streets are slippery.*

Mi madre no comió nada **por** el disgusto que tenía.

*My mother didn't eat anything **because of** the unpleasant experience she had.*

4) **Por** noviembre, suele llover mucho.

***Around (about)** November, it usually rains a lot.*

Por ahora, eso es todo lo que podemos hacer.

***For** now, that's all that we can do.*

5) Mariana Pineda sacrificó la vida **por** su patria.

*Mariana Pineda sacrificed her life **for** her country.*

Ha trabajado mucho **por** su familia.

*He has worked hard **for** his family.*

6) Le mandamos el paquete **por** correo.

*We sent him the package **by (through the)** mail.*

Vimos al presidente **por** la televisión.

*We saw the president **on** television.*

7) Este cuadro fue pintado **por** Dalí.

*This picture was painted **by** Dalí.*

El ladrón fue detenido **por** el policía.

*The thief was arrested **by** the policeman.*

8) Yo fui **por** él porque estaba enfermo.

*I went **for** him (**in his place**) because he was sick.*

El profesor les dijo a los estudiantes que no podía pensar **por** ellos.

*The professor told the students that he couldn't think **for** them.*

Other uses of "por". **Por**, rather than **en**, renders English *in* with reference to **mañana**, **tarde**, and **noche**.

Trabajamos **por** la mañana y descansamos **por** la tarde.

*We work **in** the morning and rest **in** the afternoon.*

In combination with **sólo**, **por** renders *just for* and *only for* in time expressions.

Iremos a España **sólo por** tres semanas.

*We shall go to Spain **only (just) for** three weeks.*

Puedes ver al enfermo **sólo por** cinco minutos.

*You may see the patient **for just** five minutes.*

When a temporal expression sets a definite amount of time needed for something, either **por** or **para** may be used.

Voy a alquilar un coche **por (para)** siete días.

*I am going to rent a car **for** a week.*

Necesitamos al jardinero **por (para)** tres horas.

*We need the gardener **for** three hours.*

Lastly, the preposition **por** is normally omitted in Spanish to render English *for* when referring to a specified period of time during which something happens or happened.

¿Cuánto tiempo vas a estar en Boston?

*(**For**) how long are you going to be in Boston?*

Vamos a estar allí tres semanas.	*We are going to be there (for) three weeks.*
Mi marido trabajó dos años en el Japón.	*My husband worked (for) two years in Japan.*

Combinations of Prepositions in Spanish

Spanish often juxtaposes two or three different prepositions to express a relationship for which a single preposition is inadequate. **Por** and **de** are the most common initial elements of such compounds, but other prepositions may also occupy this position. In these compounds, each preposition retains much of its original meaning. Nonetheless, a single English preposition must often render these combinations of prepositions in Spanish.

Le vi al pasar **por delante de** la biblioteca.	*I saw him when I was walking **in front of** the library.*
El túnel pasa **por debajo de** la sierra.	*The tunnel goes **under** the mountain.*
Lo saca **de debajo de** la mesa.	*He takes it out **from under** the table.*
Desde por entre los árboles, el enemigo nos observaba.	*From among the trees, the enemy was observing us.*

PRACTICA

A. *Use una o más de las preposiciones estudiadas en este capítulo (con, durante, sin, según, ante, delante de, frente a, enfrente de, bajo, debajo de, por debajo de, contra, en contra de, entre, en medio de, tras, detrás de, para, por) para completar cada una de las siguientes frases. En las frases que tienen más de una respuesta correcta, explique la diferencia entre ellas.*

1. Algunos nudistas fueron denunciados _____ la policía _____ otros bañistas en la playa.

2. Muchos españoles estaban _____ las bases aéreas extranjeras en territorio español.

3. Esta botella de vino de solera es _____ usted.

4. A medida que las dificultades aumentaban, crecía mi admiración _____ él.

5. Yo quería saber si había algo escondido _____ los cuadros o _____ de la alfombra.

6. La tiranía debe ser combatida _____ todas sus formas.

7. Se cerró la universidad casi inmediatamente _____ la muerte de dos estudiantes.

8. Permitía a los visitantes fumar aunque él personalmente estaba _____ el uso del tabaco.

9. Si trabajamos mucho, podremos terminar el trabajo _____ las cinco de la tarde.

10. Sacó el chaleco de salvavidas _____ _____ su asiento en el avión.

11. Por la noche oíamos el rumor del viento _____ los pinos.

12. María hacía conmovedores esfuerzos _____ parecer alegre a pesar de las tristes noticias.

13. La profesora fue expulsada de su puesto _____ haber hablado _____ el viejo dictador de la isla.

14. El jefe del Banco Nacional compareció _____ una comisión del Senado _____ hablar de la inflación.

15. A muchos adolescentes les disgusta estar _____ la autoridad de sus padres.

16. _____ una larga pausa, Pablo dijo que aceptaría la oferta.

17. El estudiante había trabajado _____ la revolución.

18. Maribel trabaja de intérprete _____ una empresa alemana.

19. Mientras jugaban, los niños encontraron unas monedas de oro _____ una roca.

20. Enrique agarró al manifestante _____ las solapas y no lo soltaba.

21. En el accidente, el caballo se cayó _____ el jinete.

22. Dicen que todavía hay mucho petróleo por descubrir _____ el suelo de Siberia.

23. _____ mi padre, habrá una guerra mundial dentro de diez años.

24. No pudimos ir al cine porque estábamos _____ dinero.

25. La tripulación del barco se sublevó _____ el capitán.

26. Después de estallar la bomba, encontraron a varios heridos _____ las ruinas.

27. Mi tía, para ir a misa, sólo tiene que cruzar la calle porque vive _____ la iglesia.

28. Todos los años _____ el mes de agosto nos vamos de vacaciones.

29. España era una gran potencia imperial _____ el rey Carlos V.

30. Muchas ciudades norteamericanas están perdiendo la lucha _____ la criminalidad.

B. *Traduzca al español las siguientes frases, usando las preposiciones estudiadas en este capítulo.*

1. Our group is fighting for the well-being of the workers.

2. We were strolling under the warm [use **tibio**] October sun when we saw the deer.

3. They placed it right under the stage.

4. The enemy soldiers came running out from under the bridge.

5. The eyes behind the glasses were gentle, almost timid.

6. The young couple has to pay $800 for the attic in which they live.

7. I would give two years of my life to see them again.

8. He was called before the court as a witness.

9. Eduardo gave me a very good book for learning Portuguese.

10. The sun appeared among the clouds as we were walking through the garden.

11. Are you in favor of nuclear energy or against it?

12. He had lived so many years among the indians that when I met him I took him for one of them.

13. In the face of such a dilemma, he couldn't decide between staying or going.

14. David's life follows the same routine, day after day and year after year.

15. The enemy planes were flying over the city and were firing at [do not use **a**] our troops.

CAPITULO 14

El forastero

LUIS ROMERO

► ► ► ► ► ► ► ► ► ► ► ► ► ► ► ►

El forastero

LUIS ROMERO

"Luis Romero, escritor nacido en Barcelona en 1916, inició su carrera de novelista con La noria, *que ganó el Premio Nadal de 1951. De las novelas escritas desde aquella fecha se destacan* Los otros *(1960) y* El cacique *(Premio Planeta de 1963). Ha escrito varios libros de historia sobre la República española y la guerra civil de 1936-39, y, además, obras sobre el pintor Salvador Dalí. Romero cultiva asimismo el cuento, género en el que revela el mismo don de análisis y observación que vemos en sus novelas. 'El forastero,' que reproducimos a continuación, es un cuento tomado de su libro* Esas sombras del trasmundo *(1957). Varias de sus obras han sido traducidas a seis idiomas."*

El párrafo anterior son palabras textuales de Luis Romero en carta dirigida a los autores de este libro. Queremos añadir que Luis Romero también ha escrito poemas, ha vivido en La Argentina y ha sido soldado durante la guerra civil española.

Luis Romero culmina sus primeros tanteos en la literatura al encontrar, por medio de sus propias experiencias vitales, el camino de la revelación directa y analítica de su medio ambiente, que no es sino la España de las décadas de 1950 y 1960. En forma realista y ortodoxa, Romero nos presenta la vida del español medio durante esos años. Sus páginas más ambiciosas, según el crítico José Corrales Egea, están contenidas en Tres días de julio (1967). En esta obra, Romero nos presenta una crónica de la historia de España durante ese fatídico mes de julio de 1936 (el 18 de julio de ese año es cuando estalló la guerra civil). La narración está hecha desde la perspectiva de sus participantes por ambos lados, y la acción tiene lugar durante esos "tres días." Esta obra, como dice Corrales Egea, es una novela auténtica que equivale a un largo y profundo examen de conciencia.

En el cuento que hemos escogido, vemos la atención que Luis Romero presta al detalle realista e íntimo, así como también percibimos ciertos momentos de lirismo, sobre todo en la contemplación de los elementos de la naturaleza. El cuento está escrito desde la perspectiva de un narrador omnisciente y, desde un principio, deducimos el intenso pasado social y laboral del protagonista. Es éste un hombre de negocios quien, siguiendo la recomendación de su médico, se ha alejado buscando descanso en un apartado lugar de la costa. Allí, en medio de una tranquilidad idílica, se encuentra con un misterioso personaje —a quien sólo el protagonista y su mujer parecen haber visto— y quien acaba por llevarle consigo hacia un, al parecer, inevitable futuro. Luis Romero nos hace sentir la intranquilidad del protagonista ya que reconocemos en éste características que *nos son familiares; sentimos, por medio de este personaje literario, que también nosotros somos llevados hacia un futuro sobre el que no podemos efectuar cambio alguno.*

▼

Hacía muchos años que no se sentía tan **feliz**[1] como se estaba sintiendo ahora. El médico le había **prescrito**[2] descanso y tranquilidad, y aquí realmente los hallaba. Alquilaron este solitario chalet, junto al mar, y su salud era más salud que nunca. La esposa estaba junto a él. Tras muchos años de convivencia
5 superficial se habían encontrado nuevamente en las **veladas**[3] largas, en los paseos por la orilla del mar, en las siestas felices bajo los pinos. Ni consejos de administración, ni **partidas**[4] de *poker* con los amigos, ni tertulia por la tarde en el lujoso club de los hombre ricos. Y ella tampoco echaba de menos el té de las señoras presumidas, ni aquellos flirteos, más o menos inocentes, tras las
10 conferencias de los caballeros calvos, ni el chismorrear mientras le probaba la modista. Se habían encontrado, sencillamente, en esta reedición primaveral de su luna de miel, disfrutando de los pequeños **dones**[5] de Dios: aire, pinos, acantilados, olas, césped, rosas, pan, campanas..., cosas todas ellas que hacía años habían olvidado o complicado de tal manera, que ni ellos mismos podían
15 reconocerlas. Todo porque el médico había dicho: —Necesita usted unos meses de reposo—. Y él, por primera vez en muchos años, había decidido escucharle. La recompensa fue tangible, inmediata, generosa. Aquí estaban los dos, amorosos, entusiastas, tiernos y agradecidos a Dios, que había creado tantas maravillas y se las mostraba amablemente. Cada palabra tomaba un nuevo
20 significado, y las cosas **sabían**,[6] olían, deleitaban. Después de muchos años habían vuelto a recordar cuán sencilla es la vida y como la felicidad está en disfrutar todo lo que espontáneamente se nos ofrece.
 Les gustaba tanto ver anochecer desde las rocas, que casi todos los atardeceres iban paseando hasta allí, y era como si tuvieran reservadas **butacas**[7]
25 en aquel cotidiano espectáculo. (Butacas enteramente gratis, por cierto.)
 Hasta que vieron venir a aquel hombre no se habían dado cuenta de que existía otro **sendero**[8] un poco más arriba de donde acostumbraban a sentarse. No les gustó la intromisión de un forastero; les parecía como si, al participar del espectáculo, les privara de alguna parte de él. Pero el forastero pasó de largo y
30 ni siquiera les miró. Era un hombre alto, flaco, descuidado en su afeitado y en su atuendo. Aquella tarde, la puesta de sol fue tan maravillosamente perfecta como los demás días; pero el paso del forastero desaliñado y hosco les disminuyó la sensación de paz absoluta con que cada tarde se veían recompensados.
 Por la mañana se trasladó al pueblo a comprar el periódico, pues había
35 decidido no **romper**[9] la vieja costumbre de leer su diario aunque tuviera que andar dos kilómetros para conseguirlo. Al mismo tiempo, este paseo matutino era un saludable ejercicio, y se sentía joven y ágil como no recordaba haberlo estado nunca, y eso sería porque los tiempos de su juventud quedaban lejos, más quizá por lo atareado de su vivir que por el número de años transcurridos.

40 —Necesita usted una **temporada**[10] de descanso—. ¡Hay que ver lo bien que le conocía su médico y como había acertado! No padecía ninguna enfermedad; cansancio, simplemente cansancio. Y en veinte días era un hombre nuevo. Veinte días sin firmar una carta, sin una junta, sin una conferencia telefónica. Veinte días sin emplear el coche más que para dar algún paseo por la carretera o para

45 ir a tomar un refresco a la ciudad vecina. Veinte días sin acordarse de sus negocios (¡allá que sus hijos se las compusieran!), sin enterarse de las cotizaciones más que por simple curiosidad; veinte días sin recibir otras cartas que las familiares; veinte días sin los ruidos del trabajo durante el día y sin los ruidos irritantes de la noche en la ciudad, en los clubs nocturnos o en los elegantes

50 teatros. ¡Qué absurda aquella vida suya de siempre!

En una calleja apartada volvió a tropezarse con el hombre flaco y desagradable. Le **disgustó**[11] el encuentro y la forma en que le miraba el forastero. Aquel hombre no era del pueblo; se notaba claramente en su forma de vestir y en esas inexplicables características que nunca inducen a error. Intentó leer el periódico

55 mientras andaba, pero no conseguía fijar la atención. Aunque le contrariaba, retrocedió y fue a afeitarse a la barbería, cosa que no había pensado hacer aquella mañana. Fue llevando la conversación al terreno propicio y acabó preguntando por el forastero. No le conocían ni el barbero, ni el mancebo, ni dos clientes que esperaban turno leyendo unas revistas atrasadas.

60 No dijo nada a su mujer y disimuló cuanto pudo. Comieron, sestearon en las hamacas bajo los pinos, y él fingió que dormía para no tener que hablar. Con gran esfuerzo se mostró cariñoso y ocurrente durante el largo paseo de la tarde, y otra vez en las rocas se deleitaron con los rojos encendidos, los azules vagos, los verdes malva y los blancos grisáceos con que el Creador les obsequiaba por

65 haber regresado a su inocencia. Por la noche notó como su esposa se dormía feliz, agradecida, confiada; sin modistas, sin tacones altos, sin vanos coqueteos, sin faja, sin hablar mal de nadie.

El se sentía incómodo y desvelado. Notaba un **pinchazo**[12] terco en las sienes, un pinchazo que había resistido, sin disminuir, las dos aspirinas que clandestina-

70 mente se había tomado. De su cuerpo se desprendía una humedad siniestra que no era sudor, sino algo viscoso, irremediable. A cada instante colocaba la yema del pulgar sobre la muñeca y contaba las pulsaciones una, dos, tres..., cincuenta..., cien... A veces le parecía que el ritmo era aceleradísimo; otras que la lentitud amenazaba con paralizar el curso de la sangre. Y todo esto, quieto,

75 silencioso, con un enorme y sostenido esfuerzo para que su mujer, allí junto a él, no se enterara de lo que le estaba sucediendo. En un momento determinado sintió la necesidad de asomarse a la ventana; comprendió que era inútil disimular, ignorar, engañarse; había que dar la cara, averiguar, ver. La luna se había ocultado tras unas nubes pero su claridad iluminaba el paisaje. Junto a la

80 verja del jardín pasaba el camino entre los árboles. Más allá, la playa; y al fondo, muy confusos, pero ciertos, empezaban los acantilados.

Antes que ver, oyó. Oyó unos pasos acompasados, no fuertes, pero sí seguros, que se iban aproximando. A pesar de la oscuridad, le distinguió perfectamente. Era el forastero, desgarbado, triste, ausente, que venía por el

85 camino. Aterrorizado, estuvo a punto de gritar, de llamar a su esposa, de correr a buscar los **guardias**,[13] a un médico, a un exorcista, a alguien que le ayudara en aquella cuita, en aquel peligro, en aquella angustia. No hizo más que contemplarlo tristemente y contener la respiración. El forastero pasó de largo y solamente miró de reojo; luego su silueta y el ruido de sus pasos se perdieron en dirección 90 a los acantilados.

Se volvió a la cama —¿qué otra cosa podía hacer?— y consultó el reloj. Eran las cinco de la mañana. Una luminosidad vaga empezaba a clarear en las nubes.

Fue a buscar el periódico como el día anterior, como todos los días; saludó al lechero, que estaba a la puerta de su establecimiento, compró cerillas, y luego, 95 lentamente, paseando, regresó a su casa. Fue con su mujer a la playa y hablaron, como siempre, de mil cosas tiernamente triviales. Hicieron proyectos de comprar el chalet que habían alquilado o construir otro en el mismo **paraje**;[14] hablaron de los hijos y de la novia de uno de ellos; recordaron cosas que habían estado enmohecidas muchos años en un rincón de la indiferencia. Comieron con buen 100 apetito y comentaron lo sabroso de los alimentos, lo dulce de las frutas, lo exquisito del café. El se sentó de sobremesa, en el sillón de mimbre, a fumar el cigarro que constituía su cupo cotidiano de tabaco.

La mujer, aquella tarde, debía ir al pueblo para que el peluquero la renovase el hermoso rubio del cabello. Al despedirse le besó en la frente, y él la contem- 105 pló, mientras se dirigía hacia el camino, esbelta, ágil, joven, como si no tuviera hijos de más de veinticinco años. Y vio, mientras una extraña ternura le acongojaba, que estaba más hermosa con el color sano que el sol la regalaba. Por un momento deseó correr hacia ella, abrazarla y besarla, y decirle muchas cosas que hacía años y años no le decía; y decirle algo más, algo que ya no podría 110 decirle nunca. Pero no se movió del sillón y siguió adormeciéndose voluptuosamente con el humo del tabaco.

Pensó que debía escribir, que convenía tomar medidas, dictar órdenes, arreglar asuntos, prever situaciones. No hizo nada, y al terminar el cigarro entró en el vestíbulo y se sentó a esperar.

115 Vio como el forastero cruzaba el jardín y se detenía en el umbral; entonces se levantó y se acercó a él. Era inútil huir ni disimular. La voz del forastero era desagradable y ácida, y su amabilidad sonaba a falso: —¿Es usted Don Fulano...?— Se saludaron cortésmente. Debajo de un cobertizo estaba el coche; se puso una chaqueta de verano y la corbata. Por última vez tuvo la tentación 120 de dejar unas letras, por lo menos a su esposa, como recompensa por los veintiún días felices con que le había obsequiado. Estaba algo **deprimido**,[15] aunque conseguía disimularlo. —¿Por qué no conduce usted mismo? —le dijo al forastero. Pero el hombre se negó. Hasta el final todo tenía que aparecer correcto, normal. Arrancó el coche, y él contempló por última vez el chalet 125 donde quedaba su efímera felicidad. Tras una corta vacilación, tomó el ramal de la carretera que bordeaba los acantilados por su nivel más alto. El hombre iba sentado a su lado; había encendido un cigarrillo y ahora le ofrecía otro. —No, gracias; lo tengo prohibido por el médico. Hoy ya he fumado mi ración.— El forastero sacó del bolsillo un antiguo reloj. Eran las cinco menos cinco minutos.

130 Con su falsa voz amable, le dijo insinuante: —Tenemos un poco de prisa, caballero; faltan cinco minutos solamente.— Apretó el acelerador y contempló el mar, tan brillante, tan azul, tan dilatado.

CUESTIONARIO

Contenido

1. ¿En qué consiste la nueva felicidad de la pareja?
2. ¿Qué siente el matrimonio al ver al forastero?
3. ¿Qué cambio sufre el protagonista en veinte días?
4. ¿Cómo es el forastero?
5. ¿Qué oye el protagonista que le aterroriza?
6. ¿Por qué quiere dejar una carta a su mujer?
7. ¿A qué hora sale con el forastero y por qué no acepta el cigarrillo que le ofrece?

Interpretación y estilo

1. ¿Cómo será la clase social a la que pertenece el matrimonio?
2. Interprete Ud. la nueva felicidad del matrimonio.
3. Explique el efecto inquietante del forastero sobre el esposo.
4. Discuta el uso de los adjetivos en esta narración.
5. ¿Cómo consigue el autor crear un ambiente apropiado para la aparición del forastero?
6. ¿A dónde cree Ud. que van el protagonista y el forastero?
7. ¿Quién cree Ud. que es el forastero?

▶ Léxico: opciones ◀

1 •

feliz   *happy*
alegre   *happy, cheerful, gay*
contento   *content, happy, satisfied*
satisfecho   *satisfied*
infeliz   *unhappy; wretched*
descontento   *discontent, restlessly unhappy*
insatisfecho   *unsatisfied*

Feliz and **alegre** are both equivalents of English *happy*. **Alegre** suggests a happiness evident in some external sign or behavior, or a happiness easily subject to change. **Feliz** normally implies a deeper or more permanent type of happiness or well-being. Whereas **feliz** is used more with **ser** than with **estar**, **alegre** is more common with **estar**. Finally, note that **infeliz**, which normally means *unhappy* when used as an adjective, may also mean *wretched* or *miserable* and always has this meaning when used as a noun.

Ese pobre hombre nunca ha sido **feliz**.	*That poor man has never been **happy**.*
Mis amigos son gente muy **alegre**.	*My friends are very **happy (cheerful)** people.*
José María está muy **contento (satisfecho)** con su nuevo puesto.	*José María is very **happy (satisfied)** with his new job.*
Carmen lleva una vida muy **infeliz**.	*Carmen leads a very **unhappy** life.*
Aquel profesor es un **infeliz**.	*That professor is a **wretched (miserable)** man.*

2 •

recetar *to prescribe*	**prescribir** *to prescribe, to order*
mandar *to order*	**formular** *to formulate, to prescribe*
la prescripción *prescription*	**la receta** *prescription; recipe (for food)*
la fórmula *formula*	

The English *to prescribe*, i.e., to set down regulations and directions for some action or behavior is **prescribir** or **mandar** in Spanish. **Recetar** means *to prescribe* in the narrow sense of to write an order for the preparation and use of a medication. **Prescribir** is a broader term, used when a person or regulation *prescribes* or indicates something that someone else should or must do. **Mandar** is also used to indicate that a person has been ordered to do something or to take a particular medication. **Formular**, a less commonly used synonym of **recetar**, indicates with more specificity the steps involved in the preparation of a medication. The noun forms of these verbs reflect these same semantic distinctions.

Para aliviar sus alergias, el médico le **prescribió** que se fuese a vivir a la costa.	*To get relief from his allergies, the doctor **prescribed (ordered)** that he go live on the coast.*
El cardiólogo le **recetó** píldoras de nitroglicerina.	*The cardiologist **prescribed** nitroglycerin pills for him.*

Hace cincuenta años los farmacéuticos tenían que **formular** casi todos los medicamentos.	*Fifty years ago pharmacists had **to formulate** almost all medications.*
La **fórmula** de las pastillas especificaba 50 miligramos de aspirina y cincuenta de cafeína.	*The **formula** for the pills specified 50 milligrams of aspirin and fifty of caffeine.*
Esta medicina no se puede comprar sin una **receta** del médico (sin **receta** médica).	*This medicine cannot be purchased without a doctor's **prescription**.*

3 •

la velada   *social gathering*
la tertulia   *habitual social or cultural gathering*
la reunión   *meeting, gathering*
el mitin   *(political) meeting*
la junta   *meeting; board*

Velada indicates a nighttime, after-dinner social gathering structured around a musical or literary event. **Tertulia** is an informal gathering of persons held on a regular basis, at the same place (a coffee house, a private home, a book store) and the same time, which may be at any hour of the day. **Reunión** is the standard word for *meeting* or *gathering* and its broad range of meanings include those of the other words listed above. **Mitin** refers to a meeting that is political in nature. **Junta** indicates a meeting of people who belong to some group to decide some matter pertinent to that group. **Junta** may also designate the *board* of directors or administrators of an organization.

La casa editorial celebró una **velada** para presentar a la nueva autora.	*The publisher held a **soiree** to introduce the new writer.*
En el Café Gijón de Madrid hay una **tertulia** literaria todos los días.	*In the Café Gijón in Madrid there is a literary tertulia every day.*
Nuestro departamento tiene una **reunión** general cada mes.	*Our department has a general **meeting** every month.*
Los estudiantes tuvieron un **mitin** para unirse a la huelga de trabajadores.	*The students had a **meeting** in order to join the strike by the workers.*

Durante la **junta**, los accionistas eligieron los directores de la compañía.	*During the **meeting**, the stockholders elected the officers of the company.*
La **junta** de directores discutió el nuevo presupuesto.	*The **board** of directors discussed the new budget.*

4 •

la partida *game*   **el juego** *game*
el partido *game*   **la jugada** *play, game*

Partida is used for table games, no matter what the number of players is. **Partido** is the word for *game* when referring to sporting events, with the exception of golf, tennis, and similar games, for which **partida** is the standard term. **Juego** is a recreational activity or contest established and governed by rules. **Jugada**, which most often indicates a *play* or *maneuver* in a game, may also render English trick or ruse.

Mi abuelo juega una **partida** de damas con su amigo todas las tardes.	*My grandfather plays a **game** of checkers with his friend every afternoon.*
En un **partido** de béisbol hay nueve entradas.	*There are nine innings in a baseball **game**.*
El **juego** de baloncesto es cada vez más popular en Europa.	*The **game** of basketball is more and more popular in Europe.*
Alejandro me hizo una mala **jugada** y me despidieron del empleo.	*Alejandro played a dirty **trick** on me and I got fired.*

5 •

el don *gift*   **el obsequio** *gift*
el regalo *gift, present*   **el donativo** *gift, donation*
el presente *gift, present*   **la dádiva** *gift*

Don is a natural *gift* or talent. **Regalo** is the most general term for *gift* or *present* and its meaning subsumes those of other words. **Presente**, a somewhat more formal word, is much less common than **regalo** and often indicates a gift handed to the recipient. **Obsequio** is a token gift or one meant to ingratiate a person with another person or entity that might grant favors in return. **Donativo** is a private gift of money or property to some institution. **Dádiva** implies something given disinterestedly and freely for the benefit of someone of equal or lesser social position.

Mario es un artista que no aprovecha todos los **dones** que tiene.	*Mario is an artist who doesn't make good use of all the **gifts** (talents) he has.*
José Luis recibió muchos **regalos** el día de su cumpleaños.	*José Luis received many **gifts** on his birthday.*
Durante la cena recibió como **presente** una magnífica bandeja de plata.	*During the dinner he received as a **present** a magnificent silver tray.*
El maestro recibió un libro como **obsequio** de los alumnos.	*The teacher received a book as a **gift** from his students.*
En la tienda la dependienta nos dio un frasquito de perfume como **obsequio**.	*In the store the salesperson gave us a tiny bottle of perfume as a **gift**.*
El emigrante volvió de América e hizo un importante **donativo** para construir un hospital.	*The immigrant returned from America and made an important **donation** for building a hospital.*
La amnistía a los prisioneros fue una **dádiva** por el cumpleaños del rey.	*The amnesty for the prisoners was a **gift** on account of the king's birthday.*

6 •

saber *to taste, to know*	**saborear** *to taste, to savor*
catar *to taste, to sample*	**degustar** *to taste, to savor*
paladear *to taste, to relish*	

Saber, used in the third person, indicates that an item of food has a particular taste or flavor. **Saborear** means to savor or to enjoy slowly the taste of something. **Probar** is to sample a small portion of something in order to judge its taste. **Catar**, although synonymous with **probar**, is most often used to refer to the tasting of wines. **Degustar** means to sample food or beverages for the purpose of evaluating them. This verb suggests a sophisticated palate. **Paladear**, *to savor*, connotes the idea of *relishing* food or drink by consuming it slowly.

Esta sopa **sabe** mucho a ajo.	*This soup **tastes** strongly of garlic.*
A Enrique siempre le gusta **saborear** la tarta de chocolate.	*Enrique always likes to **savor** chocolate cake.*
Al **probar** el estofado, el cocinero decidió echarle más sal.	*When he **tasted (tried)** the stew, the cook decided to add more salt.*
Muchos turistas van al Valle de Napa para **catar** los vinos.	*Many tourists go to Napa Valley **to sample** wines.*
El tendero me pidió que **degustara** diferentes quesos para ver cuál era el mejor.	*The storekeeper asked me **to sample (try)** different cheeses to see which was the best.*
Después de la cena, **paladeamos** un cognac muy antiguo.	*After dinner, **we savored** a very old cognac.*

7 •

la butaca	*armchair*	**el sillón**	*easy chair, armchair*
la silla	*chair*	**la mecedora**	*rocking chair, rocker*
el asiento	*seat*	**el escaño**	*seat, bench*
el taburete	*stool*		

Butaca indicates an upholstered armchair. It is also the name given to any seat in a theater or movie house provided the seat has arms. **Silla** is a standard chair, with or without arms, of wood, metal, plastic, or any other material. **Sillón** is used for a large, stuffed **butaca**. **Mecedora**, from **mecer**, *to rock*, indicates a *rocking chair*. **Asiento** is the generic term for *seat*, whereas **escaño**, literally *a bench with a back*, is used for the *seat* of a congressman or senator. **Taburete**, *stool*, is a backless and armless seat.

En la sala de mi casa hay una vieja **butaca** de cuero.	*In my living room there is an old leather **armchair**.*
Necesitamos seis **sillas** nuevas para el comedor.	*We need six new **chairs** for the dining room.*
Me quedé dormido en el **sillón** viendo la televisión.	*I fell asleep in the **large (stuffed) chair** watching television.*
Durante el verano, nos sentábamos en las **mecedoras** del porche.	*During the summer we used to sit in the **rockers** on the porch.*

Llamé a la azafata porque alguien había ocupado mi **asiento**.	*I called the flight attendant because someone had taken my **seat**.*
En aquel Congreso, los demócratas tenían más **escaños** que los republicanos.	*In that Congress, the Democrats had more **seats** than the Republicans.*
Al niño le gustaba sentarse en un **taburete** de la cocina para ver cómo cocinaba su padre.	*The boy liked to sit on a **stool** in the kitchen and watch how his father cooked.*

8 •

el sendero *path*		**la vereda** *path*	
la senda *path*		**la trocha** *trail, narrow path*	
el camino *road, path, way*			

Sendero ordinarily indicates an unpaved path for walking. **Senda** shares this meaning, but is more often used in a figurative sense (e.g., la **senda** de la vida: *the path of life*). **Senda** is also a close synonym of **camino**, although the latter word normally indicates a planned, deliberately established, wider path or small rural road. **Vereda** is a narrow path, formed by the continuous passing of animals or people. **Trocha** indicates a narrow path or trail that is a shortcut between two points; it also indicates *shortcut* in a rural setting as opposed to **atajo**, the standard word for *shortcut*.

Durante los fines de semana, los **senderos** del campo universitario están desiertos.	*During the week-ends, the **paths** on the campus are deserted.*
El guardabosque era el único que conocía la **senda** que atravesaba el bosque.	*The forest ranger was the only one who knew the **path** that went through the forest.*
El turismo hizo que convirtieran los **caminos** en carreteras.	*Tourism made them turn their **roads** into highways.*
El ganado baja al río por una **vereda** en el prado.	*The cattle go down to the river through a **path** in the meadow.*
Los excursionistas subían por las **trochas** del monte.	*The hikers were using the shortcut **paths** to climb the mountain.*

9 •

quebrar *to break*	**romper** *to break; to tear up (paper)*
quebrantar *to break*	**hacer añicos** *to break into small pieces*

Romper renders almost all nuances of *to break* whether physical or figurative in nature. **Romper** also translates English *to tear up* when referring to paper. In Spain, **quebrar** normally implies breaking that is the result of a certain force, deliberate or accidental. In Spanish America, **quebrar** is used more than in Spain, and is often a synonym of **romper** in all its meanings. **Quebrantar** is to deliberately break something hard by pounding it with great force but without breaking it into many small pieces. Like **romper**, **quebrar** and **quebrantar** may also be used figuratively. **Hacer añicos** is to break something into small fragments or bits.

¡Caramba! **Se** me **han roto** las gafas.	Darn it! **I've broken** my glasses.
Julián fue el primero en **romper** el silencio durante el velorio.	Julian was the first person **to break** the silence during the wake.
Miguel **rompió** la carta en mil pedazos.	Miguel **tore** the letter **(up)** into a thousand pieces.
El jugador **quebró (rompió)** el bate al golpear la pelota.	The player **broke** his bat when he hit the ball.
Los asaltantes **quebrantaron** la puerta golpeándola con un ariete.	The assailants **broke down** the door by hitting it with a battering ram.
Jaime, con gran enfado, tiró el jarrón contra la pared y lo **hizo añicos**.	Jaime, with great anger, threw the vase against the wall and **smashed** it **into many pieces**.

10 •

la estación *season*
la temporada *(short) time, season*
la época *time, epoch, season*

Temporada indicates an indeterminate period of time between one week and several months. **Temporada** also renders *season* in the sense of the period when certain cultural, religious, or sporting events, regularly take place. It may even refer to the time (season) of the year when certain weather conditions prevail. **Epoca**, in addition to rendering English *epoch*, is sometimes used as a synonym of **temporada** or **estación**.

Alicia está ahora en su quinta **temporada** como directora de la orquesta.	*Alicia is now in her fifth **season** as conductor of the orchestra.*
Estuvimos en Londres durante la **temporada** de teatro.	*We were in London during the theater **season**.*
La mejor **estación** para visitar España es el otoño.	*The best **season** to visit Spain is the fall.*
La primavera es la **época (estación)** de las lluvias.	*Spring is the rainy **season**.*

⑪ •

el asco *disgust*
dar asco *to disgust*
repugnar *to be repugnant to*
el disgusto *displeasure, unpleasant experience*

disgustar *to displease, to upset*
asqueroso *disgusting*
repugnante *repugnant, loathsome*

Disgustar is simply the antonym of **gustar**, *to please*. It does not render English *to disgust*, for which **dar asco** + **indirect object** is the equivalent in Spanish. **Repugnar**, a somewhat more refined term, indicates a less strong reaction of revulsion than **dar asco**. Like **disgustar** and **dar asco**, Spanish uses **repugnar** with an indirect object.

Me **disgusta** el olor de la gasolina.	*I **don't like** the smell of gasoline.*
Esta vida mía no me ha dado más que **disgustos**.	*This life of mine has given me nothing but **unpleasant experiences**.*
La mosca en la sopa me **dio asco**.	*The fly in the soup **disgusted** me.*
Cuando se enteraron de la conducta **asquerosa** del senador, no lo reeligieron.	*When they found out about the senator's **disgusting** behavior, they didn't reelect him.*
Me **repugna** el olor del gallinero.	*The smell of the chicken coop **is repugnant** to me.*

El mendigo tenía un aspecto **repugnante**.

*The beggar had a **repugnant (offensive)** appearance.*

⑫ •

pellizcar *to pinch*	**el pinchazo** *jab; puncture; flat tire*
el pellizco *pinch*	**pinchar** *to puncture, to prick, to stick*
la pizca *pinch*	**punzar** *to prick, to puncture, to stick*
la punzada *prick, shooting pain*	**pizcar** *to take a pinch of something*

In Romero's story, **pinchazo** is used in the sense of a *stabbing pain*. **Pinchazo** also refers to a physical puncture, such as that resulting in a flat tire. **Punzar** is a less commonly used synonym of **pinchar**, and may imply a more subtle or less obvious puncture. **Punzada**, *prick*, is most often used to define a stabbing or shooting pain. **Pellizcar**, *to pinch*, means to squeeze something between two hard surfaces. **Pizcar**, a colloquial form of the verb **pellizcar**, is used almost exclusively to indicate taking a pinch or very small quantity of something between the thumb and the index finger.

Al cortar unas rosas, me **pinché** en la mano con las espinas.

*While cutting some roses, **I pricked** my hand on the thorns.*

El chico se **punzó (pinchó)** con el anzuelo.

*The boy **pricked (stuck)** himself with the fish hook.*

El reumatismo me da **punzadas (de dolor)** en el hombro.

*My rheumatism causes **piercing pains** in my shoulder.*

Pedro se **pellizcó** para ver si estaba soñando.

*Pedro **pinched** himself to see if he was dreaming.*

Pon una **pizca** más de pimienta en la ensalada.

*Put a **pinch** more of pepper in the salad.*

⑬ •

el guardia *guard*	**la guardia** *guard*
el guarda *guard*	**el guardián** *guard, caretaker*
guardabosque *forest ranger*	**guardaespaldas** *body guard*
el policía *policeman*	**la policía** *police (force)*

Los guardias in the text refer to Civil Guards or agents of the Spanish Rural Police. The feminine form, **la guardia**, refers to *guard* in the sense of the armed force or institution to which these law-enforcement agents belong. **Guarda** is the person who protects, through vigilance, property against robbery, intrusion, or physical damage. **Guardián**, a less commonly used term than **guarda**, indicates a person who watches or takes care of such things as land, a house, or someone's interests. **Guardabosque** and **guardaespaldas** are compound words of the verb **guardar** + **noun**. **El policía** refers to an individual police agent, whereas **la policía** refers to the police force of which he or she forms a part.

Después del accidente, llamé a la **Guardia Civil (la policía)**.	After the accident, I called the **Civil Guard (the police)**.
El **guarda** le dijo al chico que no tocase el cuadro.	The **guard** told the boy not to touch the painting.
El **guardián** de la finca recorrió el rancho buscando el caballo perdido.	The **caretaker** of the farm searched throughout the ranch looking for the lost horse.
El **guardabosque** avisó a los cazadores del peligro de incendio.	The **forest ranger** warned the hunters of the danger of fire.
El **policía** me puso una multa por cruzar la calle donde no debía.	The **policeman** gave me a fine for crossing the street where I wasn't supposed to.

14 •

el paraje *place, spot*	**el sitio** *place, spot*
el lugar *place, spot*	**el local** *place, premises*

Paraje, sometimes used in the plural but with a singular meaning, most often connotes a secluded, deserted, or remote location. **Lugar** and **sitio**, close synonyms, are appropriate to render the English *place* in most contexts. Nonetheless, to refer to a place that is the customary location where something is kept or found, **sitio** is almost always used. **Local** indicates a place indoors, usually the location or premises of a business establishment.

Al poeta Antonio Machado le gustaban los **parajes** solitarios.	The poet Antonio Machado liked solitary **places**.
Estábamos buscando un **lugar (sitio)** para dejar el coche.	We were looking for a **place** to leave the car.

Manuel es muy ordenado y le gusta tener cada cosa en su **sitio**.	*Manuel is very orderly and likes to keep everything in its **place**.*
El sastre ha tenido mucho éxito en su nuevo **local**.	*The tailor has been very successful in his new **locale (premises)**.*

15 •

deprimido *depressed*
desanimado *discouraged, in low spirits, depressed*
desalentado *discouraged*
descorazonado *disheartened, discouraged*
abatido *dejected, downcast*

The above participial adjectives beginning with **des-** all indicate a mental state and are used with **estar** (not **ser**) or another appropriate verb. **Deprimido**, at least in careful usage, indicates a neurotic state which need not necessarily be related to any specific cause. The other adjectives all indicate a state that is the reaction to some disappointment or failure. **Abatido** sometimes also suggests being beaten down physically as well as mentally.

No sé por qué pero llevo varios meses **deprimido**.	*I don't know why but I've been **depressed** for several months.*
Maribel quedó muy **desanimada (desalentada, descorazonada)** cuando la suspendieron en inglés.	*Maribel was very **discouraged (disheartened)** when they failed her in English.*
La enfermedad le dejó **abatido**.	*The illness left him **dejected**.*

PRACTICA ━━━━━━━━━━━━━━━━━━━━━━━━━━━━━━━━

A. *Para cada una de las frases siguientes, elija Ud. la palabra que complete el sentido. Haga también cualquier cambio necesario en la palabra elegida para que la frase quede gramaticalmente correcta.*

1. Tome Ud. el antibiótico que voy a _____ (**prescribir, recetar, formular**).

2. El doctor le _____ reposo absoluto en la montaña (**formular, recetar, prescribir**).

3. Anoche se celebró una _____ en honor de los jóvenes poetas de la ciudad (**reunión, junta, velada**).

4. El partido socialista tuvo un(a) _____ para discutir su futuro curso de acción (**tertulia, mitin, velada**).

5. Ayer fuimos a ver un(a) _____ de tenis (**juego, partido, partida**).

6. El (la) último(a) _____ del campeonato mundial de fútbol fue muy aburrido(a) (**partido, partida, juego**).

7. Los niños están muy _____ jugando con sus nuevos juguetes (**feliz, contento, alegre**).

8. Algunas personas creían que Cagliostro tenía el _____ de adivinar el futuro (**regalo, presente, don**).

9. El presidente de la compañía le hizo un _____ de un reloj de oro por sus muchos años de servicio (**obsequio, presente, donativo**).

10. Para asistir a la apertura del museo tuvimos que hacer un(a) _____ de cien dólares por persona (**donativo, obsequio, dádiva**).

11. **Si quieres que te asciendan en esta compañía, tienes que hacer un _____ al jefe (don, donativo, obsequio).**

12. No me gusta la comida que _____ a cebolla (**saborear, degustar, saber**).

13. Mi padre compró una botella de vino chileno que todos _____ durante la comida (**probar, catar, paladear**).

14. Compré un(a) _____ de estilo moderno para mi mesa de trabajo (**butaca, sillón, silla**).

15. En el Teatro Nacional sólo quedaban _____ en el segundo piso para la función de esta noche (**mecedora, silla, butaca**).

16. En el parque hay varios(as) _____ de arena donde los niños pueden correr y jugar (**trocha, vereda, sendero**).

17. Para llegar al pueblo, sólo había un(a) _____ (**vereda, camino, sendero**).

18. El estudiante, disgustado por la baja nota que le dio el profesor, _____ el examen (**quebrar, quebrantar, romper**).

19. El esquiador se dio contra un árbol y se _____ el brazo derecho (**romper, quebrantar, hacer añicos**).

20. El niño se colgó de la rama del árbol y con su peso la _____ (**quebrantar, quebrar, hacer añicos**).

21. El coche chocó contra la estatua y la _____ en tres piezas (**hacer añicos, quebrantar, quebrar**).

22. Nos gusta ir a Maine para pescar durante la _____ truchera (**época, estación, temporada**).

23. Aunque al senador le _____, vamos a publicar la historia de su divorcio (**dar asco, repugnar, disgustar**).

24. El ver los buitres comiéndose el animal muerto nos _____ a todos (**disgustar, dar asco, repugnar**).

25. El ciclista perdió la carrera porque tuvo dos _____ (**pellizco, punzada, pinchazo**).

26. Antes de servir la sopa, el cocinero le puso un(a) _____ más de sal (**pinchazo, pellizco, pizca**).

27. En otra época, a muchos hombres de ese país les gustaba _____ a las turistas que viajaban solas (**pinchar, pellizcar, pizcar**).

28. El _____ del zoológico no permitía a los niños dar de comer a los monos (**guarda, guardia, guardián**).

29. Se nos hizo de noche en la carretera y tuvimos que detenernos en un _____ remoto, del cual ni conocíamos el nombre (**local, paraje, sitio**).

30. Cuando le negaron el permiso de conducir, Carlos quedó un poco _____ (**abatido, deprimido, desanimado**).

B. *Traduzca al español las siguientes frases empleando el vocabulario estudiado en este capítulo.*

1. In Miami, we saw some Cubans playing a game of cards we didn't know.

2. Since the patient hadn't improved, the doctor prescribed a stronger antibiotic.

3. The Dutch and the Swiss seem to have a gift for languages.

4. We have never known a happier couple than Julio and Estrella.

5. A disgusting smell came from the paper factory.

6. The paths of the Botanical Garden were covered with fallen leaves.

7. This bottled water tastes better than that from the faucet.

8. For many years that group of painters has held its daily gathering in the same cafe.

9. During the summer, the duchess held musical gatherings in her garden at night.

10. Guillermo is a very cheerful (happy) person who is always telling jokes.

11. Although the cook followed the recipe carefully, the paella didn't turn out well.

12. This is the best gift I have ever received.

13. This sauce needs a pinch of thyme.

14. Juanita was crying because her brother had pinched her on the arm.

15. They had to renovate the place before reopening the store.

16. David was so discouraged that he gave up his studies.

17. Every two hours they changed the guard in front of the Royal Palace.

18. My grandmother was sitting in her rocking chair sipping a glass of port wine.

19. The congressman's conduct was so repugnant to the voters that he lost his seat in the November elections.

20. The forest ranger was trying to follow the path made by the poachers.

TEMAS A ESCOGER

Temas relacionados con la selección literaria

1. Vuelva a escribir, en primera persona, esta narración desde el punto de vista del protagonista.
2. Escriba sobre el cambio en la relación en el matrimonio en este cuento.
3. Escriba este cuento desde la perspectiva del forastero.

Temas sugeridos por la selección literaria

1. Escriba sobre la artificialidad de la vida moderna.
2. Comente sobre la capacidad de las personas para aceptar su destino.
3. Escriba sobre la figura de la muerte en una obra literaria o en una película.

Vocabulario Español-Inglés

This vocabulary has been compiled for all exercises from Spanish into English and for the literary selections. Gender is indicated only when it is not clear from the word itself.

A

ábaco abacus

abalanzarse to hurl oneself, to rush

abeja bee

abogado lawyer

abrevadero drinking trough, watering place

abrigo overcoat

absorto absorbed, entranced

abuelo grandfather

abultar to enlarge

aburrido bored, tiresome, boring

abusar to go too far, to take advantage

   ~ **de** to abuse

acabar de to have just

acariciar to caress

acasillar (*Mex.*) to provide permanent housing for a tenant worker

acatamiento reverence, awe

acceso access

acechar to spy on, to watch

acentuar to accent, to accentuate, to emphasize

acertado right, fit, sure

aciano bluebottle, cornflower

aclamar to acclaim, to applaud

acompasado rhythmic, regular, slow

acongojar to grieve, to afflict, to distress

aconsejable advisable

acudir to come up

   ~ **a** + **infinitive** to come to + infinitive

acuerdo accord, agreement

acusado accused

adivinar to prophesy, to guess

aduanero customhouse officer

aducir to adduce

advertencia warning

aéreo (pertaining to) air

afán (*m.*) anxiety, worry, zeal, eagerness

afectivo affective

afecto emotion, affection

afeitado shave, shaving

afeitar(se) to shave (oneself)

afición (*f.*) fondness, liking, taste

aficionar to cause to like

agacharse to crouch to squat

agarrotamiento binding, jamming, stiffness

agarrotar to bind with ropes, to squeeze hard, to pinch, to garrote

agasajar to treat affectionately, to shower with attentions

agazaparse to hide, to crouch, to squat

agitar to agitate, to shake, to wave

agobiado weighed down, bent over

agradable agreeable

agrario agrarian

agresivo aggressive, offensive

agudo acute, sharp, keen

ahogarse to drown

ahogo oppression, constriction, shortness of breath

ahorro economy

   ~s savings

aire (*m.*) air

   al ~ **libre** in the open air

aislamiento isolation, insulation

ala wing

alargar to lengthen, extend, stretch

   ~ **la mano** to offer one's hand

alarma alarm

alcance(*m.*) reach, range

   al ~ **de** within reach of, within range of

alcanzar to reach, to perceive

alcoba bedroom

aldea village

alegato allegation

alegrarse to be glad, to rejoice

alegre glad, joyful, cheerful, gay

alegría joy, cheer

alejarse to move aside, to move away

alfombra carpet, rug

alicantino (pertaining to) Alicante

alivio alleviation

aljibe (*m.*) cistern

almacén (*m.*) store, department store

almacenar to store, to store up, to hoard

almendro almond tree

almohada pillow, cushion

alojarse to lodge, to be quartered or billeted

alpinista (*m./f.*) mountain climber

alrededor de around, about

alternar to alternate, to vary, to take turns

altura height, altitude

alumbrar to light, to illuminate

amabilidad amiability

amable amiable, affable, kind, lovable

amante fond, loving, lover

amapola poppy

amargar to make bitter, to embitter, to spoil

amargura bitterness, sorrow, grief

amarillento yellowish

amistad (*f.*) friendship

amo master

amplio ample, full, roomy

anciano old, aged, old man

andaluz Andalusian

andanza fate, fortune, act, happening

andarín fast moving

andén (*m.*) sidewalk (*Colombia*), railway platform

angustia anguish, distress, affliction

anhelar to desire eagerly, to crave

aniquilador annihilating, destructive

aniversario anniversary

anoche   last night
ansiar   to long for, to yearn, to covet
anteayer   day before yesterday
antes   before
~ **(de) que**   before (*in time*)
antropófago   anthropophagic
anudar   to knot, to tie, to fasten, to join
anular   to annul, to nullify, to revoke
anzuelo   fishhook
apacible   peaceful, mild, gentle
apagón (*m.*)   power failure, brownout
aparato   display, ostentation
apartado   separated, distant, remote
apartamiento   separation, withdrawal
apartarse   to separate, to move away, to withdraw
apegarse   to become attached
aperitivo   aperitif, appetizer
apertura   opening, beginning
apiñar   to bunch, to squeeze together, to crowd, to jam
aplacar   to placate, to appease, to pacify
aplanar   to smooth, to make even
aplastante   astounding, dumbfounding
aplastar   to flatten, to smash
aplicar   to apply
apoyo   support
apreciar   to appreciate
aprender   to learn
aprobar   to approve, to pass
aproximarse   to come near or nearer, to approach, to approximate, to come closer
apuntar   to note, to jot down
araña   spider
arañazo   scratch
arbusto   shrub
arcaizante   obsolescent
arduamente   arduously
arena   sand
arenal   sandy ground, desert
argucia   subtlety, sophistry
armada   fleet, armada, navy
Armada Invencible   Invincible Armada

armarse   to start, to break out, to arm
arquitecto   architect
arrecife (*m.*)   stone paved road, stone ditch, dike, reef
arriba   up, upward, above
arroyo   stream, brook
arrugar   to wrinkle, to crease
asado   roast
asamblea   assembly
ascender   to promote, to be promoted, to be advanced
ascenso   ascent, promotion
asesino   murderous, assassin, murderer
asiento   seat
asistir   to assist, to aid, to help, to attend
aspirar   to inhale
Asterión   Asterius, the son of Pasiphaë by a sacred bull; the Minotaur's name
asunto   subject, matter
asustar   to scare, to frighten
atadura   tying, binding, bond, union, shackle
ataque (*m.*)   attack
atar   to tie, to fasten, to lace
atardecer (*m.*)   late afternoon
atareado   busy
atender   to attend to, to pay attention to, to take care of
atento   attentive, kind
atinar   to find, to come upon
atraer   to attract
atraso   slowness, delay, lag
atreverse   to dare to
atribuir   to attribute
atuendo   pomp, dress, show, adornment
auditorio   audience, auditorium
aula   classroom
aullar   to howl
aumento   raise
aunque   although, even though
ausencia   absence
ausente   absent
auto   car, auto
autobús (*m.*)   bus, autobus
autopista   freeway, turnpike
autoridad (*f.*)   authority
avergonzado   embarrassed, ashamed

averío   flock of birds
aviaos   form of aviados from the verb aviar
estar aviado   to be in a mess or jam
avión (*m.*)   airplane
axila   axilla
ayuntamiento   city hall
azafata   stewardess, air hostess
azúcar   sugar
caña de ~   sugar cane
azulejo   glazed colored tile

B
bacalao   codfish
bajar   to descend, to go down
bajeza   lowness, lowliness, meanness, vileness
baloncesto   basketball
bananero   (pertaining to) banana
bancarrota   bankruptcy
bandeja   tray
bandera   flag, banner
banquete (*m.*)   banquet
bañar(se)   to bathe (oneself)
bañista (*m./f.*)   bather
baranda   railing
barato   cheap
barbilla   tip of chin
barrer   to sweep
barril (*m.*)   barrel
barro   mud, clay
bastar   to suffice, to be enough
bata   smock, dressing gown, wrapper, bathrobe
bayoneta   bayonet
bebida   drink
beca   scholarship, fellowship
becario   holder of a scholarship or fellowship
belleza   beauty
beneficio   beneficence, benefit
beneficioso   beneficial, profitable
biblioteca   library
bicho   bug, vermin
bienestar (*m.*)   well being
bifurcarse   to fork, to branch
billar (*m.*)   billiards
billete (*m.*)   ticket, note, bill
bisonte   bison, buffalo
bizarro   gallant, lofty, magnani-

mous
blanco (*m.*) target
blasfemia blasphemy, vile insult
bledo blite
      no importarle a uno un ~ to not matter to a person
boda marriage, wedding
bollo bun
bomba pump, bomb
bondad (*f.*) kindness, goodness, gentleness, favor
borde (*m.*) edge
borrar to erase
bostezo yawn
botánico botanist
botón (*m.*) button, bud
      ~ de oro (*bot.*) creeping crowfoot, buttercup
brillar to shine, to sparkle
brillo shine, brilliance, brightness, lustre, splendor
bromista (*m./f.*) joker
bronce (*m.*) bronze
brujo sorcerer, wizard
brusco brusque, sudden, rough
bruto brute, brutish, stupid
buitre (*m.*) vulture
bullicio bustle, rumble, brawl
burla ridicule, joke, trip, deception
busca search
      en ~ de in search of
búsqueda search, pursuit
butaca armchair, easy chair, orchestra seat

C
caballito del diablo dragonfly
cabida space, room
cabra montés ibex, wild goat, mountain goat
cachivaches (*m., pl.*) trash, junk
cadena chain
cadencia cadence, cadenza
caer to fall, to tumble
caja box, case, chest, safe
cajón (*m.*) drawer
calcular to calculate, to reckon
caldo broth, bouillon
callar to silence, to hush up
      ~se to be silent, to keep

silent, to become silent, to keep quiet
calleja side street, alley
cámara chamber
camarero waiter
cambiar to change, to exchange
cambio change, exchange
caminante (*m./f.*) walker, traveler, passer-by
camino road, way, path
campanario belfry, bell tower, campanile, carillon
campeón (*m.*) champion
campeonato championship
camposanto cemetery
canaleta wooden trough
canario canary
candil (*m.*) olive oil lamp
cansancio tiredness, weariness, fatigue
capacitar to enable, to qualify
capullo cocoon, bud
¡caray! darn
carbonizar to carbonize, to char
carcamal (*m.*) infirm old person
cárcel (*f.*) jail, prison
cardiólogo cardiologist
cardo thistle
carga load, weight
cargo job, post, position
caridad (*f.*) charity
carnero sheep
carrera career
carretera highway
carro cart, wagon
casar to marry, to marry off
      ~se con to get married to
cascajo old and worn out, wreck
caso case, chance, event, happening
      en ~ de que in case of, in the event of
      hacer ~ de to pay attention to
castigar to punish, to chastise
catalizador (*m.*) catalyst, catalyzer
catarata cataract, waterfall
cátedra chair, professorship

catedrático university full professor
cauteloso cautious, heedful, wary
cavar to dig
caza chase, hunt
cazador (*m.*) hunter
cebolla onion
célebre celebrated, famous
ceniza ash, ashes
centavo cent
cera wax
cerca near
      ~ de + infinitive near + gerund
cerilla match
cerradura lock
certidumbre (*f.*) certainty
cerveza beer
cesar to cease, to stop
césped (*m.*) lawn
cesta basket
ciclista (*m./f.*) cyclist, bicyclist
cierto certain
ciervo deer, stag
cigüeña stork
cima top, summit
cine (*m.*) movie, movies
circundar to surround, to encompass
ciruelo plum tree
ciudadano citizen
clarear to brighten, to light up, to dawn, to clear up
claridad (*f.*) clarity, clearness
clavado exact, precise
clavar to nail
clavel (*m.*) carnation
clavo nail
cliente (*m./f.*) client, customer
clima (*m.*) climate
cobertizo shed
cobre (*m.*) copper, brass
cocinar to cook
cocodrilo crocodile
coche (*m.*) carriage, coach, car
coleccionista (*m./f.*) collector
colegio school, college, academy
colgar to hang
colmillo eyetooth, canine tooth
collar (*m.*) necklace, collar, dog collar

combatir to combat, to fight
comienzo beginning, start
comité (*m.*) committee
como as, like, how
~ **si** as if
cómoda commode, bureau, chest of drawers
cómodo convenient, comfortable
companage (*m.*) cold cuts, cold dish
compañero companion, mate, partner
~ **de clase** classmate
comparecer to appear
competencia competition
cómplice (*m./f.*) accomplice
componerse de to be composed of
comportamiento comportment, behavior, deportment
compra purchase, buy, shopping
comprador (*m.*) buyer, purchaser, shopper
comprar to buy
concluir to conclude
concordancia concordance, agreement
concretar to concrete, to make concrete
conducir to drive
conductor (*m.*) driver, motorist
conejo rabbit
confeccionar to make
congelar to freeze, to congeal
conmovedor moving, touching, stirring
consecuencia consequence
consentir to allow, to permit
conserje concierge
consignar to confine
construir to construct
contaminación (*f.*) contamination, pollution
contar to tell, to count, to rate, to consider
contestar to answer
continuo continual, continuous
contra against
contraer to contract
contrafuerte (*m.*) stiffener for shoe (inner strip of leather)

contrariar to oppose
contrario contrary, opposite
contrarrestar to resist, to offset, to counteract
contrincante (*m.*) opponent, rival
convenir to be suitable, to agree
convincente convincing
cónyuge (*m./f.*) spouse, consort, mate
coqueteo coquetting, flirting
coquetería flirtation, coquetry
corazón heart
ataque al ~ heart attack
cordillera mountain range, chain of mountains
coronel (*m.*) colonel
correr to run, to slide
corretear to hang around, to romp, to race around, to run up and down
cortar to cut
cortejo cortege, entourage
corteza bark
cortina curtain
corto short, small
corzo roe deer
cosecha harvest, crop
coselete (*m.*) corselet
costado side
costra crust, surface
costumbre (*f.*) custom
cotidiano daily
cotización (*f.*) quotation (of a price), current price
creciente crescent, growing, increasing
crespo curled, crispy, curly
cretona cretonne
criminalidad (*f.*) criminality
cristal (*m.*) crystal, crystal glass
cristalino crystalline
crítica criticism
cronista (*m./f.*) chronicler, reporter
crudeza rawness, crudeness
crueldad (*f.*) cruelty
crujido crackle, creak, chatter, clatter, rustle
cuadrado square
cuadro picture, painting
cuanto as much as, whatever

en ~ as soon as, while, insofar as
cuartel (*m.*) quarter, barracks
cubano Cuban
cuclillas (**en cuclillas**) in squatting position
ponerse en ~ to squat, to crouch
cuenta bill, check, count, account
tener en ~ to bear in mind, to take into account
cuerno horn
cuidado care, concern, worry
con ~ carefully
cuidar to care for, to take care of, to watch over
cuita trouble, worry, sorrow
cuitado troubled, worried
cumpleaños (*m.*) birthday
cúmulo heap, cumulus, lot, great many
cuneta ditch, gutter
cupo quota, share
curar to heal, to cure
curso course
~ **académico** academic year
CH
chaleco vest, waistcoat
~ **salvavidas** life preserver
chapuzarse to dunk, to duck (sudden dip under water)
chaqueta jacket
charlar to chat, to talk
charro Mexican horseman
chato flat-nosed
chillido shriek, scream
chismorrear to gossip
chispa spark, sparkle, drop
chocar to shock, to collide, to clash, to crash
D
dádiva gift, present
dañino harmful, destructive, evil, wicked
daño hurt, damage, harm
hacer ~ to hurt
dato datum, fact, basis
deber to owe
~ + **infinitive** to must, to have to, to ought to
débil weak

debilidad (*f.*) weakness, debility
decrepitud (*f.*) decrepitude, decline
deforme deformed
deletrear to spell, to decipher
delgado thin, slim, lean, slender
demasiado too much
demostrativo demonstrative
denominar to name, to indicate, to denominate
dentado toothed, perforated
denunciar to denounce
dependiente (*m./f.*) clerk
deportivo (pertaining to) sport, sports
derecho right, straight, law
derribar to demolish, to destroy, to tear down
derrota defeat
desabotonar to unbutton
desahogado comfortable, clear, free, in comfortable circumstances
desalentar to discourage
desaliñado slovenly, dirty, careless
desaparecer to disappear
desaprobación (*f.*) disapproval
desarrollar to develop
descalzar to take off (footwear)
descansar to rest
descender to lower, to descend, to go down
descentrado off center, out of plumb
descoger to extend, to spread, to unfold
descolgar to take down
descolorido discolored, faded
desconfiado distrustful, suspicious
desconfianza distrust
descortés discourteous, impolite
descubrimiento discovery
descuento discount
descuidado careless, negligent, dirty, slovenly
desdoblar to unfold
desechar to cast out, to throw out
desembocar to flow, to empty

desencanto disenchantment, disillusionment
desengaño disillusionment, disappointment
desenrollar to unroll, to unwind, to unreel, to unfurl
desenterrar to unearth, to disinter
deseoso desirous
desesperar to make hopeless, to deprive of hope, to drive to despair
desgarbado graceless, ungainly, uncouth
desgracia misfortune, bad luck, disgrace
desgraciado unfortunate, unhappy, wretch
deshielo thaw, thawing, defrosting
desierto desert
desmayarse to faint
desmenuzar to crumb, to crumble, to shred
despedazar to break to pieces, to tear to pieces
desplegar to spread
desprovisto unprovided, deprived, devoid
desquiciar to unhinge, to upset, to unsettle
destacado outstanding, distinguished
destacarse to stand out, to project, to be distinguished
destilar to distill, to filter
destrozar to destroy
destruir to destroy
desusado obsolete, out of use
desvaído gaunt, tall and lanky, dull
desvalido destitute, helpless
desvelado wakeful, awake, sleepless
detractor detractive, disparaging
deuda debt
devolver to return, to give back
diario daily (newspaper)
dibujar to draw, to design
digno worthy, deserving, dignified
dilatado vast, extensive

dimisión resignation
diputación deputation, congress
diputado deputy, congressman
disco disk, record (of phonograph)
disculpa excuse, apology
diseño drawing, design
disgregarse to disintegrate
disgustar to displease
disminuir to diminish, to decrease
disparar to shoot, to throw
disponer to dispose, to arrange
distracción distraction, diversion, amusement
divinidad (*f.*) divinity
doblar to fold, to double, to crease, to bend, to turn
dolido complaining, grieved, hurt
dolorido aching, painful, grieving
doloroso painful, pitiful, dolorous
domador (*m.*) tamer
dominio dominion, mastery
dorado gilt, golden
dormitorio bedroom, dormitory
dorso back
dudoso doubtful, dubious
dulce (*m.*) candy, sweet

E
economía economy
económico economic, economical
edad (*f.*) age
edificio building, edifice
efecto effect
    en ~ in effect, as a matter of fact
efectuar to effect, to carry out
eficaz effective, effectual, efficacious
efímero ephemeral
ejecutor (*m.*) executive, executor
ejercer to practice
eléctrico electric, electrical
elocuente eloquent
embajador (*m.*) ambassador

embargar to embargo, to seize, to paralyze, to attach

embellecer to embellish, to beautify

emocionar to move, to stir, to touch

emotivo emotive, emotional

empanada pie with meat, fish, or vegetable filling; pie

empedrado paving, stone paving

empleado employee

emplear to employ, to use

empresa company, firm

encajar to put, to insert, to fit

encanto variant of *encantamento* or *encantamiento*; spell, enchantment, charm

encargado representative, person in charge, agent

encariñarse con to become fond of, to become attached to

encerrarse to lock oneself in

encima de on, upon, above, over, on top of

encogerse to shrink, to contract, to cringe, to be bashful or timid

encorvamiento bending, curving, curvature

encrucijada crossroads

encuentro meeting, encounter

enfadar to annoy, to anger, to bother

enfermedad (*f.*) sickness, illness, disease

enfermera nurse

enfermero male nurse

enfermo sick, ill, patient

enfocar, to focus, to size up

enfrentar to confront, to face

enfriamiento cold

enfriarse to cool off, to turn cold

enfurecido enraged, infuriated

enganchar to hook, to couple

enjugar to dry, to wipe, to wipe off

enmascarar to mask

enmohecer to make moldy, to rust, to cast aside, to neglect

enojoso annoying, bothersome

ensalada salad

ensaladilla rusa Spanish potato salad

ensangrentar to stain with blood, to bathe in blood

ensayista (*m./f.*) essayist

ensayo essay

enseguida at once, immediately

enseñanza teaching, education, instruction

ensueño dream, daydream

enteco sickly, weakly

entremetido meddler, intruder, busybody

entrenador (*m.*) trainer, coach

entretejer to interweave

entretenerse to amuse oneself

enunciar to enounce, to enunciate

envejecer to age, to grow old

envejecimiento aging

envidiar to envy

envolver to wrap, to wrap up

equipar to equip, to fit out

equiparar to compare, to equalize, to make equal or like

equipo team, equipment

erial unplowed, uncultivated, unplowed land, uncultivated land

erizo bur, urchin

ermita hermitage

esbelto graceful, slender, svelte

escabeche (*m.*) pickle, pickled fish

en ~ prepared in oil and vinegar solution

escalar to scale, to climb

escama scale

escaño bench

escaparate (*m.*) show window

escaparse to escape

escasez (*f.*) scarcity

esclavo slave

escolar (pertaining to) school, scholastic

escollera rock fill, jetty, breakwater

escritor (*m.*) writer

escrutar to scrutinize

esfuerzo effort, vigor, spirit

eslabonar to link, to interlink

espada sword

espalda back

espantoso frightful, fearful, astounding

especia spice

especie (*f.*) species, rumor, matter, objection, pretext

espeluznar to muss the hair of

esperanza hope, hopefulness

esperanzado hopeful

espeso thick, heavy

espía (*m./f.*) spy

espiar to spy on, to spy

espino (*bot.*) hawthorn

espíritu (*m.*) spirit, ghost

esponjarse to puff up

esposa wife

esquiador (*m.*) skier

esquizofrénico schizophrenic

establecer to establish

estación station, stop

estacionar to park

estadía stay

estado state

Estados Unidos United States

estallar to burst, to explode

estampa print, stamp, engraving

estantería shelving

estar to be

~ a punto de to be about to

estatua statue

estigma (*m.*) stigma

estilo style

estilóbato stylobate (an architectural term for immediate foundation of a row of columns)

estimar to esteem, to like, to be fond of

estorbar to hinder, to obstruct, to annoy

estrella star

estrellarse to crash

estremecer to shake

estremecimiento shaking, shiver, shivering

estrujar to squeeze, to press, to crush

estuco stucco

estudiantil (pertaining to a) student, college

estupendo wonderful, stupendous

excursionista (*m./f.*) excursionist, hiker

exigencia exigency, require-ment, demand

eximio select, choice, superior, distinguished

éxito success, outcome, result

experimentar to experience

explicación (*f.*) explanation, explication

explicar to explain, to expound

explorador (*m.*) explorer, scout, boy scout

exponer to expose, to expound

expulsar to expel, to expulse

extraer to extract, to pull

extranjero foreign, foreigner, foreign land

extraño foreign, strange, extra-neous

evitar to avoid, to shun

F

fábrica factory

fabuloso fabulous

fácil easy, probable, likely

faja sash, girdle

falda skirt

falta lack, want, shortage, fault

faltar to be missing, to be lacking

~**le a uno** to lack

falucho felucca

familiar familiar, (pertaining to the) family

fastuoso vain, pompous, mag-nificent

fatídico fatidic, fateful

fatigar to fatigue, to tire, to weary, to harass

faz (*f.*) face

felicidad (*f.*) happiness

feliz happy, lucky, felicitous

feo ugly

fiebre (*f.*) fever

fijo fixed, fast, permanent

filántropo philanthropist

filatelia philately

filipino Filipine or Philippine

fin (*m.*) end, purpose

a ~ **de que** in order that, so that

finca farm, ranch

fingirse to feign to be, to pre-

tend to be

fino thin, slender

firmar to sign

firmeza firmness, steadiness, constancy

física physics

flechazo arrow shot, arrow wound

flirteo flirting, flirtation

flor (*f.*) flower

floristería flower shop

flotar to float

fluidez (*f.*) fluidity, fluency

forastero stranger, outsider

forrar to line, to cover

forzar to force

fosforescer to phosphoresce

fósforo match

foto (*f.*) photo

fotografiar to photograph

fraguar to forge

franela flannel

frasco bottle, flask

frase (*f.*) phrase, sentence

frenesí (*m.*) frenzy

frente (*f.*) brow, forehead

frente (*m.*) front

fresa strawberry

frustrar to frustrate, to thwart

fruta (*f.*) fruit (e.g., apple, pear, etc.)

fruto (*m.*) fruit (part containing seeds) (*bot.*) fruit (result, prod-uct) (*fig.*)

fuego fire

fuera de outside, outside of, away from

fugarse to flee, to run away, to escape

fúlgido bright, resplendent

fumar to smoke

fundar to found, to base

fúnebre funeral, funereal

G

gabardina gabardine, raincoat (generally with belt)

galería gallery

gana desire

de buena ~ willingly

tener ~(s) **de** + **infinitive** to feel like + gerund

ganador (*m.*) winner, earner

ganar to earn, to win

ganoso desirous

gañir to yelp, to croak, to wheeze

garabatear to scribble

garganta throat, neck

gasto cost, expense, wear

gatear to creep, to crawl, to go on all fours

gatillo trigger, hammer, cock (of firearm)

generosidad (*f.*) generosity

genio temper, disposition, temperament, genius

gladíolo gladiolus

golfo little scoundrel, ragamuf-fin

goloso sweet-toothed, gluttonous

golpe (*m.*) blow, hit

de ~ suddenly, all at once

granito granite

granja grange, farm, dairy

grasa fat, grease

grasiento greasy

grey (*f.*) flock, people

grieta crack

gripe (*f.*) grippe

gris gray, dull, gloomy

grúa crane, derrick

grueso thick

grumete (*m.*) cabin boy, ship's boy

guante (*m.*) glove

guardar to guard, to keep

guerra war, warfare

guiso dish, seasoning

gustar to please, to be pleasing, to like

gusto taste, flavor

de buen ~ in good taste

gustoso tasty, pleasant, agree-able

H

habitar to inhabit, to live in, to occupy

hábito habit (custom, disposi-tion acquired by repetition, dress)

hacienda treasury

Ministerio de Hacienda Department of Treasury

halagar to cajole, to flatter
hallar to find
hallazgo finding, discovery, find
hamaca hammock
hambre (f.) hunger, famine
hasta even, until
    ~ que until, till
hazmerreír (m.) butt, laughing-stock
hectómetro hectometer
hecho fact, deed, act
herencia inheritance
herida injury, wound
herido injured person, wounded person
herir to hurt, to injure, to wound
heroicidad (f.) heroism
hierro iron
hígado liver
hilvanar to tack, to baste, to outline, to sketch
hipoteca to mortgage
hirsuto hirsute, bristly
Holanda Holland
hombro shoulder
hongo mushroom
hora hour, time
    a la ~ de at the hour (time) for doing something
hormiga ant
horno oven
hosco dark, sullen, gloomy
hospicio hospice, orphan asylum, poorhouse
huelga strike
huella track, tread, footprint, trace
huérfano orphan
huerta garden, vegetable garden, fruit garden
huída flight, escape
humedad (f.) humidity, moisture, dampness
húmedo humid, moist, damp, wet
humildad (f.) humility, humbleness
hundir to sink, to plunge
hurgar(se) to poke (around)

I
imagen (f.) image, picture
impedir to prevent
impermeable (m.) raincoat
importar to import, to be worth, to be important, to matter
impregnar to impregnate, to saturate
imprimir to print
improbable improbable, unlikely
inaguantable intolerable, insufferable
incapacidad (f.) incapacity, inability
incendio fire
incitar to incite
incredulidad incredulity
increíble incredible
inculcar to inculcate
indefinible indefinable
indemnización (f.) indemnification
indígena indigenous, native
inesperado unexpected, unforeseen
infortunio misfortune, mishap
infundir to infuse, to instil
ingeniería engineering
inglés (m.) Englishman, English (language)
ingresar to enter
iniciar to initiate
injusto unjust
inmóvil (variant of *inmoble*) immovable, unmovable
inolvidable unforgettable
inopinadamente unexpectedly
insinuante insinuating, slick, crafty
insoportable unbearable
inspirar to inhale, to breathe in, to inspire
instalación (f.) installation
instalar to install
instintivo instinctive
integrar to integrate, to form
intentar to try, to attempt
interioridad (f.) inwardness, inside
intimar to intimate, to become intimate or well acquainted

intromisión (f.) insertion, meddling
inútil useless
invencible invincible
invitado person invited, guest
Irlanda Ireland
ironía irony
irrespirable unbreathable
irrisorio ridiculous, derisory

J
jabón (m.) soap, cake of soap
jabonera soap dish
jacal (m.) jackal; hut, shack (*Am.*)
jactarse to boast, to brag
japonés (m.) Japanese (language), Japanese (man)
jaqueca headache
jardín (m.) garden
jardinero gardener
jaula cage
jinete (m.) horseman
jubilación (f.) retirement
jubilado pensioner
judío (m.) Jew
juez (m.) judge
jugador (m.) player, gambler
juguete (m.) toy
juicio trial
junta meeting
junto joined, united
    ~s together
justo just, exact, correct
juventud (f.) youth

L
laberinto labyrinth, maze
lado side
    al ~ de by the side of
ladrón (m.) thief
lagartija green lizard
lago lake
lágrima tear
lamer to lick, to lap
lancilla the little lance
lanzador (m.) baseball pitcher
lápida gravestone
lapidación (f.) stoning to death, lapidation
largo long
lastimero hurtful, injurious, pitiful, doleful

lavar to wash
lazo bow, knot, tie
lechero milkman
lejos far
    a lo ~ at a distance, in the distance
lentamente slowly
leproso leprous
leve light, slight, trivial, trifling
léxico lexicon, wordstock, vocabulary
ley (*f.*) law
libar to suck
librero bookseller
ligereza lightness, speed
limpiar to clean
limpio clean
linimento liniment
lino linen
liquidar to liquidate
lírico lyrical, lyric
lirismo lyricism
local (*m.*) premises, quarters, place
logrado successful
losa slab, flagstone, grave
lucha fight, struggle
luchar to fight, to struggle
lugar (*m.*) place
    tener ~ to take place
lujoso luxurious
luz (*f.*) light

LL
llama flame
llamar to call
llanto weeping, crying
llanura plain
llover to rain
    ~ a cántaros to rain cats and dogs
llegar to arrive

M
machacar to crush, to mash, to pound
madrugada dawn
madurez (*f.*) maturity, ripeness
maduro ripe, mature
magia magic
mágico magic, magical
maíz (*m.*) maize, corn, Indian corn

majestuosidad (*f.*) majesty
mal (*m.*) evil
maledicencia slander, scandal, evil talk
malestar (*m.*) malaise, indisposition
maleta valise, suitcase
malicia evil, malice
maligno malign, malignant, evil
mancebo youth, young man
mancha spot, stain
manchar to spot, to stain
mandar to order, to command, to send
manejar to manage, to handle
manga sleeve
manguera hose
manifestante (*m./f.*) demonstrator
manifestar to demonstrate
    ~se to be manifest, to become manifest
manta blanket
mantel (*m.*) tablecloth
mantener to maintain, to keep
maravilloso wonderful, marvelous
marcar to mark, to brand
marcha march
    en ~ in motion
mareado nauseated, lightheaded, seasick
margarita daisy
marido husband
marinero sailor, seaman
mariposa butterfly
matiz (*m.*) nuance, hue, shade
matorral (*m.*) thicket, underbrush
matricular to register, to enroll
matutino matutinal, morning
mayordomo steward, butler, majordomo
medalla medal, medallion
media stocking, sock (*Am.*)
    Medias Rojas Red Sox
medicamento medicament, medicine
médico doctor, physician
medida measure
medir to measure
mejillón (*m.*) mussel
mejorar to make better, to

improve
memoria memory, memoir
menester (*m.*) want, lack, need
    ser ~ to be necessary
menesteroso needy person
mentalidad (*f.*) mentality, psychology
menudo small, slight
    a ~ often
mercado market
    Mercado Común Common Market
Mérida city in Spain famous for its Roman theater
mérito merit, worth, value
mermelada marmalade
mesilla night table
mesón (*m.*) inn, tavern
meta goal
metáfora metaphor
meter to put, to place, to insert
metro subway
mexicano Mexican
mezquino mean, stingy, wretched
miel (*f.*) honey
    luna de ~ honeymoon
mientras while, whereas
milla mile
mimbre wicker
minero miner
minotauro Minotaur
mirada glance, look
mirar to look at, to watch
mitad (*f.*) half, middle
mítico mythic, mythical
mitin meeting, rally
mito myth
mochila knapsack
modestia modesty
modista (*m./f.*) dressmaker, modiste
modo mode, manner, way
mojado wet, drenched, soaked
moler to grind, to mill
molestar to molest, to disturb, to annoy, to bother
moneda coin, money
monte (*m.*) mount, mountain, woods, woodland
morder to bite, to nibble
moribundo moribund, dying
moroso slow, tardy, dilatory

mostrador (*m.*)   counter
motivo   motive, reason
mozo   youth, lad
mudarse   to change clothing or underclothing, to move
muerte (*f.*)   death
mujer (*f.*)   woman, wife
mujeril   womanish, womanly
multa   fine
mundo   world
murmullo   murmur, ripple, rustle
muro   wall, rampart

N
narrador (*m.*)   narrator
narrar   to narrate
narrativo   narrative
natal   natal, native
naturaleza   nature
náufrago   shipwrecked person
necesidad (*f.*)   necessity, need
negar   to deny, to refuse
negarse a + infinitive   to refuse to
negocio   business, affair
nevera   icebox, refrigerator
nido   nest
niebla   fog
niñez (*f.*)   childhood, childishness
niño   child
     de ~   as a child
     ~ mimado   spoiled child, brat
nivel (*m.*)   level
nombrar   to name, to appoint
nombre (*m.*)   name
normalizar   to normalize, to standardize, to regulate
Noruega   Norway
noruego   Norwegian (man), Norwegian (language)
noticia   news
nube (*f.*)   cloud
nudillo   knuckle

O
obispo   bishop
obituario   obituary
obligar   to obligate, to oblige, to force
obra   work

obrero   worker
obsequiar   to give, to present, to flatter, to pay attention to
obsequioso   obsequious, obliging
ocasión (*f.*)   occasion, opportunity, chance
ocultar   to hide, to conceal
oculto   hidden, concealed, occult
ocupar   to occupy
ocurrente   witty
odiar   to hate
ofensivo   offensive
     a la ofensiva   on the offensive
ola   wave
olmo   elm
olvidar   to forget
olvido   forgetfulness, oblivion
     echar en ~   to cast into oblivion
opacidad (*f.*)   opacity, sadness, gloominess
orden (*f.*)   order (command) (religious)
orden (*m.*)   order (methodical arrangement)
oreja   ear, outer ear
orgía   orgy
orgullo   haughtiness, pride
orilla   border, edge, shore
osar   to dare
oscuro   obscure, dark
ostentar   to show, to display
oxidar   to oxidize, to get rusty

P
paga   pay, payment
pagar   to pay, to pay for
pago   payment
paja   straw
palabrota   vulgar word
pálido   pale, pallid
palo mayor   mainmast
pandilla   gang, faction, band
papeleo   looking through papers, paper work, red tape
para   to, for, towards
     ~ que   in order that, so that
parecer   to appear
pareja   pair, couple

pariente (*m.*)   relative
parpadear   to blink, to wink, to flicker
párrafo   paragraph
partir   to divide, to split
     a ~ de   beginning with
pasaje (*m.*)   passage
pasajero   passenger
paseo   walk, stroll, promenade
pasillo   passage, corridor
pasmado   chilled, stunned, astounded
paso   step, pace
pastor (*m.*)   shepherd
patatín patatán   onomatopoeic remark for talking
patear   to kick, to stamp one's foot
patinar   to skate, to skid
pato   duck, drake
patrulla   patrol
paz (*f.*)   peace
pecho   chest, breast, bosom
pegajoso   sticky
pelado   bare, bold
pelea   fight, quarrel, struggle
peligro   danger, peril, risk
peligroso   dangerous, perilous
pelota   ball
peludo   hairy
penoso   arduous, difficult, suffering, afflicted
pensión (*f.*)   pension, annuity, boarding house
peña   rock, boulder
percal (*m.*)   percale
percibir   to perceive
pérdida   loss, waste
peregrino   pilgrim
pérfido   perfidious
periódico   newspaper, periodical
periodismo   newspaper work, journalism
período   period
perito   expert
perjuicio   harm, injury, damage, prejudice
permiso   permission, permit
     ~ de conducir   driver's license
perrera   doghouse, kennel
perro-guía   guide dog

persecución (*f.*)   pursuit, persecution
persiana   slatted shutter
personaje (*m.*)   personage, character
perspectiva   perspective, outlook, prospect
perturbar   to perturb, to disturb
peruano   Peruvian
pervivencia   persistence, survival
pesadumbre (*f.*)   sorrow, grief
pesar (*m.*)   sorrow, regret, to weigh
pesaroso   sorrowful, regretful
pescado   fish (that has been caught)
pescador (*m.*)   fisherman
pesebre (*m.*)   crib, rack, manger
petate   sleeping mat
petróleo   petroleum
petrolero   (pertaining to) oil, petroleum
picante   biting, piquant, highly seasoned
picar   to sting, to bite
pico   peak
pie (*m.*)   foot
  a ~   on foot, walking
pimentón (*m.*)   paprika
pinar   pine grove, pinery
pincho   thorn
pintar   to paint
pintear   to drizzle
pintura   painting
pisar   to step (on), to trample, to tread on
  ~ la calle   to be out on the street
piscina   swimming pool
pista   track, trail, runway
planchar   to iron, to press (clothing)
planteamiento   planning
plastificado   encased in plastic
plata   silver
plátano   plantain, banana
plebe (*f.*)   common people
plegaria   prayer
población (*f.*)   population
pobreza   poverty
poderoso   powerful, mighty
podrido   rotten, putrid

poetisa   poetess
polen (*m.*)   pollen
polígloto   ´polyglot
política   politics, policy
política exterior   foreign policy
político   politician
polvo   dust
polvoriento   dusty
ponerse   to become, to put on (clothes)
portugués   Portuguese
poste (*m.*)   post, pillar, pole
posguerra   postwar period
potencia   power
precipitarse   to rush, to throw oneself headlong, to precipitate
preciso   necessary, precise
predecir   to predict, to foretell
premio   reward, prize
preocupar   to preoccupy
presenciar   to witness, to be present at
presidir   to preside over
preso   prisoner, convict
prestado   lent, loaned
  pedir ~   to borrow
prestar   to lend, to loan
presumido   conceited, vain
previsible   foreseeable
prisa   hurry, haste, urgency
  tener ~   to be in a hurry
privar   to deprive, to forbid
probar   to prove, to test
proceso   (legal) suit, lawsuit
  ~ judicial   judicial suit
profetizar   to prophesy
pronto   soon
propuesta   proposal, proposition
prosternarse   to prostrate oneself
protector   protective, protector
proximidad (*f.*)   proximity
próximo   next
psiquiatra (*m./f.*)   psychiatrist
puerta blindada   shielded door, armored door
puerto   port, harbor, mountain pass
puesto   job, position
punto   point, dot
  en ~   sharp, on the dot, exactly

  ~ de vista   point of view
pupila (*anat.*)   pupil

Q
quebranto   break, heavy loss, great sorrow
queja   complaint
quejarse   to complain, to lament, to whine, to moan
  ~ de   to complain about or of
quemar   to burn, to scald
quietud (*f.*)   quiet, stillness, calm

R
rábano   radish
ramal   strand, branch
rambla   boulevard, avenue
  Ramblas   the name of important thoroughfare in Barcelona
rancho   camp, ranch (*Am.*)
rapaz (*m.*)   young boy, lad
rareza   rarity, rareness
rascacielos (*m.*)   skyscraper
rasgar   to tear, to rip
raspar   to scrape, to scratch
ratero   pickpocket, sneak thief
rato   short time, short while
ratón (*m.*)   mouse
raya   stripe, ray, line
rayo   lightning
reaccionar   to react
real   royal, real
realista   realistic
reanudar   to renew, to resume
rebaño   flock
rechazar   to repel, to repulse, to reject
recién   (*used only before past participle*) recently, just, newly
recio   strong, robust
recomendable   commendable
reconciliar   to reconcile
  ~se   to become reconciled
reconfortar   to comfort, to cheer, to refresh
reconocer   to examine
recovero   poultry dealer
recrear   to recreate
rectoral   rectorial
recuerdo   memory, remem-

brance
recuperarse to recuperate, to recover
recurrir to resort, to have recourse, to revert
recurso resource, recourse
red (*f.*) net, grating, netting
redentor redeemer
redicho affected, over-precise (in speech)
redondo round, straightforward
    a la redonda around, roundabout
reemplazar to replace
refinamiento refinement
reflejar to reflect, to show
refrescarse to refresh, to cool off
refugiarse to take refuge
regalar to give, to caress, to present
regalo gift, present
regar to water, to sprinkle
regatear to haggle over, to bargain
regato (variant of *regajal*) puddle or pool left by a stream or creek
regazo lap
regocijar to cheer, to delight, to rejoice
regordete chubby, plump, dumpy
regreso return
rehuir to flee
reír to laugh
rejuvenecer to rejuvenate
relacionarse to relate, to be or become related
relatar to relate, to report
relato story
reloj (*m.*) watch, clock
reluciente shining, brilliant, flashing
reñir to scold, to quarrel
reojo askance
    de ~ out of the corner of one's eye
reparar to repair, to mend
repentino sudden, unexpected
réplica answer, retort
reposado reposeful, grave, solemn

reposo rest, repose
resbaladizo slippery
resguardar to defend, to protect, to shield
    ~se to take shelter, to protect oneself
resignado resigned
resina resin, rosin
resistente resistant, strong, firm
resolver to resolve, to decide on, to solve
resorte (*m.*) means, motive, scope
respecto a with respect to, with regard to
respetar to respect
respirar to breathe
respuesta answer, response
restaño stanching, stopping, stagnation
retahíla string, line
retal (*m.*) remnant, piece
retazo remnant, piece, scrap
reticente deceptive, misleading
retirarse de to withdraw
retorcer to twist
retratar to portray
retrato portrait, photograph, description
reuma (*m./f.*) rheumatism
reunión (*f.*) gathering, meeting
rezumar to ooze (moisture), to seep, to leak
riesgo risk, danger
risueño smiling
roble (*m.*) oak
roce (*m.*) rubbing, contact
rodar to roll
rodear to surround
roer to gnaw
ronco hoarse
rosca thread
    pasarse de ~ to go too far
roto broken, torn
ruborizarse to blush, to flush
rudo coarse, rough, rude
ruego request, petition, entreaty
ruido noise
ruidoso noisy, loud
ruiseñor (*m.*) nightingale
rumbo course, direction, bear-

ing
rumor (*m.*) rumor, murmur, buzz, rumble

S
sábana sheet
sacerdote (*m.*) priest
saldo bargain
salida departure, exit, outlet
saltamontes (*m.*) grasshopper
salto jump, leap, spring
    ~ de altura high jump
salud (*f.*) health
saludar to greet
salvo except, save
sandía watermelon
sangre (*f.*) blood
satisfacer to satisfy
savia sap
secarse to dry, to get dry, to dry oneself
seco dry, dried, dried up
seda silk
seguir to follow, to continue
seguro sure, certain, surely, safety, insurance
selección (*f.*) selection
semáforo traffic light
sembrado cultivated field
semejante like, similar
sencillez simplicity
sencillo simple, plain
sentido sense, meaning
sentimiento sentiment, feeling
seña sign, mark
    hacer ~s to motion
señal (*f.*) sign, mark
serpiente (*f.*) serpent, snake
seta mushroom
severidad (*f.*) severity, sternness
sien (*f.*) temple (of head)
siglo century
significado meaning
significar to signify, to mean
signo sign
símil (*m.*) simile
simpatía sympathy, liking, friendliness, congeniality
siniestro sinister
sinsabor (*m.*) displeasure, unpleasantness, anxiety, trouble, worry
sitio place

soberbia pride, haughtiness, arrogance, presumption
soberbio proud, haughty, arrogant, presumptuous
soborno bribery
sobremesa sitting at table after eating
    de ~ at table after eating
sobrenatural supernatural
sobrevivir to survive
soga rope, cord
solapa lapel
soledad (*f.*) solitude, loneliness
soler to be accustomed to
solera blend of sherry, old vintage sherry
solucionar to solve, to resolve
sombra shade, shadow
somero brief, summary, superficial, shallow
sonrisa smile
soñoliento sleepy, dozy, drowsy
soplo blowing, puff, breath
sopor (*m.*) sleepiness, drowsiness, stupor, lethargy
soportable bearable, endurable, supportable
sordera deafness
sordo deaf
sorna slowness, sluggishness, cunning
sospecha suspicion
sospechar to suspect
sospechoso suspicious, suspect
sótano basement, cellar
súbito sudden, unexpected
sublevar to revolt
sucio dirty
sudor (*m.*) sweat
sueldo salary, pay
suelo ground, soil, land
suerte (*f.*) luck, fortune
sugerir to suggest
Suiza Switzerland
súplica suppliance, supplication, petition
surco furrow, wrinkle
sutil subtle

T
tacón (*m.*) heel
tal such

talón (*m.*) heel
tambor (*m.*) drum
tanteo feeler, trial, test, comparison
tapas (*Sp.*) aperitifs or hors d'oeuvres especially in a bar or tavern
tapete (*m.*) rug, runner
tardar to be late
tarea task, job
tarjeta card
tartamudeo act of stuttering, stammering
techo roof
tejado roof, tile roof
televisor (*m.*) television set
temeroso dread, frightful, timorous, timid, fearful
templado temperate, moderate, lukewarm, medium
templar to temper, to soften, to ease, to dilute
tenacidad (*f.*) tenacity
tendero storekeeper, shopkeeper
tenderse to stretch out
término term
ternero bull calf
ternura tenderness, fondness, love
terremoto earthquake
terreno land, ground, terrain, plot, lot, piece of land
terso smooth, glossy, polished
tiempo time, weather
    a ~ at the right time
tierno tender
tierra earth, ground, dirt, land, country
tintineo clink, clinking, jingle, jingling
tipo type, fellow, guy
tirante tense, taut, tight
tiro shot, throw
título title, certificate, diploma, degree
tocino bacon, salt pork
todavía still yet
tojo gorse
tomo volume
tonto foolish, stupid, fool
torcer to twist, to bend
tornasol (*m.*) sunflower

torvo grim, stern, fierce
tosco coarse, rough, uncouth
trabilla gaiter strap
trago swallow, swig
tranquilo peaceful, tranquil, calm
transcurso course (of time)
translucir to infer, to guess, to become evident
    ~se to be translucent
trasmundo afterlife, future life
tratado treaty, agreement
travesura prank, antic, mischief
traza plan, design, scheme
tremendista adherent to the Spanish literary movement *tremendismo*
trenza braid, plait, tress
trepar to climb
tribu (*f.*) tribe
tripulación (*f.*) crew
tristeza sadness
triunfar to triumph
trocarse to change
tropezón (*m.*) **stumbling, stumbling place, obstacle**
truchero (pertaining to) trout
trueno thunder
tumba grave, tomb
tumbarse to lie down, to go to bed
turco Turkish

U
último last, latest
umbral (*m.*) threshold, doorsill
untar to anoint, to smear
urgencia urgency, emergency

V
vacío empty
vagabundo vagabond, tramp
vago vague, wandering, roaming, vagabond
vaguada waterway
validez (*f.*) validity, strength, vigor
valor (*m.*) value, worth
valla fence
vano bay, opening in a wall
vaquero cattle tender, cowhand, cowboy
vara stick

varón (*m.*)   male, man
vecindad (*f.*)   neighborhood
vecino   neighbor
vejez (*f.*)   oldness, old age
vela   sail
velero   sailboat
velocidad (*f.*)   velocity, speed
veloz   swift, rapid, agile, quick
vencer   to conquer, to vanquish, to overcome
vendaval (*m.*)   strong wind
veneno   poison, venom
venenoso   poisonous, venomous
ventanilla   small window, window (of a car, of a train)
ventilador (*m.*)   fan
ventolera   strong blast of wind
vera   edge, border
veras (*f., pl.*)   truth, reality
   de ~   in truth, in earnest
vergonzoso   bashful or shy person
vergüenza   shame, bashfulness, shyness, embarrassment
vestigio   vestige
vez (*f.*)   time, turn
   tal ~   perhaps
viaje (*m.*)   trip
viajero   traveler, passenger
vilano   pappus, burr or down of the thistle
vileza   vileness, infamy
violoncelo   cello
viscoso   viscous
visillo   window curtain
visitante (*m./f.*)   visitor
visón (*m.*)   mink
viveza   quickness, agility, briskness, sparkle (in the eyes)
volar   to fly, to flutter
voluntad (*f.*)   will, love, fondness
volverse   to become
voz (*f.*)   voice
vuelo   flight
vuelta   turn, rotation, revolution, change, reverse
   dar una ~   to take a stroll or walk
   dar ~ a   to reverse, to turn around

Z

zanahoria   carrot
zorro   fox
zumbar   to buzz, to go away (*Am.*), to throw (*Am.*)
zumbido   buzz, hum

ENGLISH-SPANISH VOCABULARY

This vocabulary has been compiled for all exercises from English into Spanish. Gender is indicated only when it is not clear from the word itself.

A

above sobre, encima de
absurd absurdo
accent acento
    heavy ~ acento muy marcado
acclaim aclamación, aclamar
accompany acompañar, escoltar
act acción (*f.*), acto, obrar, actuar
actress actriz (*f.*)
adopt adoptar
advance adelanto, anticipo, adelantar, anticipar
advantage ventaja
    to take ~ of aprovecharse de
advice consejo
advisable aconsejable
advise aconsejar, asesorar, avisar
affair asunto, negocio
afraid asustado
    to be ~ of temer, tener miedo a, tener miedo de
afternoon tarde
    in the ~ por la tarde
again otra vez
against contra
age edad (*f.*)
alarming alarmante
allow dejar, permitir
allude aludir
already ya
amaze asombrar, maravillar
amount cantidad (*f.*), importe (*m.*)
ancient antiguo
anger ira, enojo
angrily airadamente
angry enojado, airado, enfadado
    to become ~ enojarse,

enfadarse
annoy molestar
anthem himno
antibiotic antibiótico
anyway de todos modos
apartment piso, apartamento, departamento
apparent aparente
appear aparecer, comparecer
    to ~ at asomarse a
appearance apariencia, aspecto
apply for solicitar
appointment nombramiento, cita
approach acercarse a, aproximarse a, arrimarse a
argue argüir
army ejército
arrange in line alinear
arrive llegar
arrow flecha
article of clothing prenda
as como
    ~ far hasta
    ~ if como si
    ~ usual como de costumbre
    ~ long mientras
    ~ soon tan pronto como
ashamed avergonzado
    to be ~ tener vergüenza
Asian asiático
ask pedir, preguntar
    to ~ questions hacer preguntas
ask for solicitar, pedir
asleep dormido
    to fall ~ dormirse, adormecerse, quedarse dormido
astonish asombrar
astonishing asombroso
attack atacar
attic ático, buharda
auditor interventor (*m.*)

awaken despertar
Aztec azteca (*m./f.*)

B

baby nene (*m.*), bebé (*m.*)
bachelor soltero
    old ~ solterón
back respaldar, apoyar
backwoods monte (*m.*)
balcony balcón (*m.*)
    ~ window balcón (*m.*)
bald calvo
ball park estadio de béisbol
bank banco, banca
    savings ~ caja de ahorros
barrel barril (*m.*)
basket cesta, canasta
Basque vasco
beach playa
beast bestia, fiera
beat latir, batir, pegar, ganar
beautiful hermoso, bello, lindo, guapo
become quedarse, hacerse, ponerse, volverse, llegar a ser, resultar, convertirse en
    ~ of ser de
bed cama, lecho
    stay in ~ guardar cama
before antes, antes de, antes que, antes de que
beggar mendigo
believe creer
belt cinturón (*m.*), correa
    seat ~ cinturón de seguridad (*m.*)
beneficial beneficioso
betray traicionar, delatar
between entre
bird pájaro, ave (*f.*)
bite morder
blind ciego
    become ~ quedarse ciego

block manzana, cuadra, bloque (*m.*)
blond rubio
blonde rubia
    peroxide ~ rubia oxigenada
bloom florecer
blow golpe
    ~ **with a machete** machetazo
    ~ **with the fist** puñetazo
bodyguard guardaespaldas (*m.*)
boot bota
booth casilla, quiosco
    information ~ casilla de información, quiosco de información
border frontera, borde (*m.*), lindar, limitar
bore fastidio, cansar
    big ~ pelmazo
born nacido
    be ~ nacer
borrow pedir prestado
boss jefe
botanical botánico
bother incomodar, molestar, molestarse
bottle embotellar
boy friend novio
brat niño mimado
bread pan (*m.*)
    loaf of ~ pan (*m.*)
break romper, quebrar, quebrantar
    ~ **down** descomponerse
    ~ **down and cry** deshacerse en lágrimas
    ~ **out** estallar
bride novia
bridegroom novio
bridge puente (*m.*)
brilliant brillante
bring traer
    ~ **back** devolver
broken roto
broom escoba
brush cepillo, brocha, pincel (*m.*)
    ~ **stroke** pincelada, bro-

chada
build construir, edificar
building edificio, construcción
    ~ **permit** permiso de edificación
bully matón, valentón
burn quemar, arder
    ~ **out** fundirse
burrow madriguera
burst out romper a + *infinitive*
bus autobús (*m.*)
butcher carnicero
butler mayordomo, despensero

C
cake tarta, bizcocho
call llamar
    ~ **at** hacer escala
camera cámara
can lata, bote (*m.*)
candy dulce (*m.*)
cane bastón (*m.*)
car coche (*m.*), automóvil (*m.*)
care cuidado
    take ~ **of** cuidar, cuidar de
Caribbean caribe (*adj.*)
carpenter carpintero
carrot zanahoria
case (*for eyeglasses*) estuche (*m.*)
castle castillo
catch coger, agarrar, pillar, asir, atrapar, pegársele a uno (*disease*)
    ~ **a cold** resfriarse
    ~ **up to** (**with**) alcanzar
cause causa, causar
ceiling techo
celebrate celebrar
cell célula
century siglo
certificate certificado
    birth ~ el acta de nacimiento, la partida de nacimiento
championship campeonato
change cambiar
charming encantador
cheap barato

chicken pollo, gallina
chief principal
child niño
children niños, hijos
chimney chimenea
Christian cristiano
cigarette cigarrillo, pitillo
city ciudad
    ~ **hall** ayuntamiento
clever inteligente, listo, diestro
cliff acantilado
climate clima (*m.*)
clipping recorte (*m.*)
closet armario
    clothes ~ ropero
closing cierre (*m.*), clausura
clothes ropa
    ~ **line** cuerda para tender la ropa
cloud nube
clumsy torpe
coast costa
coin moneda
colleague colega (*m.*)
collector coleccionador (*m.*), recaudador (*m.*)
    garbage ~ basurero
Colosseum Coliseo
companion compañero
company compañía
composer compositor (*m.*)
computer computadora, computador
conceive concebir
concentrate concentrarse
concert concierto
condemn condenar
condition condición (*f.*), estado
congressman congresista (*m./f.*), diputado
contact ponerse en contacto con
contaminate contaminar
continual continuo
contract contrato, contraer
convention convención, asamblea, congreso
cool refrescar
corner rincón, esquina, ángulo, comisura

street ~ esquina
look out of the ~ of one's eye mirar con el rabillo del ojo
correct correcto, corregir
cotton algodón (*m.*)
cough tos (*f.*)
counter mostrador (*m.*)
country campo, país (*m.*)
couple pareja, matrimonio
a ~ of un par de
courageous valiente
cowboy vaquero
crab cangrejo
cremate incinerar
crime crimen (*m.*), delito
criminal criminal (*m.*), reo
critical crítico
crop cosecha, cultivo
cross cruzar, atravesar
crowd multitud (*f.*), muchedumbre (*f.*)
crown coronar
cruise travesía, viaje por mar
~ ship crucero
cry llorar
~ out gritar
~ out publicly vocear
curtain cortina
customs aduana
~ officer aduanero
cut up trocear
cyclist ciclista (*m./f.*)

D

damage estropear
dampen humedecer
dance baile, danza, bailar, danzar
dangerous peligroso
day día (*m.*), jornada (*f.*)
deafening ensordecedor
decide decidir, decidirse a
decision decisión
make a ~ tomar una decisión
deed acción (*f.*)
deep hondo, profundo
deer ciervo
defendant reo, demandado,

acusado
delay demorar, retrasar, atrasar
demand exigir. demandar, reclamar
deny negar
departure salida
depressing deprimente
desert desierto
deserve merecer
despite a pesar de
dessert postre (*m.*)
development desarrollo
die morir, fallecer, perecer, expirar
difference diferencia
tell the ~ distinguir
What ~ does it make? ¿Qué importa?, ¿Qué más da?
difficult difícil
dig cavar, excavar
discover descubrir
disguise disfrazar, disimular
disobey desobedecer
disregard no hacer caso, hacer caso omiso, pasar por alto
district distrito, barrio, zona
distrust recelo, recelar
disturb perturbar, disturbar
divorced divorciado
to get ~ from divorciarse de
dog perro
large ~ perrazo
door puerta, portal (*m.*), portezuela
doorbell timbre (*m.*)
doubt duda
without a ~ sin duda
downhill cuesta abajo
doze off dormitar
drag arrastrar
dream sueño, soñar
~ of soñar con
dress vestido, vestir, vestirse
driver conductor
drought sequía
drowsiness modorra
drowsy soñoliento

dry seco, secar
duchess duquesa
duke duque (*m.*)
Dutch holandés
dying man moribundo

E

easy fácil
eat comer, tomar + *name of meal*
edge borde (*m.*)
egg huevo
~ white clara
elderly anciano
electrician electricista (*m./f.*)
electronic electrónico
elsewhere en otra parte, a otra parte
embezzlement desfalco (*m.*), malversación (*f.*)
emergency emergencia, urgencia
employee empleado
end fin (*m.*), terminar, acabar
~ up ir a parar
enemy enemigo
engagement compromiso, noviazgo
English inglés
Englishman inglés
enjoy gozar de, disfrutar de
enough bastante
enter entrar en
envelope sobre (*m.*)
environment ambiente (*m.*), medio ambiente (*m.*)
essay ensayo
essential esencial
event acontecimiento, suceso
evident evidente
to be ~ ser evidente
to be self ~ saltar a la vista
exam examen (*m.*)
execute ejecutar
exhaust agotar, agobiar
exhausted agotado
expense gasto
at the ~ of a costa de
expensive caro

expire expirar
expression expresión (*f.*)
extract extraer
eyeglasses gafas, espejuelos, anteojos

F
face cara, rostro, faz (*f.*), arrostrar, afrontar, encararse con
factory fábrica
fail suspender, faltar, quebrar, fracasar, fallar
~ **to** dejar de
fall caída, caer, caerse
fallen caído
falsify falsificar
fan aficionado
far lejos
as ~ as hasta, hasta donde, tan lejos como
farewell despedida
farmer granjero, agricultor, labrador
far-sighted présbita
to be ~ tener la vista cansada
fascinate fascinar
fatigue fatigar
faucet grifo
fear temor, miedo, recelo, temer, recelar
feel sentir, sentirse, palpar
~ **like** tener ganas de
ferry transbordador (*m.*)
fiancé novio
fiancée novia
filthy inmundo, sucio, cochino, puerco, asqueroso, mugriento
finally al fin, por fin, finalmente
find encontrar, hallar
~ **out** averiguar, saber, conocer, enterarse de
finger dedo
finish terminar, acabar
~ **off** rematar
fire fuego, incendio, despedir a, echar, disparar (*weapon*)
firewood leña
fish pez (*m.*), pescado, pescar

fisherman pescador
fist puño
fit arranque
flag bandera
flight vuelo
floor piso, planta, suelo
florist florista
~ **shop** floristería
flower flor (*f.*)
~ **shop** floristería
fly mosca, volar
~ **by** pasar volando
fog niebla
food alimento, comida
foot pie (*m.*)
at the ~ of al pie de
on ~ a pie
put one's ~ in it meter la pata
football fútbol (*game*), balón (*ball*)
force fuerza
forehead frente (*f.*)
forest bosque (*m.*)
forgetful olvidado, olvidadizo
former antiguo (*precedes noun*)
free gratis
freeway autopista
French francés
Frenchman francés
friend amigo
boy ~ novio
girl ~ novia
friendly amigable, amistoso
fright susto, terror (*m.*)
frighten asustar, atemorizar
frightened asustado, atemorizado
to become ~ asustarse
from de, desde, de parte de, según
fulfill cumplir
full lleno, pleno
furniture muebles (*m., pl.*)
piece of ~ mueble

G
game partido, partida, juego
garbage basura
garden jardín (*m.*)

botanical ~ jardín botánico
gardener jardinero
get conseguir, lograr
~ **along** llevarse bien
~ **around it** darle vueltas
~ **close** arrimarse
~ **up** levantarse
~ **up early** madrugar
You can't ~ around it. No hay que darle vueltas.
giant gigante, gigantesco
gift regalo
giraffe jirafa
give up abandonar, dejar
glad alegre
be ~ of alegrarse de
glasses (*eyeglasses*) gafas, espejuelos, anteojos
globe globo
glove guante (*m.*)
go ir
~ **around** andar
~ **down** bajar
~ **get** ir a buscar, ir por
~ **on** seguir, continuar
~ **out** salir
~ **through** atravesar
~ **too far** pasarse de rosca
~ **up** subir
~ **up to** acercarse a
let ~ of soltar
godson ahijado
goose ganso, oca
gothic gótico
~ **Quarters** barrio gótico
grape uva
grateful agradecido
be ~ for agradecer
grave fosa
ground tierra
grow crecer, cultivar
~ **up** crecer
guard guarda, guardia, guardar
guest huésped (*m.*), invitado
guitar guitarra

H
hair pelo, cabello, vello

gray ~ canas
hair-raising espeluznante, horripilante
hand mano (*f.*)
    by ~ a mano
    ~ in entregar
    shake ~s dar la mano, alargar la mano, estrechar la mano
handkerchief pañuelo
handle mango, asa, puño
handsome guapo
hang ahorcar, colgar, tender, pender
harbor puerto
hardly apenas
hard-working trabajador
have tener, contar con
    ~ a good time divertirse, pasarlo bien
    ~ it out with habérselas con
    ~ tea tomar té
    ~ to tener que
headache dolor de cabeza
health salud (*f.*)
healthy sano, saludable
hear oír, sentir
heart corazón (*m.*), entrañas
    by ~ de memoria
    in the ~ of en pleno + *noun*
    ~ attack ataque cardíaco, ataque de corazón
heaven cielo
    Good ~s ¡Válgame Dios!
height altura
heir heredero
help ayuda, socorro, auxilio, ayudar, socorrer, auxiliar
hidden oculto, escondido
high alto
    ~ part of lo alto de
highway carretera
hill cerro, colina, cuesta, loma
    down~ cuesta abajo
    up~ cuesta arriba
hillside ladera
hire alquilar, ajustar, emplear

hold tener, guardar
    ~ up atracar
hole agujero, orificio, hoyo, hoya, fosa
    animal ~ madriguera
    pot ~ bache (*m.*)
hope esperanza
hot caliente
    be ~ estar caliente, tener calor, hacer calor
    become ~ calentarse, ponerse caliente
housing vivienda
Hungarian húngaro
hunger hambre (*f.*)
hurt hacer daño, dañar, lastimar

I
ice hielo
idea idea
    not to have the slightest ~ no tener la menor idea
ignorant ignorante
    be ~ ignorar
illness enfermedad (*f.*)
immoral inmoral
income renta
    national ~ renta nacional
inconceivable inconcebible
incredible increíble
incubator incubadora
inform delatar, avisar, informar, enterar
injured lisiado, lesionado
insecticide insecticida
insist insistir en, empeñarse en
install instalar
invite invitar, convidar
ironic irónico
island isla
    Canary ~s Islas Canarias

J
jail cárcel (*f.*)
job trabajo, empleo, puesto
judge juez (*m.*), juzgar

K
keep guardar, mantener

kid chico
kill matar
    ~ oneself matarse, diñarla (*colloquial*)
kilometer kilómetro
kind clase (*f.*), especie (*f.*), índole (*f.*)
kitten gatito
knoll colina
know saber, conocer
    ~ about enterarse de
    ~ how to do something saber + *infinitive*
    not to ~ ignorar

L
lack falta, faltarle a uno, carecer de
lacking in carente de
lamb cordero
    spring ~ cordero lechal
land tierra
landlord dueño, casero
landscape paisaje (*m.*)
language lengua (*f.*), idioma (*m.*), lenguaje (*m.*)
large grande
last último
late tarde
    to be ~ llegar con retraso
lawyer abogado
lead llevar, conducir, dirigir
leaf hoja
    ~ through hojear
leak gotera
learn aprender, conocer, enterarse de
least menos
    at ~ al menos, a lo menos, por lo menos
leather cuero, piel (*f.*)
leave dejar, salir, irse, abandonar, marcharse
    be left quedarle a uno
    ~ behind dejar atrás
    ~ for partir, salir para
    take ~ of despedirse de
lecturer conferenciante (*m./f.*)
ledge repisa
leg pierna, pata (*animal*)

pull someone's ~ tomarle el pelo a uno
leisure ocio
lend prestar
lens lente (*m./f.*)
    contact lenses lentes de contacto, lentillas
let dejar, permitir
    ~ go of soltar
    ~ know avisar, dejar saber
lettuce lechuga
    head of ~ lechuga
light luz (*f.*), señal (*f.*), ligero (*weight*), claro (*color*), encender
    bring to ~ sacar a la luz
lineage linaje (*m.*)
loan empréstito, préstamo, prestar
lock bucle (*m.*), esclusa (*water*), cerrar con llave
    ~ up encerrar
longing añoranza, anhelo
look (at) mirar
    ~ for buscar
    ~ like parecerse a, parecer
    ~ out asomarse a, mirar por
    ~ up levantar la vista (los ojos)
loosen aflojar, soltar
lots of la mar de, un mar de
love amor (*m.*), amar, querer
lunch almuerzo, almorzar

M
magazine revista
maid criada
    old ~ solterona
mail echar al correo, enviar por correo
mailman cartero
major principal, mayor
male masculino, macho, varón
    ~ child hijo varón
man hombre
    large (ungainly) ~ hombrazo
marble mármol (*m.*)

mark marca, señal, huella, mancha
marry casar, casarse
    to get married casarse
mask máscara, enmascarar
master dominar, vencer, adiestrarse en
material material, materia, tela, género
mayor alcalde (*m.*)
meadow pradera, prado
meal comida
meaning significado, acepción, sentido
mechanic mecánico
meeting reunión, junta, mitin (*m.*)
member miembro, socio
mention mencionar
meter metro
microbe microbio
middle medio
    about (in) the ~ of a mediados de (*time expression*)
    in the ~ of en medio de, en pleno + *noun*
mile milla
minister pastor protestante
minstrel trovador, juglar
mirror espejo
miss extrañar, echar de menos, añorar, perder
monkey mono
month mes (*m.*)
morning mañana
    in the ~ por la mañana
mother madre
    wonderful ~ madraza
mountain climber alpinista (*m./f.*)
mountain range cordillera
move mover, conmover, mudarse
    ~ away from alejarse de
    ~ closer to acercarse a
    ~ up arrimar
movie(s) cine (*m.*)
mug asaltar
mule mula

murder crimen (*m.*), asesinato
murderer asesino
musician músico

N
nail-studded collar carlanca
naked desnudo
    to be stark ~ estar en cueros
nap siesta, dormitar
napkin servilleta
native natal
near-sighted miope
necessary necesario
    to be ~ ser necesario, ser preciso, ser menester
necklace collar (*m.*)
necrology necrología
need necesidad, necesitar, hacer falta a
needy necesitado, indigente
neighbor vecino
neighborhood barrio, vecindad, vecindario
nervous nervioso
New Testament Nuevo Testamento
newspaper periódico, diario
    ~ clipping recorte (*m.*)
    ~ office redacción (*f.*)
night noche (*f.*)
    at ~ de noche, por la noche
    last ~ anoche
nightmare pesadilla
noise ruido
noon mediodía (*m.*)
notice fijarse en, reparar en, notar
novelist novelista (*m./f.*)
now ahora, ahora mismo
    from ~ on de ahora en adelante
nowadays actualidad (*f.*), hoy en día (*adv.*)
nudist nudista (*m./f.*) desnudista (*m./f.*)
number número
nursery criadero. semillero

O

obligatory obligatorio
observe observar
obvious obvio
ocean océano
oculist oculista (*m./f.*)
odor tufo, olor
offer oferta, ofrecimiento, ofrecer
office oficina, despacho, clínica, redacción, dirección, bufete, consultorio, consulta
officer oficial (*m.*)
often a menudo, muchas veces
old viejo, antiguo, anciano, vetusto, rancio
    ~ **age** vejez (*f.*), ancianidad (*f.*)
    ~ **lady** vieja, anciana
    ~ **man** viejo, anciano
    be ... years ~ tener ... años
older mayor, más viejo
    to grow ~ envejecer
olive aceituna, oliva
    ~ **grove** olivar (*m.*)
    ~ **tree** olivo
only sólo, solamente, único
open abierto, abrir
opposition oposición
order orden (*m.*) (*arrangement*), orden (*f.*) (*command*), mandar, ordenar
    follow ~**s** cumplir órdenes
    out of ~ descompuesto, no funciona
orifice orificio
orphan huérfano
other otro, otra
outlet salida
oven horno
    microwave ~ (horno) microondas
overnight toda la noche
    to stay ~ pasar la noche
overwhelm abrumar
owe deber
owner dueño, propietario

P

painful doloroso
paint pintura, pintar
painter pintor
painting pintura, cuadro
pair par
palace palacio
palisade acantilado
pan cacerola, cazuela, caldera
    frying~ sartén (f.)
paper papel (*m.*), periódico
parade desfile (*m.*)
pardon perdonar, indultar (*criminals*)
part parte (*f.*), pieza
party fiesta
    political ~ partido político
pass aprobar, pasar
passenger pasajero
patient paciente (*m./f.*), enfermo
pay paga, pagar
peak cima, cumbre (*f.*), pico
    ~ **traffic** afluencia máxima, movimiento máximo, tráfico intensivo, tráfico máximo
peanut cacahuete (*m.*), maní (*m.*)
pear pera
    ~ **tree** peral (*m.*)
    ~ **orchard** peraleda (*f.*)
people gente (*f.*), pueblo, público
perfect perfecto, cabal, perfeccionar
perhaps tal vez, quizá
perish perecer
permit permiso
person persona
    single ~ soltero
    married ~ casado
    divorced ~ divorciado
    very good (kind) ~ buenazo
Philadelphia Filadelfia
phone teléfono
photograph fotografía, foto (*f.*), sacar una foto, fotografiar

    to have a ~ **taken** retratarse
phrase frase (*f.*)
physics física
pickpocket carterista (*m.*), ratero
picnic jira, comida campestre
pie pastel (*m.*)
pig cerdo, puerco
pillow almohada, almohadilla, almohadón (*m.*), cojín (*m.*)
pipe caño, tubo, cañería
pity lástima
    to be a ~ ser lástima
place lugar (*m.*), sitio, paraje (*m.*), local (*m.*), poner, colocar
    set a ~ poner un cubierto
    take ~ tener lugar
plan plan (*m.*), plano, planear
planet planeta (*m.*)
plant planta, plantar, sembrar
plate plato
play comedia, obra (pieza) teatral, jugar (*game*), tocar (*instrument*)
    ~ **a part** hacer un papel
player jugador
pleasure placer (*m.*), gusto
plumber fontanero
poacher cazador furtivo, pescador furtivo
poem poema (*m.*)
police policía (*f.*)
policeman policía (*m.*)
polish pulir, perfeccionar
polite cortés
pollute contaminar
pollution contaminación, polución
port puerto
position puesto, colocación (*f.*)
post office casa de correos, correos
potato patata, papa (*Am.*)
    ~ **salad** ensaladilla rusa
pothole bache (*m.*)
pound libra
power potencia, poder (*m.*), fuerza
pray rezar, orar

present presente, actual
presidency presidencia
prince príncipe
print grabado, lámina
    to be out of ~ estar agotado
professor profesor, catedrático
promise promesa, prometer
property propiedad (*f.*)
protest protestar
prove probar
province provincia
psychiatrist (p)siquíatra (*m./f.*), or (p)siquiatra (*m./f.*)
publisher editor (*m.*), (casa) editorial (*f.*)
pull up arrancar, desarraigar
pump bomba
punch puñetazo
punctual puntual
purchase comprar
purpose propósito, fin
purr ronronear
put poner
    ~ in meter
    ~ in order arreglar, poner en orden
    ~ into meter, introducir
    ~ out apagar

Q
quality calidad, cualidad
queen reina
question pregunta, cuestión (*matter*)
    to ask ~s hacer preguntas
quintet quinteto

R
racket alboroto
    to make a ~ alborotar
rage rabia
rain lluvia
    heavy ~s aguacero, chubasco, chaparrón (*m.*)
raise levantar, alzar, elevar, izar
    to ~ up erguir
rancid rancio

reach alcanzar, llegar a
realize realizar, caer en la cuenta de, darse cuenta de
rebellion rebelión (*f.*)
recall rememorar
receipt recibo
receive recibir
refugee refugiado
refuse negarse a, rehusar
reject rechazar
relatively relativamente
remark observación
remember recordar, acordarse de
remind recordar
remote remoto
renovate renovar, reformar
repair reparar, arreglar
replace reponer, reemplazar
report informe (*m.*)
republican republicano
research investigación (*f.*), investigar
resemble parecerse a
resident residente (*m.*)
residential residencial
resignation dimisión (*f.*)
respect respetar
restore restaurar
retire retirarse, jubilarse, recogerse
reveal revelar
right derecho
    to be ~ tener razón
    ~ now ahora mismo
    to the ~ of a la derecha de
ring anillo, sortija, sonar, tocar
ripe maduro
ripen madurar
rise subida, subir
risk arriesgarse a
road camino
    on the ~ to camino de
Roman romano
rosebush rosal (*m.*)
row fila, hilera
royal real
rub frotar, fregar, restregar, rozar, friccionar

rubber caucho, goma, hule
run correr
    ~ across tropezarse con
    ~ into encontrarse con

S
sad triste
    become ~ ponerse triste, entristecerse
sadness tristeza
safe caja fuerte
sandpaper papel de lija (*m.*)
sane cuerdo
sardine sardina
sauce salsa
save salvar, guardar, ahorrar
scare susto, asustar, atemorizar
scared asustado, atemorizado
    become ~ asustarse
scene escena
scent olor, olfatear
scholarship erudición, beca
scoundrel pícaro, bribón (*m.*), sinvergüenza (*m./f.*)
scratch arañar, rasguñar
scream gritar, chillar
scrub fregar, restregar
sea mar (*m./f.*)
    ~ wall malecón (*m.*)
season estación, temporada
see ver
seek buscar
seem parecer
sell vender
senate senado
senator senador
separate separar, apartar
servant criado
set cuajarse
    ~ out ponerse en camino
    ~ out for encaminarse a
shame vergüenza, deshonra
shameless desvergonzado, descarado
    to be ~ tener mucha cara, tener la cara dura
sheer puro
sheet sábana, lámina, hoja
shelter amparo, amparar
sherbet sorbete (*m.*)

shipwreck naufragio
~ed man náufrago
shock sobresaltar, asustar
to be ~ed asustarse de
shoemaker zapatero
short corto, breve
shovel pala
shower aguacero, chubasco, chaparrón (*m.*)
to take a ~ ducharse ·
silent silencioso
silver plata
similarity semejanza
sin pecado, pecar
situate situar
ski esquí, esquiar
skin piel (*f.*), cutis (*m.*), pellejo
to save one's ~ salvar el pellejo
slack flojo
sleep sueño, dormir
to be ~y tener sueño
to fall a~ dormirse, quedarse dormido
sleepiness sueño
sleepy soñoliento
slip escurrir, resbalar, deslizar
~ away escurrirse
slipper zapatilla
slope ladera, cuesta
smell olor (*m.*), olfatear, oler, oliscar
bad ~ peste (*f.*)
foul ~ tufo
~ bad apestar
~ out husmear
smiling sonriente
smoke humo, fumar
smoker fumador (*m.*)
sniff husmeo, olfatear, oler
~ around husmear
snoop oliscar
snowball bola de nieve (*f.*)
so tan
~ much tanto
~ that así que, para que, con tal de que
soldier soldado
sole suela, planta, lenguado (*fish*)

solicit solicitar
son hijo
~ in law yerno
soon pronto
as ~ as tan pronto como
sorry afligido, apenado
be ~ sentir
speaker conferenciante (*m./f.*), conferencista (*m./f.*)
specialist especialista (*m./f.*)
speed velocidad (*f.*)
spend pasar, gastar
spinster solterona
spray rociar
spring muelle (*m.*), resorte (*m.*), primavera, manantial (*m.*)
stage escenario, escena
star estrella
stay quedar, quedarse, permanecer
stench hedor (*m.*)
still todavía, aún
stink peste (*f.*), apestar
stir agitar
~ up suscitar
storm tempestad (*f.*), tormenta, temporal (*m.*), aguacero, chubasco
story piso, planta
straight derecho, recto
strategic estratégico
stray callejero, vagabundo
stretch extender
~ed out tendido
strike huelga, pegar, dar con, golpear
~ up trabar
striker huelguista (*m./f.*)
stun pasmar
sudden súbito, repentino
suffer padecer, sufrir, pasar
suggest sugerir
suitcase maleta
pack the ~ hacer la maleta
unpack the ~ deshacer la maleta
support apoyo, apoyar, sostener, mantener
sure seguro

surprise sorpresa, sorprender
be ~d sorprenderse, asombrarse, maravillarse
surprising sorprendente
surround rodear, cercar, asediar, sitiar
suspect sospechoso, sospechar
suspicion recelo
suspicious sospechoso
sweat sudor (*m.*), sudar
Swiss suizo
swollen hinchado

T
tablecloth mantel (*m.*)
take tomar, tardar (*time*), llevar (*somewhere*), coger
~ off quitarse
~ out sacar
target blanco
task tarea
taste gusto, sabor, saber, probar
tasty sabroso
tax impuesto, contribución (*f.*)
income ~ impuestos sobre la renta
~ free libre de impuesto
teacher maestro, profesor (*m.*)
team equipo
tease embromar
teenager adolescente (*m./f.*)
telephone teléfono, telefonear
~ book (directory) guía de teléfonos
~ call llamada telefónica
tenant inquilino
tender tierno
terrify aterrorizar
terrorize aterrorizar
testify testificar, atestiguar
theatre teatro
thick espeso, grueso
~ headed torpe
~~set grueso, denso
thief ladrón (*m.*)
thievery hurto
thing cosa
a foolish ~ majadería, tontería

throw   arrojar, tirar, echar, lanzar, botar
  ~ away   tirar, botar
thyme   tomillo
tie   corbata, amarrar, atar
tile   azulejo, baldosa, teja
time   tiempo, hora, vez
  for the first ~   por primera vez
  at dinner ~   a la hora de cenar (la cena)
tire   fatigar, cansar, agotar, abrumar
toe   dedo del pie (*m.*)
tool   herramienta
toss   arrojar, echar
tourist   turista (*m./f.*)
towards   hacia
town   población (*f.*), pueblo
toy   juguete (*m.*)
trade   comercio
  foreign ~   comercio exterior
tragic   trágico
travel   viajar
treetop   copa
trench   trinchera
trick   truco, travesura
trip   viaje
trout   trucha
truck   camión (*m.*)
trunk   baúl (*m.*)
truth   verdad (*f.*)
tune up (a car)   poner a punto
turkey   pavo
turn   girar
tyrant   tirano

U
unbelievable   increíble
  it is ~   es increíble, parece mentira
undress   desnudarse, desvestirse
  to get ~ed   desnudarse, desvestirse
unexpected   inesperado
unfinished   sin terminar
unhappiness   infelicidad (*f.*), desgracia

unhappy   infeliz, desdichado
university   universidad (*f.*), universitario
unjust   injusto
unless   a menos que, a no ser que
unlikely   difícil, inverosímil, improbable, poco probable
  it is ~   es improbable, es difícil
unsettled   sin resolver
untie   desatar
until   hasta
untrue   falso, mentira
  it is ~   es mentira
upstairs   arriba
use   uso, empleo, usar, emplear
  to make good ~ of   aprovechar
useless   inútil
utopian   utópico

V
vain   vano, vanidoso
veterinarian   veterinario
village   aldea
violent   violento
visit   visita
voice   voz (*f.*)
vote   voto

W
wage a war   hacer la guerra
wait for   esperar, aguardar
wake   despertar
  ~ up   despertarse
walk   andar, caminar, pasear
wall   pared, muro, muralla, tapia, tabique, malecón, paredón
walnut   nuez (*f.*)
want   querer, desear
war   guerra
  civil ~   guerra civil
warning   aviso, advertencia
wash   lavar, lavarse
watch   reloj (*m.*), mirar
  ~ over   velar, vigilar
watt   vatio
wave   ola, onda, oleaje (*m.*), agitar la mano, hacer señales

con la mano (el pañuelo)
way   vía, camino
  on the ~ to   camino de, rumbo a
weak   débil
weakness   debilidad (*f.*)
wear   llevar, usar, lucir
weary   abrumar
wedding   bodas, de boda, nupcial
weekend   fin de semana
weigh   pesar
  ~ down   agobiar
well-being   bienestar (*m.*)
wheel   rueda
  steering ~   volante (*m.*)
  at the ~   en el volante
whenever   cuando, cuando quiera que, siempre que
whereabouts   paradero
wicker   mimbre
widow   viuda
widower   viudo
wife   mujer, esposa
wild   silvestre, salvaje, fiero
win   ganar
window   ventana, ventanilla
  ~ shop   escaparate (*m.*)
  ~ sill   repisa de ventana, alféizar (*m.*)
wipe   frotar para limpiar, enjugar (la cara, el sudor)
  ~ away   limpiar
witness   testigo
wolf   lobo
wooden   de madera
word   palabra
  keep one's ~   cumplir la palabra
work   trabajo
worker   trabajador, obrero
working   trabajador
world   mundo

Y
yawn   bostezar
young   joven
youthful   juvenil

INDEX

A, 330
   personal, 332
   preferred to **en**, 331
   replaced by **para**, 330
Absolute constructions, 129
Adjectives, 245
   descriptive, 247, 248
   irregular past participles as adjectives, 128, 129
   limiting, 246
   noun and adjective, 245
   position, 245, 248
   with unique nouns, 248
Agent in the Passive Voice, 135
Compound tenses of the Indicative Mode (Mood):
   basic statement, 97
   related verbal forms, 100
   samples of Spanish forms with English equivalents, 98
   some final observations, 103
Conditional Perfect Tense, 103, 161
Conditional Tense, 76, 161
   substitute for the conditional tense, 222, 223
Correlatives:
   de... a, 336
   desde... hasta, 337
Como si and the Subjunctive Mood, 219
Cuyo, 302
De, 335
   de... a (correlatives), 336
   replaced by **a**, 335
Deletion of agent in the passive voice with reflexive construction, 135
Dentro de, 334
Desde, 335
   desde... hasta (correlatives), 337
En, 334
English *to be*, 18, 45
   other uses of **ser**, 47
   Spanish equivalents, 18
Estar, 18
   basic statement, 18

   figurative use of certain adjectives with **estar**, 45
   implied contrast, 21
   literal use of certain adjectives with **estar**, 45
   point of view, 21
   referent with **estar**, 19
   subjectivity, 20
Future Perfect Tense, 103
Future Tense, 74, 161
Gerund, 130
   major uses, 130
Haber:
   translation equivalent of English *to be*, 50
Hace + time unit + **que** + present, 100
Hacer:
   translation equivalent of English *to be*, 50
Hacia, 333
Hacía + time unit + **que** + imperfect, 102
Hasta, 333
Imperfect + **desde** + date, 102
Imperfect + **desde hacía** + time unit, 102
Imperfect Tense, 70, 161
Indicative Mode (Mood), 69, 159
   in *if* clauses, 221
   tenses, 162
Infinitive, 126
Laísmo, 276
Leísmo, 276
Loísmo, 276
Llevar (in simple present) + time unit + gerund, 101
Llevar (in the imperfect) + time unit + gerund, 102
Para, 364
   destination, 364
   implied comparison, 364
   purpose, 364
   time expressions, 364
Passive Voice, 134
   agent, 135
Past Participle:
   general statement, 128
   absolute constructions, 129

Pluperfect Tense, 101, 161
Por, 364, 365
    agent in the passive voice, 365, 366
    approximate location, 365
    approximate time during which something
        occurs, 365
    cause, 365
    exchange or substitution, 365
    in place of or proxy for, 365, 366
    manner or means, 365
    motivation, 365
    other uses, 366
    infinitive versus gerund, 128, 130
Prepositions, 328, 359
    basic statement, 328, 359
    combinations, 367
Present + **desde** + date, 100
Present + **desde hace** + time unit, 100
Present Participle, 132
Present Perfect Tense, 99, 161
    other present constructions instead of the
        present perfect tense, 100
Present Tense, 69, 161
Preterit Perfect Tense, 102, 161
Preterit Tense, 70, 161
Pronouns, 273, 302
    basic statement, 273
    demonstrative, 280
    direct object, 276
    forms, 274
    indefinites, 281, 332
    indirect object, 275
    interrogative, 281
    personal, 273, 274, 332
    possessive, 280
    prepositional, 279
    reflexive, 133, 134, 277
    relative, 302
        basic statement, 302
        choice of appropriate relative
            pronouns, 303
                el que (**el cual**), 304
                que, 303
                quien, 303
        final observations, 307
        forms, 302
        possessive pronoun **cuyo**, 306
        pronouns after prepositions, 305
    subject, 274
Que, 160, 164, 303

Quedar:
    equivalent of English *to be*, 50
Quedarse:
    equivalent of English *to be*, 50
Reflexive verbs, 133
    with causative meaning, 136
Ser, 164
    basic statement, 18
    certain formulistic expressions of
        accompaniment, 47
    figurative use of certain adjectives with
        ser, 45
    implied contrast, 21
    literal use of certain adjectives with ser,
        45
    point of view, 21
    referent with ser, 19
    to signal events, 48
    to tell time and indicate dates, 48
Simple tenses of the Indicative Mode (Mood):
    basic statement, 69
Sin + infinitive, 128, 360
Sobre, 334
Subjunctive Mood, 158, 187, 214
    como si, 219
    examples of the English subjunctive, 158,
        159
    impersonal expressions, 164
    in adjective clauses, 214
        with negative referent, 214
        with indefinite referent, 215
        with hypothetical referent, 216
    in adverb clauses, 213
    in conditional sentences with *if* clauses,
        221
    other uses, 224
    in English, 158
    in noun clauses, 187
        doubt, denial, negation, 189
        emotion, 191
        impersonal expressions, 192
        volition, desire, 188
    substitute for the conditional tense, 222
    substitute for the subjunctive in
        conditional sentences, 223
    in Spanish, 160
    time sequence and the four subjunctive
        tenses, 161, 162
Tener:
    translation equivalent of English *to be*, 48
Verbal forms, 97, 126